긍정의 훈육

4~7세 편

긍정의 훈육 4~7세 편

초판 1쇄 발행 2016년 1월 25일
초판 6쇄 발행 2022년 6월 13일

지은이 제인 넬슨, 셰릴 어윈, 로즐린 앤 더피
옮긴이 조고은

발행인 김병주
COO 이기택 **CMO** 임종훈 **뉴비즈팀** 백헌탁, 이문주, 백설
행복한연수원 이종균, 이보름, 반성현
에듀니티교육연구소 조지연 **경영지원** 박란희
주간 이하영
디자인 디자인붐

펴낸 곳 (주)에듀니티
도서문의 070-4342-6114
일원화 구입처 031-407-6368 (주)태양서적
등록 2009년 1월 6일 제300-2011-51호
주소 서울특별시 종로구 인사동5길 29 태화빌딩 9층
출판 이메일 book@eduniety.net
홈페이지 www.eduniety.net
페이스북 www.facebook.com/eduniety
인스타그램 www.instagram.com/eduniety/
            www.instagram.com/eduniety_books/
포스트 post.naver.com/eduniety

ISBN 979-11-855992-15-0 (13590)
값은 뒤표지에 있습니다.

POSITIVE DISCIPLINE FOR PRESCHOOLERS:
For Their Early Years - Raising Children Who Are Responsible, Respectful,
and Resourceful - Completely Revised and Updated 3rd Edition
Copyright c 1994, 1998, and 2007 by Jane Nelsen, Cheryl Erwin, and Roslyn Duffy
All rights reserved.
Korean translation copyright c 2016 by Eduniety Publishing.,
This translation published by arrangement with Three Rivers Press,
an imprint of the Crown Publishing Group, a division of Penguin Random House LLC
through EYA (Eric Yang Agency)

이 책의 한국어판 저작권은 EYA(Eric Yang Agency)를 통한 the Crown Publishing
Group과 독점계약한 '주식회사 에듀니티'에 있습니다.
저작권법에 의하여 한국 내에서 보호를 받는 저작물이므로 무단전재 및 복제를 금합니다.

아들러 심리학이 알려주는 존중과 격려의 육아법

긍정의 훈육

4~7세 편

제인 넬슨 · 셰릴 어윈 · 로즐린 앤 더피 지음 | 조고은 옮김

에듀니티

들어가며

아이들을 위하여

"이름은 수잔이고 세 살 반이에요. 요즘 말을 많이 해요. 좋아하는 책을 계속 읽어주지 않거나 중간에 건너뛰려고 하면 화가 나요. 가장 좋아하는 질문은 '왜?'예요. 그리고 옷 갈아입는 걸 좋아하는데, 특히 만화 캐릭터 옷은 다 입어보고 싶어요. 다른 사람들이 끊임없이 재미있는 이야기를 해주면 좋겠어요. 또 계속해서 나랑 같이 놀아줬으면 좋겠어요. 그리고 놀 때는 아무도 방해하지 않았으면 좋겠어요."

"제프리 F. 프레이저예요. 'F'는 할아버지 이름을 따서 '프랭크'의 이니셜이에요. 어른들한테 붙임성 있다는 말을 자주 듣는데 말하는 것을 좋아해요. 어제로 만 다섯 살이 됐어요. 우린 금방 친해질 수 있고, 그럼 생일 파티에 초대하고 싶어요. 내가 하고 싶은 것을 정하면 집중을 정말 잘해요. 남동생이 하나 있는데, 함께 놀 사람이 없으면 잘 놀아요. 지금 앞니 하나가 흔들리는 것 같아요. 숫자를 셀 줄 아는데 한번 볼래요? 그리고 노래를 불러줄 수도 있어요. 나랑 같이 놀 수 있어요? 좋아요,

그럼 내가 착한 편 할게요, 선생님이 나쁜 편 하세요."

"네 살이고, 이름은 신디예요. 오늘 반짝이 신발을 신었어요. 지금 무슨 속옷을 입고 있는지 알아요? 다른 애들도 며칠째 그걸 입고 있어요. 이렇게 돌면 신발이 얼마나 반짝거리는지 보이죠? 요즘에는 다 커서 낮잠은 안 자요. 잠이 안 오면 동화책 읽어주시면 좋을 텐데. 진짜 안 졸리거든요. 신발 보여줄까요? 나는 채드랑 결혼할 거예요. 채드가 누군지 알아요? 걔는 배트맨 망토가 있어요. 지금 동화책 읽어주면 안 돼요?"

"마리아예요. 나는 머리가 길고 항상 드레스를 입어요. 그리고 이제 네 살하고 9개월이 되었어요. 칼리랑 가장 친한데, 그 애는 가끔 나랑 안 놀아요. 칼리는 네 살 반이에요. 그땐 지나랑 놀아요. 칼리랑 지나랑 점심 먹는 게 좋아요. 걔네랑 나란히 앉는 게 좋아요. 책상에 마주보고 앉는 건 싫어요. 선생님들이 뭔가 가르쳐줄 때가 좋아요."

이 책은 우리, 즉 아이들에 대한 책이에요. 우리는 한 명 한 명이 다 달라요. 세 살이라고 해서, 다섯 살이라고 해서 우리가 같은 것은 아니죠. 하지만 여러분이 아는 아이들에게서도 우리의 모습을 조금씩 발견할 수 있을 거예요. 이 책은 우리를 이해할 수 있게, 우리에게는 이 세상이 어떤 모습일지 살펴볼 수 있게 도와줄 거예요. 이 책에는 우리가 잘 자랄 수 있게 돕는 방법과 우리를 격려하고 가르치는 방법에 대한 아이디어가 많이 있어요. 우리는 비슷하면서도 달라요. 우리는 사랑받고 싶어요. 이 책은 우리를 사랑하는 사람을 위한 책이에요.

| 차례 |

들어가며 | 아이들을 위하여　　　　　　　　　● 4

1장　왜 긍정의 훈육이 필요한가　　　　● 9
2장　긍정의 훈육과 내 아이　　　　　　● 35
3장　아이의 발달 단계를 이해하기　　　● 51
4장　기적의 두뇌 : 학습과 발달　　　　● 77
5장　나도 할 수 있어! : 시작의 기쁨과 어려움　● 97
6장　아이의 기질을 이해하고 받아들이기　● 117
7장　아이의 감정을 이해하고 소통하는 법　● 143
8장　아이의 문제 행동이 보내는 메시지　● 165
9장　가정에서의 어긋난 목표　　　　　● 179

10장 유치원에서의 어긋난 목표 · 203

11장 넌 내 생일 파티에 오지 마! : 아이에게 필요한 사회생활 기술 · 223

12장 잠자리 전쟁 끝내기 : 아이와 수면 · 253

13장 나 이거 안 먹어! : 아이와 식생활 습관 · 273

14장 배변 문제 해결하기 : 아이와 화장실 · 291

15장 보육 서비스를 선택하고 더불어 생활하기 · 307

16장 아이를 위한 가족회의와 학급회의 · 333

17장 첨단 기술과 문화의 영향에 대처하기 · 351

18장 아이에게 사회적 지원이 필요할 때 · 363

19장 한 가족으로 나아가기 · 383

결론 · 401

1장

왜 긍정의
훈육이 필요한가

　자녀양육을 위한 부모교실은 항상 취학 전 자녀를 둔 부모로 가득 찬다. 자녀양육 인터넷 포럼은 "네 살짜리 우리 아이는 왜 자꾸 깨물까요?" "어떻게 하면 여섯 살 된 우리 아이가 밤에 자기 침대에서 잘까요?"와 같은 질문으로 가득 차 있다. 아동 발달 전문가와 유치원 원장, 상담사의 사무실에서도 어린 아이를 둔 부모들은 도대체 지금 뭐가 어떻게 되고 있는지를 묻느라 정신이 없다. 부모들의 이야기를 잠시 들어 보자.

　"아이는 우리 삶의 행복이었어요. 다들 '미운 두 살'이 되면 다를 거라고 해서 두 살이 되면 쉽지 않을 거라고 예상하고 있었어요. 그런데 아무 문제가 없더라고요. 문제는 세 살 때부터 시작됐어요. 이제는 뭘 어떻게 해야 할지 모르겠어요. 우리가 '까만색'이라고 하면 아이는 '흰색'이라고 말해요. 우리가 이제 잘 시간이라고 하면 아이는 졸리지 않다고 대답해요. 이라도 닦아주려고 하면 전쟁을 치러야 할 정도예요.

그렇다 보니 우리가 뭔가를 단단히 잘못하고 있다는 생각이 들어요!"

"가끔 내 말소리가 제대로 나오는지 의심스러울 정도예요. 우리 다섯 살배기 딸에겐 내 말이 하나도 안 들리나 봐요. 내 말을 전혀 들으려고 하지 않아요. 우리 딸은 앞으로도 계속 이럴까요?"

"우리는 아들이 말을 배우길 무척 기다렸어요. 그런데 이제는 아들의 말을 멈출 수가 없어요. 이 아이는 '그래서?'를 붙이면 어떤 대화든 끝낼 수가 없다는 것을 알았나 봐요. 이 아이는 우리에게 기쁨인 동시에 절망이 되었어요."

앞으로 나올 내용을 읽어보면 알겠지만(아니면 이미 눈치 챘을 테지만), 만 3~6세는 유아뿐 아니라 부모나 양육자 모두 바쁘고 정신없는 시기다. 유아기에는 신체적으로 활동량이 많고 에너지가 넘친다. 학자들이 인간의 일생 중 만 3세 때 육체적 에너지가 가장 폭발한다고 말할 정도이니, 한창 지쳐 있을 부모보다 아이의 기력이 좋은 것은 말할 것도 없다. 감정적·인지적·신체적 발달에다 타고난 열정을 바탕으로 아이들은 자신을 둘러싼 세계를 무섭게 탐구한다. 그렇게 아이들은 사회생활을 배우고 익히며, 가족이라는 안식처를 떠나 세상으로 나아간다. 그리고 유아들도 얼마든지 자기 나름대로 세상이 어떻게 돌아가야 한다는 생각을 가질 수 있다. 끊임없이 탐구하고 실험하고자 하는 열정에서 나온 그들의 생각은 종종 부모나 양육자의 기대에서 벗어날 때가 있다.

이 책의 내용이 우리가 어렸을 때 통용되던 담론과는 조금 다르다는 것을 미리 말해두겠다. 이 책을 읽는 동안 친절하면서 동시에 단호해야 한다는 등의 개념을 발견할 것이며, 자녀와 함께 해결책을 찾아나갈 것이다. 또한 사회생활과 일상생활에 필요한 기술을 가르치는 것의 중요성을 깨달을 것이며, 자녀양육을 위기와 혼란의 연속으로 보는 것이 아니라 장기적 임무로 보는 것이 얼마나 중요한지 깨달을 것이다. 이 책을 읽으면서 문득 '과거에 잘나가던 자녀 훈육법'은 이제 어떻게 된 건지 궁금할 수도 있다. 요즘에 나온 양육법에 대해 미국 소아과 의사이자 『유아와 육아Baby and Child Care』를 집필해 전 세계적으로 육아에 큰 영향을 미친 벤저민 스포크 박사(또는 우리 할머니)는 어떻게 생각할까?

아들러와 드라이커스: 자녀양육의 선구자

긍정의 훈육은 알프레드 아들러와 그의 동료인 루돌프 드라이커스Rudolf Dreikurs의 업적에 기반을 두고 있다. 아들러는 오스트리아 빈에서 정신과 의사로 일했고, 지그문트 프로이트와는 시대를 공유한 사람이었다. 그러나 아들러는 프로이트와 거의 모든 면에서 의견 대립을 보였다. 아들러는 인간 행위가 소속과 중요성, 유대, 가치에 대한 열망으로부터 시작된다고 믿었다. 그리고 이 열망은 자기 자신과 타인, 주위 환경에 대해 지금까지 우리가 내려온 결정에 영향을 받아서 형성된다고 했다. 흥미롭게도 최근 발표된 연구에 따르면 아이들은 태어나면서부터 타인과의 관계를 추구하도록 '입력되어' 있으며 가족, 학교, 공동체와 안정적으로 결속되어 있다고 느끼는 아이일수록 문제 행동을 보이는 경향이 낮다고 한다. 아들러는 (아동을 포함한) 모든 사람이 존엄성을 인정받아야 할 권리를 평등하게 가졌다고 믿었으며, 이런 주장은 그가 이민 온 이래 자신의 조국으로 굳게 믿은 미국에서 따뜻한 환대를 받았다.

오스트리아 빈의 정신과 의사이자 아들러의 제자였던 루돌프 드라이커스 역시 1937년에 미국으로 이민을 결심했다. 드라이커스는 가족뿐 아니라 인간의 모든 관계에서는 존엄과 상호존중이 반드시 필요하다고 강하게 주장했다. 그는 자녀양육의 고전인 『민주적인 부모가 된다는 것』을 비롯해 지금까지도 널리 읽히고 있는 자녀 교육과 양육에 대한 여러 저서를 집필했다.

앞으로 배우겠지만, 많은 사람이 아동에게 '문제 행동'이라고 지적하는 것들 가운데 상당수는 오히려 감정적·신체적·인지적 발달과 관련해 나이에 걸맞은 행동인 경우가 많다. 어린 아이일수록 가르침과 인내, 사랑이 필요하다(이것이 바로 '긍정의 훈육'의 훌륭한 정의다).

긍정의 훈육이란 무엇인가

긍정의 훈육은 전통적인 훈육과 다르며 유아기 아동에게 매우 효과적이다. 긍정의 훈육은 (많은 사람이 훈육과 동의어라고 생각하는) 벌주는 것과는 전혀 관계가 없으며, 오히려 중요한 사회생활과 일상생활 기술을 가르치는 것에 가깝다. 유아에게 훈육은 내 아이가 어떤 '행동'을 하기를 바라는 것이라기보다는 나 자신이 어떤 행동을 할지 결정하고 그것을 친절하고도 단호하게 지켜나가는 것을 의미한다. 자녀가 자라서 여러모로 능숙해지면, 그때는 자녀에게 힘을 모아 문제를 해결하자고 하거나 행동에 제한선을 두자고 말할 수 있다. 이렇게 해야 아이도 자신의 사고 능력을 활용할 수 있고, 자기도 무언가를 할 수 있다고 느끼며, 자신의 힘과 자율성을 보다 유용한 방향으로 사용하는 법을 배운다. 자신이 함께 만들었으므로 문제 해결책이나 행동의 제한선을 기꺼이 따르는 것은 말할 것도 없다. '긍정의 훈육'에 있어 이런 기본 원칙은 당신과 자녀가 사랑과 존중의 관계를 형성하는 데 도움을 주며, 앞으로도 계속해서 문제를 함께 해결해 나갈 수 있게 해줄 것이다.

긍정의 훈육을 하기 위해서는 다음과 같은 것이 필요하다.

- **상호존중** 부모는 자신의 입장과 객관적 상황을 존중함으로써 단호함을 보여주며, 아이의 요구와 인격을 존중하여 자상함을 보여준다.
- **행동 뒤에 숨은 믿음을 이해하기** 인간의 모든 행동에는 목적이 있다. 아이가 하는 행동의 동기가 무엇인지 먼저 이해한다면 훨씬 더 효율적으로 아이의 행동을 바꿀 수 있다(아이는 태어나는 순간부터 믿음을 만들기 시작하고, 이를 바탕으로 자신의 성격을 형성한다). 이 믿음을 다루는 것은 행동 자체를 다루는 것만큼이나 중요하다(더 중요하다고 말하기 어려울 수도 있다).
- **효율적인 의사소통** 부모와 아이는 (아이가 아무리 어리더라도) 귀를 기울여 듣는 법과 자신에게 필요한 것을 요구할 때 정중한 언어를 사용하는 법을 배워야 한다. 아이들에게 뭘 말하고 뭘 생각할지 다 정해줄 때보다 스스로 생각하고 참여하는 기회를 줄 때 그들이 훨씬 더 잘 '듣는다'는 것을 알게 될 것이다. 이를 통해 부모는 자신이 바라는 방향으로 자녀를 이끄는 방법을 배울 수 있게 된다.
- **아이의 세상을 이해하기** 아이는 여러 발달 단계를 거친다. 아이가 마주하고 있는 발달 과업이 무엇인지를 파악하고, 몇째 아이로 태어났는지, 성격은 어떤지, 사회생활 능력과 감정 조절 능력은 어느 정도인지 등 다른 여러 변수를 고려한다면 자녀의 행동을 이해하기가 한결 쉽다. 아이들의 세상을 이해해야 자녀의 행동에 더 나은 대응을 할 수 있다.
- **훈육이 가르치는 것** 효과적인 훈육이란 가치 있는 사회생활과 일상생활 기술을 가르치는 것으로, 방임이나 처벌이 아니다.
- **처벌보다 해결책에 집중하기** 아이를 탓한다고 문제가 해결되지 않는다. 가장 먼저 당신 자신이 문제점이나 도전 과제에 어떻게 접근할 것인지를 결정해야 한다. 그러나 자녀가 자라면 음료수 엎지르기나 잠자리 들기 전 전쟁을 치르기 등 당면한 문제에 대해 아이를 존중하면서

도 효과가 탁월한 해결책을 함께 찾아나가는 법을 배우게 될 것이다.
- **격려와 칭찬** 격려와 칭찬은 노력과 발전을 축하하는 것이지 성공했을 때만 하는 것이 아니다. 또한 격려와 칭찬은 아이들이 자신의 능력에 자신감을 갖도록 도와준다.
- **아이들은 기분이 좋아지면 행동도 좋아진다** 바른 아이로 자라도록 하려면 부모는 아이에게 수치심이나 굴욕감, 고통을 주어선 안 된다. 아이들은 자신이 격려받고 사랑받고 결속되어 있다고 느낄 때 타인과 협력하고 새로운 기술을 배우며 존경과 사랑을 표현하고자 하는 의욕을 더 강하게 느낀다.

훈육에 대해 조금 더

이런 부모들의 이야기를 어디서 많이 들어보았을 것이다.

"훈육과 관련해서 안 해본 것이 없어요. 하지만 아무 소용이 없었어요! 네 살짜리 딸은 너무 까다롭고 이기적이고 고집이 세요. 도대체 뭘 어떻게 해야 할지 모르겠어요?"

"뭘 해도 소용없을 땐 어떻게 해야 하나요? 다섯 살 먹은 아이에게 타임아웃 기법을 시도해 봤어요. 잠시 장난감을 뺏거나 텔레비전을 끄는 식으로요. 엉덩이를 때려보기도 했어요. 하지만 끄떡도 안 해요. 무례하고 버릇없고 완전히 제멋대로예요. 앞으로 뭘 어떻게 해야 하나요?"

"다섯 살 된 열다섯 명의 아이와 함께 생활하는 교사입니다. 우리 반에 매일같이 싸우는 두 아이가 있는데, 그렇다고 두 아이는 다른 애들과 어울려 놀지도 않아요. 타임아웃 기법을 써서 둘이 같이 놀면 쉬는 시간을 뺏겠다고 경고도 해봤는데 소용없어요. 오늘 아침엔 한 애가 다른 애의 그림을 찢어 소리를 지르기까지 했고요. 더 이상 어떻게 해야 할지 모르겠어요. 도무지 제 말을 듣질 않아요. 이 아이들을 어떻게 훈육해야 할까요?"

사람들은 '훈육'이라고 하면 대개 '처벌'을 생각한다. 두 단어의 개념이 같다고 생각하기 때문이다. 부모와 교사는 소리를 지르고 훈계를 한다든지, 엉덩이나 손바닥을 때린다든지, 장난감이나 다른 혜택을 빼앗는다든지, "네가 무슨 짓을 했는지 곰곰이 생각해 봐"라고 하면서 징벌적 의미에서의 타임아웃을 시키곤 한다. 그러나 그 순간 처벌이 효과적인 듯 보여도 진정으로 바라는 장기적 학습이 이루어지거나 사회생활과 일상생활 기술이 습득되지는 않는다. 그저 아이와 어른을 무턱대고 힘겨루기 속에 몰아넣어 어려운 상황을 더 안 좋게 만들 뿐이다.

긍정의 훈육은 전혀 다른 전제에서 출발한다. 아이(와 어른)는 기분이 좋아지면 행동도 좋아진다는 것이다. 긍정의 훈육은 가르치고(훈육의 참 뜻은 '가르치다'이다), 이해하고, 격려하고, 소통하는 것이지 벌주는 것이 아니다.

대부분의 사람은 훈육에 대해 부모나 우리 사회, 오래된 전통과 가설로부터 얻은 관념이 있다. 그래서 아이들은 반드시 고생을 (아주 조금이라도) 해봐야 하며, 그렇지 않으면 무언가를 제대로 배울 수 없다고 믿는다. 그러나 지난 수십 년간 우리 사회와 문화는 빠르게 변해왔으며, 아이가 어떻게 배우고 자라는지에 대한 이해도 바뀌었다. 그런 만큼 아이들이 유능하고 책임감 있으며 자신감 넘치는 어른으로 자라도록 가르치는 방법도 바꾸어야만 한다. 단기적으로 보면 처벌이 효과적으로 보일 수도 있다. 그러나 시간이 지날수록 반항이나 저항을 불러일으키며, 아이가 자신의 가치를 인식하지 못하게 만들 수도 있다. 이보다 더 좋은 방법이 분명히 있다. 그리고 이 책은 그것을 발견하도록 최선을 다해 도울 것이다.

아이들에게 진정으로 필요한 것

바라는 것과 필요한 것은 다르다. 그리고 아이에게 필요한 것은 생각보다 단순하다. 물론 진정한 필요는 반드시 충족되어야만 한다. 그러나 아이가 바라는 모든 것에 끌려다니면 자녀는 물론 부모에게까지 큰 문제가 될 수 있다.

예를 들어 아직 어린 아이에게는 먹을거리와 쉴 장소, 보살핌이 필요하다. 아이들은 편안하고 안전한 환경이 필요하다. 이는 아이 방에 초소형 컴퓨터와 텔레비전이 필요하다는 뜻이 아니다. 아이팟이나 미니카가 필요하다는 뜻도 아니다. 아이들은 텔레비전 보는 것을 아주 좋아하긴 하지만, 전문가들은 유아기에 장시간 화면을 보는 것은 두뇌 발달에 지장을 줄 수 있다고 지적한다(이에 대해서는 뒤에서 더 자세히 다루겠다). 또한 아이는 엄마 아빠와 같이 자고 싶어 할 수 있지만, 그래도 자기 방에서 혼자 자는 법을 배우면서 자립심을 기르고 자신의 가능성을 하나씩 발견해 나가야 한다. 아이는 감자튀김과 콜라를 좋아할 수 있지만, 그렇다고 그걸 자꾸 주면 소아(그리고 성인) 비만으로 가는 길을 터줄 수도 있다. 이 정도면 무슨 말인지 이해됐을 것이다.

태어날 때부터 아이에겐 다음의 네 가지 기본 요소가 필요하다. 이 요구들을 충족시켜 준다면 아이는 유능하며 재치 있고 행복한 인간으로 자라날 수 있다.

소속감과 자신이 중요한 사람이라는 느낌

"뭐 당연하죠. 아이에게 소속감이 필요하다는 것은 누구나 아는 사실 아닌가요"라고 말할지도 모른다. 대부분의 부모는 자녀에게 진정으로 필요한 것은 단순히 사랑이라고 믿는다. 그러나 사랑만으로 소속감이나 자신이 중요하다는 느낌을 가질 수 있는 것은 아니다. 사실 사랑으로 말미암아 부모는 때때로 아이를 버릇없이 키우기도 하고, 아이에게 벌을 주기도 하며, 장기적으로는 아이가 가장 큰 관심을 가진 분야를 놓쳐버리기도 한다.

아이든 어른이든 사람은 모두 소속감을 느껴야만 한다. 우리는 행동과 능력에 상관없이 있는 그대로의 모습으로 받아들여지기를 원한다. 특히 어린 아이들에겐 소속감에 대한 필요성이 훨씬 더 절박하다. 무엇보다 그들은 자신을 둘러싼 세계가 어떤 곳인지, 그 안에서 자신이 있을 곳이 어디인지에 대해 계속 배워가는 중이다. 그들은 자신이 아무리 떼를 쓰고, 음식을 엎지르고, 아빠의 낚싯대를 부러뜨리고, 부엌을 엉망으로 만들어도 계속 사랑받는다는 것을 느끼고 싶어 한다.

소속을 확신하지 못하는 아이는 좌절하고, 좌절한 아이는 문제 행동을 보인다. 여기서 단어 '확신'에 주목해야 한다. 물론 부모는 아이가 자신에게 속해 있으며, 매우 중요한 존재임을 잘 알고 있다. 그러나 동생이 태어난다든가 하는 이유로 그것을 확신하지 못한다면 아이는 어긋난 방법을 통해 자신의 소속감과 자신이 중요하다는 느낌을 찾으려고 한다. 실제로 어린 아이들의 문제 행동 가운데 대부분은 아이들이 지금 소속감을 느끼지 못하고 있으며, 부모의 관심과 시간, 가르침, 양육자와의 유대감이 필요하다는 것을 알리기 위한 일종의 '신호'다.

가족 모두에게 소속감과 자신이 중요한 존재임을 느끼게 해준다면, 가정은 평화롭고 서로 존중하며 안정감으로 충만한 곳이 될 수 있다.

가능성에 대한 인식

스스로 실천해볼 기회를 주지 않으면 아이는 의사결정을 하거나 새로운 기술을 배우거나 자신의 능력을 신뢰하는 법을 배우지 못할 것이다. 취학 전 자녀를 양육하는 데 가장 중요한 점은 아이가 직접 해보도록 하는 것이다.

가능성에 대한 인식을 북돋우는 방법은 앞으로 더 자세히 알아보겠지만, 여기선 일단 다음 내용을 유념해두는 것이 좋다. 말만 가지고 아이의 마음속에 자신감과 자신이 유능하다는 생각을 심어줄 수 없다. 아이들은 직접 자신의 능력과 자립심을 경험해보고(실제로 뭔가를 성공적으로 끝내보고) 몇 가지 기술을 발전시켜 봐야 자신이 뭔가 할 수 있다고 느낀다.

개인적 역량과 자율성

알고 있겠지만, 자율성과 진취성을 기르는 것은 자녀의 초기 발달 과제 중 하나다. 아주 어린 아이조차 개인적 역량을 가지고 있으며, 그들은 그것을 활용하는 방법을 빠르게 습득한다. 믿기 어렵다면 입을 삐쭉 내밀고 팔짱을 낀 채 "싫어! 안 할 거야!"라고 단호하게 소리 지르는 네 살짜리 아이를 떠올려보라.

부모로서 당신의 임무 가운데는 아이가 넘치는 에너지를 긍정적인 방향, 즉 문제를 해결한다든가 일상생활 기술을 익힌다든가 타인을 존중하고 그들에게 협조하는 방향으로 성장하도록 돕는 것도 있다. 처벌로는 꼭 필요한 이런 가르침을 줄 수가 없다. 이는 효율적이면서도 애정 어린 훈육을 통해서만 가능하다.

사회생활과 일상생활 기술

다른 아이들과 어울려 지내는 법, 스스로 밥 먹고 옷 입는 법, 책임감을 키우는 법 등 여러 가지 기술을 가르치는 것이 유아기 자녀양육의 대부분을 차지한다. 그러나 배워야 할 사회생활의 기술과 실용적인 일상생활 기술은 끝이 없다. 사실 진정한 자존감은 사랑받고, 칭찬받고, 갖고 싶은 것에 둘러싸여 있다고 해서 생기는 것이 아니라 기술을 익히는 데서 생긴다.

어릴 때 아이들은 부모 흉내 내기를 좋아한다. 곁에서 잘 지켜봐야 하겠지만, 아이는 어른과 함께 못질을 하고, 빨래를 하고, 아침밥을 차리고 싶어 할 것이다. 아이가 할 수 있는 것이 많아지면 부모 역시 일상생활에서 아이가 유능한 어른으로 성장하도록 많은 것을 가르쳐줄 수 있다. 때로는 집이 난장판이 되기도 하겠지만, 그 역시 아이를 키우는 데 있어 빼놓을 수 없는 즐겁고도 소중한 시간이다.

비처벌식 양육법을 받아들이지 않는 이유

모든 아이(와 부모)는 각기 고유한 존재이므로 한 가지 문제에 다양한 비처벌적 해결책이 있기 마련이다. 그런데 강연이나 부모교실에서 만나는 부모 가운데는 이런 해결책을 곧바로 이해하거나 받아들이지 않는 사람들이 있다. 긍정의 훈육은 패러다임의 전환(훈육에 대한 아주 급진적인 사고의 전환)이 필요하다. 처벌에 사로잡힌 부모들은 때때로 잘못된 질문을 한다. 그들은 주로 다음과 같은 것을 알고 싶어 한다.

- 어떻게 하면 아이가 말을 잘 듣게 할 수 있는가?
- 어떻게 하면 아이가 "안 돼"라는 말을 받아들이게 할 수 있는가?

- 어떻게 하면 아이가 부모 말을 경청하게 할 수 있는가?
- 어떻게 하면 이러저러한 문제를 해결할 수 있는가?

근시안적인 사고에 갇힌 부모들은 이런 질문의 해답을 얻고 싶어 한다. 그러나 부모들이 제대로 된 질문을 갖고 이런 변화를 적용시키는 과정에서 자신과 자녀에게 나타나는 결과를 보면 그들도 비처벌적 대안을 찾으려고 노력할 것이다. 그렇다면 제대로 된 질문이란 무엇인가? 다음 질문으로 시작해볼 수 있다.

- 어떻게 하면 아이가 자신에게 능력이 있다고 느끼도록 도울 수 있는가?
- 어떻게 하면 아이가 소속감과 자신이 중요하다는 생각을 갖도록 도울 수 있는가?
- 어떻게 하면 아이가 상호존중, 협력, 문제해결 능력을 키우도록 도울 수 있는가?
- 어떻게 하면 아이의 세계로 들어가서 발달 과정을 이해할 수 있는가?
- 어떻게 하면 문제 상황을 나와 아이가 무언가 배울 수 있는 기회로 전환시킬 수 있는가?

이런 질문은 장기적 사고를 기반으로 하여 보다 큰 그림을 제공해줄 것이다. 우리는 부모가 장기적 차원의 질문을 해결하면 단기적 문제는 저절로 해결된다는 것을 발견했다. 소속감과 자신이 중요한 존재라는 생각을 가지게 되면 아이들은 대부분 '말도 잘 듣고' 협조적으로 바뀐다. 또한 아이들이 적절한 발달 단계에 이르러 문제 해결책을 찾는 데 참여하게 되면 "안 돼"라는 말도 이해하게 될 것이다. 부모가 자녀의 이야기를 먼저 경청하고, 아이가 잘 들을 수 있는 방식으로 설명해준다면 아이들도 부모의 말을 경청하게 될 것이다. 아이들이 해결 과정에 함께 참여하는 경우 문제를 더 쉽게 풀어갈 수 있다.

이 책은 매 장마다 긍정의 훈육과 관련된 조언을 제공한다. 이 장에서는 왜 징벌적 훈육법을 쓰면 안 되는지를 알려줄 것이다. 그리고 아이가 유능하고 사랑이 충만한 어른으로 성장할 수 있게 도와주는 비처벌식 양육법을 제안할 것이다.

적용해선 안 되는 훈육법

부모라면 한 번쯤 이런 경험을 해본 적이 있을 것이다. 그러나 악을 쓰거나 소리를 지르거나 크게 야단을 쳤다면 그만두어야 한다. 엉덩이를 때린 적이 있다면 그것도 그만두어야 한다. 위협하거나 겁을 줘서 아이를 순종하게 만들려고 했다면 이 역시 그만두어야 한다. 이런 방식은 모두 무례한데다 지금 당장은 물론이고 미래에까지 아이에게 의심이나 수치심, 죄책감, 반항심을 키워줄 뿐이다. 궁극적으로 처벌은 아이를 더욱 삐뚤어지게 한다(장기적으로 봤을 때 처벌이 부정적 효과를 보인다는 것을 증명하는 학술 연구도 많이 나와 있다. 그러나 이런 연구들은 대개 학술 잡지에 숨어 있어 부모들이 찾아보기 어렵다).

이렇게 생각할 수도 있다. "잠깐만요, 우리 부모님은 이 방법으로도 저를 잘 키웠는데요? 우리 부모님이 저를 가르치던 방법을 다 빼앗아가고 있잖아요. 그럼 어떻게 해야 하나요? 애들이 하고 싶다는 대로 하게 내버려둬야 하나요?" 물론 그렇지 않다. 방임은 아이를 존중하는 것이 아니며, 일생생활에서 터득해야 하는 중요한 기술을 가르쳐주지도 못한다. 사실 우리는 나 자신이 아닌 타인의 행동을 완전히 통제할 수 없다. 자녀를 통제하려 하면 할수록 문제만 커지고 힘겨루기만 일어날 뿐이다. 이 장에서 우리는 아이가 자신의 성격을 형성하고 중요한 일상생활 기술을 기르도록 부모가 도와주고자 할 때 (친절하고도 단호한 자세로 임한다면) 아이의 협력을 이끌어내는 몇 가지 방법을 살펴볼 것이다.

위협적인 환경에서는 긍정적 학습이 이루어질 수 없다는 것을 인정하면 매사에 활기 넘치고 도전적인 아이와도 수월하게 지낼 수 있다. 아이들은 두렵거나 화가 나거나 상처 입었다고 느끼면 절대 말을 듣지 않는다. 처벌은 학습 과정을 틀어지게 할 뿐이다.

긍정의 훈육을 실행하는 8가지 방법

아이가 자신이 알아야 하는 것을 배우게 도와줄 수 있는 방법으로 뭐가 있을까? 벌을 주는 것이 소용없다면 무엇을 해야 할까? 다음은 몇 가지 제안이다. 먼저 자녀의 개인적 발달에서 지금 시기가 결정적이라는 사실을 명심해야 한다. 또한 모든 아이에게 동시에 똑같이 통하는 방법은 없다는 사실도 명심해야 한다. 세상 누구와도 다른 내 아이가 자라고 변해갈수록 부모 역시 계속 계획을 점검해야 한다. 다음 아이디어들은 효과적으로 자녀양육을 해나갈 수 있는 기반을 마련해줄 것이다.

자녀를 동참시켜라

교육 education은 '앞으로 끌다'라는 의미의 라틴어 'educare'에서 왔다. 이것을 보면 끝없는 요구와 훈계로 무언가를 구겨 넣으려고 할 때 아이가 왜 그토록 말을 들으려고 하지 않는지 이해될 것이다.

아이에게 무엇을 하라고 직접 말하기보다는 아이를 의사결정에 참여시키고 자신이 인지하고 생각한 것이 무엇인지 털어놓게 하는 길을 찾아야 한다. '무엇을'과 '어떻게'로 시작하는 호기심을 자극하는 질문을 해보는 것도 한 가지 방법이다. "도로 경계석에 세발자전거를 밀어붙이면 어떻게 될 것 같아?" 또는 "유치원에 가려면 뭘 준비해야 하지?"라고 물어보자. 의사결정에 동참한 아이는 자신이 가진 건강한 힘과 독립심을 느끼게 될 것이다. 아직 말을 배우지 못한 아이에게는 친절하면서 단호하게 앞으로 해야 할 일을 일러주면서 "이제 우리는 ＿＿＿를 해보자"고 제안한다.

아이를 부모와 협력하여 문제를 해결하는 데 참여하게 하는 아주 효과적인 방법이 몇 가지 있다.

일과를 함께 계획하라 어린 아이는 지속적인 반복을 통해 배우는 것이 가장 좋다. 따라서 아이와 함께 일과를 짠다면 가족생활의 변화에 따른 어려움을 덜어줄 수 있다. 여기서 일과는 기상, 취침, 저녁식사, 쇼핑 등 반복해 일어나는 모든 일을 말한다. 아이에게 일과표를 만드는 것을 도와달라고 부탁해보자. 그리고 잠자리에 들기 등 일과에 넣어야 할 일에는 무엇이 있는지 물어보고, 일의 순서 정하는 것을 도와달라고 하자. 이때 아이가 한 모든 작업을 사진으로 찍어 나란히 붙여둔다. 그러고 나서 아이에게 사인펜과 스티커로 일과표를 꾸며달라고 한다. 이 일이 끝나면 이것을 아이가 볼 수 있는 곳에 붙여두고 일과표대로 해야 하는 상황을 만든다. 만약 아이의 주의가 흐트러진다 싶으면 "일과표에서 다음 해야 할 일이 뭐야?"라고 물어보면 된다(이것을 별 스티커나 점수표와 혼동하지 않도록 주의하자. 별 스티커는 아이를 상에만 관심을 갖게 만들어 자신에게 능력이 있다고 느낄 기회가 줄어든다).

제한된 선택지를 제공하라 선택의 기회가 있다는 것은 아이에게 자신의 힘을 실감하는 기회를 준다. 스스로 이것일지 저것일지를 정할 수 있는 힘 말이다. 또한 무엇을 선택할지 고민하는 과정에서 사고 기술을 활용하게 할 수도 있다. 게다가 자신의 선택으로 뭔가 도울 수 있는 기회가 생기면 아이들은 더욱 기뻐한다. "집에 도착하면 장본 것 냉장고에 넣을 거야, 아니면 동화책 읽을 거야? 네가 정해." "차까지 담요를 들어줄 거야, 아니면 과자봉지를 들어줄 거야? 네가 정해." 물어볼 때 "네가 정해"라는 말을 덧붙이면 아이는 자신의 힘을 더 강하게 느낄 수 있다. 선택지는 발달 과정상 적절해야 하며, 부모에게도 부담이 없어야 한다는 점을 명심하라. 만약 자녀가 제3의 선택지를 원한다면 "그건 고를 수 없어. 이것과 저것 중에서 골라야 해"라고 말하면 된다.

도울 기회를 제공하라 어린 아이들은 차에 타라는 명령에는 곧잘 저항하지만 "엄마 좀 도와줄래. 열쇠를 차에 갖다놔 줄 수 있어?"와 같은 부탁은 기꺼이 들어준다. 이런 식으로 창의성을 활용해 힘겨루기와 전쟁의 장이었던 활동을 웃음과 친근감을 가져다주는 기회로 만들 수도 있다. 아이에게 도울 기회를 주는 것은 (심지어 도와주는 게 아니라 더 어질러지거나 불편해진다고 해도) 나중에 서로 협력할 수 있는 기반이 되기도 한다.

존중하는 모습을 몸소 보여주며 상호존중을 가르쳐라

부모들은 흔히 아이에게 존중하는 모습을 보여줘야 하는 것이 아니라 아이가 존중하는 모습을 보여야 한다고 생각한다. 그러나 아이들은 존중이 실제로 어떤 것인지 눈으로 봐야 비로소 배울 수 있다. 그러므로 부탁할 때 존중하는 태도를 보여라. 아이가 자기 일에 푹 빠져 있다면 '지금 당장' 시킨 것을 하길 바라선 안 된다. 먼저 예고를 하는 것이 좋다. "이제 곧 가야 하는데, 마지막으로 그네를 한 번 더 탈까, 아니면 미끄럼틀을 한 번 더 탈까?" 크기가 작은 타이머를 들고 다니면서 아이에게 1~2분 정도 시간 맞추는 법을 가르쳐준다. 그리고 타이머를 아이 주머니에 넣어 소리가 울리면 스스로 떠날 준비를 할 수 있게 한다.

예를 들어 공원 한가운데서 아이 엉덩이를 때리는 것처럼 아이에게 수치심과 굴욕감을 느끼게 하는 것은 아이를 존중하는 자세가 아니라는 것을 명심해야 한다. 그리고 존중받지 못하고 자란 아이는 대개 받은 만큼 돌려준다. 친절함과 단호함을 통해 자녀의 존엄과 부모 자신의 존엄, 상황적 요구를 모두 존중하는 마음을 보여줘야 한다.

유머 감각을 활용하라

아이 키우는 것이 지루하고 재미없어야 한다고 정한 사람은 없다. 웃음이 어떤 상황에 접근하는 가장 좋은 방법인 경우도 많다. "장난감을 치우지 않는 아이를 잡으러 온 간지럼 귀신이다"라고 말해보자. 함께 웃는 법과 재미없는 일을 빨리 해치울 수 있는 게임을 만드는 방법을 배워보자. 유머는 가장 훌륭하고도 즐거운 양육 기법 가운데 하나다.

네이선은 칭얼대는 습관이 있었는데 베스는 그럴 때면 어떻게 대처해야 할지 몰랐습니다. 말도 걸어보고 설명도 해보고 무시도 해보았지만 다 소용이 없었습니다. 어느 날 베스는 절박함에 못 이겨서 무언가를 시도했습니다. 네이선이 주스를 달라고 떼쓰자 베스는 우스꽝스러운 표정으로 아이를 바라보며 "엄마 귀가 이상해졌어. 네가 떼쓰면 아무것도 들리지 않아!"라고 말했습니다. 네이선이 다시 주스를 달라고 떼썼지만, 베스는 귓가에 모기가 윙윙대는 것처럼 주변을 돌아보며 머리를 흔들고 귀를 털었습니다. 네이선이 다시 한 번 칭얼대자, 베스는 또다시 머리를 흔들었습니다. 그러자 그 작은 아이가 한숨을 쉬더니 침착한 목소리로 "엄마, 주스 먹어도 돼요?"라고 말하는 것이었습니다. 베스가 돌아서서 바라보자 아이는 "부탁해요"라고 덧붙였습니다. 베스는 활짝 웃으며 아이를 번쩍 안았습니다. 그리고 "정중하게 부탁하니까 네 말이 너무 잘 들리네"라고 말했습니다. 그날부터 네이선이 떼를 쓰면 베스는 머리를 털고 귀를 흔들기만 하면 되었습니다. 그러면 네이선은 차분하게 다시 말했습니다.

모든 일을 다 가볍게 다루려고 해선 안 된다. 그러나 간지럼 대결이나 베개 싸움이 언제든 갑자기 일어날 수 있다는 것을 아이들이 알게 된다면 규칙 지키는 것을 덜 어렵게 느낄 수도 있다. 가벼운 마음으로 함께 웃는 시간은 훈육을 중시하는 곳에서도 충분히 효과적이며, 모든 사람의 삶을 보다 즐겁게 만들 수 있다.

자녀의 세계에 동참하라

자녀의 발달에 대한 필요와 한계를 이해하는 것은 아이를 키우는 데 아주 결정적인 역할을 한다. 능력이 부족해 무언가가 마음대로 되지 않아 아이가 기분이 좋지 않거나 짜증을 낼 때는 진심으로 공감해주어야 한다. 공감해주는 것은 다름이 아니라 이해해주라는 뜻이다. 아이를 꼭 안아주면서 "지금 기분이 안 좋지. 여기 계속 있고 싶다는 거 알아"라고 말해주라. 이렇게 자신의 감정을 충분히 느낄 수 있게 해준 뒤 아이가 그 자리를 떠나도록 조용히 이끌어주어야 한다. 아이를 슬픔과 절망에서 구해주고 싶은 마음에 계속 머물러 있게 한다면 아이는 절망을 딛고 일어서는 경험을 통해 배우는 기회를 놓치게 된다.

자녀의 세계로 들어간다는 것은 그들의 관점으로 세상을 바라본다는 것을 의미할 뿐 아니라 그들의 능력과 한계를 인식하는 것을 의미하기도 한다. 만약 당신이 아이라면 기분이 어땠을지 (그리고 어떤 행동을 했을지) 수시로 자문해보라. 그러면 아이의 눈으로 세상을 바라볼 수 있는

빛이 찾아들지도 모른다.

진심을 다해 이야기하고 친절함과 단호함을 가지고 그 말을 지켜나가라

대개 아이들은 부모가 진심으로 말하는지 그렇지 않은지 구별할 줄 안다. 따라서 진심을 담아 상대방을 존중하며 이야기하고, 존엄과 존중을 담아 실행에 옮길 것이 아니라면 말하지 않는 것이 가장 좋다. 이때는 짧게 말할수록 좋다! 이는 하면 안 되는 일에 대해 벌을 주는 대신에 할 수 있는 일을 아이에게 보여주거나 그쪽으로 유도하라는 뜻이다. 또한 집에 갈 시간이 되었을 때 아이와 싸우면서 서로 고집 부리는 것이 아니라 말없이 아이를 미끄럼틀에서 꺼내오라는 뜻이기도 하다. 이런 행동을 단호하게 친절하면서도 화내지 않고 실천에 옮길 수 있다면 효율적이면서도 서로를 존중하는 방법이 될 수 있다.

인내심을 가져라

발달 단계상 스스로 이해할 수 있는 시기가 오기 전까지 아이에게는 여러 가지를 반복하고 또 반복해 가르칠 수밖에 없다는 것을 받아들여야 한다. 예를 들어 아이에게 음식을 나눠먹으라고 말했을 때 거부한다면 아이가 당장 '나눔'이라는 개념을 이해하고 스스로 실천하기를 바라서는 안 된다. 아이가 나눠먹기 싫어한다고 해서 평생 이기적으로 살지 않을까 걱정할 필요는 없다. 단지 시간이 좀 필요할 뿐이다. 지금 아이는 자기 나이에 맞는 행동을 하고 있는 것이다. 아이의 행동이 부모에게 반항하는 거라고 받아들여선 안 된다. 그리고 아이가 부모에게 화가 나 있고, 못되게 굴며, 반항적이라고 생각해서도 안 된다. 말처럼 쉽지 않겠지만 어른스럽게 행동하고, 죄책감이나 수치심 느낄 것 없이 그저 필요한 일을 하면 된다.

말하지 말고 행동하라. 그리고 신중하게 감독하라

말은 최소화하고 행동은 극대화하라. 루돌프 드라이커스는 "입 다물고 행동을 해라"고 말했다. 조용히 아이의 손을 잡고 아이가 가야 할 곳으로 이끌어줘야 한다. 아이가 할 수 없는 것 대신에 할 수 있는 것을 보여줘야 한다. 그리고 아이가 아무리 똑똑하고 협조적이고 뭐든 빨리 배우더라도 아이의 행동을 잘 감독해야 한다는 것을 명심하라. 유아기 아동은 때로 충동적인 행동을 하기 때문에 앞으로 몇 년간 양육자의 꼼꼼한 주의가 필요하다.

아이의 개성을 인정하고 기꺼이 받아들여라

아이들은 각기 다른 환경에서 자라며, 서로 다른 장점을 가진다. 아이가 할 수 없는 것을 부모가 기대한다면 양쪽 모두 고통스러워질 뿐이다. 어떤 아이는 식당에서 몇 시간이고 조용히 앉아 있는데, 다른 아이는 뭘 줘도 몇 분이 채 지나지 않아 온몸을 뒤틀지도 모른다(3장과 6장 참고). 이때 그냥 그 사실을 받아들인다면 부모와 아이는 고뇌로부터 벗어날 수 있다. 우아한 식사는 어른끼리 모이는 자리에서 즐기거나, 다 같이 식사할 수 있을 만큼 아이가 자랄 때까지 기다리면 된다.

부모는 자신을 아이가 여러 가지를 배워 성공하게 도와주는 코치라고 생각하면 도움이 될 수도 있다. 또한 부모는 아이가 고유한 존재로서 어떤 사람인지를 알아가는 관찰자이기도 하다. 절대로 어린 아이의 능력을 과소평가해선 안 된다. 그러면서도 새로운 기회와 활동을 소개할 때는 세심하게 지켜봐야 한다. 아이의 관심사가 무엇인지, 아이가 스스로 할 수 있는 일이 무엇인지, 어른에게 도움을 받아 배워야 하는 것이 무엇인지 찾아내야 한다.

타임아웃 기법은 어떨까

널리 알려진 자녀양육 기법인 타임아웃 기법을 긍정의 훈육 관점에서 보면 어떨지 궁금할 수도 있을 것이다. 대부분의 부모는 타임아웃 기법을 활용하지만, 그것이 무슨 의미이고 어린 아이에게 어떻게 사용하는 것이 가장 좋은지 제대로 이해하고 있는 사람은 드물다.

긍정적 타임아웃은 아이(와 부모)가 차분하게 마음을 가라앉히고 함께 문제를 풀어나가도록 도와주는 효율적인 방법이 될 수 있다. 사실 기분이 나쁘거나 화가 나면 차분하고 이성적인 사고를 담당하는 뇌 부분을 활용하기가 어렵다. 처벌이 아닌 긍정적인 타임아웃은 모두에게 도움이 될 수 있다. 처벌적 의미의 타임아웃은 아이들을 이미 저지른 일로 고통받게 만든다는 점에서 과거지향적이다. 그렇다 보니 앞으로 어떤 일을 해야 할지 올바르게 결정하도록 도와주지 못한다. 반면 긍정의 타임아웃은 아이와 부모가 모두 뇌의 이성적인 부분을 활용할 수 있을 때까지 머리를 식힐 시간을 준다. 그리고 아이의 기분이 좋아지면 자기 통제 및 책임감과 관련해 긍정적인 결정을 내리는 법을 배울 수 있기에 미래지향적이다.

처벌이나 제약이라는 느낌을 없애기 위해 타임아웃이라는 용어를 바꾸어보면 어떨까? 긍정의 타임아웃을 '머리 식히기'나 '즐거움 자리'라고 바꿔 불러보는 것이다. 긍정의 타임아웃을 수행할 공간을 마련할 때 그 장소를 아이의 긴장감을 풀어주는 물건(부드러운 느낌의 장난감이나 책, 그림 도구, 좋아하는 담요 등)으로 채우도록 아이에게 도움을 청해보는 것도 좋은 방법이다. 부모와 교사들 가운데는 타임아웃 공간을 편안하고 즐거운 장소로 꾸미면 아이들의 버릇이 더 나빠진다고 믿는 사람도 있다. 그러나 누구에게나 너무 화가 나서 사람들과 어울리고 싶지 않은 때가 있다. 그때 긍정의 타임아웃을 가지면(이것은 전혀 부끄러운 것도 벌을 받는 것도 아니다) 마음을 가라앉힐 수 있다. 어느 유치원에서는 아이들이 마음을 진정해야 할 때 그것을 긍정적인 경험으로 바라보도록 도와주기 위해 말 그대로 머리를 식히는 이미지를 사용하기도 한다. 직접 교실 구석에 쿠션과 푸근한 느낌의 장난감을 가져다놓은 뒤 아이들은 그곳을 '남극'이라고 이름 지었다. 누구든지 필요할 때 머리를 식히러 남극에 가겠다고 말하기로 한 것이다. 이 공간에 대한 기발한 아이디어는 타임아웃의 부정적 의미를 없애는 동시에 머리를 식히는 것이 긍정적인 일상생활이 될 수 있다는 것을 보여줌으로써 아이들에게 큰 반향을 일으켰다. 물론 머리를 식히고 나면 언제든지 돌아올 수 있다는 것을 알려주는 것도 중요하다.

다음은 타임아웃(머리 식히기)을 적용할 때 고려해야 할 몇 가지 중요한 사항이다.

- **3~4세 미만의 아이에게 적용해선 안 된다** 아이는 대개 세 살부터 이성이 발달하기 시작하는데, 어느 정도 이성을 갖추기 전까지는 아이를 감독하고 주위를 분산시키는 것이 가장 효과적이다.

- **기분이 좋아지면 행동도 좋아진다** 어린 아이들은 격한 감정을 감당하기 어려울 수도 있다. 긍정의 타임아웃은 아이가 마음을 가라앉히고 숨을 고를 기회를 준다. 그러고 나면 아이도 부모와 함께 문제를 해결하고자 하는 상태가 된다. 아직 어릴 때는 아이가 원하면 부모도 함께

타임아웃을 수행한다. 이때는 부모와 아이 모두가 기분이 좋아져 보다 좋은 행동이나 방법을 선택할 수 있게 하는 것이 목적임을 잊지 말아야 한다.

- **부모의 태도가 가장 중요하다** 타임아웃을 처벌로 이용해선 안 된다. 오히려 아이에게 마음을 가라앉힐 시간을 주는 방식으로 활용해야 한다. 아이가 실망하고 있을 때('삐뚤어져' 있을 때) "즐거움 자리에 가면 도움이 될 것 같아?"라고 물어볼 수 있다. 만약 아이가 거절한다면 당신과 함께 가는 것은 어떠냐고 물어볼 수 있다(어디까지나 목표는 아이가 기분이 좋아지는 것임을 명심하라). 그래도 싫다고 하면 직접 나서서 기분이 좋아질 때까지 마음을 가라앉힐 수 있는 좋은 방법을 보여줘라. 긍정의 타임아웃은 다음과 같이 여러 선택지 중 하나로 제공될 때 가장 효과적이다. "편한 곳으로 가는 게 낫겠어, 아니면 다른 좋은 방법이 있는지 찾아보는 게 낫겠어?" 아이에게 선택권이 없으면 긍정의 타임아웃이라고 해도 저항하는 아이와 처벌이나 다름없는 공간에 아이를 가두려고 하는 어른 간의 힘겨루기가 되어버릴 수 있다.

- **무조건 통하는 양육 기법은 없다** 즐겨 활용하는 양육 기법으로 타임아웃 외에 다른 것도 미리 생각해두어야 한다. 세상에는 모든 상황과 모든 아이에게 통하는 한 가지(세 가지 또는 심지어 열 가지) 방법만 있는 게 아니다. 건강하고 비처벌적인 다양한 방법을 알아두면 아이가 힘들게 할 때 벌을 주고 싶은 유혹에서 벗어나는 데 도움이 된다.

- **자녀의 발달 단계와 능력을 항상 기억하라** 어떤 것이 나이에 적합한 행동인지(그리고 적합하지 않은 행동인지)를 이해하면 자녀의 능력을 넘어서는 것을 기대하지 않게 된다.

가르치고 격려하고 마음을 달래주기 위해 사용된다면 타임아웃 기법은 효과적이고 적절한 양육 기법이 될 수 있다.

아이가 '말을 듣지 않을' 때

어린 아이에 대해 부모들이 가지는 가장 흔한 불만 가운데 하나는 "우리 애는 왜 그렇게 말을 안 듣는지 모르겠어요"로 알려진 청력 차단 현상이다. 어른들의 말에 아이들이 응답하지 않는 이유는 다양하다.

> 브리아나는 친구를 때리는 모습을 보고 달려온 교사가 그만하라고 말려도 멈추지 않았습니다. 놀이터에서 그만 놀고 집에 갈 시간이라는 말에 그레고리는 목소리를 높이며 아빠가 팔을 잡아끌 때까지 아무런 대답도 하지 않았습니다. 메건의 엄마는 가게에 들어가기 전 차분한 목소리로 분명하게 오늘은 과자나 장난감을 안 사줄 거라 얘기했고 메건은 알았다고 고개를 끄덕였지만, 계산대에 서자 사탕을 사달라며 큰 소리로 울기 시작했습니다.

너무나 익숙한 이야기인가? 여기서 문제는 아이가 말을 안 듣는다는 것이 아니라 어른들이 기본적인 욕구에 반하는 것을 아이들에게 요구한다는 데 있다. 예를 들어 브리아나는 아직 어리고 사회생활 기술을 하나둘 익혀 나가는 단계다. 아이는 '말로 하는 법'을 배워야 하는데, 그 뒤로도 계속 때리려고 한다면 조용하게 다른 장소로 데려가야 한다. 그레고리는 자신의 주도권과 자율성을 실험하는 중이다. 그런데 불행하게도 그것이 아빠가 생각하는 '그레고리가 해야 할 일'과 맞지 않았던 것이다. 그는 제한된 선택지를 받고, 친절하면서 단호한 행동을 접하면서 차츰 배워나갈 수 있다. 메건은 너무 어려서 한 시간 전에 했던 약속

아이들이 말을 듣지 않는 이유

- 어른들은 소리 지르거나 야단치거나 잔소리하느라 아이가 들을 수 있는 상황을 만들어주지 않는다.
- 어른들은 무얼 하고 하지 말아야 할지 아이에게 물어보는 것이 아니라 그냥 지시한다.
- 어른들은 협력하는 것보다 이기는 것을 더 중요하게 만드는 힘겨루기 상황을 만든다.
- 아이들은 성장하기 위해 계속 탐구하도록 본능적으로 '프로그램화되어' 있다. 그러나 어른들은 그것을 바라지 않는다. 아이의 본능에 따른 목소리는 대개 어른들의 목소리보다 크다.
- 아이는 요청에 응할 능력이 부족하다. 이때는 사회생활 기술이나 사고력이 필요한데, 이것이 충분히 발달되어 있지 않기 때문이다.
- 아이들은 어른과 똑같은 우선순위를 갖고 있지 않다.
- 어른들이 아이의 말을 듣지 않는다.

을 기억하지 못하는 것이다. 특히 지금 자신이 원하는 것과 반대되는 내용이라면 더 기억하기가 어렵다.

   아이를 무조건 따르도록 해서 말을 듣게 할 수 없다면 어떻게 하면 좋을까? 아이의 말을 먼저 들어주면 듣는다는 것의 본보기를 보여줄 수 있다. 나이에 맞는 행동이 무엇인지 이해하는 것도 도움이 된다. 그러면 힘겨루기를 불러일으키는 소리 지르기, 벌주기, 잔소리 퍼붓기 등을 피할 수 있다. 또한 무조건 따르도록 강요하는 대신 협력을 이끌어내려고 노력해보자. "바닥에 장난감이 많네. 함께 치우는 게 더 좋겠어, 아니면 혼자서 다 치울 거야?" 아이들은 자신에게 선택할 수 있는 힘이 있다고 느끼면 대부분 협력하는 쪽을 택한다.

사랑의 메시지를 전달하라

강연할 때 부모들에게 왜 자녀의 행동을 신경 쓰냐고 물어보는 경우가 있다. 이 질문에 당황하는 모습을 보이다가 이내 아이를 사랑하기 때문이라고 답하곤 한다. 그럴 때면 사랑은 분명하고 당연한 것 같다. 그러나 정말 그럴까?

물론 당신이 아이를 사랑하고 있다는 것을 알고 있다. 아이의 자는 모습을 내려다보거나 초콜릿으로 범벅이 된 얼굴로 당신을 보고 활짝 웃는 모습을 바라보면 아이를 안아주고 싶은 마음을 참을 수 없을 것이다. 그러나 당신이 아이를 사랑하기 때문에 그 많은 훈육과 기술 등을 가르치려 한다는 것을 아이도 알고 있을까?

세상에서 가장 효과적이고 비처벌적인 양육 기법조차도 반드시 사랑으로 충만한 환경, 무조건적인 수용과 소속감이 보장된 환경에서 적용해야 한다. 끌어안고 토닥여주며, 웃으며 다정하게 어루만져주는 데 시간을 충분히 들여야 한다는 것을 명심하라. 기분이 좋아지면 아이의 행동도 좋아질 것이다. 그리고 사랑과 소속감이 충만할 때 아이는 기분이 좋아진다.

2장
긍정의 훈육과 내 아이

아이는 에너지가 넘치고 매력적인 작은 인간이다. 그들은 의사소통을 하고, 호기심을 드러내고, 점차 싹트기 시작하는 유머 감각을 단련하고, 그들만의 관계를 만들어가고, 주변 사람을 사랑으로 기꺼이 받아들이기도 한다. 또한 고집이 세고 반항적이며 혼란스러움을 안겨주는 등 주변 사람을 곤란함에 빠뜨리기도 한다.

대부분의 부모는 아이들이 살아가야 할 세상에 대해 걱정하고, 어떻게 키워야 그들이 성공적이고 행복한 삶을 살 수 있을지 고민한다. 그러다가 이따금 아이가 실망스러운 행동을 보이면 앞으로 무슨 일이 더 생길지, 그때는 어떻게 대처해야 할지 고민한다.

"우리 애 맞아?"

카를로타는 네 살짜리 마누엘이 놀이터에서 걸어 다니는 모습을 지켜보고 있었습니다. 아이는 이제 곧잘 걷습니다. 그런데 카를로타는 마누엘이 정확한 발놀림으로 정글짐 꼭대기를 향해 올라가는 것을 보고 큰 충격을 받았습니다. "우리 애 맞아?" 그녀는 씁쓸한 미소를 지으며 소리 내어 물었습니다. "여기 처음 보는 이 작은 어른은 누구야?"

횡단보도에서 녹색불이 켜지자 다나는 딸의 손을 잡으려고 손을 뻗었습니다. 그러자 다섯 살이 된 마르타가 엄마를 쳐다보더니 인상을 찌푸렸습니다. 마르타는 엄마의 손을 잡기 싫다고 했습니다. 손은 아기들이나 잡는 거라고 하면서 말입니다. 다나는 마르타가 엄마 손을 잡지 않고도 길을 건널 수 있을 만큼 컸다는 것을 깨달았습니다. 그러나 그 순간 자신의 손이 갑자기 허전하다고 느꼈습니다.

작은 소리에도 깜짝 놀라 끌어안곤 했던 무기력한 갓난아기는 4~7세가 되면 언제 어디서든 자신의 생각과 계획, 주장을 내세우는 개별적 존재로 성장한다. 대부분의 부모에게 이런 변화는 그리 눈에 띄지 않다가 자신의 아이를 완전히 새로운 눈으로 바라보게 되는 순간 큰 충격을 받는다. 뒤뚱거리던 아기가 언제 이렇게 넘어지지도 않고 걷고, 심지어 (당신보다도) 잘 뛰는 튼튼한 소년으로 바뀌었단 말인가? 에너지 넘치고 주의산만한 작은 탐험가는 어느새 사라지고 신중하고 유능하고 책임감 있는 소년이 나타난 것일까? 언제부터 아이가 화장실에 가고 싶어 하지 않은지, 외투는 제대로 입고 있는지, 가방을 챙겼는지 살필 필요가 없어진 것일까? 물론 어떤 부모는 자녀가 결혼해서 애를 낳았는데도 여전히 잔소리를 늘어놓기도 한다.

보내주는 법 배우기

아이를 키운다는 것은 결국 떠나보내는 법을 배우는 일이라는 생각이들 때가 있다. 모유 수유든 젖병 수유든 아이가 젖을 뗄 때쯤에는 수유가 주는 특별한 친밀감을 떠나보내야만 한다. 어른 컵을 써서 아이가 주스를 어느 정도 먹을지 살피지 않아도 될 때가 오면 또 다시 아이를 보내주어야 한다. 30분이라도 아이를 다른 사람의 손에 맡겨야 할 때면 또 다른 방식으로 아이를 떠나보내야 한다.

　떠나보낸다는 것은 아기가 엄마의 뱃속에서 나오면서부터 시작되는데, 이는 모든 인간이 건강하게 자라고 발달하는 데 필수적인 과정이다. 사랑이란 명목 하에 아이에게 매달리는 것은 건강한 성장을 방해한다. 결국 목표는 아이가 능력 있고 행복한 어른으로 성장하는 것이니만큼 아이가 10대가 되면 또다시 보내주어야 한다는 것을 명심하라. 지켜보는 부모의 입장에서는 아이가 한 뼘씩 자랄수록 자신의 품에서 멀어진다고 느끼는 경우가 많다. 아이가 자랄수록 그들에게 부모가 필요 없다는 생각이 드는 것이다. 부모 역할이 어려운 이유는 한편으로 돌보고 보호하고 지도하면서도 다른 한편으로는 독립적이고 강한 어른으로 성장하도록 스스로 탐색하고 경험할 기회를 열어주면서 균형점을 찾아나가야 하기 때문이다. 그러나 사실 아이에겐 언제나 부모의 지도와 격려, 사랑이 필요하다. 다만 아이의 성장과 그에 따른 변화에 맞춰 부모 역할도 그 모양을 바꿔야 한다. 예를 들어 자녀가 열네 살이라면 사랑과 통제도 필요하겠지만, 동시에 인생과 관련한 여러 결정을 자기 힘으로 내릴 수도 있어야 한다. 마찬가지로 네 살짜리 아이는 아직 자립성과는 거리가 멀지만, 그들에게도 새로운 기술을 배우고 연습하도록 어느 정도의 거리두기가 필요하다. 가르치기와 거리두기 사이에서 균형을 찾으려면 아이가 자라나는 것에 맞춰 부모의 역할을 조정해야 하며, 부모품을 떠나서도 건강하게 살아갈 수 있도록 자녀를 준비시키는 데 필요한 새 기술도 가르쳐야 한다.

바깥세상

요즘 아이들은 워낙 빠르게 달리다 보니 부모들은 그들을 따라가느라 정신이 없다. 그러면서 아이들은 자신의 세계를 공유할 수 있는 사람들을 많이 만나게 되고, 부모 또는 가까운 친척들이 더 이상 자기 세계에서 가장 중요한 사람이 아니라고 생각할 수도 있다.

아이들은 다른 사람들과 관계를 맺기 시작하면서 친구라는 세계에 관심을 갖는다. 예를 들어 조니는 자신의 정체성을 찾기 위해 노력한다. 또한 자기와 다른 피부색이나 체형, 생활방식을 접한다. 그리고 이 세상이 어떤 곳이며, 그것을 움직이는 방식이 무엇인지, 다른 사람에게 무엇을 기대할 수 있는지, 사랑과 소속감을 얻기 위해 해야 할 일은 무엇인지에 대한 여러 가지 결정을 내리기 시작한다. 4장에서도 다루겠지만, 이런 결정은 아이의 두뇌 신경을 발달시키는 데 큰 역할을 한다. 이 모든 경험은 아이가 자기 삶에 대한 자신만의 고유한 접근방식을 만드는 데 절대적인 영향을 끼친다.

아이가 원하는 것이 어릴 적 부모가 원하던 것과 달라서 갈등을 일으킬 수도 있다. 그러나 부모는 '아기를 놓아주어야'만 하며, 자녀를 새로운 기술을 익힐 능력을 가진 개별적 존재로 바라보는 법을 배워야 한다. 아이는 때때로 실수를 하기도 한다. 그때 곧장 달려가서 아이를 구해주거나 응석을 받아주는 것이 아니라 소중한 내 아이가 그런 실수로 말미암아 불편을 겪는 모습을 그저 지켜보는 법을 배워야만 한다. 아이들은 어설픈 독립과 풍파를 막아줄 엄마 아빠의 품에 기대고 싶은 마음 사이에서 계속 흔들릴 것이다.

이때쯤 아이는 공감과 협력, 친절함에 대해 배우기 시작할 것이다. 스스로 깨닫지 못한다고 해도 이 시기의 아이들은 건강한 관계를 만들고 유지하는 데 모든 에너지를 쏟아붓는다. 부모 또는 양육자들은 거기에 필요한 기술을 가르치느라(그리고 배우다 보면 종종 생기게 마련인 각종 위기를 넘길 수 있게 도와주느라) 눈코 뜰 새 없이 바쁘다.

활발한 아이를 키우는 것은 절대 쉬운 일이 아니어서, 때로는 버겁게 느껴질 수도 있다. 부모들은 텔레비전을 켜거나 잡지를 펼치기만 하면 쏟아져 나오는 자녀 훈육이나 아동 발달과 관련한 최신 정보에 둘러싸여 지낸다. 서점에도 자녀양육에 관한 책들로 책꽂이가 부족할 지경이다. 사실 대부분의 부모는 정보가 부족한 것이 문제라고 생각하지 않는다. 다만 어디서부터 시작해야 하고 누구의 말을 믿어야 하는지 알 수 없는 것이 문제다. 이 책은 관점의 차이를 가진 부모라도(심지어 사랑하는 부부라도 때로는 의견 차이가 있다) 서로가 납득할 수 있는 훈육 방법을 찾도록 도와주는 존엄과 존중을 근간으로 하고 있다.

다양한 부모

부모도 각자 특징과 스타일이 다르며, 아이들은 그중 어떤 스타일의 부모를 만나게 될지 모른다. 거기에 양부모, 조부모, 이모, 삼촌, 동거인 등까지 포함하면 더 다양한 사람을 만나게 된다. 아이들은 부모의 양육 스타일이나 가치관의 차이를 보여준다. 예를 들면 아빠는 다른 사람들이 식사를 마칠 때까지 식탁에 얌전히 앉아 기다려야 한다고 생각하는 반면, 엄마는 아이가 밥을 다 먹었으면 바로 자리에서 일어나도 된다고 생각할 수도 있다. 식사 때마다 번번이 싸우지 않으려면 어른들끼리 상의해 결론을 내고 그 결론을 존중해줘야 한다. 가정의 평화를 유지하려면 부부 간의 의견 차이를 조율하고 각자의 양육 스타일을 존중해야 한다.
 서로 차이가 있는 것이 당연하다고 인정하면 비교적 수월하게 차이점을 받아들일 수 있다. 문제해결 능력이나 협력을 이끌어내는 능력은 아이뿐 아니라 어른도 계속 배워야 한다. 결국 아이는 어른이 하는 것을 보고 배우기 때문이다. 자신이 가진 차이점을 중요한 일상생활 기술을 선보일 수 있는 수단이자 (관련된 모든 사람이) 배우고 성장할 수 있는 기회라고 생각하자.
 때때로 특정 문제에 대해 부모 가운데 한쪽이 다른 것은 다 양보해도 이 문제만큼은 넘어갈 수 없다고 주장하는 경우도 있다. 만약 식사 중에 자리를 뜨지 않는 것이 아빠에게 대단히 중요하다면, 아이에게 식탁에 앉아 색칠공부를 하고 있어도 된다고 말할 수 있다. 방법은 마음만 먹으면 얼마든지 찾을 수 있다. 받은 만큼 보답하는 법, 서로의 의견을 존중하는 법, 새로운 길을 개척하는 법을 배운다면 가족 간의 진정한 협력을 이끌어낼 수 있다.

다양한 가족

세상에 똑같은 가족은 없다. 가족수와 형태, 구성 등에서 저마다 다르다. 아이는 부모, 한부모, 양부모, 조부모, 계부모 등 다양한 관계 속에서 성장할 수 있다. 형제자매가 있거나 없을 수도 있다.
 어떤 가정에서 자라든 아이는 사랑과 존중 속에서 성장해야 한다. 어른들이 어떤 가치관을 가르치고 실천하기로 결정하느냐에 따라서 아이의 어린 시절이 정해진다. 가족이 사랑과 존중, 소속감으로 단단히 묶여 있다면 어떤 가정에서든 아이는 건강하고 행복하게 자라날 수 있다.
 물론 모든 가족에겐 경제 사정이나 시간, 관계 등에 대한 부담과 스트레스가 있다. 교과서에 나올 법한 전통적인 가족이 아니라면(요즘엔 아닌 경우가 더 많다), 여러 가지 지원이나 정보를 찾아보는 것이 현명하다.

이처럼 다양한 부모와 가족이 있는데, 과연 모든 사람에게 통하는 하나의 훈육 철학이 있을까? 우리는 그런 철학이 있다고 생각한다.

왜 긍정의 훈육인가

긍정의 훈육(이는 철학이자 그에 따른 여러 양육 기법이다)은 정신없고 때로는 힘든 시기에 자녀를 이끌 효과적인 동시에 애정 어린 방법을 제공해준다. 부모이든, 교사이든, 그 외 양육자이든 이 책을 읽으면서 지금 돌보는 아이가 인생을 멋지게 시작하도록 도와주는 데 실제로 활용 가능한 아이디어를 발견할 수 있을 것이다.

그렇다면 긍정의 훈육이 효과가 있을까? 물론이다! 사실 상호존중, 상호격려, 상호교육의 기반 위에 세워진 긍정의 훈육 철학은 두뇌 발달과 인성 발달 등에 대한 이해가 깊어지는 것과 완벽하게 맞물린다. 이 원칙들은 아이들, 상담 의뢰인, 수업과 강연을 들었던 수백 명의 부모와 교사에게 효과가 있었다. 우리는 이 책에서 많은 부모와 교사, 양육자가 긍정의 훈육 개념을 활용하여 아이와 함께 이뤄낸 여러 가지 성공 스토리를 공유하게 될 것이다.

그동안 수많은 시행착오를 겪었다(이 책에 실린 많은 이야기가 어디서 나왔겠는가!). 그러나 그 시행착오가 모두 배움의 기회였다고 진심으로 믿는다. 우리는 그렇게 배운 것을 여러 사람과 나누고자 한다. 책을 읽어가면서 발달 단계상의 적절성을 이해하고(3장), 타고난 기질을 이해하고(6장), 사회생활 기술의 발달(11장), 문제 행동이 담고 있는 어긋난 목표(8~10장) 등 소중한 지식과 기술을 긍정의 훈육 보관함에 추가할 것이다. 또한 유아에게 훈육을 제공하고, 그들의 문제 행동을 방지하기 위한 다양한 방법을 탐구할 것이다.

이와 관련된 세계는 실로 녹록하지 않다. 그만큼 아이들에겐 자신감과 지혜와 문제해결 능력이 꼭 필요하며, 우리 어른들이 이를 마련해주어야 한다. 또한 아이들은 자신의 가치와 존엄을 믿고, 건강한 자아존중감을 가지며, 주변 사람과 함께 어울려 살고 일하고 노는 법을 배워야 한다. 그렇다 보니 부모들은 아무리 최선을 다해도 아직 부족한 것이 아닌지 불안하고, 때때로 너무 벅차거나 혼란스럽다고 느낄 것이다. 아이를 너무 사랑하지만, 그만큼 위험 부담도 크다. 그럼 어디서부터 시작해야 할까?

사실 끝은 좋은 출발점이기도 하다. 즉 출발할 때 마음속에 최종 목적지를 설정해두는 것이 중요하다. 그래야 일상생활 기술이나 인격적 성장을 가르치는 데 소용없는 단기적 교정에 집착하지 않고 아이가 장기적으로 바라는 바를 이루도록 도와주는 양육 기술에 집중할 수 있기 때문이다.

장기적 관점의 중요성

어린 아이들과 함께 정신없이 지내다 보면 눈앞의 위기에만 집중하게 된다. 도시락을 싸고 외투를 챙기고, 오늘은 어떤 옷을 입겠다고 할지 어떤 신발을 신겠다고 할지 알 수 없는 아이와 함께하는 아침은 언제나 전쟁터를 연상시킨다. 부모는 출근해야 하고, 아이는 어린이집이나 유치원에 가거나 집에서 보살핌을 받아야 한다. 그리고 퇴근해 집에 돌아와 식사와 집안일로 시간을 보내고 나면 잘 시간이 되고 하루가 끝난다. 그저 먹고 씻고 자는 데 에너지가 다 소진된다.

그러나 부모가 해야 하는 일은 이게 끝이 아니다. 부모는 생각하고 꿈꾸고 계획해야 한다. 아이에 대해 알아야 하고, 삶에서 가장 중요한 것이 무엇인지 결정해야 한다. 그런데 부모들은 가장 중요한 이 일을 할 시간을 도저히 낼 수 없는 경우가 많다. 시간에 쫓겨 살지만 잠시만 생각할 시간을 가져보자. 자녀양육이라는 여행을 떠나려고 할 때 최종 목적지를 정하는 게 도움이 되지 않을까? 어디로 가고 싶은지 명확한 그림이 없다면 어떻게 그곳까지 가겠는가?

지금 당장 할 수 있는 가장 현명한 일은 잠시 시간을 가지고 자신에게 정말 중요한 질문을 던져보는 것이다. 자녀에게 무엇을 바라는가? 자녀가 커서 어른이 되면, 어떤 성격과 개성을 갖게 되길 바라는가? 자녀가 자신감 있고 인정 많고 타인을 존중하는 사람이 되길 바란다고 정할 수도 있다. 책임감 있고 근면성실하며 믿음직스럽게 자라길 바랄 수도 있다. 대부분의 부모는 자녀가 보람 있는 직업과 건강한 관계를 통해 행복한 삶을 살아가길 바란다. 자녀에게 바라는 것이 무엇이든 그것을 어떤 식으로 자녀에게 전해줄 것인가? 자녀는 만족스럽고 성공적인 삶을 사는 법을 어떻게 배워야 하는가? 좋은 소식이 있다면 이 책에서 배울 훈육의 방법들은 이런 목표를 달성하게 만들어줄 사회생활 기술과 일상생활 기술을 아이들이 익혀가도록 설계되어 있다는 점이다.

친절함과 단호함

너무나 중요해서 시작하면서 꼭 말해두고 싶은 긍정의 훈육 기법이 하나 있다. 그것은 친절하면서도 동시에 단호해야 한다는 것이다. 물론 이는 결코 쉬운 일이 아니다. 아끼는 크리스털 그릇이 부엌 바닥에 산산조각 나 있는 모습을 보면, 어느 누구라도 아이를 벌주고 싶다는 유

자녀에게 무엇을 바라는가

다음은 워크숍과 강연을 통해 수집한 목록으로 부모와 양육자들이 아이에게 바라는 것들이다.

자제력	자립심
의사결정 능력	문제해결 능력
자발성	자신감
협력/협동 능력	사회생활 능력
창의력	긍정적 사고
중요성	활기
리더십	통찰력
인내심	의무감
책임감	자신과 타인에 대한 존중
공감 능력/돌봄 능력	관용
유머 감각	결단력
사고력/판단력	사회성
정직성	학구열
적응력	소통 능력

여기서 진짜 하고 싶은 질문이 있다. 아이가 이런 능력을 기를 수 있도록 돕는 데 가장 효과적인 훈육법은 무엇인가? 우리는 징벌적 방법으로는 궁극적으로 효과를 낼 수 없다고 생각한다. 대신 긍정의 훈육은 기술과 인간관계를 키워나가는 것을 목표로 하는 비처벌적 훈육을 강조한다.

혹에 빠진다. 또한 사람이 많은 장소에서 떼쓰는 아이를 진정시키기 위해 계산대에서 파는 초코릿을 그냥 사주고 싶은 유혹에 빠지기도 한다.

사소한 예방책이 대단히 중요하다는 것을 알면, 이런 일상적 재앙이 닥쳤을 때 친절하고 단호하게 대처하는 게 점점 더 쉬워질 것이다(그리고 재앙도 줄어들 것이다). 왜 크리스털 그릇을 아이가 사용하는 테이블 위에 놓아두었던 걸까? 왜 피곤하고 배고픈 아이를 먹거리를 파는 가게에 데리고 간 걸까? 사소한 예방책이 큰 손해(당신의 손해든 아이의 손해든)를 덜어줄 수 있다.

그러나 예방책이 항상 통하는 것은 아니다. 평소 착하게 굴던 아이도 때로는 실수를 저지르거나 삐뚤어질 때가 있다. 이런 순간이야말로 친절함과 단호함이 필요하다. 친절함은 아이의 인격에 대한 존중을 보여주며, 가치 있는 기술을 가르칠 때 필요하다. 단호함은 꼭 필요한 행동으로 양육자의 말을 뒷받침해주면서 지금 빈말을 하는 게 아니라는 사실을 아이가 알아차리도록 도와준다(물론 그만큼 신중하게 말해야 한다).

크리스털 그릇을 깨뜨린 상황에서 친절함은 당황한 아이를 위로해주는 것과 어떻게든 보상할 수 있는 방법을 찾도록 도와주는 것이다. 예를 들어 크리스털 조각을 치울 때 쓰레받기를 들고 있게 한다거나, 그릇 살 돈을 벌 수 있게 심부름 목록을 제안하는 것이다. 물론 이런 선택지는 아이의 나이와 능력을 고려해 정해야 한다. 친절함은 야단을 치거나 창피를 주거나 굴욕을 주지 않는다는 것을 의미하고, 단호함은 서로 합의한 일은 반드시 지킨다는 것을 의미한다.

마트에서의 친절함은 아이를 꼭 안아주면서 아이가 정말로 초코릿을 먹고 싶어 한다는 사실을 인정해주는 것이다. 그리고 단호함은 안 사준다고 말했으면 정말로 사주지 않는 것과 아이가 떼를 쓰기 시작할 때 벌을 주거나 야단치지 않고 차분하게 가게 밖으로 데리고 나오는 것을 의미한다. 단호함이 익숙하지 않은 부모는 아이의 응석에 마음이 약해진다. 그런데 응석받이 양육법은 아이에게도 어른에게도 바람직하지 않다. 응석을 받아주면 아이는 자신의 선택이 어떤 결과로 이어질지 따져보지 않고 무조건 자신이 하고 싶은 대로 행동해도 된다고 생각한다.

이와 반대되는 양육법이 과도한 통제다. 통제를 주장하는 부모들은 양육 기법으로 처벌을 선호한다. 그러나 안타깝게도 처벌로는 부모가 원하는 것을 아이에게 가르쳐줄 수 없다. 아이들은 자기 자신과 부모, 자신을 둘러싼 세상에 대해 항상 어떤 판단을 내린다. 지금까지 알게 된 바에 따르면 처벌은 더 못마땅한 행동으로 이어질 가능성이 크다.

응석 받아주기와 과도한 통제가 아닌 친절하면서도 단호하게 행동한다면 모든 문제가 해결될까? 물론 상황은 훨씬 나아질 것이다. 그러나 영향을 끼치는 다른 요소도 많다. 부모도 아이도 결코 완벽할 수는 없다. 다만 사랑이라는 이름으로 벌어지는 실수를 미리 알아둔다면 이를 피하는 데 도움이 되며, 이미 실수를 저질렀다면 그것을 만회하도록 해줄 것이다.

사랑이란 이름으로

자식을 사랑하지 않는 부모는 없다. 그러나 때로 사랑으로 충분하지 않을 때가 있다. 부모(와 교사)는 사랑이라는 이름으로 비효율적이고 심지어 해롭기까지 한 행동을 할 때가 종종 있다. 아이를 너무나 사랑해서, 아이를 가르치려면 이 방법밖에 없어 벌을 주는 거라고 생각할 수도 있다. 또는 아이를 너무나 사랑하고 아이에게 최선을 다하고 싶어서, 뛰어난 사람이 되길 원해서 몰아세우는 것일 수도 있다. 부모들이 아이를 과잉보호하는 것도, 창피를 주는 것도, 꾸짖는 것도 모두 사랑이란 이름으로 이루어진다.

사실 사랑하는 건 쉬운 일이다. 진짜 문제는 그 사랑을 아이의 책임감과 자존감을 길러주는 방식으로, 행복하고 유능한 사회인으로서 자신이 가진 잠재력을 최대한 발휘하도록 아이를 북돋우는 방식으로 보여줄 수 있는가 하는 점이다. 자녀에게 얼마큼 사랑을 줘야 하는 걸까? 어느 정도부터 과도한 걸까? 아이가 자신의 방식대로 결정하도록 내버려두는 게 해로울까? 아이를 끌어줘야 하는 걸까, 아니면 자기 방식대로 움직이게 그냥 둬야 하는 걸까?

부모의 사랑에 날개를 달아주는 것이 바로 지식과 기술이다. 이리저리 뛰어다니는 종잡을 수 없는 아이를 어떻게 키워야 하는지 알고 태어난 사람은 없다. 모든 부모는 어릴 적 자신의 부모와 여러 경험을 통해 배우며, 자신이 할 수 있는 최선을 다한다. 그리고 때때로 실수를 하기도 한다. 다행히 부모 교육과 훈련이 점차 확산되고 있으며 신뢰가 쌓여가고 있다. 이 사회는 직업 영역에서 훈련이 필요하다는 것에 의문을 갖지 않으면서도 무슨 이유인지 아이를 키우는 것은 '자연스럽게' 이루어져야 하며, 전문가의 도움을 받는 것은 뭔가 문제가 있다고 여긴다.

그러나 실제로는 오히려 '좋은' 부모가 수업도 듣고 책도 읽고 질문도 많이 한다. 이런 부모는 다른 부모와 많은 대화를 나누길 원한다. 지역의 부모 모임에 참석하거나 적당한 모임이 없다면 직접 만들어볼 것을 권한다. 입양 가정, 조손 가정 등 다양한 종류의 가족을 위한 모임이 존재한다. 도움을 구하는 행동은 무능력한 게 아니라 오히려 현명한 결정이다.

책을 읽고 수업을 듣는다고 완벽한 부모가 되는 것은 아니다. 세상에 완벽한 부모는 없다. 그러나 자녀의 장기적 성장을 위해 무엇이 필요하고 무엇이 필요하지 않은지를 더 잘 구분할 수는 있다. 실수했을 때 어떻게 고쳐야 할지 알 수 있다. 게다가 일상생활에서 일어난 위기와 어려움은 당황스럽고 창피한 것이 아니라 오히려 부모에게 도움이 된다는 것을 아이에게 가르쳐줄 수 있다.

실수는 배움의 기회다

먼저 나쁜 소식을 전하겠다. 부모인 당신은 앞으로 엄청나게 많은 실수를 저지를 것이다. 그리고 아이들도 엄청나게 실수를 저지를 것이다. 다음으로 좋은 소식은 그 실수들이 배우고 성장하는 데 훌륭한 기회라는 점이다. 부모가 서로 끌어안고 용서하고 더 나은 길을 찾아보고자 하는 의지만 있다면 아이와 더 가까워질 수 있고, 소중한 기술을 함께 배워나갈 수 있다. 사실 부모가 실수를 인정하고 이런 일이 다시 일어나지 않도록 함께 노력하는 방법을 찾으려고 한다면, 아이와의 관계는 오히려 더 좋아질 수 있다.

　실수가 배움의 기회라는 것을 진심으로 받아들인다면 실수와 그 경험을 통해 배울 점을 깨닫고 어떤 즐거움과 놀라움을 느낄 수 있으며, 그런 만큼 실수에 대한 건강한 태도를 아이에게 심어줄 수 있다. 그리고 인생을 느긋하게 즐길 수 있을 뿐만 아니라 자신을 믿을 수 있게 될 것이다.

자신을 믿어라

자녀양육은 결코 쉬운 일이 아니다. 복잡한 우리 인생에는 균형을 잡고 조절해야 할 것이 너무 많다. 세상을 탐색하는 법을 배우기 시작한 어린 아이(또는 교실을 가득 채운 아이들)만큼 부모와 교사를 힘들게 하고 긴장시키는 대상은 없다. 우선은 부모와 아이 간의 관계라는 점을 명심하는 것이 중요하다. 가장 위대한 자녀양육은 잠들기 전의 포옹이나 말싸움 뒤의 눈물, 나란히 일하며 나누는 웃음처럼 대개 일상적인 순간에 이루어진다. 부모와 아이의 관계가 무조건적인 사랑과 믿음을 바탕으로 두고 있다면, 무슨 일이 있어도 부모가 자신을 사랑한다는 것을 자녀가 알고 있다면 부모로서 충분히 잘하고 있는 것이다.

자녀가 자라며 변하고 있다는 것을 축하하라

아기가 자라면 부모도 그에 맞춰 변해가야 한다. 점차 자라나면서 아이에겐 예전과 다른 방식으로 부모가 필요해질 것이다. 아이가 새로운 기술을 익히면 지지하고 놓아주는 법을, 주춤거리면 격려해주는 법을 배워야 한다. 자녀가 부모의 안전한 품을 떠나고자 할 때는 친숙한 관계와 공간을 지켜가며 여전히 연결되어 있다고 느끼도록 해주어야 한다. 혼자서 아무것도 할 수 없던 갓난아기는 이제 없다. 어느새 성장한 아이가 나타나 그 아기의 자리를 대신하고 있다. 이 새로운 사람을 파악하고 그와 단단한 관계를 만드는 데 많은 시간을 들여야 한다는 것을 명심하라. 부모와 아이의 관계는 그 어떤 훌륭한 양육 기법이나 기술보다 중요하다는 사실을 잊어선 안 된다.

부모든 교사든 그 외 양육자든 함께 지내고 있는 아이가 인생을 멋지게 출발하도록 돕는 아이디어를 이 책에서 얻을 수 있을 것이다. 인생에서 이때는 가장 멋진 시절이자 경험이고 기억이 될 것이다. 그리고 그들과 함께 나누는 순간순간은 평생 아름답게 울려 퍼질 것이다.

3장
아이의 발달 단계를 이해하기

　인간은 각각 하나의 예술작품이다. 피부색, 머리색, 머릿결, 코의 모양, 눈의 색깔, 키, 몸무게, 체형 등 외모만 보더라도 그 다양성에 혀를 내두를 지경이다. 우리는 각자 유일무이한 존재이며, 신체적 특징은 우리가 가진 고유함의 시작에 불과하다.

　기질은 지문만큼이나 제각각이다. 우리가 성장하고 발달하는 속도도 제각각이다. 발달 단계상 적절성을 알고자 한다면 아이들이 각 연령에 따라 수행, 성취, 사고하는 일반적 수준을 이해할 뿐 아니라 가족, 문화, 생활환경 등 보다 넓은 맥락 속에서 각 아이의 발달이 개별적이고 다양하다는 것까지 고려해야 한다.

연령 적절성 이해: 가르치고 역량을 강화하는 법
2~3세가 되면 아이는 '내가 할래' 단계에 들어선다. 이때는 아이가 자율성을 키워나가는 시기다(제인 넬슨·셰릴 어윈·로즐린 더피의 『긍정의 훈육:

첫 3년『Positive Discipline: The First Three Year』 참조). 3~7세까지는 주도성 감각이 발달하기 시작하는 시기로, 이때의 발달 과제는 탐구하고 실험하는 것이다. 발달 단계상 자신이 할 수밖에 없도록 프로그램화되어 있는 일에 대해 처벌을 받는다면 아이는 얼마나 혼란스럽겠는가? 아마도 (무의식 중에) 깊은 딜레마에 빠질 것이다. "엄마(아빠) 말을 따라야 할까, 아니면 나의 세계를 탐구하고 실험하며 자율성과 주도성을 키워가고자 하는 생물학적 욕구를 따라야 할까?" 낯설고 까다로운 행동을 접한 어른들의 일반적 반응인 처벌은 아이에게 죄책감과 수치심을 불러일으킬 뿐이다.

이 발달 단계에서 아이가 하고 싶어 하는 것을 뭐든 하게 해줘야 한다는 뜻이 아니다. 발달 단계를 통해 설명하고 싶은 것은 아이의 협력을 얻으려면 통제와 처벌 대신 친절함과 단호함이 필요하다는 것이다. 자녀의 두뇌는 지금 신경망을 형성하고 있으며, 그것은 아이의 성격과 삶에 대한 태도에 영향을 끼친다. 그리고 부모는 자녀가 "나는 능력이 있어. 나는 뭐든 시도해서 실수하며 배워갈 거야. 나는 사랑받고 있어. 나는 훌륭한 사람이야"라고 생각하게 되길 바랄 것이다. 만약 죄책감이나 수치심, 처벌 등을 통해 자녀를 '가르치려고' 한다면 아이의 기를 꺾어놓는 믿음만 심어줄 것이며, 이는 어른이 되어서도 바꾸기 어려울 것이다.

발달 단계에 걸맞은 양육 기법을 사용할 수 있는 방법 가운데 하나는 아이가 할 수 있는 것을 발판으로 삼아 약간의 자극을 줘서 배움에 도전하도록 이끄는 것이다. 셋까지 셀 수 있는 아이라면 아침 먹을 때 쓸 숟가락을 세 개까지 셀 수 있고, 크레용을 세 개까지 골라 색칠할 수 있고, 밀가루 반죽을 세 번까지 주무를 수 있다. 아이는 이런 새로운 기술을 처음에는 어른과 함께, 그다음에는 옆에서 도움을 받으며, 마지막에는 자기 혼자 해보며 완벽하게 익혀간다. 몇 년에 걸쳐 이런 과정을 반복하다 보면 수많은 기술을 가르칠 수 있다. 그러면서 아이는 부모의 품에 안겨 아무것도 할 줄 모르던 아기에서 초등학교 교실에 데려가도 될 만큼 멋지고 유능한 아이로 자랄 것이다.

연령과 기회의 창문

아이들은 많은 면에서 비슷하다. 예를 들어 후안과 메리는 둘 다 생후 13개월 만에 걷는 것을 배웠다. 동시에 아이들은 서로 다르다. 메리는 계속 가구를 붙잡고 일어서다가 10개월 때 첫 걸음을 뗐을 수도 있고, 후안은 11개월 때도 여전히 기어다니는 것에 만족했을 수도 있다.

　마음속에 창문을 하나 그려보자. 창문은 사방이 창틀로 둘러싸여 있지만, 가운데에 무궁무진한 공간을 품고 있다. 신체적·지적·정서적 발달에 따른 기능에도 나이라는 창문이 있다. 각각의 아이는 그 창문 안에서 남들과 완전히 똑같지도, 완전히 다르지도 않은 자신만의 개인 스케줄을 만들어 나간다. 사회생활 기술 등 몇몇 능력은 어른이 되어서도 계속 발달한다.

　이 책의 초점은 훈육이므로, 먼저 아이의 지각과 행동에 영향을 미치는 몇 가지 요소에 대해 알아보자.

과정 대 결과

4~7세가 되면 세상을 보는 관점이 크게 바뀐다. 이 시기의 끝(여섯 살쯤)에 이르기 전까지 아이들은 특별한 목표를 가지고 행동하지 않는다. 그 전까지 그들은 행동 그 자체, 즉 결과물이나 행동의 목표보다 '과정'에 훨씬 더 흥미를 느낀다.

정신없이 바쁜 금요일 저녁에 아이를 데리고 슈퍼마켓에 간 상황을 그려보자. 머릿속에는 분명한 목표가 있을 것이다. 필요한 식재료 몇 가지를 사서 늦지 않게 집에 가 저녁을 준비해서 먹고, 큰 애가 출전하는 축구 경기를 보러가는 것이다. 그러나 어린 아이에게 결과는 중요하지 않다. 일단 슈퍼마켓에 들어가면 냄새와 색깔, 느낌, 다양한 경험까지 모든 것이 소중하다. 시간에 쫓긴다는 것은 그저 이런 과정을 만끽할 시간을 빼앗아갈 뿐이다!

아이들은 어른처럼 목표지향적 사고를 하지 않을 수 있다. 그러나 아이들의 이런 느긋한 접근 방식을 어른이 항상 맞춰줄 수 있는 것도 아니다. 때로는 빨리 닭 한 마리만 사서 집에 와야 하는 경우가 있기 때문이다. 아이가 결과보다 과정을 중시한다는 사실을 알고 있으면 균형을 잡는 데 도움이 된다. 재미삼아 가게를 둘러보며 원예 코너에서 꽃향기도 맡아보고, 과일과 야채의 색깔도 살펴보고, 매장에 펼쳐놓은 동화책을 들춰 볼 수 있는 날도 분명 있을 것이다. 그러므로 서둘러야 하는 날에는 짬을 내어 아이에게 왜 오늘은 서둘러야만 하는지 설명해주라. 오늘은 손을 꼭 잡고 장난감이나 다른 신기한 물건들을 빨리 지나쳐야만 한다고 말해주는 것이다. 닭을 찾아 계산대까지 가져가는 걸 도와달라고 제안할 수도 있다. 그러고 나면 바로 차를 타고 집으로 간다고 말해준다. 무엇을 해야 하는지 어떤 일이 일어날 것인지 이해시킨다면 아이도 적극 협조할 것이다.

어느 날 오후 팻시는 로라를 만나기 위해 시간에 맞춰 유치원을 방문했습니다. 로라 아들이 그린 크고 화려한 그림을 본 팻시는 자기 아들 폴이 무얼 그렸을지 열심히 둘러보았습니다. 그러나 아들의 이름이 써 있는 그림이 없었습니다. 궁금한 팻시는 선생님을 찾아가 왜 폴은 오늘 그림을 그리지 않았는지 물었습니다. 그러자 선생님은 "폴은 그림 그리는 데 정말 관심이 많았어요. 다만 종이에 그리는 것을 원하지 않았어요. 폴은 색을 섞어 손가락으로 물감의 느낌을 탐구했어요. 그러고 나서 블록을 쌓겠다고 했어요"라고 대답했습니다.

팻시가 폴의 발달이 과정지향적이라는 사실을 알았다면 충분히 안심할 수 있었을 것이다.

관점

키가 90센티미터도 안 되는 아이에게 세상은 어떤 모습일까? 이런 관점으로 바라본다면 부모의 선택과 요구, 행동은 어떻게 바뀔까? 무릎을 꿇은 채 주변을 한번 둘러보자.

이 관점에서 2미터 높이에 걸린 그림이 어떻게 보이는가? 어른의 무릎에 대고 대화하는 것은 즐거운가? 자기 키보다 더 높이 세면대가 있다면 손 씻을 때 어떤 점이 어려운가? 어린 아이들의 신체적 관점과 한계를 이해하면 부모나 교사가 아이의 능력에 맞는 환경을 만드는 데 도움이 된다. 이런 변수들을 고려하여 적절하게 조절해주면 아이의 자신감을 키워주는 동시에 좌절감을 줄여줄 수 있다. 그러면 자연스럽게 문제 행동이 줄어들고 훈육이 필요한 경우도 줄어든다.

"진짜?": 꿈과 현실

어린 아이들은 종종 가상과 현실을 구분하는 데 어려움을 느낀다.

네 살짜리 필립의 부모는 아들에게 디즈니의 〈백설공주〉를 보여줄 생각에 들떠 있었습니다. 그들은 먼저 이 영화는 재미있지만 약간 무서운 장면이 있다고 설명했습니다. 캐런은 아들에게 "그건 진짜가 아니니까 겁낼 거 없어"라고 말했습니다. 필립은 웃으면서 고개를 끄덕였지만, 처음으로 영화를 본다는 생각에 들떠 엄마의 말을 잊어버렸습니다. 즐겁게 영화를 보는데, 여왕이 독약을 마시고 말라비틀어진 노파로 변하는 장면이 나왔습니다. 갑자기 찢어질 듯한 비명을 지르며 필립은 자리를 박차고 일어나 엄마의 품으로 뛰어들었습니다. 그러고는 영화가 끝날 때까지 겁에 질려 잔뜩 몸을 움츠리고 있었습니다. 집으로 돌아오는 차 안에서 빌이 말했습니다. "꼬맹아, 그건 진짜가 아니라고 미리 말해줬잖아." 필립은 깜짝 놀란 표정으로 아빠를 쳐다보면서 천천히 말했습니다. "아빠, 그건 진짜였어. 내가 봤는걸?"

필립의 부모는 세상에서 가장 훌륭한 선생님이 설명해도 '진짜'에 대한 아이의 정의가 어른의 정의보다 훨씬 넓다는 사실을 바꿀 수 없다는 것을 알게 되었다.

여섯 살쯤 되면 가상과 현실의 차이가 좀 더 확실해진다. 그러나 자신이 본 것에 대한 해석은 여전히 아이의 발달 단계에 따라 한계가 있다. 9·11 테러가 있던 당시 뉴스 프로그램들은 비행기가 건물에 부딪치는 장면을 반복해 보여주던 것을 중단하기로 합의했다. 어린 아이들이 그 사건이 반복적으로 일어나고 있다고 생각했기 때문이다. 어린 아이들도 세상의 이치를 이해하긴 하지만 어른들과 똑같은 방식으로 이해하는 것은 아니다.

부모들은 때때로 발달 과정의 일부분으로 자연스러운 행동임에도 그에 대해 아이들을 꾸짖거나 아이들이 거짓말을 한다고 받아들이곤 한다. 부모가 아이의 두려움을 인정하고 그 말에 귀를 기울인다면 아이도 안심하고 자신의 세계를 공유할 것이다.

"솔직히 말해야지!": 어린 아이와 거짓말

Q. 다섯 살 아이의 거짓말을 어떻게 해야 할까요? 아이는 아주 사소한 것까지 거짓말을 해요. 그런 행동을 못 하게 말릴 수가 없어요. 이 복잡한 상황을 어떻게 해결하면 좋을지 조언 좀 해주세요.

A. 아이들은 다양한 이유로 '거짓말'을 합니다. 때로는 무엇이 진실인지 아닌지 혼동할 때도 있어요. 허락받지 못할 것 같지만 해선 안 되는 일이라는 것을 인정하고 싶지 않아서 거짓말을 할 수도 있습니다. 그리고 자기 행동의 결과를 외면하고 싶어 거짓말을 할 수도 있습니다(어른들도 같은 이유로 거짓말을 하곤 하죠).

그런 행동을 "못 하게 한다"는 말에서 어른의 태도가 어떠한지 짐작해볼 수 있다. 다섯 살쯤 되면 대부분의 아이는 자신의 행동이 어떤 결과로 이어진다는 것을 이해한다. 그러나 그들에겐 아직 성숙함과 판단력이 부족하다. 그들에게는 여전히 훈육보다 가르침이 더 필요하다. 만약 자신의 잘못된 선택이나 실수가 벌이나 꾸중으로 이어진다고 생각하면 아이는 좀처럼 사실대로 얘기하려고 하지 않을 것이다.

태어날 때부터 아이들이 진실과 거짓의 차이를 확실히 아는 것은 아니다. 그리고 정직이 중요하다고 저절로 깨닫게 되는 것도 아니다. 부모는 왜 신뢰와 정직이 중요한지 가르쳐줄 계획을 세워야 한다. 이때는 아이가 좀 더 성숙할 때까지 그것을 쉽게 이해하길 기대해선 안 된다. 주변의 어른들이 직접 행동으로 옮기는 것을 본다면 정직의 중요성을 보다 자연스럽게 배울 수 있다(부모가 스키장에 가기 위해 직장에 아프다고 전화하는 것을 듣는다면 아이도 정직한 사람이 되려고 노력하지 않을 것이다).

대부분의 아이(그리고 대부분의 어른)는 이따금씩 거짓말을 한다. 예를 들어 아이가 다섯 살이라면 실수는 불가피하다는 것을 명심하라. 그리고 실수를 죄악이나 실패가 아니라 배움의 기회로 본다면 아이는 주눅들거나 두려워하지 않을 거라는 점을 명심하라. 아이가 정직하길 바란다면 아이의 말을 기꺼이 들어주고, 창피나 벌을 주는 것을 자제해야 한다. 그리고 문제가 생겼을 때 아이의 기술과 상황 파악 능력을 발전시키기 위해 함께 노력해야 한다. 사실을 말하지 않았다고 엉덩이를 때리거나, 타임아웃을 사용하거나, 창피를 준다면 아이는 잘못된 깨달음을 얻는다. 이때 처벌은 그저 효과가 있는 것처럼 보일 뿐이다. 처벌은 대개 겁 많은 아이 또는 자기 행동에 대한 책임을 회피하려고 하는 아이를 양산해낸다.

아들의 '거짓말'과 관련된 한 아버지의 경험담을 들어보자.

부엌 바닥에 깨진 달걀을 본 콜린은 기분이 상했습니다. 그는 무서운 목소리로 "이 달걀 누가 깼어?"라고 물었습니다. 그러자 다섯 살짜리 샘이 "악어가 그랬어요"라고 대답했습니다. 콜린은 그 지역에 악어가 살지 않는다는 것을 알고 있었습니다. 그는 달걀 문제도 풀고 샘에게 정직의 중요성도 가르쳐주면서 이 상황을 해결할 방법을 찾고 싶었습니다. 그는 놀란 표정을 지으며 "악어라고! 그거 주황색이었어? 집에 들어오다가 본 것 같기도 한데"라고 말했습니다. 그러자 샘은 웃으면서 주황색 악어가 맞다고 맞장구를 쳤습니다.

콜린은 웃으며 "있잖아, 나는 그냥 악어가 있는 척한 것뿐이야. 우리 동네엔 악어가 안 살잖아"라고 말했습니다. 그러고 나서 그는 샘에게 깨진 달걀을 치우자고 했습니다. 같이 치우면서 얘기 나눌 기회를 갖고 싶었던 것입니다.

"샘, 아빠가 달걀 때문에 소리 지를까 봐 무서웠니?" 샘은 시선을 내리깔며 천천히 고개를 끄덕였습니다. 콜린은 최대한 따뜻하고 부드럽게 말했습니다. "뭐든 악어 탓으로 돌리거나 없던 일을 지어내고 싶은 마음은 나도 충분히 이해해. 하지만 아무리 무섭더라도 아빠한테 사실대로 말해야 한다는 것은 꼭 알아둬. 사실대로 말하는 게 왜 그렇게 중요한지 알고 있니?" 샘은 고개를 저었습니다. 콜린은 아들의 머리를 쓰다듬으며 말했습니다. "네가 아빠에게 해주는 말을 다 믿고 싶으니까 그런 거야. 아빠는 널 너무 사랑한단다. 그리고 아빠는 네가 뭔가 말해주면 그게 진짜 있었던 일이라고 믿고 싶어."

샘은 아빠를 천천히 올려다보며 말했습니다. "나도 아빠 사랑해요. 아까는 그냥 지어낸 얘기였어요."

콜린은 미소를 지으며 조용히 말했습니다. "그래, 꾸며낸 얘기라는 거 알아. 가끔은 꾸며낸 얘기도 재밌지. 하지만 사실대로 말하는 것이 중요하다는 건 꼭 알아야 해. 우리가 함께 얘기를 만들 때는 꾸며내기도 하지만, 실수를 인정하기 싫어서 얘기를 꾸며내면 거짓말을 하는 게 되는 거야."

샘은 앞으로 이런 가르침을 몇 번은 더 받아야 할 것이다. 언제나 정직하다고 자신있게 말할 수 있는 어른은 드물다. 그리고 샘도 이 새로운 개념을 완전히 익힐 때까지는 여전히 실수를 저지를 것이다.

콜린은 샘에게 무서웠냐고만 물을 수 있었다. 아니면 원래의 질문을 덜 무섭게 할 수도 있었다. 예를 들어 "샘, 깨진 달걀 때문에 부엌이 더러워졌네. 이 문제를 어떻게 해결할까? 혼자 치울까, 아니면 아빠도 도와줄까?"

아이의 두려움을 없애주고 사랑의 메시지를 전하면(또는 그들의 비상식적 행동에 잠깐 맞장구를 쳐주는 것도), 아이들이 정직하게 말하는 법을 배우는 데 도움이 된다.

아이와 도둑질

소유권은 아이의 남다른 사고 과정을 보여주는 또 다른 예다. 어린 아이는 소유권에 대해 어른과 똑같은 가설을 세우지 않는다(윤리와 도덕은 사춘기까지 계속 발달한다). 아이는 어른을 보고 배우기 때문에 때때로 자신이 본 것에 대해 놀라운 판단을 내리곤 한다.

제이슨은 엄마와 함께 슈퍼마켓에 갔습니다. 그는 엄마가 무가지 잡지 한 부를 집어 가방에 넣는 것을 보았습니다. 어떤 코너에서는 샘플 쿠키를 나눠주었는데 엄마는 자기 몫으로 한 개를 집고, 제이슨에게도 한 개 주었습니다. 제이슨은 장보기가 끝날 때까지 그 쿠키를 맛있게 먹었습니다. 주차장으로 돌아와서 제이슨을 차에 태우려다가 엄마는 아들의 주머니가 불룩한 것을 발견했습니다. 살펴보니 초콜릿이 들어 있었습니다. 이를 본 엄마는 충격을 받아 "너 이거 훔쳤구나"라고 소리쳤습니다. 그러나 제이슨은 '훔치는' 게 뭔지 몰라 혼란스러웠습니다.

제이슨이 혼란스러워하는 것은 당연한 일이다. 신문과 쿠키, 초콜릿의 차이점이 무엇이란 말인가? 제이슨의 엄마가 조금만 주의를 기울였다면 문제의 핵심은 도둑질이나 부정직함이 아니라 인식의 차이임을 알았을 것이다. 이제 그녀의 일은 아이가 슈퍼마켓에서 어떤 것은 그냥 가져도 되고 어떤 것은 안 되는지 이해하도록 도와주는 것이다.

엄마가 제이슨을 야단치거나 창피를 주거나 죄책감과 두려움을 안겨 줬다면 그는 옳고 그름에 대해 들키느냐 아니냐의 문제라고 생각할지도 모른다. 그리고 자신이 배운 것을 다음에 적용하기 어려워할 수도 있다. 훈육은 결국 가르침을 주는 것이며, 실수는 배움의 기회다. 그렇다면 자주 있을수록 좋은 거 아닐까!

거짓말에 대처하는 법

다음은 자녀가 '거짓말'을 할 때 활용해볼 수 있는 몇 가지 방법이다.

- 동참하라. 아이와 함께 말을 지어내면서 마구 덧붙이고 과장해 이야기를 터무니없고 우스꽝스럽게 만든다.
- 탓하기보다는 해결책을 찾는 데 집중하라. 누가 난장판을 만들었는지 묻는 대신에 그것을 아이들이 깨끗이 치우는 데 도움이 필요한지, 문제를 해결하기 위한 좋은 아이디어가 있는지 묻는 것이 좋다.
- 거짓말이라는 의심이 들 땐 그렇다고 말하라. "그거 지어낸 이야기 같은데, 진실이 뭔지 궁금하네."
- 아이의 기분에 공감해주라. 자신이 어질렀다고 인정하기 무서웠느냐고 물어보라. 그리고 사람은 누구나 때때로 무서움을 느낀다는 것을 충분히 설명해주라.
- 자신의 행동에 반드시 책임을 져야 한다는 것을 설명해주라. "사람은 누구나 실수를 하게 마련이야. 하지만 다른 사람을 탓하는 것은 그게 지어낸 인물이라고 해도 자신이 한 일에 책임을 지는 자세가 아니야."
- 신뢰의 의미에 대해 이야기를 나눠보라. 진실을 말하는 것과 남들이 자신의 말을 믿을 수 있게 하는 것의 연관성을 아이가 깨닫도록 도와주라.

"나는 누구지?"

초등학교에 들어가기 전까지 아이를 둘러싼 세상은 빠르게 변한다. 이런 세상과의 관계에서 아이는 자기 자신을 어떻게 규정할까?

앨리스는 고개를 저으며 유치원에 들어섰습니다. 그녀는 자신이 지나치게 꾸미는 걸 좋아하는 사람이 아니라는 것에 자부심을 느껴왔습니다. 평소 화장도 하지 않았고, 머리도 간단히 뒤로 묶고 다니며, 주로 청바지에 티셔츠를 입었습니다. 그런데 엄마 바로 뒤에 서 있는 다섯 살짜리 딸 샐리는 눈길을 끄는 스타일이었습니다. 샐리는 핑크색 레이스 드레스를 입었으며, 머리와 반짝이는 신발에는 리본이 달려 있었고, 손목에는 달랑거리는 팔찌를 여러 개 하고 있었습니다. 아주 여성스러운 차림이었어요. 아이는 여자로 태어났을 뿐 아니라 일생을 아름다운 여자로 살기로 결심한 것처럼 보였습니다(일전에는 다음 생일부터 남자가 되겠다고 선언했음에도 불구하고 말이죠). 샐리가 매일 러플과 팔찌로 꾸미고 다니는 건 아니지만, 지금은 여자가 되는 것이 무엇인가에 대해 탐구하느라 정신이 없습니다.

이처럼 아이가 성 역할을 결정하려고 하는 경향은 부모가 성적 고정관념을 최소화하려고 신중하게 행동하는 경우에도 일어난다. 유아기 아이들의 놀이도 성별에 초점이 맞춰지는 경향이 있다. 여자아이들이 "남자애들이랑은 안 놀아"라고 말하면 남자아이들은 "여자, 우웩"이라고 소리 높여 맞받아친다. 이것이 자연스러운 현상이라고 해도 부모들은 여전히 아이에게 모든 사람을 존중하라고 가르친다.

아이들은 자연스럽게 자신이 남자인지 여자인지에 대해 알게 된다. 그러나 이를 배우는 것이 반드시 성별에 따른 제한을 두는 과정이 될 필요는 없다. 여자도 전쟁놀이를 할 수 있으며, 남자도 인형놀이를 할 수 있다. 이런 놀이는 성별에 상관없이 아이들에게 특별한 능력을 길러줄 수 있다. 아이를 고정된 성 역할 안에 가두고, 여자나 남자라는 구분에 갇혀 놀기 바라고, "너무 여자 같다" "남자답지 못하다" "여자답지 못하다"는 이유로 그 자리에서 아이의 능력을 깎아내린다면 아이들은 자신만의 고유한 능력과 관심을 잃어버릴 수도 있다. 옷차림이나 놀이에 대한 취향은 자라면서 계속 변하며, 동성 또는 이성 친구랑 어울리고 싶은 욕구도 계속 바뀔 것이다.

유아기 아이들은 자신의 신체적 차이를 하나둘 찾아내기 시작한다. 텔레비전 프로그램과 광고의 홍수시대이니만큼 성적 특징에 대한 의문이 예전보다 훨씬 더 일찍 생겨날 수도 있다(이는 아이가 텔레비전에서 무엇을 보는지 살펴봐야 하는 또 하나의 중요한 이유다). 사내아이는 욕실에서 아빠를 만져보고 싶어 할 수도 있다. 엄마가 갓난아기의 기저귀를 갈아주는 것을 옆에서 지켜보다가 온갖 재미있는 질문이 떠오를 수도 있다. 임신한 교사나 부모, 친척의 배가 불러오는 걸 보면 남자아이든 여자아이든 옷 속에 인형을 집어넣은 뒤 "나 아기 가졌어!"라고 외칠 수도 있다.

가능한 한 침착하고 여유롭고 '질문을 받아줄 수 있는' 상태를 유지하라. 음경이나 유방, 음부와 같이 정확한 용어를 사용하라. 아이는 성적 특징에 대한 구체적 정보가 필요한 것이 아니다(사실 자세히 가르쳐주려고 하면 아이들은 곧 흥미를 잃을 것이다). 그러나 대부분의 전문가는 질문을 받으면 정확하게 대답해주거나 단순하고 정확한 용어를 사용하여 예를 들어주는 것이 좋다고 입을 모은다. "이모 뱃속에서 아기가 자라고 있어"라든지, "남자에게는 음경이 있고 여자에게는 음부가 있어"라고 하는 것이 바람직하다고 말한다.

그런데 아이들이 구체적 지식을 언제나 정확하게 받아들이는 것은 아니다.

> 첼시는 다섯 살 여자아이입니다. 어느 날 목욕을 하다가 첼시는 조심스럽게 목욕수건으로 자신의 성기를 감쌌습니다. 아이는 키득거리며 엄마에게 "내 고추를 잘 덮어줘야 해"라고 말했습니다.

성별과 발달

두뇌 발달의 연구에 따르면 성별이 발달에 영향을 미치는 방식에 대한 몇 가지 흥미로운 점을 확인할 수 있다. 확실히 밝혀지지 않은 원인에 의해 여자아이는 남자아이보다 대뇌의 좌반구가 빨리 발달한다고 한다. 물론 아이마다 개인차가 있지만(이 차이는 학교에 입학할 때쯤이 되면 대부분 사라짐), 유아기의 자녀를 키우다 보면 다음과 같은 점을 발견하곤 한다.

- 여자아이는 보통 남자아이보다 언어와 정서 관련 기술을 더 일찍 배운다.
- 태어나고 얼마 지나지 않았을 때 남자아이가 여자아이보다 정서적으로 예민해 기분이 나쁘면 진정하기 더 힘들 수도 있다.
- 남자아이는 여자아이에 비해 육체적으로 더 활발하고, 충동적이고, 공격적이고, 경쟁적인 경향이 있다.

물론 부모는 성별에 따라 어떻게 행동하리라고 예상하는 것보다 자기 아이의 고유한 특징에 주의를 기울이는 것이 훨씬 더 도움이 된다고 생각할 수도 있다.

자녀의 발달 단계를 즐기겠다는 생각을 가져라. 성적 특징을 포함한 여러 주제에 마음을 열어두면 편안한 분위기를 만들 수 있으며, 나중에 진짜 필요한 시기가 왔을 때 자녀가 더 깊이 있는 정보를 찾도록 도울 수 있다.

인종과 그 외 차이점

아이들은 물건을 색깔, 크기, 모양으로 구분하기 시작하는 것과 마찬가지로 주변 사람들의 외모와 행동도 각기 다르다는 것을 점차 깨닫는다.

> 랜디의 엄마는 흑인이고 아빠는 백인입니다. 랜디가 네 살일 때 옆집에 사는 흑인 부부가 아기를 가지려 한다는 이야기를 듣고 아이다운 순수함으로 태어날 아기가 흑인일지 백인일지 궁금하다고 말했습니다. 랜디에게는 둘 다 가능한 일 같았습니다. 다섯 살 반이 되었을 때 랜디는 자신의 피부색이 친구들 가운데 몇몇과 다르다는 것을 발견했습니다. 이 사실에 대해 아이는 어떤 판단을 내릴까요?
> 후아니타를 비롯한 반 친구들은 카디마가 자기 반이 되자 매우 기뻤했습니다. 그들은 복도에서 카디마의 휠체어를 밀어주는 것을 좋아했습니다. 아이들에게 후아니타의 장애는 그 아이의 개성 중 하나였습니다. 그들 모두가 친구라는 점만이 가장 중요했습니다.
> 델리아는 자신이 다니는 그리스 학교에서 개최하는 댄스 대회에 가장 친한 친구 노라를 초대했습니다. 델리아는 자신이 그리스 노래를 부를 수 있다는 것을 자랑스러워했으며, 자신의 특별한 문화를 친구와 나눌 수 있다는 것에 기뻤했습니다.

모든 사람이 똑같다면 삶이 너무 지루하지 않을까? 사람은 저마다 다르고, 이런 차이에 대해 아이들이 어떤 결론을 내리느냐는 부모가 어떻게 가르치고 모범을 보이는가에 달려 있다. 부모와 교사에게는 차이를 비난하거나 두려워하는 것이 아니라 존중하는 법을 아이에게 가르치고, 자신과 많이 다르더라도 모든 사람은 존경받을 가치가 있다는 것을 가르칠 기회가 있다. 인종이나 문화에 대한 편견 또는 서로 다른 신체 능력에 대한 태도는 학습된다. 어린 아이라도 얼마든지 인종, 성별, 종교 등의 차이를 존중하는 법을 배울 수 있다. 이 시기의 아이들은 자신에 대해 너무나 많은 것을 배우기 때문에 다른 사람을 긍정적이고 존중하는 시각으로 보는 법도 반드시 배워야 한다.

문화, 사회, 반편견 anti-bias

어린 아이의 발달은 그 아이가 속한 문화와 사회에 영향을 받는다. 현명한 부모와 교사는 문화의 역할을 인정하고 사회가 아이에게 끼치는 영향을 편견이나 비판 없이 존중한다.

> 미국을 방문한 어느 싱가포르 교수는 아기가 혼자서 밥 먹는 사진을 보았습니다. 아기는 요거트를 잔뜩 묻힌 채 행복하게 웃고 있었는데, 아기용 의자에 놓인 쟁반 여기저기에 요거트가 묻어 있었습니다. 그 교수는 고개를 내저으며 "미국에서나 볼 수 있는 모습이지"라고 말했습니다. 그것은 싱가포르 교수를 초대한 미국 교수에게 아주 놀라운 말이었습니다. 과연 그 말은 무슨 뜻이었을까요?

아시아에서는 두 가지 이유로 아이가 서너 살, 심지어 다섯 살이 될 때까지 어른이 밥을 먹여주기도 한다. 첫 번째 이유는 절대로 음식을 낭비해선 안 된다는 것이다. 두 번째 이유는 깊은 문화적 뿌리를 가지고 있다. 아시아 문화는 관계를 매우 중시하는데, 시간을 들여 밥을 먹이면 아이와 어른의 관계가 돈독해질 수 있는 기회가 많아지고 서로 친밀해진다고 믿는다. 반대로 서구의 교육자들은 다른 어떤 것보다 독립심을 중요하게 여긴다. 아이들이 자율성을 기르도록 지원하고 자기 능력을 직접 경험하도록 돕는 것이 주변을 어지럽히거나 음식을 낭비하는 것보다 훨씬 중요하다고 생각한다(이 책은 서구의 관점을 갖고 있어 두 번째 모델을 따르고 있다).

더 가치 있다고 여기거나 배워야 하는 기술은 문화에 따라 다를 수 있다. 서구 문화는 개인주의를 중시하는 반면에 다른 여러 문화에서는 집단적 요구를 더 중요하게 생각한다. 이는 아이가 스스로 옷을 입거나 밥을 먹기 시작하는 나이에 영향을 끼칠 수도 있고, 아이에게 어떤 일이나 선택이 주어질지 결정할 수도 있다. 부모와 교사는 아이의 발달과 자녀양육 방식에 문화가 큰 영향을 미친다는 것을 알아야 한다.

출생 순서

유아기 아이들은 자신과 타인에 대해 여러 가지 판단을 내리는데, 이는 앞으로의 인생에 큰 영향을 끼친다. 그들은 자기 자신에게 계속 물어볼 것이다. "가족과 친구들에게서 소속감을 느끼고 자신의 중요성을 인정받으려면 무엇을 해야 할까? 나는 지금 잘하고 있나? 아니면 계속 노력해야 하나? 아니면 그냥 포기해야 하나?" 아이들은 이런 질문에 대한 답을 가지고 자신을 둘러싼 세계에 발을 내디딜 것이다. 그리고 사회적 관계를 탐구하면서 배우고 판단한 것을 행동으로 옮길 것이다.

아이들은 발달 단계와 문화적 영향 외에도 자신이 태어난 가정에서의 서열에 따라 다른 경험을 하게 된다. 모든 아이는 전혀 다른 가정에서 태어난다는 말이 있다. 아이가 태어나면 새로운 자리를 마련하기 위해 가족 내 구성원은 조금씩 움직인다. 첫째 아이의 주변을 쉼 없이 맴돌며 아이가 트림만 해도 가슴 졸이던 초보 부모는 두 번째나 세 번째 아이를 키울 때는 완전히 다른 사람이 된다. 두 번째나 그 이상의 아이가 태어나면 똑같은 부모지만 그들은 능숙하게 기저귀를 갈 줄 알고, 한밤중에 중이염으로 아이가 울어도 크게 놀라지 않으며, 아이가 떼를 써도 별로 당황하지 않는다. 모든 아이는 이렇게 변화를 거듭하는 가족으로부터 각자 다른 경험을 얻으며, 자신이 느낀 바에 따라 출생 순서에 따른 특징을 보여준다.

출생 순서가 오직 숫자로 결정되는 게 아니라는 사실을 명심해야 한다. 아이들의 출생 순서와 연관되는 행동에는 물론 예외도 많다. 장남이나 장녀는 자신의 성별 가운데서 첫째이기 때문에 각각 첫째 아이로서의 경험을 한다. 남매는 서로 거리감이 있어 각자가 외동이라고 느끼기도 한다. 오직 태어난 순서로 아이의 관점이 결정되는 건 아니지만 어떤 역할이나 서열을 유지하는 시간이 길어질수록 그것의 영향력도 커진다.

각각의 출생 순서에는 흔히 따라오는 일련의 특징이 있다. 그러나 그런 특징은 그저 가능성이기 때문에 아이들을 출생 순서로 낙인찍는다든가, 그것이 신비로운 힘을 가진 것처럼 취급해서는 안 된다. 그리고 더 좋고 더 나쁜 출생 순서가 있는 것이 아니라는 점을 명심해야 한다(제인 그리피스는 "모든 입장에는 장점과 단점이 있다"고 말했다). 출생 순서는 아이들의 세상을 더 잘 이해함으로써 그들의 행동과 인생을 결정하는 데 적합한 동기부여 방법을 찾아내어 더 나은 가르침을 제공하는 데 필요하다.

출생 순서를 이해하면 아이에게 어떤 경험을 더 시켜줘야 할지, 어떤 경험이 쓸모없거나 문제를 일으킬지 판단할 때 도움이 된다.

첫째 아이

첫째는 개척자로서의 책임감을 가질 수밖에 없다. 첫째가 세상을 보는 관점은 그들의 모토인 '나 먼저!'로 요약된다. 물론 여기엔 유리함과 부담감이 동시에 따라온다. 첫째 아이는 모든 것을 변화시키기 때문에 일종의 선구자 역할을 한다. 첫째는 부부를 부모로 변화시키고, 형제자매를 이모와 삼촌으로, 부모를 할아버지와 할머니로 변화시킨다. 어른

출생 순서표

입장	모토	가능성(장점)	어려움(단점)	조언
외동/첫째	나, 나, 나	독립심이 강함 자립심이 강함 책임감이 강함	때로 외롭다고 느낌 또래와 어울리는 걸 힘들어하기도 함 갈등을 지나치게 두려워함	또래와의 시간을 늘림 그룹 활동에 참가함 문제해결을 연습하거나 모방함
첫째	나 먼저!	책임감이 강함 성취도가 높음 리더십이 강함	완벽주의자 실수를 두려워함 조숙함	기대와 부담감을 줄임 (자신이나 타인의) 불완전함을 수용하는 법을 배움 책임감을 제한함
둘째	나도!	협조적임 독창적임 관찰력이 좋음	좀처럼 '만족'하지 못함 끊임없이 비교함 첫째에게 너무 의지하거나 첫째를 따라함	자녀를 고유한 존재로 취급함 (그리고 사진 촬영!) 비교하지 않음 리더십이 필요한 일을 하도록 유도함
가운데	나는?	사회성이 좋음 공감도가 높음 정의감이 강함 이유를 불문하고 반항적이거나 아주 너그러움	(비교하면서) 결핍감을 느낌 또래의 부적절한 영향에 취약함 경쟁을 통해 가치를 증명하려고 함	개개인의 특징을 인정함 가족과의 관계/공헌도를 높여줌 경쟁심을 팀 스포츠로 전환시켜줌
아기	나를 돌봐줘!	매력적임 유머러스함 너그러움	남을 마음대로 조종하려고 함 타인에게 결정을 미룸 진지하게 받아들여지지 못한다고 느낌	기대치를 높임 리더십을 가질 기회를 제공함 아이의 의견이나 아이디어를 구함
막내 (아기는 아님)	다 비켜!	에너지가 넘침 집중력이 높음 성취도가 높음	저돌적임 타인의 요구를 무시함 의욕 과다	경계를 확실히 함 팀워크를 장려함 스트레스 관리법을 배움

들로 이루어진 세상에 태어난 만큼 첫째는 말을 빨리 배우고 발음이 매우 정확하다(아무도 아이를 방해하지 않지만 아이를 위해 통역해주지도 않는다). 첫째라는 자리는 많은 특권이 보장되기도 하지만 그만큼 기대도 크다. 또한 가족들을 처음 만나는 세계로 이끈다. 예를 들면 첫 번째 생일 파티에서부터 처음으로 앞니 빠진 날, 처음으로 한밤중에 열이 난 날, 처음으로 졸업한 날, 처음으로 수영 배운 날, 처음으로 상 받아온 날 등등. 이 모든 상황은 아이가 책임감을 느낄 수밖에 없게 만든다. 그래서 첫째는 완벽주의자가 될 가능성이 크며, 모든 일을 정확하게 하려는 경향이 강하다. 그런 만큼 일부는 그들의 임무를 훌륭하게 달성하여 성취도가 높은 사람이 되며, 일부는 높은 기대에 따른 부담감으로 자신이 최선을 다할 수 없을 때는 빨리 포기하는 사람이 되기도 한다.

둘째 아이

둘째 아이는 자신보다 더 크고 더 유능하고, 발달 단계에서 앞선 형제자매가 있어 빨리 여러 활동에 끼어들고 싶어 한다. 어린 시절 이들이 가장 많이 한 말이 그들 삶의 모토가 된다는 것은 어쩌면 당연한 일일지도 모른다. 그 말은 다름 아닌 '나도!'다. 둘째 자리는 일시적일 수도 있고(동생이 태어나면 가운데 아이가 된다), 평생 유지될 수도 있으며(둘째이자 막내가 될 수도 있다), 동생이 여러 명 생겨 둘째의 지위가 이어질 수도 있다. 둘째에게 '내가 누구인가'를 찾는 과정은 대개 남의 것을 제외시켜 나가는 과정이다. 즉 다른 사람이 갖지 않은 역할이나 관심사를 선택하는 것이다. 만약 첫째가 운동을 잘한다면 둘째 역시 트로피를 받아오고 싶어 하지만 음악이나 춤 등 다른 분야를 공략할 것이다. 둘째와 가운데 아이는 첫째와 막내 형제 사이에서 자신이 관심받지 못한다는 경험을 공유하기도 한다. 둘째와 가운데 아이는 아마도 형제들 가운데 독사진이 가장 적을 것이다.

가운데 아이

새로운 아이가 태어나서 둘째 아이가 가운데 아이로 밀려나게 되면 그들의 모토는 '나는?'으로 바뀌게 된다. 가운데는 앞뒤로부터 압박을 받는 불편한 위치일지도 모른다. 가운데 아이는 맏이로서의 특권도 없고, 아기로서 누릴 수 있는 장점도 빨리 잃는다(그나마도 장점을 즐길 만한 시간이 있었을 때의 이야기다). 나이가 더 많은 성숙한 형제가 앞에 있고 더 귀엽고 손이 많이 가는 형제가 뒤에 있는 상황에서 가운데 아이는 때때로 불공평하게 자기 몫의 시간이나 관심, 물건을 뺏겼다고 느낄 수도 있다. 커다란 가족의 역학관계 속에서 가운데 아이는 종종 자신을 잃어버린 듯한 느낌을 받기 때문에 또래 친구나 형제들에게서 격려와 지원을 얻고자 하는 경우가 많다. 그런 덕분에 뛰어난 사회성을 기를 수 있다. 또한 어떤 상황이든 두 가지 측면을 다 보는 훈련이 되어 있다 보니 자신만의 고유한 관점을 가진다.

아기

가족의 마지막 구성원인 아기는 나이가 더 많고 능력이 있는 가족 구성원에게 둘러싸여 그저 옹알거리면서 '나를 돌봐줘!'라는 자신의 모토에 맞게 지낼 수 있다. 이런 아이는 자신에게 규칙이 느슨하게 적용된다는 것을 잘 알고 있다. 부모는 마지막이라는 이유로 그 아기를 좀처럼 보내주려고 하지 않는다. 막내는 사회성이 뛰어난 재미있고 유쾌한 친구가 될 수 있는데, 어떻게 집단 속에 맞춰 들어갈 수 있는지 잘 알고 있다. 평생을 사람들 속에서 살아왔기 때문이다. 계속 아기 취급을 받으면 자기 자신에게 바라는 것이 늘지 않는다. 그런 식으로 세상 경험을 하다 보면 '나를 돌봐줘'라는 태도는 심각한 부작용을 낳는다. 예를 들면 귀엽고 사랑스러운 사람은 자신의 매력을 이용하여 타인이 자신의 명령을 따르도록 만든다. 즉 사람을 조종하는 것이다. 아기가 울면 모든 사람이 달려온다. 그러나 이것은 아이에게도, 어른에게도 좋은 방법이 아니다.

간혹 마지막 순서만 받는 것에 지쳐 아이 역할을 그만두기로 하는 경우도 있다. 이런 아이는 성공으로 가는 가장 빠른 길을 찾기로 결심하고, 다른 형제를 모두 제치며 '다 비켜!'라는 자신의 모토를 휘두른다. 그래서 가족 가운데 가장 높은 성취를 이루기도 한다.

외동

가정에 아이가 더 생기지 않고 첫째가 아무도 위협을 가하지 않는 외동으로 남으면 어른 중심의 환경에서 아이는 자신만의 박자에 맞춰 행진하는 법을 배우게 된다. '나, 나, 나'라는 자신의 깃발을 머리 위로 휘날리며 자신만의 행진을 이끌어나가는 경험은 흥분되는 동시에 외로울 수 있다. 외동은 부모의 사랑과 관심을 누구와 나눌 필요가 없기 때문에 무언가를 공유하거나 융통성을 발휘해야 할 이유가 없다. 이처럼 무언가를 공유할 사람이 없다는 것은 한편으로는 외로운 일일 수도 있다. 이는 외동의 입장에겐 보편적인 감정이다. 또한 이들은 다른 아이들과 비교했을 때 '혼자 있는 시간'을 편하게 생각하고, 자기 또래보다는 어른들과 자신을 동일시하는 경향을 보이기도 한다.

출생 순서를 고려할 때의 주의사항

몇 번째로 태어나든 아이는 버릇없게 행동할 수 있다. 몇몇 부모는 자신이 아이를 못 쓰게 키웠다spoiling는 것을 인정할지도 모른다. 그러나 못 쓰게 키웠다는 것은 웃으며 할 수 있는 이야기가 아니다. 그 이유는 말 속에 이미 들어 있다. 제인 그리피스는 이것에 대해 분명하게 말한다. "렌지나 고기가 못 쓰게 됐다고 할 때 우리는 그것을 망쳤다고 표현하지 않나요? 자기 아이를 망치길 바라나요? 못 쓰게 키우는 것은 아이를 망치는 것입니다." 버릇없는 아이들은 이 세상은 평등하지 않다는 일련의 기대감을 갖고 있다. 지나치게 응석을 받아주고 아이가 하고 싶은 대로 하게 내버려두는 것은 평생 좌절을 겪게 하는 지름길이다.

몇 번째로 태어났든 이처럼 어린 시절의 경험을 통해 내린 판단은 무의식의 단계에서 만들어지는 것임을 잊지 말아야 한다. 모든 아이는 자신의 고유한 입장에 기초해 삶의 태도를 선택할 것이다. 각각의 출생 순서는 어떤 능력(장점)을 가져다주는 동시에 발달이 더디거나 약간의 자극이 필요한 특징(단점)을 만들어내기도 한다. 자녀의 출생 순서를 고려하면 각각의 아이가 자신의 세계를 보다 폭넓게 경험할 방법을 찾을 수 있다.

> 집에서 막내인 티마는 언니 오빠가 세 명 있습니다. 엄마인 프랜시스는 코코아와 쿠키를 먹은 뒤 집 근처 호수에 사는 오리들에게 먹이를 주기 위해 티마를 데리고 나갔다가 아이가 세상을 보는 관점을 엿보고 놀랐습니다. 당시 티마는 겨우 네 살이었습니다. 티마는 집을 나와 호수로 가는 내내 같이 오지 못한 언니 앤지(6세) 몫까지 오리에게 빵을 던져줘야 한다고 말했습니다. 그리고 소피 언니(9세)가 가장 좋아할 것 같은 오리를 고르거나 "요나스 오빠(11세)는 오리처럼 수영할 수 있어"라고 외쳤습니다. 심

지어 티마는 절반 남은 쿠키를 앤지에게 가져다줘야 한다면서 잘 싸달라고 말했습니다. 티마는 자신을 여러 명 가운데 하나로 보는 데 너무 익숙해져 엄마와 단둘이 시간을 보내는 법을 알지 못했습니다. 프랜시는 그전까지 티마가 언니 오빠 없이 어떤 일을 해본 적이 거의 없다는 것을 미처 알지 못했습니다. 프랜시는 티마가 이 세상과 그 속에서 자신이 맡은 역할을 바라보는 관점이 확장되도록 더 많은 경험을 시켜주기로 결심했습니다.

출생 순서로 아이가 어떤 사람이 될지 결정되는 것은 아니다. 그러나 이를 통해 아이가 내리는 결정이나 아이의 행동 방식에 대해 중요한 통찰을 얻을 수 있다. 출생 순서는 우리를 둘러싼 세상에 첫 번째 창문을 제공해준다.

입양: "아이에게 말해야 하나?"

아이를 입양하면서 생겨난 특별한 가족도 있다. 입양은 가정을 가질 수 없었을지 모르는 아이에게 안전하고 사랑이 가득한 집을 제공하는 멋진 일이다. 그러나 대부분의 입양 부모는 여전히 의문을 가지고 있다. 아이의 친부모에 대해 어느 정도까지 얘기해줘야 할까? 입양된 아이가 진심으로 자신을 가족의 일원이라고 느낄까? 입양했다고는 언제 말해줘야 할까?

자신의 입양 사실에 대해 언제 듣는 것이 좋은지는 학술 연구도 확실한 답을 제시하지 못한다. 어떤 연구에서는 7~8세 전에 너무 많은 정보를 주는 것은 아이를 혼란스럽게 만들 뿐이라고 말한다. 또 다른 연구에서는 늦게 말해줄수록 아이가 더 힘들어질 수 있다고 말한다. 인간 행동의 상당 부분이 소속감과 연결되어 있다. 아이가 자신이 누구인가를 찾기 위해 자기만의 퍼즐을 맞춰갈수록 입양에 대한 질문("나는 어디서 왔을까?", "왜 우리 부모님은 나를 버렸을까?")은 피할 수 없다.

양부모와 인종이 다른 입양아는 이런 차이를 네 살쯤에 알아차리기 시작한다. 아이가 인종에 대해 인식하기 시작했다는 것을 알면 아이의 입양 사실을 말해줄 시기를 결정하는 데 도움이 될 것이다.

또한 문화에 대한 고려도 중요하다. 다른 문화권에서 입양된 아이는 취학 전 특별 문화 수업에 참여하는 것을 좋아할 수도 있다. 예를 들어 토리와 사라, 안나는 모두 한국에서 태어나 미국 가정에 입양되었다. 매년 여름 세 명의 소녀는 한국 문화 캠프에 참여해 한국의 옷과 음식, 예술, 언어에 대해 배웠다. 양부모는 아이들이 조국의 문화를 즐기길 바랐다. 이들은 어렸을 때 이미 자신의 입양에 대해 알았으며, 유치원에 한복을 입고 가는 것을 자랑스러워했다.

또 다른 가정에서는 생일을 축하하는 것과 마찬가지로 딸의 '입양일'을 축하하기 위해 유치원에 맛있는 간식을 가져간다. 그녀의 부모는 딸과 같은 반인 아이들에게 입양이 무엇인지에 대해 설명해주었다. 덕분에 그녀의 반 친구들은 가족이 만들어지는 또 다른 방법에 대해 배우는 혜택도 얻었다.

입양에 대한 태도는 다양하다. 앞선 가족들은 입양을 '일반적' 가정에 대한 또 다른 정의라고 받아들였다. 이런 태도는 아이가 입양에 대해 신뢰하고 편안하게 느끼도록 북돋아준다. 만약 가정에 입양한 아이와 직접 낳은 아이가 함께 있다면 모두가 의문을 가지게 될 거라는 사실을 알아야 한다. 입양에 대해 뭔가 불편하고, 터놓기 어렵고, 비밀스러운 것처럼 행동하면 결국 불신과 두려움, 불안을 불러일으킬 뿐이다. 부모가 아이들을 모두 존중하고, 아이들에게도 서로를(그리고 자기 자신을) 존중하라고 가르친다면 피할 수 없는 질문이라고 해도 위협을 느끼지 않을 것이다.

  아이들은 모두 진정으로 가정에 소속감을 갖고 싶어 한다. 따라서 아이를 입양한 가족은 아이에게 소속감을 느낄 기회를 주는 것은 물론이고 자신이 소중하고 가치 있는 사람임을 실감하는 기회를 충분히 마련해주기 위해 최선을 다해야 한다.

온 세상이 하나의 단계다

부모들은 "그냥 지나가는 단계일 뿐이야"라는 말을 끊임없이 듣는다. 그런데 이 말에는 크나큰 진실이 숨어 있다. 아이들은 대개 하나의 단계를 거치고 있거나, 또 다른 단계를 밟아가고 있다. 완전히 똑같은 환경에서 자라는 아이가 없다는 것 역시 분명한 사실이다. 아이의 발달을 이해하면 부모는 아이의 행동과 성공, 우발적인 실수를 보다 효율적으로 다룰 수 있다. 그리고 이 세상은 사랑하고 사랑받고, 자신과 자신이 만나는 타인에 대해 배울 수 있는 곳임을 아이가 깨닫도록 도와줄 수 있다.

4장

기적의 두뇌
: 학습과 발달

로비는 다섯 살입니다. 그의 누나는 다른 '큰 애들'과 함께 학교에 가는데, 로비는 자기도 커다란 스쿨버스를 타게 될 때까지 기다리기가 너무 힘듭니다. 그는 책을 좋아하고, 글자와 숫자도 다 압니다. 게다가 자신의 이름과 키우는 강아지 이름도 쓸 수 있습니다. 로비는 삶의 다음 단계로 넘어가고 싶은 마음으로 가득합니다. 이런 로비를 바라보는 엄마의 마음은 복잡합니다. 그녀는 아직 어린 아기를 보내주기가 쉽지 않다는 것을 알고 있습니다. 로비가 배우는 것을 좋아하고 자신을 둘러싼 세상에 대해 왕성한 호기심을 보이고 있지만, 동시에 수줍음이 많고 때때로 또래 친구들과 어울리는 것을 어려워합니다. 그리고 공공장소에서는 엄마에게 찰싹 달라붙어 있습니다. 가끔은 자기가 아는 글자를 거꾸로 써놓을 때도 있고요. 엄마는 로비가 아직 학교에 갈 때가 아닌 것 같아 걱정입니다.

그녀는 세 자녀를 모두 초등학교에 보낸 이웃에게 어떻게 해야 할지 의논했습니다. "학교 갈 준비를 하도록 유치원에도 등록해야 할까요? 낱말 카드를 사서 집에서 읽기를 가르칠까요, 아니면 일 년 정도 더 기다리게 할까요? 로비가 준비 없이 학교에 갔다가 뒤처지는 것도, 그 아이를 실망시키거나 좌절시키는 것도 싫어요." 로비의 엄마는 혼란스러움과 걱정으로 고개를 저었습니다.

언제, 어떻게, 왜 배워야 하나

유아기가 끝날 때쯤 많은 부모와 아이는 무기력함을 호소한다. 아이가 6~7세쯤 되면 학교와 정규 교육에 대해 생각하기 시작한다. 세상은 집과 가족을 넘어 친구와 선생님까지 넓어지고, 시간이 지날수록 그들은 아이의 삶에서 중요한 자리를 차지하게 될 것이다. 이런 변화가 부모나 아이에게 항상 쉬운 것만은 아니다.

대부분의 부모는 이 세상이 무한경쟁시대라는 것을 알고 있다. 그리고 부모들은 자식을 사랑하고 그들이 성공하길 바라기 때문에 질문이 많을 수밖에 없다. 아이들에게 무엇을 가르쳐야 하고, 언제 시작해야 하는지? 학교 들어가기 전에 읽기와 쓰기, 수학은 어느 정도 해놓아야 하는지? 사회생활 기술은 어느 정도까지 가르쳐놓아야 하는지? 그나저나 아이들은 어떻게 이런 것들을 배우는 걸까? 아이들이 지식과 기술을 흡수하고 사용할 수 있게 해주는 곳이 바로 두뇌다. 그렇다면 자라나는 그들의 뇌에서 무슨 일이 벌어지고 있는 걸까? 왜 어떤 아이는 다른 아이보다 앞서나가는 걸까?

지난 몇 년간 인간의 두뇌가 어떻게 자라고 발달하느냐에 대한 이해는 극적인 변화를 보여주었다. 이제 우리는 어린 시절 초기가 사고와 추론 능력을 형성하고 뇌 자체의 '신경회로'를 만드는 데 결정적 시기라는 것을 알게 되었다. 두뇌는 아동기와 청소년기에 걸쳐 계속 성장하고 학습 과정을 거친다. 사실 두뇌에서 감정조절과 충동조절, 보다 '어른스러운' 추론을 담당하는 전두엽 피질은 최소 25세까지 계속 발달한다. 유아기에 부모와 양육자가 아이와 상호작용하는 방식은 두뇌 발달과 학습에 결정적 영향을 미친다.

두뇌가 만들어지는 방식

얼마 전만 해도 우리는 아기가 태어날 때 이미 두뇌의 발달이 어느 정도 결정되어 있다고 믿었다. 따라서 우리가 할 수 있는 일은 준비되어 있는 뇌에 필요한 지식을 채워주는 것뿐이라고 생각했다. 그런데 정교해진 조영 기술을 통해 연구자들은 살아있는 아동의 두뇌를 살펴보고 구조를 관찰할 수 있게 되었고, 이를 통해 두뇌가 사고하고 지각하고 학습하기 위해 어떻게 에너지와 혈류, 신경전달물질이라고 불리는 특별한 성분을 이용하는지 발견했다. 이런 식으로 연구자들이 밝혀낸 것은 실로 엄청난 정보를 담고 있다.

인간의 두뇌는 태아 속의 작은 세포 다발에서 출발한다. 임신 4주째가 되면 이 세포들은 앞으로 수행할 기능에 따라 스스로를 분류하고, 두뇌에서 자신이 있어야 할 위치로 '이주'하기 시작한다. 태아는 자신에게 필요한 것보다 많은 세포를 갖고 있는데, 일부는 이주 도중에 소멸하고 나머지는 살아남아 시냅스라고 불리는 연결망에 모이게 된다. 인간의 두뇌는 생후 3년간 계속해서 '공사 중'인 상태로, 이때 아이가 자신과 자기 주변 세상에 대해 배우고 판단한 것이 아이의 두뇌 회로를 만든다.

바깥세상으로부터 자극이 오면 아이의 감각(청각·시각·후각·촉각)을 통해 경험이 쌓임으로써 두뇌가 신경망을 형성하거나 변화시킬 수 있게 되고, 신경망을 강화하여 학습을 가능하게 한다. 두뇌는 아주 유연해서 어떤 변화나 심지어 손상에도 적응할 수 있는데, 아주 중요한 학습(시각 발달이나 언어 발달 등)이 진행되는 어린 시절에는 마치 두뇌에 창문이 존재하는 것과 같다. 만약 이것이 사라진다면 아이는 다양한 능력을 발달시키기 어렵다. 열 살쯤 되면 아동의 두뇌는 충분히 사용되지 않는 시냅스를 가지치기하기 시작해 사춘기쯤에는 시냅스의 절반이 사라진다. 따라서 몇몇 기능에 대한 두뇌 발달은 '쓰느냐 잃느냐'의 문제다(사회생활 기술 발달처럼 학습이 20대 초반까지 지속되는 기능도 있다). 무엇을 사용할 것인지(그리고 남을 것인지)는 넓은 의미에서 어른들이 아이들의 세계를 어떻게 구성해주느냐에 달려 있다.

선천적인가, 후천적인가

아이가 자신만의 특별하고 고유한 자질과 개성의 조합을 어떻게 얻게 되는지 궁금해할 수도 있다. 그리고 아이가 두 명 이상이라면 어떻게 이처럼 다른지 궁금해할 것이다.

　최근 연구자들은 유전자가 기질이나 성격에 미치는 영향이 우리가 이전에 알던 것보다 훨씬 더 크다고 믿는다. 많은 연구자는 유전자가 낙천성, 우울, 공격성 등에 영향을 미친다고 믿고 있다. 또한 유전자는 스릴을 즐기는지 여부에도 영향을 미치는데, 이런 사실은 체조를 잘하고, 축구할 때 공을 몸으로 막고, 겁먹은 부모보다 나무에 빨리 올라가는 아이를 둔 부모에게는 그다지 놀라운 일이 아닐 것이다(6장에서 기질에 대해 더 깊이 다루겠다). 부모들은 자라나는 자녀에게 자신이 미칠 영향력이 어느 정도일지 궁금할 수도 있다. 유전자가 그처럼 강력하다면 부모가 아이를 어떻게 양육하느냐 하는 것이 크게 상관이 있을까?

　대답부터 하면 크게 상관이 있다. 아이가 어떤 특성과 경향을 유전자를 통해 물려받았더라도, 그런 특성이 어떻게 발전할 것인가에 대한 이야기는 아직 만들어지지 않았다. 자녀가 자신만의 고유한 기질을 갖고 이 별에 도착했더라도 부모나 다른 양육자들이 아이와 어떻게 상호작용하는지에 따라 어떤 사람이 될지가 결정된다(뇌과학자들은 초기의 이런 결정과 반응을 '적응'이라고 부르는데, 이는 아이가 타고난 특성과 자신이 살아가는 세상이 함께 추는 복잡한 춤의 일부분 같은 것이다). 교육심리학자 제인 M. 힐리는 『위기의 아이들: 왜 아이들은 생각하지 않는가, 그에 대해 우리는 무엇을 해야 하는가 Endangered Minds: Why Children Don't Think and What We Can Do About It』에서 "두뇌가 행동을 만들고, 행동이 두뇌를 만든다"라고 말했다.

부모와 양육자 자신은 약하고 불완전하지만, 아이를 위한 환경과 그에 따른 아이의 발달을 챙겨야 할 책임이 있다. 인간의 두뇌는 성장을 멈추지 않으며, 새로운 시냅스를 만들고 연결시키는 능력이 있다. 물론 어느 정도 나이가 되면 변화가 일어나기 어려워지겠지만, 그래도 태도에서든 행동에서든 관계에서든 변화는 언제나 가능하다.

아이를 위한 대학?

신문을 보면 이따금 초·중·고등학교를 남들보다 일찍 마치고 상급학교에 진학하는 천재성을 가진 아이의 기사가 실린다. 반면 여러 가지 이유에서 자신의 아이는 아직 공부할 준비가 되지 않았다고 걱정하는 로비의 부모와 같은 경우도 있다.

부모들은 다음 문제를 고민한다. 아이가 아직 어린데 학교 공부를 가르쳐야 하는 걸까? 만약 두뇌가 계속 성장하는 중이라면 가능한 한 많은 정보를 넣어줘야 하는 건 아닐까? 사실 아이들은 여러 가지 방식으로 학습하며, 그중 많은 부분이 아직 밝혀지지 않고 있다. 연구자들 가운데는 너무 일찍 아이에게 학습을 강요하거나, 그들의 뇌가 아직 완성된 상태가 아니기 때문에 감당하기 어려운 개념을 주입하려 하는 건 오히려 해로울 수 있다고 주장하는 사람도 있다. 만약 일정한 수준에 이르지 못한 상태에서 추상적인 개념(예를 들면 수학 등)을 배우게 된다면, 두뇌는 나중에 만들어진 것과 비교했을 때 훨씬 덜 효율적인 사고회로를 급한 대로 얼기설기 만들게 될지도 모른다. 그리고 그 덜 효율적인 사고회로는 그렇게 고정되어 버릴 수도 있다.

아직 준비가 안 된 아이에게 공부를 강요한다면 심리적인 면에 영향을 미칠 수도 있다. 아이들은 항상 자기 자신과 주변 세계에 대한 판단을 내린다. 사랑하는 부모가 (게다가 좋은 뜻에서) 주입하려고 한 개념을 아이가 제대로 익히지 못한다면, 사실은 그들의 두뇌가 아직 그 개념을 흡수할 준비가 안 되었을 뿐임에도 불구하고 아이는 '나는 능력이 없어'라는 판단을 내릴 수도 있다. 그런 생각이 고착되면 아이는 겁을 먹어 다시는 그 개념을 배우지 않으려고 할 수도 있다.

확실한 것은 없다. 인간의 두뇌는 각기 고유하고 특별하며, 각각의 아이에게 무엇이 옳고 그른지를 일반화하는 것은 불가능하다. 그러나 제인 힐리 등 일부 학자는 빠르게 변화하는 현대 문화가 아이들이 집중하고, 듣고, 배우는 능력에 장기적으로 영향을 미친다고 믿는다. 몇몇 유아 교육자는 요즘 아이들은 가만히 앉아 있거나 수업 또는 이야기에 집중하는 것을 어려워하는 것처럼 보인다고 보고했다. 동시에 이런 아이들 가운데 상당수가 나이에 비해 지식이 많은 것으로 나타났는데, 그 이유는 그들이 텔레비전에서 어마어마한(때로는 거슬릴 정도로 어른스러운) 어휘를 습득하기 때문이다. 모든 학습이 다 '좋은' 것은 아닐지도 모른다. 부모는 아이가 무엇에 노출되어 있는지 면밀히 살피고, 어휘와 기술뿐 아니라 인격을 갖추고 가치도 함께 배우고 있는지 확인해야 한다.

어린 아이들에게 가장 좋은 학습 방법은 관계 속에서 배우는 것이다. 그런 만큼 유아기 아이들이 뭔가를 배울 때 가장 필요한 것은 암기 카드가 아니다(텔레비전도 아니다). 아이들은 자신의 감각, 즉 시각과 후각, 청각, 미각, 촉각을 사로잡는 활발한 관계 형성을 통해 가장 잘 배울 수 있다. 또한 세상에 대한 이해를 구축해 나가려면 자신이 이미 알고 있는 것을 새로운 정보와 연결시킬 기회를 가져야 한다. 이 모든 조건을 충족시킬 수 있는 것이 바로 놀이다. 유아기에 놀이는 매우 중요하다. 놀고 있는 아이는 사실 건강한 두뇌를 발달시키기 위해 열심히 노력하는 중이라는 사실을 잊지 말자.

연결되어야 할 회로: 아이에게 진실로 필요한 것

유아기 아이는 배울 것이 너무 많아서 바쁠 수밖에 없다. 앞서 말한 것처럼 어린 아이들은 관계 속에서 가장 잘 배울 수 있다. 두뇌 발달에서 가장 중요한 것은 연결이며, 아이의 두뇌는 태어나는 순간부터 연결을 찾도록 입력되어 있다. 부모와 다른 양육자들이 아이와 관계를 맺는 방식(말하고 놀고 돌봐주는 방식)이 아이의 발달에서 가장 중요한 요소다(정서 발달에 대해서는 7장에서 더 자세히 알아보겠다).

캘리포니아대학의 심리학 교수이자 미국 아동발달연구회(www.developingchild.net)의 창립 멤버인 로스 A. 톰슨에 따르면 어린 아이는 스트레스가 없고 적당히 자극적인 환경에서 가장 잘 배울 수 있다고 한다. 톰슨은 비디오 등 학습 보조도구를 통한 자극은 그다지 필요하지 않다고 말한다. 사실 아이들이 성장하고 발달하는 데 꼭 필요한 것은 사랑하는 어른들과 보내는 시간, 아이에게 온전히 집중해 방심하지도 지나치게 기대하지도 않고 아이의 신호를 정확히 파악할 수 있는 사람

기적의 거울 뉴런

아이가 어떻게 박수를 치고, 진공청소기 버튼을 누르고, 하이파이브 하는 법을 배우는지 궁금해한 적이 있는가? 최근 연구자들은 인간의 뇌에 거울 뉴런이 존재한다는 것을 밝혀냈다. 거울 뉴런은 신체적 움직임, 얼굴 표정, 감정 등을 인식하여 두뇌가 '본 대로' 따라할 수 있게 만드는 신경 세포다. 거울 뉴런을 통해 자녀는 부모를 흉내 내는 법을 배울 수 있다. 마찬가지로 부모가 화내거나, 흥분하거나, 불안할 때도 아이의 거울 뉴런은 어른의 감정을 '잡아내어' 아이의 마음속에 같은 감정을 심어준다. 거울 뉴런은 우리가 왜 함께 울고 웃으며 화를 내는지 쉽게 설명해준다. 또한 부모가 아이를 가르칠 때 행동(당신이 본보기로 보이는 행동)이 말보다 훨씬 강력한 힘을 발휘하는 이유가 무엇인지 알려준다.

이다(부모든 그 외 양육자든 모두 이런 식의 아동 중심의 상호작용을 할 수 있다). 이는 아이가 집안의 크고 작은 일을 좌지우지하게 만들라는 의미가 아님을 명심하라(이에 대해 이 장에서 더 다루겠다).

애착

부모와 굳건한 유대 관계가 형성된(이는 부모가 아이의 신호를 잘 알아듣고 그에 응답할 때, 사랑과 소속감을 제공할 때, 신뢰와 안정감을 주었을 때 형성된다) 아이는 안정애착secure attachment을 발달시킬 수 있다. 안정적으로 애착이 형성된 아이는 자기 자신은 물론이고 다른 사람과도 관계를 잘 맺을 수 있으며, 건강하고 균형 잡힌 관계를 키워나갈 최상의 기회를 갖게 된다. 흥미롭게도 메리 메인 등의 연구자들은 아이의 애착을 예측하기 가장 좋은 방법은 그의 부모가 어렸을 때 가졌던 애착 정도를 살펴보는 것이라고 말했다(에릭 에릭슨도 유아가 생후 1년간 신뢰감을 발달시키는 데 엄마 자신이 가진 신뢰감이 직접적으로 영향을 끼친다는 것을 밝혀냈다). 부모의 개인사와 그간의 경험이 자라나는 아이에게 직접적인 영향을 끼친다는 것을 어떻게 받아들여야 할까? 지금까지 힘겹게 싸워왔던 여러 문제나 어려움, 감정적 숙제 등을 이해하고 해결하는 게 부모가 자녀에게 줄 수 있는 가장 큰 선물 중 하나일 수 있다.

건강한 성장과 학습을 독려하는 법

앞에서 로비의 엄마는 아이가 학교를 잘 다니려면 어떻게 해야 하는지 알고 싶어 했다. 사실 부모는 아이가 태어난 순간부터 학습 단계를 설정할 수 있다. 그렇다고 모빌이나 암기 카드, 영재교육 프로그램이 꼭 필요하다는 뜻은 아니다. 건강한 두뇌의 성장을 돕고, 신뢰와 애정의 관계를 확립하고, 다양한 기술을 가르치고, 배우는 즐거움을 키워주는 방식으로 아이에게 응답하는 것이 중요하다.

애정과 흥미, 수용을 보여줘라

아이가 다 자랐다고 해서 소속감과 자신이 중요하다는 느낌이 필요 없어지는 건 아니다. 아이를 그저 사랑하는 것만으로는 충분하지 않다. 그 사랑을 반드시 건강한 방식으로 매일같이 표현해야 한다. 사소한 일까지 모두 도와주거나, 과보호하거나, 응석을 받아주는 것은 사랑을 표현하는 건강한 방법이 아니라는 것을 명심하라.

지속적이며 애정 어린 보살핌을 받은 아이는 스트레스 호르몬인 코르티솔을 적게 분비하며, 화가 났을 때 자신의 스트레스 반응을 보다 빠르게 '끌' 수 있다는 연구도 있다. 한편 어린 시절에 학대당하거나 방치된 아이는 작은 자극에도 스트레스를 크게 더 자주 받는 경향이 있다.

포옹과 미소, 웃음은 훌륭한 자녀양육의 도구이며, 장기적으로 자녀에게 어떤 비싼 장난감과 활동보다 더 큰 의미를 안겨줄 것이다. 아이의 활동과 사고에 호기심을 보여주고 아이의 이야기를 잘 들어주고 아이와 많은 시간을 보낸다면 아이는 자신이 인정받고 사랑받고 있다는 것을 느끼며, 이는 두뇌를 더욱 활성화시킬 수 있다.

대화의 기술을 연습하라

보편적인 생각과 달리 아이는 아무리 교육적인 프로그램이라고 해도 텔레비전을 통해 말을 배우지 않는다. 텔레비전은 수동적 매체여서 시청자에게 반응을 요구하지 않는다. 아이들은 진짜 사람과 이야기를 나눌 기회를 가져야 언어 능력을 발달시킬 수 있다. 적절한 분량의 언어에 노출된 아동은 네 살까지 6,000개의 어휘를 익히고, 대여섯 개의 단어로 된 문장을 만들 수 있다. 다섯 살이 되면 아이들은 약 8,000개의 어휘를 사용하는데, 계산하면 1년간 하루도 거르지 않고 하루에 5개씩 단어를 익힌다. 정말 대단하지 않은가!

유아기 아동과 대화하는 것은 유머와 인내심이 동시에 필요한 그야말로 기술이다. 대부분의 어린 아이는 모든 말에 "왜?"와 "어떻게?"를 번갈아 붙이는 시기를 거친다. 호기심 많은 다섯 살 아들의 질문 폭격에 지친 한 엄마가 하루는 질문에 대답하는 것이 너무 힘드니 잠깐만 조용히 있으면 안 되겠냐고 아이에게 물었다. 그러자 아이는 엄마를 쳐다보며 "엄마, 이게 아이들이 배우는 방법이에요!"라고 말했다. 놀랍게도 아이의 말이 전적으로 옳다.

때때로 어른들은 어린 아이들에게 대답을 허용하지 않는 방식으로 말한다. 어른들의 '대화'는 단순히 지시적인 경우가 많다. "잠옷 입어" "감자 먹어" "얼른 해!" 등은 대화할 기회를 차단시킨다. "오늘 유치원은 어땠어?" 또는 "야구는 이겼어?"와 같은 질문은 한 마디로 대답하거나 심지어 코웃음으로 대답할 수도 있다. 어린 아이를 대화에 끌어들일(게다가 언어 능력을 발달시킬) 수 있는 효과적인 방법 중 하나는 호기심을 자극하는 질문을 던지는 것이다(주로 '무엇'이나 '어떻게'로 시작한다). "오늘 학교에서 뭐가 좋았어?" 또는 "이 문제는 어떻게 해야 풀 수 있어?"와 같은 질문은 생각을 요하는 대답을 이끌어내며, 아이에게 아주 중요한 추론 능력과 언어 능력을 연습할 기회를 제공한다. 물론 부모가 주의 깊게 들어주는 것도 중요한데, 이때 필요한 것이 어마어마한 에너지와 인내심이다. 관계와 유대가 두뇌 발달을 돕는다는 것을 명심하라.

독서, 독서, 독서!

정규 학습을 준비하는 데 있어 독서를 대신할 수 있는 것은 없다. 그리고 그 시작은 빠를수록 좋다(물론 늦었다고 생각할 때가 가장 빠른 때이기도 하다). 책은 아이에게 새로운 세계를 열어준다. 그리고 인물과 배경이 아이의 마음속에서 창조되어야 하기 때문에 책은 사고와 학습 능력을 자극한다. 그러므로 나이에 맞고 아이의 관심사에도 맞는 책을 선택해야 한다. 지역 도서관 사서나 서점 직원이 나이에 맞는 책이나 시리즈를 추천해줄 것이다. 남자아이들은 독서에 흥미를 보이지 않는 경우가 있는데, 그것은 주어진 책이 그들의 흥미를 끌지 못하기 때문이라는 연구도 있다.

책을 읽어줄 때는 이야기가 살아 움직이게 하라. 다른 인물을 연기할 때는 목소리를 바꾸고, 스토리나 그림에 대해 이야기를 나누는 시간을 가져라. 어른들은 좋아하는 책과 이야기에 아이들보다 훨씬 빨리 싫증을 내기 마련인데 유아는 반복을 통해 배워가므로 인내심을 가져야 한다. 아이들은 좋아하는 책을 통째로 외우고 나서 책장까지 넘기며 다른 사람에게 '읽어주고' 싶어 할 수도 있다. 책과 함께 자라난 아이는 독서와 학습에 대한 흥미를 갖고 그것을 평생 이어갈 수 있으며, 학교에서도 높은 성취도를 보인다. 독서 시간을 서로 가까워지고 유대감을 쌓는 시간으로 활용하는 가정도 많다. 그러면 스스로 책을 잘 읽을 수 있는 초등학교 입학 후에도 독서가 가장 좋아하는 취미 활동이 될 수 있다.

덧붙여 스토리텔링은 학습을 자극하는 훌륭한 방법이다. 가족사나 부모가 어렸을 때 겪은 일에 관해 이야기를 나누는 것은 듣기 기술과 학습 기술을 키워줄 뿐 아니라 친밀감과 신뢰감을 쌓는 데 도움이 된다. 공유하는 기억을 다른 방식으로 이야기해보는 것도 그 사건에 대한 아이의 기억을 확장시키는 데 도움이 된다.

호기심과 탐험, 실습을 통해 배우도록 격려하라

부모와 양육자는 달리고 오르고 뛰고 탐험할 기회를 충분히 제공해야 한다. 이때는 아이의 관심사를 존중해줘야 한다. 좋아하지 않는 활동을 어린 아이들에게 강요한다면 오히려 거부감을 갖거나 겁을 먹는다. 이런 활동을 해보도록 아이를 전문 기관에 보낼 필요는 없다. 주변 어른들과 함께하면서 얼마든지 그림을 그리고, 야구하고, 노래하고, 집안 청소하는 법을 배울 수 있다.

아이는 그저 지켜보는 것보다는 직접 해보고 싶어 한다. 그러므로 이 과정에서 주변이 어느 정도 어질러지는 것을 각오해야 한다. 아이가 이 연령대에 보이는 호기심과 재능은 일생 동안 아주 중요한 영향을 끼칠 수 있으므로 가볍게 넘겨선 안 된다.

물론 아이의 관심사가 모두 재능으로 연결되는 것은 아니다. 그러나 다양한 활동을 통해 실험해볼 기회를 아이에게 제공하는 것은 자존감과 자신감을 심어주고 건강하고 활동적인 사람으로 자라는 길을 열어 줄 것이다.

텔레비전 시청 시간을 제한하라

오늘날 대부분의 가정에서 가장 좋은 자리를 차지하고 있는 한 가지 물건이 있다. 거실 한가운데를 차지한 채 위성이나 케이블, 정교한 리모컨의 도움을 받으며 텔레비전은 많은 가정에서 가족생활의 중심 역할을 하고 있다. 그렇다 보니 '가족 시간'이 그저 반짝이는 화면 앞에 모여 있는 경우가 대부분이며, 그 화면은 무조건 클수록 좋다!

불행하게도 텔레비전이 두뇌 성장에 어떤 영향을 미치는지 밝혀진 것은 거의 없으며, 그나마 밝혀진 것도 그리 긍정적이지 않다. 상당수의 아이들은 좋아하는 프로그램과 비디오를 찾아보면서, 또는 어른들이 보는 것을 따라 시청하면서 많은 시간을 텔레비전과 함께 보내고 있다. 이것이 아이들의 두뇌와 학습 능력, 집중력에 어떤 영향을 끼칠까?

제인 힐리 등 연구자와 교육심리학자는 과도한 텔레비전 시청이 실제로 뇌기능 방식을 변형시킬 수 있다고 믿는다. 텔레비전과 비디오를 시청하는 것은 분명히 수동적인 활동이다. 텔레비전 앞에 붙어 사는 아이의 머릿속에서 비판적 사고는 없거나 아주 적다. 〈세서미 스트리트〉 등 소위 교육 프로그램이라고 하는 방송도 큰 도움이 되지 않는다. 화려하고 정신없는 화면은 집중력을 유지하는 데 도움이 되지 않는다. 어떤 연구는 아이들이 텔레비전에서 본 것과 같은 오락과 특별 이벤트를 기대하고 학교에 들어갔다가 실제 교실의 수업을 듣고 금방 지루해한다는 점을 지적한다. 교사들도 집중하는 시간이나 이해력, 글쓰기 능력 등이 지난 십 년간 뚜렷하게 저하되었다고 보고했다. 17장에서 문화와 컴퓨터 및 다른 전자 매체의 영향에 대해 좀 더 깊이 살펴볼 것이다. 일단은 자녀가 화면 앞에 앉아 보내는 시간을 제한하는 것이 가장 좋다는 정도만 알아두자.

수치심이나 굴욕감을 주기 위한 것이 아니라 가르치기 위해 훈육을 사용하라

자주 사용되는 시냅스만이 아이에게 남는다는 것을 명심하라. 어떤 경우에는 수치심이나 처벌, 굴욕이 어린 아이의 두뇌 회로를 차지하게 될 수도 있다. 이것은 혼내는 것이 아니라 가르치는 것이 가장 좋은 훈육임을 우리가 계속 강조하는 여러 가지 이유 중 하나다. 아이들은 효율적이고 애정이 담긴 훈육에 긍정적으로 반응하며, 그를 통해 더욱 건강해진다. 긍정의 훈육법이 건강한 두뇌 발달에 도움이 된다니 관심이 가지 않는가!

자녀의 고유한 개성을 인식하고 받아들여라

어린 아이들은 보고 들으며 자기 자신과 주변 세계에 대해 배운다. 아이들의 자기 자신(그리고 당신)에 대한 판단은 상당 부분 부모와 양육자로부터 받는 메시지에 좌우된다. 아이를 있는 그대로 받아들이는 법을 배우면 아이의 자존감을 높여줄 뿐 아니라 건강한 두뇌 발달을 돕고 자신만의 성향과 능력을 존중하며 새로운 것에 도전할 수 있는 용기를 준다. 이는 사춘기를 겪고 어른이 되면 맞닥뜨리게 될 어려움과 부담감을 아이가 이겨낼 수 있게 도와주는 최선의 보험이 되어줄 것이다.

감각을 사용하는 학습 경험을 제공하라

어린 아이들은 감각을 통해 세상을 경험하고, 경험은 두뇌 발달을 돕는다. 그러므로 가능한 상황이라면 아이가 자신의 세계를 보고, 듣고, 냄새 맡고, 만지고, 맛볼 기회를 충분히 제공하라. 아이의 감각은 경험을 풍부하게 해줄 뿐 아니라 학습 능력을 향상시킨다.

놀이를 통해 배울 시간을 제공하라

유아에게 놀이는 단순한 흥밋거리 이상이다. 놀이는 아이가 자신의 세상을 경험하고 새로운 역할과 아이디어를 실험하고, 운동과 감각의 세계에 적응하는 법을 가르치는 실험실이다. 물론 아이의 놀이 시간을 미리 계획해두는 것이 부모에게 더 편할 때가 많지만, 아이에겐 자신의 몸과 상상력을 단련할 비체계적 시간이 필요하다. 그러므로 놀잇감을 제공하고, 아이가 놀면서 배울 수 있는 자유를 열어줘라.

보육기관은 신중하게 선택하고, 계속해서 관심을 가져라

아동 보육은 매우 중요하다. 많은 아이가 하루 종일 또는 일정 시간을 부모가 아닌 사람과 보낸다. 양육자와 교사 역시 유아의 두뇌가 어떻게 자라는지 알고 있어야 하며, 건강하게 뛰놀고 학습 능력을 높이기 위해 최선을 다해야만 한다. 아이를 다른 사람의 손에 맡기는 것은 어려운 일이지만, 이를 계기로 수준 높은 보육 서비스를 통해 아이의 발달을 도울 수 있다. 그런 만큼 부모가 없을 때 아이가 양질의 보육 서비스를 받고 있는지 반드시 확인할 필요하다(15장에서 무엇이 양질의 보육 서비스이며, 그것을 어떻게 찾을 수 있는지 살펴볼 것이다).

자기 자신을 돌보라

자기 자신을 돌보는 것이 아이의 두뇌와 무슨 상관이 있는지 궁금할 것이다. 잠시만 생각해보자. 기운이 넘치고 호기심 많은 아이를 돌보고 지도하는 것은 고된 일이며, 온종일 매달려야 하는 일이다. 평소에도 부모와 양육자는 가지고 있는 모든 에너지와 지혜를 쥐어짜야 하는데, 위기 상황이 발생하면 그 우물은 말라버리고 만다.

기분이 좋고 적당히 만족스러운 상황이라면 부모로서 최선을 다할 수 있다. 그러나 피로와 스트레스는 어린 아이를 키울 때 빠지지 않는 부분이다. 특히 신경 써야 할 직업이나 배우자가 있다면 더 그럴 것이다. 그러므로 자기 자신의 요구를 들여다볼 필요가 있다. 적당히 운동하고, 좋은 음식을 먹고, 충분한 수면을 취해야 한다. 규칙적으로(일 년에 한 번으론 충분하지 않다) 좋아하는 일을 하기 위한 시간을 내라. 배우자와 함께 시간을 보내고, 친구와 커피를 마시고, 취미 활동을 하고, 좋아하는 강의나 강연을 듣고, 책을 읽는 등 지친 삶을 다시 채우기 위한 일을 하면 아이에게도 도움이 된다. 부모가 자기 자신을 존중하는 모습을 보여줄 때 아이들도 부모(그리고 자신)를 존중하는 법을 배운다. 그리고 아이들은 차분하고 에너지가 충전되어 있으며 행복한 어른이 기진맥진하고 언짢으며 화가 나 있는 어른보다 대하기 쉽다는 것을 알게 될 것이다. 스스로를 건강하게 관리하는 것은 절대 이기적인 게 아니다. 오히려 현명한 선택이다.

학교로 떠나기: "우리 아이가 정말 준비가 됐을까?"

케이트는 울지 않기로 마음을 다잡았습니다. 그녀는 니콜의 유치원 첫날을 기념한 뒤 아무 방해 없이 쇼핑할 생각이었습니다. 그러나 어찌된 일인지 그날 아침은 계획한 대로 흘러가지 않았습니다.

니콜의 기분은 괜찮았습니다. 약간 긴장했을 수도 있지만 들뜨고 행복해보였습니다. 니콜은 혼자서 새 옷을 입고, 머리를 단정하게 빗고, 자신의 새로운 역할인 '다 큰 애'가 새겨진 새 가방에 몇 가지 물건도 챙겨넣었습니다. 케이트와 니콜은 학기가 시작되기 일주일 전 유치원을 방문해 운동장도 돌아보고 선생님도 만났습니다. 선생님은 명랑하고 친절한 젊은 여성으로 벌써 아이들의 이름을 다 외우고 있었습니다.

그때까지는 모든 것이 괜찮았습니다. 그런데 케이트의 눈에 다른 아이들과 함께 줄지어 교실로 들어가는 니콜이 너무 안쓰러웠습니다. 차를 타려고 돌아서는데, 주변에 안개가 낀 것 같았습니다. 그녀는 자신이 울고 있다는 것을 알았습니다. 옆에 있던 남편이 씩 웃으며 말했습니다. "마음이 찡하지? 그렇지 않아?"

"정말 그러네. 정말 그래." 케이트는 고개를 끄덕이며 대답했습니다.

아이가 '진짜' 학교에 가는 첫날의 기분은 실로 묘하다. 이제 아이의 세상은 가족과 친구라는 작은 모임만 있던 시절로 돌아갈 수 없다. 세상이 갑자기 넓어져 부모보다 더 많은 시간을 보내는 다른 어른과 아이들이 생긴다. 아이가 학교라는 세상에 대해 지적으로나 감정적으로 준비가 됐는지를 어떻게 판단해야 하는지 궁금해하는 부모가 많을 것이다.

이때는 모든 아이(그리고 모든 학교)가 다르다는 것을 인식하는 것이 중요하다. 아이가 학교에 갈 무렵이면 부모는 아이의 세상에 들어가서 아이가 생각하고 느끼고 세상을 보는 방식을 이해하면서 이미 수년을 보낸 상태다. 대부분의 학교 시스템은 아이를 단순히 나이에 따라 분류하지만, 나이는 아동 발달의 진정한 지표가 아니다. 어떤 아이들은 학교에 들어갈 때를 간절히 기다리다가 뒤도 돌아보지 않고 학습의 세계로 뛰어든다. 또 어떤 아이들은 주변을 맴돌거나 아주 간단한 과제를 하는 것도 버거워한다. 학습 장애나 심리적 문제를 진단하는 것은 이 책의 범위를 넘어서는 것이지만, 마음 놓고 아이를 학교에 보낼 수 있게 도와줄 몇 가지 사항을 고려해 볼 수는 있을 것이다(이에 대해서는 18장에서 더 자세히 다루겠다).

아이에 대해 알아야 한다

주의 깊고 사랑이 넘치는 부모만큼 아이를 잘 아는 사람은 없다. 특히 발달에 대해 이해하고 효과적인 양육법을 익히기 위해 노력하는 부모라면 더욱 그렇다. 아이가 어느 정도 자라면 유치원에 다닐 준비가 되었는지, 아니면 한 해 더 기다리는 것이 좋을지 고민하게 된다.

로비를 기억하는가? 로비의 엄마는 결국 아이의 정서 발달이 지적 발달을 따라잡을 때까지 한 해 더 기다리는 게 최선이라는 결정을 내렸다. 학교생활은 그저 학습 능력만 있다고 되는 것이 아니다. 아이들은 부모와 떨어져 있는 시간을 견뎌야 하고, 교사에게 적절히 반응해야 하며, 다른 아이들과 사귈 수 있어야 한다. 입학을 늦춘다는 것은 부끄러운 일이 아니다. 실제로 아이들은 집을 떠날 정서적·사회적 준비가 되었을 때 학습을 더 잘 따라갈 수 있다. 나중에 돌려보내지는 것에 비하면 입학을 늦추는 것이 모두가 상처를 덜 받는 길이다. 아이의 상태를 평가하는 데 도움이 될 만한 질문 몇 가지를 검토해보자.

- 공부하는 것을 좋아하는가? 주변 세계에 호기심을 갖고 있는가?
- 부모와 떨어져 지내는 시간을 잘 견딜 수 있는가?
- 적극적으로 친구를 사귈 의지가 있으며, 또래와의 관계를 받아들일 수 있는가?
- 나이에 적합한 시간 동안 과제에 집중할 수 있는가?
- 학교에 관심을 보이는가, 아니면 두려워하는가?

시간을 내어 학교를 방문하고 선생님을 만나보면 아이의 불안감은 어느 정도 해소된다. 그리고 아이의 감정에 대해 대화를 나눠보는 것도 좋다(감정과 적극적인 듣기 기법에 대해서는 7장에서 더 알아보겠다). 어른도 새로운 일을 시작할 때 긴장한다는 사실을 아이와 공유하는 것도 도움이 된다. 그리고 학교에서 자원봉사를 하거나 학교 행사, 교사-학부모 회의에 참석해보면 좀 더 안도감을 느낄 수 있다. 앞으로 수년간 학교는 부모와 아이 삶의 일부가 될 것이다. 시작을 잘하고자 노력하는 것은 그만한 가치가 있다.

학습은 평생이 걸리는 일이다

"계속해서 배우는 사람이 세상을 물려받는다" "진정한 학생은 졸업하지 않는다"라는 말이 있다. 부모에게나 자녀에게나 배울 거리는 언제나 존재한다. 바깥세상이 항상 친절하고 우호적인 것은 아니다. 아이가 당신 곁을 떠나 고통과 어려움을 느낄 때마다 찾아가서 도움을 줄 수는 없다. 취학 전에 아이에게 무엇을 가르쳐야 할까? 당신이 항상 아이의 편이고, 언제나 아이의 말에 귀 기울일 준비가 되어 있으며, 아이가 배우고 성장하고 성공할 능력이 있다고 굳게 믿는다는 것을 알려줄 수 있다. 그러면 어떤 낯선 사람과 마주하더라도 아이는 부모가 언제나 자신을 믿고 있다는 것과 집에 돌아가면 언제든 자신을 반겨줄 거라고 믿게 될 것이다.

5장
나도 할 수 있어!
: 시작의 기쁨과 어려움

아이에게 자기만의 생각이 많지 않다면, 그것을 모두 실행에 옮길 만큼 에너지가 넘치지 않다면 네 살 아이를 키우는 게 훨씬 쉬웠을 것이다! 다음 이야기를 들어보자.

Q. 아들은 절대 걷지 않아요. 전력 질주를 합니다. 해변에서는 새를 쫓아다니고, 수영을 배우러 가면 수영장에 뛰어들어요. 오늘 아침에는 담요를 들고 개 등에 올라타려고 하더라고요. 그래서 개는 사람을 등에 태울 만큼 힘이 세지 않다고 설명해줬어요. 다행히 개를 타려는 계획은 포기했지만, 금방 또 다른 생각을 해낼 게 분명해요. 아이가 겁이 없어 다칠까 봐 너무 걱정이에요. 그렇다고 온종일 아이를 쫓아다닐 수도 없잖아요. 아이를 이대로 계속 놔둬도 될까요?

A. 활발한 어린 자녀를 키우느라 지칠 대로 지치셨군요! 하지만 너무 겁먹지 마세요. 부모라면 누구나 한 번쯤은 네 살짜리 아이가 이토록 기운 차고 창의력이 넘칠까 의아해하는 순간이 있습니다. 하지만 잠깐만 생각해보세요. 지금 아이는 여러 가지 놀라

운 특성을 드러내고 있는 겁니다. 생각과 행동을 연결시킬 수 있고, 흥분과 호기심을 안고 삶을 향해 돌진하고 있는 중이죠. 지금 부모를 기진맥진하게 만드는 그 특성이 나중에 아이를 성공적이고 유능한 어른으로 만들어줄지도 모릅니다.

인간 발달 분석의 선구자인 에릭 에릭슨은 '주도성 대 죄책감'이라는 발달 과정상 3~7세의 아이들은 결정적인 단계를 거치게 된다고 말했다. 아이들에겐 주도성이 필요하다. 앞서 언급한 아이가 보여준 주도성 감각을 제대로 돌보고 발달시키지 못한 사람들은 삶의 어려움에 잘 대처하지 못하고, 매사에 죄책감을 가지며, 자신은 별 볼일 없는 일을 한다고 믿는 어른으로 자랄 가능성이 있다.

아이는 건강한 주도성을 가져야 하는데, 이는 아이의 머릿속에 떠오른 생각을 다 행동에 옮기도록 도와줘야 한다는 뜻이 아니다. 오히려 아이가 자신의 능력과 가능성 안에서 자신의 신념을 키워나가기 위해 탐구하고 실험하고 학습하도록 안전한 경계선과 한계를 만들어줘야 한다는 뜻이다. 안전(및 적절한 행동)과 창의성, 용기 사이에서 균형을 잡는 것은 4~7세 아이를 키우는 데 가장 중요한 요소다. 부모가 수치심과 처벌이 아닌 친절함과 단호함으로 경계선을 그어주면, 이런 균형을 잡아가면서도 죄책감을 심어주는 것을 피할 수 있다. "책장에 기어 올라가는 것은 위험해. 안전하게 올라갈 수 있는 곳을 찾아볼까?"라며 친절하고 단호하게 말해야 한다. "어쩜 그렇게 조심성이 없니? 다칠 수도 있다는 걸 모르겠어?"라고 말하면 수치심을 안겨줄 수 있다.

어느 시기가 되면 아이는 "나도 할 수 있어!"라는 말을 자주 한다. 아이는 부모가 생각하는 것보다 자신이 더 유능하다는 것을 알려주기 위해 노력하는 중이다. 유아기의 아이는 모든 것을 해보고 싶어 한다. 진공청소기를 켜보고, 설거지를 해보고, 마당에 구덩이도 파보고 싶어 한다. 그러나 대부분의 부모는 "안 돼. 넌 너무 어려. 좀 더 클 때까지 기다려. 지금은 엄마 혼자 하는 게 더 쉽고 빨라"라고 하며 뜯어말릴 것이다. 실제로 이런 일은 어른이 하는 것이 더 쉽다(그리고 덜 어질러진다). 그러나 아이가 새로운 기술을 배우고 연습할 기회를 제한하는 것은 주도성이 아닌 죄책감의 씨앗을 심어줄 수도 있다. 그리고 몇 년이 지나면 이번엔 왜 아이가 아무것도 시도하지를 않는지 궁금해하는 일이 벌어질 수도 있다. 주도성 아니면 죄책감과 수치심을 발달시키고자 하는 경향은 유아기 전반에 걸쳐 계속된다. 우리는 지금 주도성과 관련한 실제 능력이 아닌 내적 느낌에 대해 이야기하고 있다는 것을 잊지 말자. 이 발달 단계를 잘 이해하고 있는 부모와 유치원 교사, 양육자라면 죄책감이나 좌절, 속임수가 아닌 주도성을 키워줄 수 있는 환경을 만들어주려고 할 것이다.

행동 속의 주도성

마이클은 엄마와 근처 공원으로 산책을 갔습니다. 이제 네 살 된 마이클은 정글짐에 푹 빠져 있었습니다. 그는 낮은 단을 아주 쉽게 올라갔습니다. 그러다가 문득 아래를 내려다본 순간 세상이 뒤집히는 것 같았습니다. 마이클은 울면서 엄마에게 내려달라고 말했습니다. 그러자 엄마는 웃으며 격려의 뜻으로 아이의 등을 토닥거려주었습니다. 겁먹은 아들을 안심시키기 위해 다정한 목소리로 아이가 내려오는 길을 찾을 수 있게 도와주었습니다. 아들이 땅에 내려오자 엄마는 아이를 안아주면서 '스스로' 내려온 것을 축하해주었습니다. 마이클도 자랑스러운 웃음을 지어보였습니다. 그 뒤로도 엄마와 마이클은 그 공원을 찾았고, 두 번째 주가 지날 때쯤 마이클은 정글짐을 쉽게 오르내리게 되었습니다.

마가렛의 엄마는 같은 상황에 처했을 때 전혀 다르게 반응했습니다. 역시 네 살인 마가렛이 정글짐의 꼭대기에서 울고 있을 때 엄마는 달려가서 아이를 안아 올렸습니다. 그녀는 아이를 보듬은 채 너무 높이 올라가는 것이 얼마나 위험한지 알려주었습니다. 마가렛은 조금 더 울다가 모래밭으로 갔습니다. 그들도 그 공원에 자주 놀러갔지만, 두 달이 지나도 마가렛은 누가 정글짐에 올라가자고 할 때마다 엄마의 다리에 매달려 떨어지지 않으려고 합니다.

유아들은 세상을 신나고 재미있는 곳이라고 생각한다. 특히 그들이 주도성을 발달시키고, 탐구할 신체적·지적 능력을 키워갈 때면 더욱 그렇다. 그런데 어른들이 이를 가로막으면 아이들은 자신의 무능력에 대해 죄책감을 갖고 욕구불만을 느끼며 뒤로 물러선다. 어떤 아이들은 모든 것을 포기하고 불안해하는 부모가 자신을 과잉보호하도록 놔둘 것이다. 이런 경우 주도성 감각이나 신체적·지적 능력이 발달하기 어렵다. 마가렛의 엄마는 아이가 다치지 않게 보호하고자 했지만, 결국 아이가 정글짐에 오르는 것을 기피하게 만드는 결과를 가져왔다. 어른이 되어서도 마가렛은 여전히 위험을 무릅쓰는 것을 어려워할지도 모른다. 심지어 그것이 자신의 삶을 풍요롭게 하고 이익을 가져다준다고 해도 말이다.

마이클의 엄마가 한 것처럼 어려움에 부딪쳤을 때 아이를 격려해줘야 한다. 마이클의 엄마는 아이에게 새로운 기술을 익힐 수 있는 능력이 충분하다는 믿음을 보여주었고, 그 경험을 통해 마이클은 '나는 할 수 있다'는 것을 깨달았다. 자라나면 마이클과 마가렛은 어려움이나 새로운 일을 마주할 때 어떻게 반응할까? 그들은 자신의 능력에 어떤 믿음을 가질까?

    부모와 양육자가 편하다고 생각하든 아니든, 주도성을 발달시키려는 요구는 선천적인 것이다. 심지어 좌절하고 있을 때조차 어떤 (용감하고 단호한) 아이는 주도성을 발달시키기 위해 계속 싸운다. 어른들은 이런 행동을 '반항'이라고 부르며, 그 아이를 통제하거나 응석을 받아주거나 과잉보호하는 방식으로 접근하려고 한다. 아이들은 안전하게 보호되어야 하며, 바르게 행동하도록 교육받아야 한다. 그러나 이런 과제도 아이들이 주도성을 경험하도록 어른들이 기회를 보장해줄 때 더 쉽게 성취될 수 있다.

주도성인가 멋대로 굴기인가

주도성을 발달시키는 것이 여의치 않으면 그 대신 아이는 멋대로 굴기 기술을 발달시키기도 한다. 아이는 무기력함 속에 몸을 숨긴 채 어른에게 모든 것을 해달라고 조르기 시작할 것이다. 이런 식으로 아이는 '할 수 있어'라는 태도를 기르는 대신 '난 못해'라는 태도를 통해 소속감과 자신이 중요하다는 느낌을 얻으려고 할 것이다. 아이는 차까지 걸어가지 '못하고' 양말을 신지 '못하며' 장난감을 치우지 '못한다'. 아이가 문제 행동을 할 때마다 이렇게 자문해봐야 한다. "이런 행동은 좌절감이나 소속감을 느끼려는 잘못된 시도로부터 나오는 걸까?" 다음에 나온 두 부모가 마주한 딜레마에 대해 생각해보자.

    Q. 네 살짜리 딸이 안 된다고만 하면 소리를 지르고 울어요. 그 아이는 내가 주는 것은 절대 먹지 않아요. 빵에 피넛버터를 발라달라고 해서 만들어주면 피넛버터만 핥아먹고 빵은 남겨요. 그리고 나선 빵에 피넛버터를 더 발라달라고 졸라요. 그때 안 된다

고 하면 아이는 짜증을 내거나 울기 시작해요. 평소 낮에는 어린이집에서 지내는데, 거기서는 정말 착하게 행동한대요.

Q. 나는 '안 된다'면 안 되는 거라고 생각해요. 그런데 딸은 그걸 아직 모르는 것 같아요. 아이가 울면 울음을 그칠 때까지 거실 한쪽 구석에 아이를 세워놓곤 했는데, 별로 효과가 없었어요. 이제 남편은 아이를 불을 끈 작은 욕실에 세워놓아요. 그런데 이렇게 하면 폐소공포증이 생기지 않을까 걱정이에요. 아이는 자기 침대에서 잠을 자긴 하는데, 거의 매일 이불에 오줌을 싸요. 잠자리에 들 때마다 아이가 침대에 가만히 있으려고 하지 않아서 한바탕 난리를 치러야 해요. 결국 아이가 잠들 때까지 등을 토닥여줘야만 해요. 아이와 싸우기 싫은데, 도통 말을 들으려고 하질 않아요.

A. 이런 상황은 흔히 볼 수 있습니다. 하지만 어른들이 발달 단계와 연령 적합성, 문제 행동의 어긋난 목표(8~10장을 보라), 한계를 설정하고 협력을 유도하는 비처벌적 훈육 방식에 대해 충분히 이해한다면 이런 싸움이 줄어들 수 있어요.

예를 들어 다음과 같은 방식으로 멋대로 굴기를 피할 수 있다. 첫 번째 사례에서 엄마는 적절한 순간 그 상황에서 빠져나올 수도 있다(예를 들어 딸이 스스로 빵에 피넛버터를 바르게 한 뒤 나중에 치우는 법까지 가르쳐주는 것도 한 가지 방법이다). 또한 식사 준비에 참여시키는 것으로 주도권에 대한 아이의 욕구를 채워줄 수 있다. 이 과정을 통해 일상생활 기술을 가르쳐줌으로써 아이가 자신을 좀 더 능력 있는 존재로 느끼도록 도와주면, 자신이 준비한 음식이니만큼 더 먹고 싶다고 생각할 수도 있다.

2장에서 배운 것처럼 징벌적 타임아웃이 필요한 경우는 없다. 즉 아이를 구석에 세워두거나 어두운 장소에 두는 것은 아무런 도움이 되지 않는다. 이런 징벌적 타임아웃의 경험은 의심과 수치심, 죄책감을 불러일으킬 뿐이다. 안 된다고 말한 후에는 아이가 자신의 감정을 충분히 느끼도록 해주는 것이 좋다. 아이가 울면 "그래, 많이 속상하다는 것 알아"라고 공감해줄 수 있다. 만약 우는 소리가 견디기 힘들다면 "원하는 만큼 울다가 나중에 엄마한테 와"라고 말한 뒤 자리를 뜨는 것도 좋다.

아이들은 부모가 빈말을 하는 게 아니라 진심으로 말한다는 것과 이를 친절하고 단호한 행동(잔소리가 아니라)으로 실천할 것이라는 사실을 알아야 한다. 아이들은 백 마디 말보다 친절하고 단호하며 일관적인 행동에 '귀 기울일' 것이다.

주도성을 키워주고 멋대로 굴기를 줄이는 방법

주도성을 키워주는 것은 쉬운 일이 아니다. 부모와 양육자에게는 정말 어렵고 불편한 일일 수도 있다. 그래도 가정과 학교에서 어른들은 폭넓은 기회를 제공하고, 훈련할 시간을 주며, 할 수 있는 다양한 일을 해보도록 유도하면서 아이들이 계속 자신감을 키우고 주도성을 발달시키도록 도와줘야 한다. 이런 방식으로 지지를 받을 때 아이들은 자신감을 갖고 자신의 능력을 실감할 수 있다.

이렇게 하려면 시간이 너무 많이 든다고 생각하는가? 사실 아이에게 자신의 주도성 감각을 발달시킬 수 있는 기회를 제공하는 것은 좌절감에 빠진 아이의 문제 행동을 다루는 것에 비해 시간이 훨씬 절약된다. 자녀양육이 쉽고 시간도 많이 필요하지 않다고 말하는 사람을 본 적이 있는가? 대다수의 부모가 자신감 있고, 타인을 존중하며, 재치 있고, 책임감 있는 아이를 원하면서도 이런 특성을 키워줄 수 있는 방법에 시간을 투자하는 것은 원치 않는다. 멋대로 굴거나 문제 행동을 보이지 않고 주도성을 발달시키도록 아이를 도와줄 수 있는 방법은 많다. 아이가 주도성을 기르게 도와주는 가장 좋은 방법 가운데 하나는 16장에서 다룰 가족회의나 유치원 학급회의를 통하는 것이다. 또한 자신의 희망사항을 분명하게 이야기하고, 제한된 선택지를 제공하고, 이를 끝까지 실천하는 방법과 '흉내 내기' 놀이를 하는 방법, 그 외에도 이 책에서 제시하는 다양한 긍정의 훈육 기법이 있다. 이런 방법들을 통해 주도성 감각을 발달시키도록 격려하면서 아이들이 가정과 공공장소에서 바르게 행동하는 법을 배우도록 도와줄 수 있다.

흉내 내기 놀이

아이들은 놀이를 좋아한다. 예를 들어 흉내 내기 놀이(역할 놀이)는 아이들에게 기술을 가르치고, 예의바른 행동과 무례한 행동의 차이점을 이해하도록 도와주는 재미있는 방법이다. 유아라도 간단한 흉내 내기 놀이 정도는 이해할 수 있다.

흉내 내기 놀이를 준비하는 한 가지 방법은 자녀에게 이렇게 말하는 것이다. "네가 아빠를 하고, 내가 남자애를 할게. 우리는 팬케이크 가게에 있는 거야. 내가 어떻게 행동해야 할까? 막 울면서 뛰어다니고 음식을 집어던질까?" 그러고 나서 울면서 뛰어다니는 모습을 보여준다. "아니면 자리에 조용히 앉아서 음식을 먹을까? 기다리는 동안 색칠 공부를 하는 건 어떨까?" 그리고 식당에 앉아 있는 흉내를 내면서 아이가 부모의 행동을 지켜보게 하라. 역할을 바꿔 아이도 예의바른 모습과 무례한 모습을 둘 다 연기해보게 하라. 이런 식으로 아이와 대화를 나누면서 예의바른 행동의 장점이 무엇인지 스스로 깨닫게 한다.

바람을 분명히 이야기하라

자녀양육에 대해 가장 오래되고 지금까지도 유효한 격언이 있다. "뜻한 대로 말하고, 말한 대로 뜻해라." 어떻게 해야 어린 아이에게 명확하고도 적절하게 바람을 전할 수 있을까? 코디의 아빠가 어떤 시도를 했는지 들어보자.

아직 다섯 살밖에 안 됐지만 코디는 야구를 아주 좋아합니다. 코디는 어릴 적부터 야구 카드를 모았고, 아빠와 뒷마당에서 야구 놀이하는 것을 좋아했으며, 샌프란시스코 야구팀의 주전선수들을 다 외고 있었습니다. 아빠 팀은 처음으로 어린 아들에게 진짜 야구 경기를 보여주기로 했습니다. 팀은 지난 경험에 비춰봤을 때 이 호기심 많고 활발한 아이와 하루를 즐겁게 보내려면 몇 가지 준비와 사전 작업이 필요하다고 생각했습니다.

먼저 팀은 코디를 동네 공원에 데려가 어린이 야구 경기를 보여주기로 했습니다. 관람석에 나란히 앉아 팀은 '큰 경기장'에 가면 어떻게 행동해야 하는지 코디에게 물었습니다. 코디는 미간에 주름을 잡은 채 그 질문에 대해 한참 생각했습니다.

아이는 지키기 힘든 규칙이라는 것을 알기 때문에 자신 없는 목소리로 "가만히 앉아 있어야 해요?"라고 말했습니다.

팀은 웃으면서 "글쎄, 가끔 일어설 때도 있어. 그리고 음료수랑 핫도그 사러 같이 나갈 수도 있고"라고 대답했습니다.

그러자 코디는 흥분해 "우리도 파도타기 응원을 할 수 있겠네!"라고 말하더니 응원가를 부르기 시작했습니다.

두 사람은 함께 결전의 날을 위한 주의사항을 살펴보았습니다. 팀은 경기장에는 사람이 정말 많기 때문에 어디를 가든 아빠의 손을 꼭 잡아야 한다는 것을 단단히 일러두었습니다. 그리고 핫도그랑 음료수를 사고, 코디가 고른 10달러 정도의 기념품 하나를 사기로 약속했습니다. 마지막으로 이리저리 뛰어다니거나 의자 위로 올라가면 바로 차로 돌아가기로 약속했습니다.

팀은 아들을 잘 알고 있었습니다. 코디가 호기심을 이기지 못할 때는 (야단치거나 잔소리하지 않고) 단호하게 어깨에 손을 얹어 아이를 옆으로 데려왔습니다. 그리고 코디가 경기를 더 가까이 보기 위해 관람석 아래로 내려가면 무슨 약속을 했는지 물어보기만 했습니다. 그러면 코디는 바로 자기 자리로 돌아와 앉았습니다.

아빠는 아직 다섯 살밖에 안 된 코디가 9회 내내 약속을 완벽하게 지키지 못할 수 있다는 것을 알았다. 또한 코디가 다시 경기장으로 돌아갈 준비가 될 때까지 잠시 차로 돌아갈 수 있다는 것도 예상 시나리오에 넣어두었다. 그러나 (미리) 기준을 명확히 정하고 간단한 제한을 지키면서 코디의 첫 야구 관람은 아빠와 아들 모두에게 즐거운 기억으로 남았다.

제한된 선택지를 제공하고, 이를 끝까지 실천하라

부모들 가운데는 아이가 원하는 대로 다 해주고 규칙 같은 것으로 부담을 주지 않는 게 아이를 사랑하는 방법이라고 믿는 경우가 있다. 그러나 무조건 허용해주는 것으로는 아이의 주도성뿐 아니라 다른 중요한 사회생활과 일상생활 기술도 길러줄 수 없다는 것을 강조하고 싶다. 무조건 허용하는 대신에 제한된 선택지를 제공하고, 그것을 친절하고 단호하게 실천하는 것이 필요하다. 제한된 선택지는 그것이 연관성이 높고, 합리적이며, 서로를 존중하는 것일수록 효과적이다.

엘레나의 가족은 이웃에 사는 가족과 함께 동물원에 갔습니다. 엘레나는 솜사탕과 얼음과자뿐 아니라 다른 아이들이 들고 있는 것이면 뭐든 사달라고 졸랐습니다. 아빠가 얼음과자와 팝콘 중 하나만 사주겠다고 하자 엘레나는 팝콘을 골랐습니다. 팝콘을 사주면서 다른 군것질을 또 사달라고 조르면 아빠랑 차로 돌아가서 다른 사람들이 동물원을 다 보고 돌아올 때까지 기다려야 한다고 말했습니다.

팝콘을 먹던 도중 엘레나는 얼음과자 먹는 아이를 보았고, 그걸 사달라고 조르기 시작했습니다. 그리고 남은 팝콘을 길바닥에 집어던지며 떼를 썼습니다. 아빠는 엘레나에게 아빠 손을 잡고 차까지 걸어가고 싶은지, 아니면 안아서 데려갔으면 좋겠는지 물었습니다. 엘레나가 안 가겠다고 대답하자 아빠는 아이를 안고 차로 향했습니다. 그는 야단을 치지도 엉덩이를 때리지도 않았고, 왜 떠나야 하는지 다시 말해주지도 않았습니다. 그는 아이를 깍듯하게 대했습니다. 그리고 아이가 원숭이를 보고 싶다고 울부짖기 시작하자 다음에 다시 동물원에 올 때는 엘레나가 좀 더 현명한 선택을 할 것이고, 그때는 원숭이를 볼 수 있을 거라고 분명하게 말해주었습니다.

아이에게 다시 한 번 도전할 기회를 주는 것은 상당히 좋은 방법이다. 이때 "이제 다시는 동물원에 안 데리고 갈 거야. 아니 아무 데도 안 갈 거야!"라고 말하는 것은 합리적이지 않다. 부모들은 대부분 이 말을 끝까지 지키지도 않는다. 이는 아이에게 규칙이든 자신의 부모든 무시해도 상관없다는 것을 가르쳐줄 뿐이다.

그렇다. 아이와의 약속을 지키기 위해 가족 나들이에서 빠지는 건 쉽지 않은 일이다. 물론 부모도 선택할 수 있다. 가족 나들이와 아이가 적절한 사회생활 기술을 통해 발달시킬 자존감과 주도성, 자신감 가운데 무엇이 더 중요한가? 친절하고 단호한 태도로 끝까지 실천에 옮긴다면 빈말이 아닌 진심을 말하고 있으며, 반드시 약속을 지켜야 한다는 것을 아이가 알게 되기까지 나들이를 여러 차례 중단하지 않아도 될 것이다. 물론 실천에 옮기려면 어른들도 말하기 전에 반드시 잘 생각해봐야 한다. 할 수 없는 것은 절대 말하지 말라는 뜻이다.

행동 속의 긍정의 훈육

머나와 라마르는 아들 마크가 네 살이 되면 혼자서 옷 입는 법을 가르치기로 결심했습니다. 부부는 고무줄 바지나 목이 넓은 티셔츠, 벨크로(찍찍이)가 달린 운동화처럼 어린 아이도 다루기 쉬운 것을 구입했습니다. 마크는 적극적인 학생이었고, 종종 신발을 반대로 신기는 했지만 혼자 옷 입는 기술을 금방 배웠습니다.

마크는 유치원에 다니게 되었고, 그의 아침 일과는 아침에 혼자 옷을 입고, 아침 차리는 것을 도운 뒤 아빠가 출근하면서 유치원에 태워다줄 수 있게 7시 30분까지 준비를 끝마치는 것이었습니다. 마크와 아빠는 각각의 일정을 그림으로 그려 넣은 특별한 아침 일과표를 만들었고, 마크는 며칠 동안 그것을 열정적으로 지켰습니다. 머나와 라마르는 그 일과를 마크가 자신의 주도성을 '시험'하는 데 사용할 수도 있다는 것을 알았습니다. 그래서 제한된 선택지와 지속적인 실천을 포함한 계획을 아이와 함께 미리 만들어두었습니다. 그들은 함께 마크가 시간에 맞춰 옷을 입지 못하면 옷을 종이가방에 담아 유치원에서 마저 입을 수 있도록 정했습니다. 그들은 선택지와 실천에 대한 이 논의를 마크가 얼마나 정확히 이해하는지 확신할 수 없었지만, 그 계획을 실행해야 하는 때가 오면 마크가 확실히 배울 수 있을 거라는 믿음이 있었습니다.

몇 주간의 순조로운 아침이 지나고, 마크가 자신의 일과를 따르지 않는 날이 찾아왔습니다. 아빠가 출근하려고 할 때 마크는 여전히 잠옷 차림이었습니다. 엄마는 옷 가방을 챙겨주었고, 아빠는 친절하고 단호하게 마크를 한 손에 안은 채 옷 가방을 다른 손에 들고 쏟아지는 비를 뚫고 차로 걸어갔습니다. 바로 그때 옆집 사람이 신문을 가지러 나왔다가 그 모습을 보았습니다. 라마르는 한숨을 쉬며 "마크를 교육시키기 위해 시간을 들이는 것이 이웃이 어떻게 생각하느냐 하는 것보다 중요한 일이야"라고 되뇌었습니다.

마크는 차를 타고 유치원으로 가는 길에 춥다고 울면서 짜증을 부렸습니다. 아빠는 차에 놓여 있는 아이의 코트를 가리키며 그것을 입으면 따뜻할 거라고 말한 뒤 유치원에 도착하면 바로 옷을 입을 수 있을 거라고 알려주었습니다. 마크는 계속해서 불평을 늘어놓았습니다. 유치원에 도착했을 때 유치원 원장 조이스는 그들의 모습을 보며 미소 지었습니다. 그녀는 마크에게 인사하고 나서 "오늘 아침에 옷을 못 입었나 보구나. 그래도 괜찮아. 옷 가방을 들고 내 사무실로 가서 갈아입고 나오면 돼"라고 말했습니다. 마크는 사무실에 가서 옷을 갈아입었습니다.

한 달 후 마크는 좀 더 단호하게 행동하기로 결심하고 다시 한 번 아침 일과를 시험했습니다. 아빠는 옷 가방을 차로 가져가며 냉정하게 말했습니다. 유치원에 도착하자 선생님은 마크에게 옷을 갈아입으라고 권하면서 야외 놀이 시간이 있기 때문에 옷을 꼭 입어야 한다고 알려주었습니다. 그러나 그는 옷을 입지 않고, 잠옷을 입은 채로 블록을 가지고 놀기 시작했습니다. 밖으로 나갈 시간이 되기 전까지 마크는 신나게 놀았습니다. 선생님은 옷을 제대로 입어야 마당에서 친구들과 놀 수 있다고 분명하게 말했습니다. 잠시 생각에 잠긴 마크는 자신의 의견을 주장하는 것이 놀이 시간을 포기할 만큼 중요하지 않다고 결정하고 급히 옷을 갈아입었습니다.

마크의 부모와 교사는 잔소리를 하거나 야단을 치지 않았고, 옷을 입으라고 여러 번 말하지도 않았다. 그들은 자신이 하겠다고 말한 것을 그대로 실천했을 뿐이다. 즉 옷을 차에 실어주었고, 옷을 제대로 입을 때까지 밖에서 놀지 못하게 했고, 유치원에서 옷을 입을 수 있게 해주었다(이는 잠옷을 입은 채 유치원에 가는 것을 부끄럽다고 느낄 수 있는 연령의 아이에겐 적절하지 않다. 아이에게 수치심이나 당황스러움을 안겨주는 어른들의 행동은 존중이나 협력을 이끌어내기 어렵다).

라마르도 마크를 억지로 어깨에 메거나 해서 친절하고 단호한 행동이 아니라 비난이나 창피주기 의미가 더해진 굴욕적인 경험을 만들어줄 수 있었을 것이다. 그러나 "넌 이런 일 당해도 싸! 다음엔 서둘러야 할 거야. 옷 안 입었다고 다른 아이들이 널 비웃을 테니까"라는 말을 하지 않았다. 대신 머나와 라마르, 조이스는 마크를 친절하고 단호하게 대했고, 이를 통해 아이는 자신을 위하고 다른 사람과 협력하는 방향으로 자기 능력을 발휘했을 때 장점이 무엇인지 배울 수 있었다.

"앗, 실수했다!"

자신이 완벽한 부모가 되어야 하며, 완벽한 자녀를 길러내야 한다고 생각하고 있을지도 모른다. 하지만 세상에 그런 것은 없다. 우리가 얼마나 공부하든, 얼마나 알고 있든 그것은 아무 상관없다. 우리는 끊임없이 실수를 할 것이다. 모든 인간은 때때로 자신이 알고 있던 것을 잊고 감정적 반응에 사로잡힌다. 아니면 그냥 자연스럽게 실수를 저지른다. 일단 이런 사실을 인정한다면 실수를 삶의 중요한 과정이자 교훈을 얻을 수 있는 흥미로운 기회로 받아들일 수 있을 것이다. 실수했을 때 낙담하는 대신에 이렇게 말해보자. "좋아! 배울 수 있는 또 한 번의 기회가 생겼어!"

이런 태도를 자녀에게 물려주어 부모가 실수를 두려워하는 만큼 아이들도 부담을 느끼게 되는 사태를 막을 수 있다면 그 또한 괜찮은 일 아닌가! 실수를 저질렀을 때 창피를 당하거나 벌을 받아서 주도성은커녕 죄책감만 강하게 느끼는 어른이 얼마나 많은가? 사람들이 아무리 같다고 말해도 실수는 실패와 다르다. 그리고 실패라고 부를 수 있는 일이 닥쳤을지라도 그것을 통해 배우고 성장할 기회를 얻을 수 있다. 어른들이 조금만 생각을 바꾼다면 주도성을 기르는 과정이 훨씬 수월해질 수 있다. 물론 아이들은 아직 무언가를 완벽하게 해내지 못할 것이다. 그러나 완벽함과 아이가 건강한 자존감과 꼭 필요한 일상생활 기술을 배우게 도와주는 것 중 더 중요한게 무엇이라고 생각하는가?

호기심을 자극하는 질문 던지기

부모와 교사가 야단치는 데 시간을 많이 할애하면 아이는 주도성 감각을 충분히 발달시킬 수가 없다. 무슨 일이 있었는지, 그 일이 왜 일어났는지, 그에 대해 아이들이 어떻게 느끼는지, 어떻게 대처해야 하는지를 야단치면서 다 말해주기 때문이다. 이렇게 모든 것을 말해주다 보면 아이는 실수를 배움의 기회로 받아들일 수 없다. 다 말해주는 것은 아이가 어른들의 기대에 못 미쳤다는 메시지를 담고 있기에 죄책감이나 반항심을 심어줄 수도 있다. '무엇이, 어떻게, 왜'를 전부 말해주는 것은 결국 아이에게 어떻게 생각해야 할지가 아니라 무엇을 생각해야 할지를 가르치는 거라는 점이 가장 중요한 문제다.

어른들이 호기심을 자극하는 질문을 던질 때 아이들은 사고 능력과 판단 능력, 문제해결 능력, 주도성을 발달시킨다. 예를 들어 "무슨 일이야?" "원래 뭘 하려고 했던 거야?" "왜 이런 일이 일어난 거 같아?" "이 일에 대해 어떤 생각이 들어?" "어떻게 하면 바로잡을 수 있을까?" "이런 일이 다시 일어나지 않도록 하고 싶다면 어떻게 해야 할까?" 등의 질문을 해볼 수 있다.

아침에 옷을 입지 않으려고 했던 마크가 차에서 춥다고 불평했을 때 아빠는 이런 질문을 던질 기회로 삼을 수도 있었다. "왜 춥다고 생각하니? 따뜻해지려면 뭘 하면 좋을까?" 이런 질문은 마크가 옷과 따뜻함 간의 연관성을 이해하는 데 도움을 줄 수도 있다. 그러면 왜 잠옷이 추운 바깥에 입고 나가기에 좋은 선택지가 아닌지를 이해했을 수 있다.

마크는 이런 연관성을 정확히 이해하지 못하고 "내가 아침을 다 먹지 않고 남겨서요."라고 대답할지도 모른다. 그러면 아빠는 마크가 옷에는 우리를 따뜻하게 해주는 기능이 있다는 것을 배우는 기회로 삼을 수 있다. 믿기 어렵겠지만, 어른에겐 당연해 보이는 논리라도 아이들이 그것을 항상 이해할 수 있는 건 아니다. 그런 만큼 아동 발달과 연령 적합성, 격려의 필요성을 알아두는 건 너무나 중요하다.

격려

루돌프 드라이커스는 계속해서 "꽃에 물이 필요한 만큼이나 아이에겐 격려가 필요하다"고 강조했다. 그렇다면 격려란 무엇일까?

격려encouragement는 '마음을 주다'라는 의미의 프랑스어가 기원이다. 격려는 아이가 용기를 키울 수 있게 도와준다. 용기는 배우고 성장할 용기, 자책이나 수치심 없이 실수를 통해 배우고자 하는 용기, 사회생활과 일상생활 기술을 배우려고 하는 용기 등을 말한다. 아이들은 이를 어떻게 행동으로 옮길까? 마음속에서 밖으로 불쑥 튀어나오는 자율성과 주도성을 실천에 옮기고 의심이나 수치심, 죄책감 없이 실수를 하도록 부모와 주변 어른들이 안전한 공간을 마련해줄 때 아이들은 용기를 키워나갈 수 있다.

반성은 죄책감과 다르다는 것을 명심하라. 아이들은 실수했을 때나 다른 사람을 아프게 했을 때 반성할 것이다. (때로는 반성이 적절한데, 이는 공감과 같이 소중한 특성으로 이어지기도 한다. 그러나 아이에게 진정한 반성을 억지로 강요할 수 없다는 것을 명심하라.) 어른들은 아이에게 결과에 대한 책임을 지우는 것이 아니라 호기심을 자극하는 질문을 통해 자신의 선택에 따른 결과를 탐색하도록 도와주는 방식으로 아이들을 격려해줄 수 있다. 호기심을 자극하는 질문을 하면 자신이 느끼는 것이 뭔지, 그렇게 느끼는 이유가 뭔지, 어떻게 하면 잘못을 고칠 수 있을지 스스로 깨닫게 도울 수도 있다. 이렇게 하면 아이들은 자신이 실수를 통해 배우도록 격려받고 있다고 느낀다.

드라이커스는 "삐뚤어진 아이는 좌절한 아이다"라고 말했다. 어른들은 자신이 하는 일의 장기적 영향을 알아야 한다. 물론 우리는 부모와 교사들이 마음으로는 언제나 격려하고자 한다는 것을 알고 있다. 다만 자신들이 때때로 격려보다는 좌절감을 안겨주고 있다는 사실을 깨닫지 못하고 있을 뿐이다.

애매한 칭찬은 격려가 아니다

'잘했어'는 어린 아이를 격려하기에 좋은 방법이 아니다. 격려는 항상 구체적으로 해야 한다. 예를 들어 네 살짜리 아이가 자신이 그린 그림을 보여줄 때 "와, 이렇게 멋있는 그림은 처음 보는데! 액자에 넣어 걸어놓아야겠다"라고 말했다면 이것은 생각만큼 아이에게 도움이 되지 않는다. 부모는 아이에게 자신이 할 수 있는 가장 중요한 일은 사람들에게 기쁨을 주는 거라는 가르침을 주고자 했을지도 모른다. 그러나 그것은 의지하며 살아가기엔 너무나 위험한 신념이다. 같은 상황에서 아이에게 "너는 노랑하고 빨강을 참 좋아하는가 보구나. 이 모양에 대해 설명해줄 수 있어?"라고 말했다면 대화를 이어가면서 배움으로 향하는 문을 여는 기회가 되었을 수도 있다.

진정한 격려인지 알 수 있는 또 다른 방법은 좀 더 일반적인 칭찬이라도 그것이 오직 그 순간 그 사람에게만 전해지는지 생각해보는 것이다. '잘했네'는 어느 때든 아무에게나 할 수 있는 말이다. 예를 들어 특정한

칭찬과 격려의 차이*

	칭찬	격려
사전적 정의	호의적인 평가에 대한 표현 완벽함에 대한 칭찬 찬성과 호감의 표현	용기를 북돋고자 한 표현 자극
수신자	행위자: "훌륭하구나."	행위 자체: "정말 잘했구나."
대상	완벽하게 이루어낸 결과물 "정확하게 해냈어."	노력과 발전 "최선을 다했구나" 혹은 "이번에 배운 것에 대한 소감이 어때?"
태도	뜻대로 조종하려고 함 "수지의 앉은 자세가 참 좋네."	존중하는 마음을 담아 감탄함 "지금 우리가 어떻게 앉아 있어야 하는지 보여줄 수 있는 사람?"
'내'가 전하는 메시지	평가적임 "네가 그 일을 한 방식이 참 좋다."	스스로 결정하도록 함 "협조해줘서 고마워."
주로 듣게 되는 사람	아이들 "넌 정말 좋은 아이야."	어른들 "도와줘서 고마워요."
예시	"백점을 받아오다니 자랑스럽구나." (자신의 성취에 대한 소유권을 빼앗아감)	"그 백점은 네가 정말 열심히 했다는 의미야." (성취의 소유권과 노력에 대한 것을 인정함)
유도되는 결과	아이가 다른 사람을 위해 변화함: 인정 중독	아이가 자신을 위해 변화함: 내면의 통제
통제되는 장소	외부 "다른 사람들이 어떻게 생각할까?"	내부 "내 생각은 어때?"
가르치는 바	무엇을 생각해야 하는가: 타인의 평가에 의존함	어떻게 생각해야 하는가: 자기 평가
목표	순종 "정확하게 해냈어."	이해 "무슨 생각을 했어? 뭘 배웠어? 뭘 느꼈어?"
자신의 가치에 끼치는 영향	타인이 인정해줄 때 가치 있다고 느낌	타인의 인정 없이도 가치 있다고 느낌
장기적 효과	타인에게 의존적임	자신감과 자립심을 가짐

*제인 넬슨의 『긍정의 훈육 Positive Discipline』에서 인용함

상황에서 특정한 아이에게 "블록 탑을 높게 쌓았구나. 지붕을 올릴 때 손을 높게 뻗어야 했겠는데. 탑이 너보다 크니 말이야!"라고 말했다고 하자. 그러면 이 아이는 자신이 이룬 것을 제대로 알아봐 주었고, 자신에게 특별히 이야기해주었다고 느낄 것이다.

왼쪽 표는 이런 구분을 더욱 분명하게 해줄 것이다.

아이가 잠재력을 충분히 발휘할 수 있게 도와주기

마크가 다니는 유치원의 원장인 조이스는 격려의 중요성뿐 아니라 아이들에게 주도성을 계발할 기회를 줄 수 있는 이 장의 다른 개념을 굳게 믿고 있습니다. 교사들도 아이들에게 먼저 연습할 시간을 준 뒤 어른들이 해주는 일들을 직접 해보게 함으로써 아이들이 자신의 능력을 경험할 기회를 주고자 노력하고 있습니다.

예를 들면 조이스는 물건을 사러갈 때 아이와 함께 가서 물건을 쇼핑 카트에 넣는 일을 맡깁니다. 그리고 유치원으로 돌아오면 놀이터에 차를 대고 아이들에게 장 본 물건을 하나씩 옮겨달라고 부탁합니다. 요리사는 각 물건을 어디에 두면 되는지 아이들이 기억할 수 있게 도와줍니다.

점심시간에 아이들은 자신이 먹을 음식을 직접 그릇에 담습니다. 매트는 늘 음식을 너무 많이 담으려고 합니다. 일주일쯤 지나자 선생님은 질문을 통해 무엇이 문제인지 스스로 생각하도록 도와줍니다. "음식을 너무 많이 집으면 어떤 일이 벌어질까?"

매트가 대답합니다. "다 먹을 수 없어 버려야 해요."

선생님이 이야기를 이어갑니다. "조금 적게 음식을 담으면 어떻게 될까?"

매트는 굉장한 사실을 발견해낸 것 같은 표정으로 대답합니다. "다 먹을 수 있어요."

선생님이 말합니다. "그래, 다 먹을 수 있어. 그런데 음식을 적게 담아 와서 다 먹었는데도 배가 고프면 그때는 어떻게 해야 할까?"

매트는 웃으며 대답합니다. "더 가져와도 되나요?"

그럼 선생님이 묻습니다. "그럼 언제부터 시작할까?"

매트는 자신감 넘치는 목소리로 대답합니다. "내일이요!"

점심을 먹고 나면 아이들은 남은 음식을 음식물 쓰레기통에 버리고 접시를 개수대에서 헹군 뒤 식기세척기에 넣습니다. 이렇게 하면 어른들이 치워주는 것보다 시간이 더 오래 걸립니다. 그러나 조이스와 교사들은 일과를 빨리 해치우는 것보다 아이들이 자신의 잠재력을 키워나갈 수 있게 도와주는 데 보람을 느낍니다. 또한 그들은 아이를 사랑하고, 아이들과 함께 있는 시간을 즐기며, 자신이 아이들의 성장과 발전에 일정 역할을 하고 있다는 사실을 자랑스럽게 여깁니다.

중요한 것은 사랑과 기쁨이다. 발달 단계상 적절한 것이 무엇이고 아이들의 환경을 어떻게 해야 개선시킬 수 있을지 잘 알게 될수록, 아이들의 잠재력을 충분히 발휘하게 격려할 수 있는 기술을 더 많이 익힐수록, 실수를 저지를 때 자신을 용서해줄수록 자라나는 아이를 더 편안하고 즐겁게 지켜볼 수 있다. 아이들이 자신의 능력을 신뢰하고 주변 어른들이 든든히 지원해주고 있다는 것을 믿고, 자신을 둘러싼 삶을 살아가는 방법을 지금 배우는 중임을 알고 있기 때문이다.

6장

아이의 기질을
이해하고 받아들이기

대부분의 부모는 아이를 비교하는 것이 현명한 일이 아니라는 사실을 알고 있다. 그럼에도 이따금씩 자신의 아이를 마음속으로든 말로든 다른 아이들이나 이웃 아이들, 사촌이나 조카들과 비교한다. 그리고 이런 비교는 대개 "○○는 정말 착한 아이야" "□□는 사고뭉치야"라는 평가로 이어진다.

우리는 유아기 아이들이 몇 가지 흥미로운 발달 단계를 거친다는 것을 이미 살펴보았다. 자율성과 주도성을 가지고 다양한 실험을 하다 보면 어른들이 '나쁘다'라고 생각하는 방식으로 행동할 수도 있다는 것을 알게 되었다. 그렇다면 완벽한 아이는 정말 존재하는 걸까? 정말 그런 아이를 원하는가?

완벽한 아이라는 신화

완벽한 아이는 부모의 말에 반항하지 않고, 형제자매와 싸우지 않으며,

불평 없이 집안일을 하고, 용돈을 모아 저축하며, 스스로 알아서 숙제를 하는데다 성적도 좋고, 운동도 잘하고, 아이들 사이에서 인기도 많은 그런 아이로 그려지곤 한다. 그렇다면 이런 조건을 충족시키지 못하는 아이는 완벽하지 못한 것일까?

솔직히 우리는 이런 환상적 묘사에 들어맞는 아이가 오히려 걱정된다. 이런 아이는 대개 안정감을 충분히 느끼지 못해 자신의 힘이 어디까지인지 시험해보거나 부모와 교사의 품을 떠나 자신이 누구인지 찾아보려는 시도조차 하지 않고, 실수하거나 반대를 무릅쓰는 것을 두려워한다. 물론 '대개'라는 말을 쓴 이유는 환상적 묘사에 들어맞으면서도 동시에 안정감을 느끼고 실수하는 것을 두려워하지 않는 아이도 드물게 존재하기 때문이다.

뇌과학자들은 기질이란 각각의 아이에게 '프로그램화되어' 있는 것의 일부로 선천적인 거라고 생각한다. 그리고 자녀가 부모나 다른 양육자들과 어떻게 상호작용하느냐에 따라 이런 선천적 경향이 상당 부분 결정된다고 여긴다. 이는 우리가 완전히 이해하기 힘든 복잡한 과정이다. 태도와 행동, 판단은 시간과 경험에 따라 바뀌지만, 기질은 평생 우리와 함께한다. 아이의 고유한 기질을 이해하면 아이를 있는 그대로 받아들이고, 아이와 함께 배우고 성장하고 발전할 수 있다. 부모는 자신의 적합도를 높이기 위해 노력할 것이며, 때때로 아이에게 실망하는 이유가 무엇인지 알게 되고, 아이를 돌보는 가장 좋은 방법과 더 끈끈한 관계를 형성하는 방법을 찾을 수 있을 것이다.

적합도(Goodness of Fit)

스텔라 체스Stella Chess와 알렉산더 토머스Alexander Thomas는 '적합도'

의 중요성을 강조했다. 적합도는 부모나 교사가 아이의 기질에 대해 얼마나 깊이 이해하고 있으며, 아이의 건강한 발달을 격려하고자 하는 의욕을 얼마나 가졌는지를 표시하는 척도다. 아이들은 살아가면서 자신이 유능하다는 느낌과 소속감을 얻기 위해 애쓰는 과정에서 스트레스를 경험한다. 이때 아이에게 자신이 아닌 다른 사람이 되라고 요구하면서 스트레스를 가중시키는 것은 전혀 도움이 되지 않는다.

아이의 기질을 이해한다는 건 어깨를 으쓱하며 "아이들이 다 그렇지 뭐"라고 말하는 것이 아니라 아이가 수용 가능한 행동과 기술을 발달시키도록 돕는 것을 의미한다. 집중력이 떨어지는 아이라도 어느 정도 체계를 받아들이고 집중력을 유지하는 방법을 배울 필요가 있다. 예를 들면 제한된 선택지를 제공하는 것은 아이의 요구와 상황의 요구(현재 상황에 알맞은 행동)를 동시에 존중하는 하나의 방법이 될 수 있다.

양쪽의 요구를 충족하도록 부모와 아이 사이에서 절충점을 찾고자 노력하는 것이 적합도를 높이는 데 가장 중요한 요소다. 부모가 파티의 주인공이 되는 동안 아이가 새로운 상황에 적응하기 어려워한다면 적합도가 높다고 볼 수 없다. 그러나 다행스럽게도 아이를 이해하고 있다면 균형점을 찾아 적합도를 높일 수 있다. 아이가 친구를 빨리 사귀지 못할지 모르지만, 사회생활 기술을 하나둘 익혀 한두 명의 좋은 친구를 찾을 수도 있다. 부모가 자신처럼 해보라고 강요한다면 아이는 좌절을 느끼지만, 다른 아이들과 사이좋게 지낼 수 있을 때까지는 시간이 필요하다고 부드럽게 가르쳐준다면 아이는 용기를 얻는다. 부모의 요구와 아이의 요구 사이에서 균형점을 찾는 것은 어느 정도 시간과 연습이 필요하다. 그러나 개별적이고 특별한 기질을 가진 아이를 있는 그대로 받아들이고 함께 노력해 나갈 방법을 찾는다면 시간이 지날수록 부모와 아이 모두에게 큰 도움이 된다. 이제 기질을 이해하는 것이 왜 그처럼 중요한지 알았으니, 그에 대해 좀 더 살펴보도록 하자.

버클리 연구

아이들은 각자 감각 정보를 처리하고 주변 세계에 반응하는 자기만의 스타일을 가지고 태어난다. 스텔라 체스와 알렉산더 토머스는 60대 후반에서 70대의 남녀를 대상으로 9가지의 주요 기질에 대한 종적 연구를 통해 성격의 신비를 분석했다. 버클리 연구는 능동적과 수동적이라는 두 개의 기본적 기질을 대상으로 한 종적 연구로, 이 두 기질은 평생 가는 특징임을 밝혀냈다. 다시 말하면 수동적인 아기는 수동적인 어른으로 자라고, 능동적인 아기는 능동적인 어른이 된다는 것이다. 사실 능동성 지수는 태아 시기부터 측정 가능하다고 한다.

체스와 토머스가 발견한 9가지의 기질(개별적 성격을 형성하는 데 기여하는 특성)을 바탕으로 '순한' 아이와 '까다로운' 아이, '반응이 느린' 아이 등 3가지 유형의 아이를 설명할 수 있다. 모든 유형이 다 훌륭한데, 다만 어떤 유형은 다른 유형보다 도전 과제가 조금 많은 것뿐이다. 지금부터 이 9가지 기질에 대해 논하겠다. 그러나 더 자세한 정보는 스텔라 체스와 알렉산더 토머스가 쓴 『당신의 아이를 알라Know Your Child』와 『기질: 이론과 실제Yemperament: Theory and Practice』를 참고하기 바란다.

9가지 기질

모든 아이는 체스와 토머스가 연구한 9가지 특성을 각기 다른 비율로 가지고 있다. 지금부터 실제 삶에서 이것이 어떻게 나타나는지를 살펴보자.

활동성 지수

활동성 지수는 아이의 운동에 대한 적극성 수준, 활동적인 기간과 그렇지 않은 기간 간의 비율을 가리킨다. 활동성이 높은 아이는 달리기를 좋아할 것이고, 활동성이 낮은 아이는 그림 그리기나 독서 등 조용한 놀이를 좋아할 것이다.

Q. 네 살짜리 아들은 "잠깐 기다려!"라는 말이 무슨 뜻인지 몰라요. 아이는 절대 속도를 늦추거나 하지 않아요. 그래서 함께 시간을 보내는 동안 지쳐서 그저 쉬고 싶어요. 동생네 아이는 훨씬 조용하게 노는데, 제가 뭘 잘못하고 있는 걸까요?

A. 유아를 돌보는 부모와 교사는 자주 지칩니다. 아이들은 대부분 신체적 에너지가 아주 높습니다. 어찌 됐든 매일매일 해야 할 일과 배워야 할 것이 어마어마하니까요. 그중에서도 몇몇 아이는 엄청난 에너지를 가진 것처럼 보이죠. 아이가 매우 활동적이라도 당신과 아이 모두 전혀 이상한 것이 아니니 안심하세요. 모든 인간은 각기 다른 기질을 타고납니다. 활동적인 아이는 '나쁜' 것이 아니에요. 엄마 아빠의 기운을 빼놓으려고 일부러 활발히 움직이는 게 아닙니다. 단지 자기 모습을 자연스럽게 보여주고 있는 거예요. 활동적인 아이와 잘 지내는 비결은 자신의 요구를 포기하지 않고도 아이의 요구를 충족시켜 주는 방법을 찾는 거예요. 몇 가지 제안을 해볼게요.

- **아이의 요구를 고려하여 계획을 짜라** 어려운 활동을 제안해 아이가 에너지를 발산할 기회를 마련하라. 아이를 공원에 데려가거나 수영 또는 체조 강습에 보내라. 아니면 활동적인 놀이를 충분히 할 수 있게 하라. 발레나 음악 공연, 연극, 코스 요리가 나오는 음식점은 아직 피하는 것이 현명하다. 아이와 부모 모두를 만족시킬 수 있는 계획을 세워야 한다. 부모의 기대를 아이의 능력에 맞춰야 한다는 것을 명심하라.

- **자신을 위한 시간을 가져라** 도우미를 구하거나 아이를 유치원이나 다른 수업에 보내거나, 친구 또는 배우자에게 정기적으로 아이를 돌봐달라고 부탁해 휴식을 취할 시간을 가진다. 이것은 절대 이기적인 행동이 아니다. 활동적인 아이를 보살피려면 엄청난 에너지가 필요하기 때문에 당연히 휴식과 재충전의 시간이 필요하다.
- **아이를 있는 그대로 사랑하는 법을 배우라** 아이가 어떤 기질을 타고나겠다고 자청한 것이 아니다. 그러므로 아이의 장점에 만족하고 기뻐하라. 아이가 자라면 자신의 넘치는 에너지로 삶에서 아주 큰 성과를 낼 것이다.

지금까지 모니카는 쌍둥이의 서로 다른 기질과 활동성 지수를 고려하여 일과표를 짰습니다. 어느 토요일 오후 수영장에서 네드와 스테이시는 언니가 수영 강습을 받는 동안 엄마와 함께 놀고 있었습니다. 네드는 엄마가 가져온 동물 장난감을 가지고 신나게 놀았는데, 놀이에 푹 빠져 있는 동안 한 시간이 금방 지났습니다.

그때 쌍둥이 남매인 스테이시는 엄마가 가져온 책에 색칠을 하기 시작했습니다. 10분 동안 모든 페이지를 조금씩 색칠하더니 재미없는지 책을 읽어달라고 했습니다. 책을 반쯤 읽었을 때 스테이시가 목이 마르다고 해서 모니카는 음료수를 먹였습니다. 그 뒤 스테이시는 야외 스탠드에 올라가기 시작했습니다. 30분도 채 지나기도 전에 스테이시는 색칠놀이를 하고, 책도 보고, 음료수도 마시고, 스탠드에도 올라갔습니다. 모니카는 딸이 좀 있으면 그네를 타러가자고 조를 것을 알고 있었습니다. 또한 수영 강습이 끝나자마자 떠날 수 있게 미리 준비해두어야 한다는 것도 알고 있었습니다.

네드는 활동성 지수가 낮은 반면 스테이시는 높다. 모니카는 쌍둥이가 확연히 다르다는 사실이 당혹스러웠을 것이다. 특히 자신이 쌍둥이를 똑같이 대해야 한다고 생각했다면 많이 당황했을 것이다. 그러나 기질에 대한 정보를 통해 모니카는 아이들을 더 잘 이해할 수 있었다. 그녀는 아이가 가진 고유함을 인정하고 (그에 맞춰 계획을 세우고) 마음을 편히 갖기로 했다.

규칙성

규칙성은 배고픔이나 졸림, 배변 등 신체적 기능의 예측가능성(또는 예측 불가능성)을 뜻한다.

> 실버톤스 가족은 네 살짜리 아들 마틴을 보면서 시계를 맞출 정도입니다. 마틴은 매일 아침 6시 30분에 일어났고, 매일 같은 점심 메뉴를 먹기 원했으며, 항상 같은 장난감을 가지고 놀았고, 매일 같은 시간에 잠자리에 들었습니다. 마틴은 여섯 살짜리 형 스탠리를 키우면서 간절히 원했던 휴식을 가져다주었습니다.
> 마틴이 규칙적으로 생활하는 반면 스탠리는 예측이 불가능했습니다. 기질에 대해 배워 아이들의 개별적인 사고 회로에 대해 부모를 탓할 수도 칭찬할 수도 없다는 사실을 알게 되기 전까지 실버톤스 가족은 자신이 스탠리에겐 무엇을 '잘못'했고, 마틴에겐 무엇을 '잘한' 것인지 고민하곤 했습니다. 그러나 이제 그들은 스탠리를 좀 더 참을성 있게 대하는 법과 마틴의 스타일을 더 좋아한다는 티를 내지 않는 법을 알게 되었습니다. 그들은 일과표를 짜는 데 두 아이를 참여시켰습니다(물론 마틴에겐 계획이 딱히 필요하지 않았지만요). 스탠리는 머지않아 자신이 함께 짠 일과를 따르는 것이 여러모로 도움이 된다는 것을 깨달았습니다.

규칙성을 이해하면 부모 또는 양육자가 아이의 스케줄을 짤 때 갈등과 스트레스를 줄이는 방법을 찾을 수 있다.

프레드는 자신의 다섯 살배기 딸이 오후 1시 30분이 되면 지쳐 낮잠을 자고 싶어 한다는 것을 알고 있습니다. 그래서 주중에 아이를 맡아주는 베이비시터에게 이것을 이야기해두었고, 주말에는 아이가 휴식을 취하도록 여유를 두었습니다. 프레드는 딸에게 규칙적인 낮잠이 필요하고, 낮잠을 자면 아이가 짜증내고 피곤해하는 사태를 막을 수 있다는 것을 발견했습니다.

최초 반응

이 기질은 아이가 낯선 음식과 장난감, 사람, 장소 등 새로운 상황이나 자극에 반응하는 방식을 설명해준다. 접근 반응은 주로 기분의 표현(미소, 말, 표정)이나 운동의 표현(낯선 음식 먹기, 새 장난감 갖고 놀기, 새 친구와 어울리기)으로 드러난다. 회피 반응은 좀 더 부정적인데, 역시 기분(울기, 말, 표정)이나 운동(도망가기, 음식물 뱉기, 새 장난감 집어던지기)으로 표현된다. 아이 키우는 법을 배운다는 것은 결국 이런 일련의 반응을 격려하고 돌봐주면서 인정해주는 것을 의미한다.

좀 더 성장한 아이들은 새로운 경험을 대하는 방식을 통해 이런 기질을 드러낸다. 즉 새로운 그룹에 곧장 어울리거나 어느 정도 상황을 파악할 때까지 주변을 잠시 서성거리면서 말이다.

아만다는 다섯 살 때 새 유치원에 들어갔습니다. 그런데 그룹 활동을 위해 아이들이 모일 때마다 뒤로 물러서서 어울리기를 거부했습니다. 다행히 교사가 아이의 기질을 잘 알고 있어 함께하겠다고 하면 언제나 환영이라는 것을 충분히 이해시키면서도 그룹 놀이에 동참하라고 강요하지 않았습니다. 2주 동안 아만다는 뒤로 물러서서 무슨 일이 벌어지는지를 지켜보았고 서서히 다가왔습니다. 3주째가 되자 그녀도 다른 아이들과 즐겁게 어울렸습니다. 아만다의 최초 반응은 회피였지만, 교사는 현명하게 아이의 기질을 존중해주었습니다.

다시 한 번 말하지만 기질은 타고난다. 그리고 이는 성격에 깊이 새겨져 있어 초조한 부모에 의해 마음대로 바뀌는 게 아니라는 사실을 여러 연구 결과가 말해주고 있다.

> 보니는 여섯 살 아들 제러미에 대해 걱정이 많습니다. 그녀는 아들이 수줍은 성격 때문에 앞으로 원만한 대인관계를 갖지 못하거나 엄마 아빠가 좋아하는 활동을 함께할 수 없을까 봐 걱정했습니다. 보니는 제러미를 앞에 세우거나, 새로운 친구와 어울리라고 권하거나, 새로운 운동이나 활동에 참가시키면 아이가 더 멀리 도망가거나 엄마 뒤에 숨거나 엄마 품에 머리를 파묻다는 것을 깨달았습니다.
> 제러미가 새로운 상황을 경계한다는 사실을 알게 된 보니는 아들을 있는 그대로 받아들이기로 했습니다. 그리고 아이가 좀 더 편안해하고 자신감을 갖도록 도와줄 방법을 찾았습니다. 그녀는 제러미가 야구 경기에 나가기 전에 먼저 다른 아이들의 경기를 지켜볼 기회를 주는 게 좋다는 것을 알게 되었습니다. 또한 새로 만난 친구 등과 얘기해보라고 아이에게 억지로 권해선 안 된다는 것도 알게 되었습니다. 다만 제러미가 안심하도록 아이의 어깨에 손을 가볍게 두르고, 그녀가 직접 친근하게 대화를 이어갔습니다.

보니는 자신이 곁에 있으면 제러미가 좀 더 빨리 적응한다는 사실을 받아들이고, 새로운 상황에서는 아이와 함께 잠시 기다리는 시간을 가졌다. 가장 중요한 것은 그녀가 아이에게 수줍음을 '이겨내라'고 재촉하지 않고, 그저 받아들이고 격려하는 모습을 보여주었다는 사실이다. 제러미는 새로운 사람과 상황 앞에서 언제나 시작이 조금 느릴지도 모른다. 그러나 엄마의 기다림과 애정 어린 격려 덕분에 자기 자신을 믿고 기꺼이 받아들일 수 있게 될 것이다.

적응성

적응성은 아이가 새로운 상황에 어떻게 반응하는가, 즉 아이가 적응하고 변화하는 능력을 설명하는 개념이다. 어떤 아이는 새로운 음식은 즉각적으로 뱉어버리다가 몇 번 더 시도해본 뒤 받아들인다. 또 어떤 아이는 새로운 음식이나 새 옷, 새 유치원을 천천히 받아들이거나 아예 받아들지 않기도 한다.

> 이혼을 결정한 뒤 네 살 반인 마리아의 아빠는 몇 블록 떨어진 곳에 집을 구했습니다. 모든 아이에게 부모의 이혼은 힘든 일이지만 마리아처럼 '느린' 기질을 가진 아이에게 이 변화는 큰 스트레스로 다가왔습니다. 부모는 나눠서 양육 하기로 합의하고 매주 며칠씩은 아빠 집에서 자기로 정했는데, 처음에는 점진적으로 변화를 주기로 결정했습니다. 이사할 때 아빠는 마리아에게 새 아파트로 짐 옮기는 것을 도와달라고 청했습니다. 그리고 몇 주 동안 마리아를 이사 간 아파트에 여러 번 데려갔고, 머무는 시간을 조금씩 늘려갔습니다. 마리아는 하루 종일 아빠와 함께 놀고 새 아파트에서 저녁을 먹었지만, 잠은 익숙한 예전 집에 있는 자기 방에서 잤습니다. 마리아와 아빠는 천천히 새 집에 아이의 침실을 마련했습니다. 가구도 사고, 옷도 몇 가지 골라 새 방에 가져다 두었습니다. 마리아와 부모가 모두 안심하고 아이를 아빠 집에서 재울 수 있을 때까지 딱 한 달이 걸렸습니다.

이사하자마자 아빠가 마리아에게 새 집에서 자야 한다고 했다면, 그것은 무리한 행동이었을 것이다. 이미 엄청난 변화와 관계의 분열을 겪고 있는 어린 아이에게 그것은 감당하기 어려운 감정적 부담을 안겨주었을 것이다. 마리아의 부모는 아이의 요구를 최우선에 두고 변화에 적응할 시간을 충분히 주었다.

이렇게 점진적으로 접근하면 아이에게 도움을 줄 수 있다. 빠른 변화를 따라가지 못해 버거워한다면 아이의 기질을 받아들이는 것으로 불편과 불행을 피해갈 수 있다.

반응 역치

어떤 아이는 문만 열어도 잠에서 깬다. 아무리 살살 열어도 마찬가지다. 반면 천둥이 쳐도 잘 자는 아이가 있다. 어떤 아이는 답답한 옷이나 가슬가슬한 이불에 불평을 늘어놓지만, 다른 아이는 무릎이 까지고 머리를 부딪쳐도 아랑곳하지 않고 뛰어다닌다. 감각적 자극에 대한 민감도는 아이에 따라 다르며, 이는 아이가 세상을 어떻게 바라보고 행동하느냐에 영향을 미친다.

다섯 살 생일을 맞은 앰버는 꽃무늬 원피스 선물을 받고 행복하게 웃었습니다. 그런데 그 풍성한 치마가 빳빳한 나일론 망사로 만들어졌다는 것을 안 순간 웃음은 실망으로 바뀌었습니다. 아이는 "이 치마 꼭 입어야 돼?"라고 묻더니 "다리가 따가울 거 같은데"라고 중얼거렸습니다.

앤디에게 이런 것은 그다지 문제가 되지 않았습니다. 그는 맨발로 걷는 것을 좋아했고, 기회만 있으면 신발을 벗으려고 했습니다. 부모는 자갈이 깔린 놀이터나 뜨거운 보도블럭을 맨발로 걷지 않을까 걱정했지만, 앤디에게 촉감이나 온도는 큰 문제가 아니었습니다. 발 주인이 자유롭게 움직이는 발가락 하나하나의 느낌을 즐기는 동안 그의 작은 발은 어디든 거침없이 내딛었습니다.

감각통합장애

감각 자극에 강한 영향을 받는 아이들 가운데 두뇌가 감각 정보를 통합하는 데 어려움을 겪는 경우도 있다. 어떤 아이는 양말을 '아프다'고 느끼거나 셔츠가 '너무 답답하다'고 느낄 수도 있고, 새로운 것을 불편하거나 '나쁘다'고 여겨 같은 음식과 일과를 고집할 수도 있다. 그런데 어떤 자극에도 강하게 반응하지 않는 아이도 있다. 그들은 감각 자극을 편안하게 느껴 자극을 만들어내기 위해 흔들고 돌고 머리를 부딪친다. 이런 아이들은 감각통합장애를 가진 것일 수도 있는데, 이때 아이가 감각 정보를 느끼면서 좀 더 편안하게 받아들이도록 도와주는 다양한 요법을 활용하면 좋아질 수 있다. 아이가 또래의 다른 아이들에 비해 감각 자극에 확연히 다른 반응을 보인다는 판단이 서면 소아과에 검사를 의뢰해 보는 것이 현명하다.

시간과 경험을 통해 아이가 신체적 감각과 자극에 얼마나 예민한지 알 수 있다. 아이가 음악이나 소음을 좋아하는가, 아니면 성가시다고 느끼는가? 밝게 빛나는 빛을 바라보려고 하는가, 아니면 고개를 돌려 버리는가? 새로운 음식을 먹어보려 하는가, 아니면 익숙하지 않은 맛과 질감을 거부하는가? 껴안고 만지는 것을 좋아하는가, 아니면 접촉하면 빠져나가려고 하는가?

자녀가 자극에 예민한 편이라면 새로운 장난감이나 경험, 사람을 접할 때 충분히 시간을 줘야 할 것이다. 부드러운 불빛과 음악은 아이를 진정시키는 데 도움을 줄 수 있다. 또한 시끄럽고 붐비는 장소(생일 파티나 놀이공원, 쇼핑몰 등)에 가면 아이가 긴장하거나 예민해질 수도 있다. 반면 덜 예민한 아이는 의욕적으로 새로운 경험에 도전하려고 할 것이다.

무엇이 아이의 관심을 사로잡는지 찾아서 충분히 탐구하고 실험해볼 기회를 주라.

기분의 질

어떤 아이(와 어른)는 삶을 기쁨과 수용의 자세로 받아들이는 반면, 어떤 아이는 모든 사람과 일에서 단점을 찾으려 한다는 생각을 해본 적이 있는가? 한 아이는 눈부시게 웃으며 가족을 사랑한다고 말하는 반면, 다른 아이는 모든 것 '때문에' 입을 내밀거나 얼굴을 찡그릴 수밖에 없다고 느낀다.

어두운 성격을 가진 아이의 부모는 마음을 굳게 먹어야 한다. 아이가 '찡그린 얼굴'을 자주 보인다면 그것은 부모나 부모의 양육 방법 때문이 아니라는 것을 명심하라. 아이의 기분을 잘 살피면서 냉정한 아이를 자주 안아주고, 자신이 가진 밝은 빛을 아이와 나누려고 노력하라. 항상 표정이 어두운 아이를 다루는 것은 부모나 교사에게 기운 빠지는 일일 수 있지만, 이런 기질을 받아들이면서도 아이가 좀 더 긍정적인 태도로 삶을 대하도록 도와줄 방법이 분명 존재한다.

> 스티븐은 부모교실에서 새로운 것을 배웠습니다. 그는 여섯 살짜리 아들 칼에게 오늘 가장 행복했던 순간과 슬펐던 순간이 언제였는지 물어보기로 했습니다. 스티븐은 이것을 잠들기 전 일과로 정해 아들의 세계를 좀 더 이해하는 기회로 삼고 싶었습니다. 그런데 가장 슬펐던 순간을 물었을 때 칼은 여러 가지를 얘기했지만, 행복한 순간에 대해서는 아무것도 떠올리지 못했습니다. 스티븐은 칼이 힘들게 지내고 있다는 사실에 크게 당황했습니다.
>
> 기질에 대해 배우고 난 뒤 스티븐은 칼의 비관적인 기분에 집착하지 않을 수 있었습니

다. 그는 아들의 여러 문제를 귀 기울여 듣고, 자신이 슬펐던 순간에 대해서도 이야기해주었습니다. 그러고 나서 행복했던 순간에 대해서도 들려주려고 했습니다. 부정적인 면과 긍정적인 면을 함께 볼 수 있다는 것을 칼에게 계속 보여주자 칼도 행복했던 순간에 대해 얘기하기 시작했습니다. 칼은 여전히 부정적인 면을 많이 보지만, 긍정적인 면을 보는 법도 배워가고 있었습니다.

칼은 그저 부정적 기질을 가진 것이고, 그 관점으로 세상을 바라본 것뿐이다. 이 사실을 인정하자 스티븐은 아이에 대해 더 많은 것을 알게 되었고, 아이가 긍정적으로 보도록 돕는 방법도 배웠다. 결국 모두에게 이로운 해결책을 찾은 것이다.

반응의 강도

아이들은 주변에서 일어나는 사건에 대해 다른 방식으로 반응한다. 어떤 아이는 조용히 웃으며 한번 둘러본 뒤 하던 일을 계속하고, 어떤 아이는 동작과 감정을 모두 동원하여 반응한다. 예를 들면 반응 강도가 높은 아이가 화를 내면 온 아파트 단지가 쩌렁쩌렁 울리지만, 이웃집 아들은 어떤 일에 실망했을 때 그저 입을 다물고 가만히 있을 수도 있다.

피터스 선생님은 미술 시간 준비를 하고 있었습니다. 아이들이 조용히 놀고 있는 동안 종이와 사인펜, 파스텔, 가위 등을 꺼냈습니다. 물감과 붓이 담긴 상자를 옮기고 있을 때 그녀는 그만 블록을 밟아 넘어졌고, 그림 도구가 든 상자는 바닥에 떨어져 부서지고 말았습니다. 이 모습을 본 아이들은 제각각 흥미로운 방식으로 반응했습니다. 어떤 아이는 놀라서 쳐다본 뒤 다시 놀기 시작했고, 다른 아이는 큰 소리로 울기 시작했습니다. 또한 잔해를 발가락으로 건드려보는 아이도 있고, 키득거리며 방 안을 뛰어다니는 아이도 있었습니다.

아이들이 같은 상황에서 다르게 반응한 이유는 그들의 반응 강도 수준이 다르기 때문이다. 아이들이 자극에 다양한 강도로 반응한다는 것을 알면 부모와 교사는 그들의 행동에 좀 더 차분하게 대처할 수 있다.

주의산만성

한 아이의 엄마가 말했다. "우리 딸은 나가서 놀겠다고 마음먹으면 식사시간이라고 해도 무조건 나가요. 다른 사람의 말을 전혀 받아들이려고 하질 않아요." 그러자 다른 엄마가 말했다. "우리 아들은 배가 고프면 점심을 차려줄 때까지 계속 나를 쫓아다녀요." 아직 깨닫지 못하고 있지만 이들은 사실 아이의 주의산만에 대해 이야기하고 있다. 주의산만성은 외부의 자극이 아이의 현재 행동과 행동을 바꾸려는 의지(또는 바꾸지 않으려는 의지)를 방해하는 정도를 뜻한다.

> 멜리사는 유치원의 낮잠시간이 되어서야 자신이 아끼는 곰 인형을 집에 두고 왔다는 사실을 알아차렸습니다. 선생님이 설득하고, 유치원의 장난감을 대신 가져다줘도 아무 소용이 없었습니다. 멜리사는 낮잠시간 내내 자기 곰 인형을 달라며 울었습니다.

멜리사는 주의산만성이 낮은 아이다. 이것은 아이가 자라서 항공 관제사가 된다면 중요한 자질이 될 것이다. 그러나 지금 멜리사는 아끼는 곰 인형 없이 유치원에 데려오면 절대 안 되는 아이다. 사실 이런 위기를 피하려면 두 개의 곰 인형을 마련해 하나는 집에, 하나는 유치원에 두는 것이 현명하다.

애런은 가지고 놀 수 있는 장난감이면 아무거나 끌어안고 행복해합니다. 오늘 아이는 자신의 공룡 인형을 두고 왔지만, 선생님이 파란 토끼를 가져다주자 미소 지으며 만족스럽게 잠자리에 들었습니다.

나중에 애런은 많은 일을 한 번에 처리하는 여유로운 성격의 사람이 될 수 있다. 이는 바쁘게 돌아가는 사회생활에서 아주 소중한 자산이다. 이렇게 부모와 교사가 아이의 기질에 담긴 자산에 초점을 맞추면 아이와 어른에게 위로와 격려가 될 것이다.

지속성과 집중 시간

지속성은 장해물이나 어려움에 직면해서도 활동을 지속하고자 하는 아이의 의지를 뜻하며, 집중 시간은 중단하지 않고 활동을 지속하는 시간의 길이를 의미한다. 이 두 가지 특성은 대개 연관성이 있다. 한번 시작하면 30분간 낡은 잡지를 찢어 없애는 아이는 집중 시간이 꽤 긴 편이다. 반면 10분간 열 가지 장난감을 번갈아 가지고 노는 아이는 집중 시간이 짧다. 실에 구슬을 꿸 때 구슬이 바로 꿰지지 않으면 바로 포기하는 아이가 있는 반면, 성공할 때까지 계속 시도하는 아이도 있다. 이런 아이들은 서로 다른 지속성을 보여준다. 다시 한 번 강조하지만 기질에는 더 나은 것도 더 나쁜 것도 없다. 그것은 단지 서로 다를 뿐이며, 가르치고 돌보는 데 다른 도전 과제를 던져줄 뿐이다.

여섯 살짜리 미첼은 일주일에 걸쳐 매일 아침 어린이 지도책의 지도를 따라 그렸습니다. 따라 그리는 동안 아이는 만족스럽게 콧노래를 하며, 계속 신중하게 그려갔습니다. 가장 친한 친구인 에리카가 놀러와서 미첼을 돕기 위해 옆에 앉았습니다. 그러나 아주 잠시뿐이었어요. 30분 동안 에리카는 그림을 세 장이나 그리더니 장난감 찰흙으로 관심을 돌렸습니다. 언젠가 에리카는 새로운 것을 찾아내고 탐구하는 능력을 통해 새로운 박테리아 변종을 발견하여 신약을 개발할지도 모릅니다. 그리고 미첼은 여섯 시간에 걸친 심장 수술을 집도하는 의사가 될 수도 있다는 데 다들 동의하겠지요.

집중하는 시간이 짧고 끈기가 약한 아이라고 해서 반드시 주의력결핍장애ADD인 것은 아니다. 주의력결핍장애는 소아신경과 의사나 특별한 증상을 구별해내도록 훈련받은 소아과 의사가 진단해야 하는 의학적 증상이다. 따라서 다른 부모나 양육자의 '진단'을 심각하게 고민할 필요는 없다. 만약 그런 소리를 들었다면 아이를 의사에게 데려가 보라는 말 정도로 받아들이면 된다.

대부분의 의사는 아이가 만 5~6세가 되기 전까지는 섣불리 주의력결핍장애라고 진단하지 않는다. 그전까지 보이는 충동적 행동이나 높은 활동성 지수, 짧은 집중 시간 등은 기질이나 발달상의 차이에 따른 것일 수도 있다. 아이의 상태가 걱정스럽다면 소아과 의사나 아동치료사를 찾아가보라. 약물 치료도 한 가지 방법일 수 있지만, 반드시 신중해야 한다(특별한 요구에 대해서는 18장에서 더 자세히 다루겠다). 어떤 경우든 발달 단계와 기질을 이해하고, 친절함과 단호함을 유지하며, 긍정의 훈육 기법을 사용하는 것은 부모와 자녀가 집이나 유치원, 어린이집에서 생활하는 데 도움이 될 것이다.

기질: 어려움인가 기회인가

만약 고르라고 한다면 대부분의 부모와 교사는 집중 시간이 길고 끈기 있는 아이를 선호할 것이다. 그런 아이는 가르치기도, 데리고 놀기도 한결 편하다. 그러나 이런 이상적인 조건에 딱 맞는 아이는 드물다. 사실 대부분의 가정이 서로 다른 기질을 가진 아이를 키우고 있으며, 교사들은 다양한 아이들과 함께 생활하고 있다.

교사들은 기질에 대한 정보를 부모들에게도 알려주는 것이 도움이 된다는 사실을 알고 있다. 기질을 이해하면 부모와 교사가 아이에게 비현실적인 기대를 가지는 대신 있는 그대로 받아들이는 데 도움이 된다. 모든 아이(그리고 모든 기질)는 각자 가능성과 한계, 장점과 단점을 가진다. 무조건 '좋고' '나쁜' 것은 없으며, 지금까지 살펴봤듯이 이를 비교하고 평가하는 것은 결국 좌절과 실망을 불러올 뿐이다. 효과적인 양육과 교육은 살아가는 데 필요한 기술을 배울 기회를 제공하며, 각기 고유한 개성을 지닌 아이들이 자신의 장점을 키우고 약점을 가다듬게 도와준다. 결국 부모는 아이의 꿈과 기질이 자기 자신과 다르다는 사실을 인정하고 받아들여야만 한다.

에반의 부모는 아름다운 벽걸이 장식과 새로운 스타일의 옷을 디자인하는 예술적인 사람들입니다. 그들은 에반의 유치원이 예술적 창의력을 기르는 충분한 기회를 제공하지 않는 것 같아서 걱정입니다. 에반이 옷에 물감을 묻혀 오거나 손톱에 찰흙이 낀 채로 돌아온 적이 한 번도 없었기 때문입니다. 사실 에반에겐 예술의 세계를 탐험할 기회가 많았습니다. 그런데 에반이 흥미를 보이지 않았습니다. 에반은 블록을 쌓거나 퍼즐을 맞추는 조용한 작업을 좋아하는 정확하고 질서정연한 아이였습니다. 그의 반응 역치는 손에 물감이 묻었을 때 미끄덩한 느낌이나 찰흙의 찐득한 촉감이 불쾌하다고 받아들였습니다. 에반의 부모는 아들의 기질이 아닌 자신들의 기질에 비춰 아이를 바라본 것이었습니다. 에반의 선생님이 아이가 가진 기질을 설명해주자 부모는 기뻐했습니다. 이제 그들은 아이를 독립된 사람으로 받아들이고, 부모의 꿈이 아닌 아이의 꿈을 펼쳐 나가도록 도와줄 생각입니다.

상황의 요구

아이의 기질을 파악하면, 다른 아이들과 비교했을 때 특정 방법이 더 잘 맞는지 이해하게 된다는 것을 다시 한 번 강조하고 싶다. 물론 존엄과 존중을 보장받을 권리처럼 모든 사람에게 보편적으로 적용되는 것도 있다. 그러나 그렇다고 해서 아이에게 존엄과 존중을 가지고 자신을 대해 달라고 직접 요구할 수는 없다. 물론 아이가 그렇게 대하는 법을 저절로 알게 되는 것도 아니다.

예를 들어 학교에서는 학습이 반드시 이루어져야 하고, 아이들은 자기 자신과 상대방을 존중해야 한다. 공부나 활동을 할 때 아이에게 하나 이상의 제한된 선택지를 주는 것은 상황의 요구를 충족시키는 좋은 방법이다. 아이의 기질을 고려하면서도 다른 사람을 존중하는 방식이기 때문이다. 집중 시간이 긴 아이에겐 자신의 가능성을 확장시켜 다양한 관심을 갖고 폭넓은 활동을 하도록 격려해줄 필요가 있다.

모든 사람은 자신의 존엄과 존중을 지키기 위해 인간으로서의 책임을 다해야 한다는 것을 배워야 한다. 자녀에게 부모를 존중하라고 요구할 수는 없지만, 부모는 자기 자신을 존중할 수 있다. 만약 아이가 무례하게 행동한다면 잠시 그 방을 떠나거나, 그 행동에 대처할 수 있는 다른 긍정의 훈육 기법을 찾아볼 수 있다. 아이의 행동에 어떤 조치가 필요하다고 해서 아이로부터 사랑이나 수용을 거둬가는 것은 아이를 존중하는 것도 아닐뿐더러 효과도 없다.

마티는 무엇이든 끝을 보는 성격입니다. 그의 엄마는 다섯 살배기 아들을 "열정적이에요"라고 표현했습니다. 물론 적절한 상황에서는 그것이 아주 훌륭한 기질입니다. 어느 날 오후 마티의 엄마는 아이에게 크레용을 정리할 시간이라고 말했습니다. 그러나 마티는 색칠을 중단하고 싶지 않았습니다. 아이는 얼굴을 잔뜩 지푸리고 입을 삐죽거리더니 결국 분통을 터뜨리며 엄마에게 크레용을 던졌습니다. 엄마는 마티의 분노는 이해할 수 있지만, 그의 감정과 과도한 기질이 다른 사람을 괴롭히는 일이 일어나선 안 된다고 생각했습니다. 마티의 엄마는 화를 다스리기 위해 조용히 숨을 고르고 아무 말 없이 방을 나갔습니다. 마티는 떼를 쓰고 소리를 질렀지만 엄마는 차분하게 자신의 방으로 갔습니다. 몇 분이 지나자 마티는 보는 사람도 없는데 화를 내는 것은 좀 우스운 일이라는 생각이 들기 시작했습니다. 그래서 엄마를 찾아다녔습니다.

엄마를 발견한 마티는 침대로 올라가 말없이 옆에 기댔습니다. 엄마는 자신이 선택의 기로에 서 있다는 것을 알았습니다. 해선 안 되는 행동했다고 야단친 뒤 옆방으로 보내 크레용을 치우라고 할 수도 있고, 다시 가까워지려고 하는 바람에 응할 수도 있었습니다. 그러나 마티의 엄마는 이 작은 아이를 꼭 안아주기로 했습니다. 관계를 회복한 뒤 엄마는 가끔 화나는 일이 있기는 하지만, 그렇다고 해서 엄마나 다른 사람에게 물건을 던져서는 절대 안 된다고 말했습니다. 마티는 엄마에게 더 바싹 다가가 물건을 던지면 안 된다는 걸 잘 알고 있다는 뜻으로 고개를 끄덕였습니다. 말없이 몇 분이 지나고 엄마는 아이가 던진 크레용을 정리하는 걸 도와주면 좋겠는지, 아니면 혼자 할 수 있는지 물었습니다. 마티는 한 번 더 엄마를 껴안고 침대에서 내려가 크레용을 치우기 위해 달려갔습니다.

마티는 엄마에게 크레용을 던지고도 벌을 받지 않고 상황을 '모면'한 것일까? 사실 마티의 엄마는 자신과 아들의 기질을 모두 존중하는 방식으로 상황을 해결하고자 했다. 만약 소리 지르고 즉각적인 순종을 요구하거나 벌을 줬다면 상황은 격해졌을 것이다. 그 대신 그녀는 더 이상 자신이 타깃이 되지 않도록 자리를 피하면서 자기통제의 본보기를 보여주고, 머리 식힐 시간을 가짐으로써 자기 자신의 요구를 충족시켰다. 또한 그녀는 마티를 안아줌으로써 아이가 여전히 사랑받고 있다는 확신을 심어주었고, 아이의 마음이 진정되었을 때 크레용을 정리하면서 스스로 상황을 바로잡도록 유도했다.

마티와 엄마는 자신의 기질을 다루는 법에 대한 의미 있는 교훈을 얻었다. 기질과 거센 감정이 부적절한 행동을 가려주는 핑계가 되어선 안 된다. 어떤 사람의 타고난 성향을 참작한다는 것은 그저 그 사람을 대하는 관점과 대응 방식을 설정할 때 도움을 받는다는 것을 의미한다. 게다가 이는 자녀에겐 언제나 부모의 사랑이 필요하다는 사실을 일깨워주는 것이기도 하다. 특히 아이가 자신의 일상생활 기술을 키워나가기 위해 안간힘을 쓰고 있을 때면 더욱 그렇다.

부모와 교사를 위한 긍정의 훈육 기법

우리가 제안하는 긍정의 훈육 기법 중 상당 부분은 어떤 기질을 가진 아이든 모두 적용될 수 있다. 대부분의 아이가 협력과 책임감, 일상생활 기술을 배우도록 유도하는 것이기 때문이다. 기질에 대해 알면 아이들 각자의 기질과 요구에 따라 다른 기법을 적용하는 것이 왜 더 효과적인지 이해할 수 있다.

예를 들어 긍정의 타임아웃 기법이 제대로 적용되면 마음을 가라앉히고 머리를 식힐 필요가 있는 아이를 효과적으로 도울 수 있다(1장 참고). 가족회의와 학급회의는 모든 아이가 문제를 해결하고 협력하는 법을 배우는 데 꼭 필요하다(16장 참고). 호기심을 자극하는 질문은 무슨 일이 일어났는지, 원인이 무엇인지, 그에 대해 어떻게 느끼는지, 다음에 이런 일이 생기지 않게 하려면 어떻게 해야 하는지 등에 대해 아이들이 직접 생각해보고 개인적인 책임과 의무에 초점을 맞추도록 격려할 수 있다. 부모와 교사가 모든 아이의 차이점과 개별성, 독창성을 이해하고 존중할 때 아이들은 자신이 바라는 최상의 어른으로 성장할 수 있다.

아이의 기질을 파악한 부모는 그 아이와 함께 지내야 하는 교사와 그 외 사람들에게 훌륭한 조언자가 될 수 있다. 예를 들어 아이가 적응하는 데 시간이 걸린다면 교사에게 상담을 요청하여 아이의 적응 속도가 느린 편이지만 인내심을 가지고 친절하고 단호하게 대해주면 차츰 따라온다고 설명해주는 것이 좋다. 아이의 집중 시간이 짧다면 독창성을 중시하고, 주어진 시간에 아주 다양한 활동을 제공하는 교사를 찾아가는 것이 좋다. 아이들을 오랫동안 가만히 앉아 있게 하고, 기대를 충족시키지 못하는 아이에게는 벌을 주는 권위적인 교사는 피해야 한다. 선택의 기준은 자녀의 기질이지 부모 자신의 기질이 아니라는 것을 늘 명심하라. 부모는 아이에게 최고의 대변인이자 후원자가 되어야 한다.

개성과 독창성

부모와 교사가 완벽한 아이에 대한 신화가 실현되기를 (때론 무의식적으로) 바라는 것이 아이의 개성과 독창성을 얼마나 짓밟는 일인지 몰랐을 것이다. 어른들은 대부분 '순한' 아이를 선호하거나 사회의 기준을 충족시키는 아이를 바란다. 거기에 부모로서의 자의식이 끼어들기도 한다. 다른 사람들이 어떻게 생각할지 걱정하기도 하고, 다른 사람들 앞에서 우리 아이가 '착하게' 굴지 않으며 자신의 권위가 낮아지는 게 아닐까 두려워하는 것이다.

기질에 대한 체스와 토머스의 연구가 나올 수 있었던 가장 큰 원동력

중 하나는 이 사회가 아이의 성격을 무조건 엄마의 탓으로 돌리는 경향을 막고자 했던 열망이다. 체스와 토머스는 "아이의 기질은 아이의 부모와 다른 가족, 친구, 교사의 태도와 행동에 적극적으로 영향을 미칠 수 있으며, 반대로 아이의 행동 발달에 영향을 미치기도 한다"라고 말했다. 이처럼 아이와 부모의 관계는 양방 통행이다. 즉 서로가 서로에게 끊임없이 영향을 주고받는다.

기질뿐 아니라 개성과 다양성의 무한한 가치에 대해 알면 정보와 이해 부족으로 일어나는 부모의 비판과 거부 반응을 줄여나갈 수 있다.

내 아이 사랑하기

모든 부모는 자신의 아이에 대한 꿈이 있다. 물어볼 것도 없이 부모는 아이의 건강과 행복을 바란다. 그러나 거기서 그치지 않고 아이가 자신이 가진 모든 잠재력을 발휘하기를 바란다. 부모는 자신의 아이가 유명한 운동선수나 가수, 노벨상을 수상한 과학자, 심지어 대통령이 되길 바라는 꿈을 품고 있을지도 모른다.

> 윌은 아들이 태어날 날을 손꼽아 기다렸습니다. 그는 태어난 아기를 아빠의 우승기와 트로피가 가득 찬 방으로 데려갔고, 아기 침대에 작은 축구공도 놓아두었습니다. 아기 케빈이 자라자 아빠는 모든 스포츠 교실에 등록시켰습니다. 아빠는 공차기나 배팅 연습이라면 거절해본 적이 없었습니다. 케빈은 다른 여섯 살짜리 아이들과 야구 경기를 했고, 유아 리그에서 축구를 하기도 했습니다. 그는 미니 농구 골대와 기름칠 한 야구 글러브도 갖고 있었습니다. 아빠는 아이의 연습이나 경기에 빠져본 적이 없었습니다. 딱 한 가지 문제가 있었다면, 케빈이 스포츠를 싫어했다는 것입니다. 최선을 다했지만 선천적 재능도 없고, 결정적으로 경쟁을 아주 싫어했습니다. 혼자 있을 때면 관객의 열

렬한 환호를 받으며 무대에 서는 배우나 코미디언이 되는 꿈을 꾸었습니다. 그는 인형들을 앞에 앉혀놓고, 자기가 좋아하는 이야기를 들려주거나 유머러스한 동작을 선보였습니다. 그럴 때마다 그의 마음속에서는 열광적인 호응이 들리는 듯했습니다. 또한 케빈은 재미난 이야기로 친구들로부터 인기가 좋았습니다.

윌이 '프로의 세계'에 대해 열정적으로 이야기할 때 케빈은 그저 한숨을 쉬었습니다. 하지만 아빠의 꿈을 깰 만한 용기가 없었습니다. 아빠의 사랑과 인정을 잃게 되지 않을까 두려웠던 것입니다. 나이가 들수록 조금씩 더 좌절했는데, 아빠가 진정으로 원하는 아들이 될 수 없을 거라는 생각에 낙심하면서도 계속 시합에 나갔습니다.

윌은 과연 아들을 사랑하는 걸까? 물론 그렇다. 그러나 아이에게 사랑을 표현하는 가장 좋은 방법은 자신이 바라는 아이가 아니라 지금 이 아이를 사랑하는 법을 배우는 것이다. 모든 부모는 아이에 대해 꿈을 가지고 있는데, 꿈꾸는 것은 나쁜 일이 아니다. 그러나 아이를 격려하고 아이의 자존감과 소속감을 길러주고자 한다면 부모의 꿈이 아닌 아이의 꿈을 키워주기 위해 시간을 들여야 한다.

완벽이 아니라 발전을 위해 노력하라

좋은 의도를 가졌고 많은 이해심을 갖췄더라도 대부분의 부모는 때때로 아이의 기질과 행동 때문에 고생한다. 특히 아이들이 인내심을 잃을 때, 자기 생각만 할 때, 사려 깊게 행동하지 않고 성급하게 반응하면 더욱 그렇다. 부모와 아이는 모두 사람이다 보니 기분 좋은 날이 있으면 짜증나는 날도 있다. 잘 알고 이해하는 것이 꼭 완벽해져야 한다는 뜻은 아니다. 실수는 피할 수 없다. 그러나 실수한 후에 마음을 가라앉힐 시간을 가지고 나선 아이와 함께 문제를 해결할 방법을 찾아야 한다.

아이들은 언제나 부모를 안아주고 용서해줄 준비가 되어 있다. 특히 부모가 자신을 똑같이 용서해줄 거라는 것을 안다면 두 말할 필요도 없다. 아이가 완벽이 아니라 발전을 위해 노력하도록 도와주는 것이 무엇보다 중요하다. 이것은 모든 부모에게 똑같이 적용된다.

친절함과 단호함

루돌프 드라이커스는 부모와 교사들이 아이를 친절함과 단호함을 가지고 대하는 것이 가장 효율적이라고 주장했다. 기질을 이해한다는 것은 친절함과 단호함이 얼마나 중요한지를 잘 보여준다. 친절함은 아이와 그의 고유함을 존중하는 모습을 보여주고, 단호함은 상황의 요구를 존중하는 모습을 보여준다. 아이의 기질을 이해하고 존중하면 아이가 자신의 잠재력을 발휘하여 유능하고 자신감 넘치며 매사에 만족하는 사람으로 자라도록 도울 수 있다. 심지어 보너스도 있다. 부모 역시 더 편하고 더 많이 웃을 수 있다. 그리고 아이와 함께 시간을 보내는 동안 자기 자신과 아이에 대해 아주 많은 것을 배울 수 있다.

7장
아이의 감정을 이해하고 소통하는 법

 감정은 갈피를 잡을 수 없다. 특히 유아의 세상에서 감정은 혼돈의 도가니다. 가끔 시간을 내어 아이가 자신의 실망감이나 분노를 다스리기 위해 노력하는 모습을 지켜보라. 아이는 장난감을 집어던지거나, 발을 구르거나, 뭔가를 요구하거나, 소리를 지르며 떼를 쓰거나, 울다 지쳐 잠들 것이다. 사실 몇 분 만에 이 모든 것을 다 할지도 모른다.
 어른도 감정을 다스리는 것이 너무나 어렵다. 그런데 어린 아이들에게는 더 많은 어려움이 따른다. 아이들은 감정을 효율적으로 다스리는 것은 둘째 치고 감정이 뭔지, 그것을 어떻게 확인하고 얘기해야 하는지도 정확히 알지 못한다. 그렇다 보니 당연히 어른들이 아이에게 지금처럼 느끼면 안 된다고 말하는 건 전혀 도움이 되지 않는다. "그렇게 행동하지 마"는 금방 "그렇게 느끼지 마"로 번역된다.
 자녀를 이해하고 소통한다는 것은 아이의 비언어적 단서들을 해독하고, 아이가 어떻게 느끼는지를 이해하며, 아이도 그것을 이해하도록 도와주는 것을 뜻한다. 또한 이것은 아이에게 무언가를 느끼는 것은 괜찮지만, 어떤 일을 하는 것은 괜찮지 않을 수도 있다는 것을 가르친다는 뜻이기도 하다. 다시 말하면 어린 동생 때문에 화가 나는 것은 괜찮지만, 동생을 때리는 것은 괜찮지 않다는 것이다. 아이의 감정을 알아차리고 다스리는 방법을 배운다는 것은 아이의 행동과 세상에 대한 신념을 이해하는 데 아주 중요한 절차다.

감정이란 무엇인가

인간의 두뇌를 연구하는 학자들이 흥미로운 사실을 발견했다. 감정은 때때로 아이와 어른을 덮치는 그저 종잡을 수 없는 충동이 아니라는 것이다. 감정은 대뇌변연계에서 발생하는 것으로, 인간 두뇌에서 연료로 사용하는 에너지라고 한다. 감정은 우리가 안전하고 편안한지, 아니면 어떤 도움이나 지원이 필요한지를 알려주는 바로미터다. 감정은 매우 가치 있는 정보를 주도록 만들어져 있다. 예를 들면 다양한 감정 가운데 두려움은 어리석은 행동을 하지 않도록 막아준다. 감정에 주의를 기울이면 무슨 일을 할지 결정할 때 도움을 받을 수도 있고, 무언가 변화가 필요하다는 것을 알 수도 있다. 감정이 전하는 심층적 메시지를 그냥 지나치지 않고 신중하게 귀 기울인다면 그것을 통해 중요한 정보를 얻을 수 있다.

어린 아이들도 부모, 교사와 똑같은 감정을 가지고 있다. 그러나 한 가지 큰 차이점이 있다면 4장에서 살펴봤듯이 감정 통제를 맡고 있는 전두엽 피질이 25세가 될 때까지 완전히 발달하지 않는다는 점이다. 아이가 감정을 인식하고 다스리는 법을 배우려면 오랜 시간이 걸린다. 그래서 자녀양육의 다른 분야에서 그렇듯 감정에 대해서도 양육자의 인내심과 이해, 친절하고 단호한 가르침이 필요하다.

삶에서 다른 것을 배울 때와 마찬가지로 아이들은 어른들을 보면서 자신의 감정을 다루는 법을 배운다(당신과 아이에게 모두 거울 뉴런이 있다는 것을 잊지 말자. 거울 뉴런은 서로의 감정을 보다 쉽게 '알아차릴' 수 있게 해준다). 대부분의 부모는 힘든 감정을 겉으로 드러내거나 완벽하게 억누르는 방식으로 대처한다. 그러나 어떤 감정을 드러내지 않고 완벽히 숨겼다고 생각하더라도 그 감정은 여전히 자신과 주변 사람들에게 영향을 미치고 있으며, 결론적으로 일찍 그것을 적절하게 표현했을 때보다 더 안 좋은 결과로 이어진다.

사실 감정 그 자체가 문제를 일으키지는 않는다. 어떤 행동(또는 행동하려다가 실패한 것)이 문제를 일으킨다. 어떤 사람은 감정을 감정 표현과 동일한 것으로 취급한다. 짜증을 내는 것은 감정 표현일 수 있다. 의기소침하게 행동하는 것도 감정 표현일 수 있다. 그러나 감정은 그냥 감정이다. 그리고 나이에 상관없이 모든 사람은 감정을 가진다.

감정과 행동의 차이 가르치기

아이가 자신의 감정을 인식하고 그것을 적절하게 표현하도록 도와주어야 한다. 아이와 어른 모두 감정과 행동 다르다는 것을 배울 필요가 있다. 어른 가운데는 자신의 감정을 인정하고 표현하는 것을 어려워하는 사람이 많은데, 때로는 그냥 감정을 억누르는 것이 더 쉽게(더 예의바르게) 느껴지기도 한다. 그러다가 그 감정들이 분노나 우울의 형태로 종종 새어나온다고 할지라도 말이다. 이렇게 감정을 부정하는 잘못된 패턴은 때때로 아이에게까지 이어진다. 다음 대화를 보면서 생각해보자. 화가 난 아이가 말한다. "나는 동생이 너무 싫어!" 그러면 어른은 이렇게 대답한다. "아니, 네가 동생을 사랑한다는 건 너도 잘 알고 있잖아." 그러나 이때는 이렇게 말하는 것이 더 낫다. "지금 네가 얼마나 화가 나고 속상한지 잘 알겠어. 하지만 그렇다고 네가 동생을 발로 차게 내버려둘 순 없잖아. 다른 사람을 다치게 하지 않고 네 감정을 표현할 수 있는 방법을 같이 찾아보자."

어린 아이는 곧잘 자신의 감정을 표현할 때 부적절한 방식을 선택한다. 그러나 그것은 아이가 '나쁘거나' 악의가 있어서 그런 것이 아니라 자신을 덮친 주기적인 감정의 파도를 어찌해야 할지 모르기 때문이다. 따라서 아이가 자신의 감정을 받아들이고 이해하도록, 자신의 기분이 나아지게 도울 뿐 아니라 살면서 마주치게 될 문제에 대한 해결책을 찾는 데 도움이 되는 방식으로 감정을 표현하도록 가르치려면 어떻게 해야 할지 살펴보자.

느끼는 법 배우기

감정은 에너지의 언어다. 감정emotion은 단어 움직임motion에서 유래했다. 그리고 보면 느낌과 감정은 우리를 정신적·언어적·신체적으로 움직이게 한다. 감정의 에너지는 긍정적일 수도 있고 부정적일 수도 있다. 그런데 우리는 그 에너지를 느낄 수 있음에도 보거나 들을 수 없기 때문에 어떤 사람들은 그것을 무시하려고 한다(그리고 자기 아이에게도 무시하라고 가르친다). 그러나 일단 감정의 에너지를 인정하는 법을 배우면 그로부터 소중한 정보를 얻을 수 있으므로 감정을 무시하는 것은 현명한 방법이 아니다. 어른과 아이는 감정의 에너지를 자신의 얼굴과 목소리로, 움직이거나 서 있는 태도로 표현한다(그런 의미에서 우리는 감정을 볼 수 있다). 그런데 아이들은 언어 능력을 발달시키는 중이라 단순한 말이 전하는 것보다 비언어적 소통이 전하는 메시지를 훨씬 더 잘 믿는다.

회의가 길어져 늦게 퇴근한 엄마 린다가 서둘러 저녁을 준비하고 있을 때, 네 살짜리 카일이 부엌으로 들어왔습니다. 흥분한 카일은 종이를 흔들면서 "엄마, 이거 봐. 나 비행기 그렸어!"라고 말했습니다. 저녁식사를 준비하느라 바쁜 엄마는 제대로 보지 않고 "정말 잘 그렸구나, 넌 정말 훌륭한 화가야"라고 대답했습니다. 좋은 뜻에서 한 말이었고, 린다가 한 말에는 분명 잘못이 없었습니다. 그러나 카일은 치즈를 갈고 있던 엄마의 손이 전혀 멈추지 않았고, 엄마의 시선이 자기가 그린 비행기를 향하지 않았다는 것을 알아차렸습니다. 이런 상황에서 카일은 어떤 메시지를 받았을까요?

여섯 살짜리 웬디는 점심 만드는 아빠를 돕고 있었습니다. 웬디의 동생은 짜증이 나 있었고, 아빠는 구운 치즈 샌드위치를 만들면서도 텔레비전의 풋볼 경기에서 시선을 떼지 못하고 있었습니다. 웬디는 우유를 따르려고 하다가 무거워 손에서 놓쳐버렸고, 우유가 부엌 바닥에 쏟아졌습니다. 웬디는 겁먹은 표정으로 아빠의 얼굴을 올려다보며 "미안해, 아빠. 아빠 화났어?"라고 물었습니다. 아빠의 눈썹은 험악하게 올라갔고, 턱은 잔뜩 굳어 있었으며, 목소리는 딱딱했습니다. 그럼에도 그는 "아냐, 아빠 화 안 났어"라고 대답했습니다. 그러자 웬디가 울음을 터트렸는데, 아빠는 아이가 왜 우는지 알 수 없었습니다.

산토스 선생님은 다섯 살짜리 아이들에게 낮잠 시간용 동화책을 읽어주고 있었습니다. 그녀는 오늘 함께 근무하는 교사가 결근한데다가 대신 수업을 해줄 교사도 없어 휴식을 취하지 못했습니다. 꼬마 알리가 선생님을 바라보더니 "이 이야기를 안 좋아하세요?"라고 물었습니다. 산토스 선생님은 깜짝 놀라 아이를 바라보며 "아니야, 아주 좋아해. 왜?"라고 대답했습니다. 그러자 알리는 "얼굴을 잔뜩 찡그리고 있어서요"라고 말했습니다.

비언어적 소통의 힘

자녀가 자라고 성장할수록 부모는 자신이 아이에게 어떤 메시지를 보내는지, 말과 행동이 일치하는지 끊임없이 점검해야 한다. 아이들은 우리가 무슨 말을 하는지보다 어떤 행동을 하는지 살핀다. 예를 들어 "사랑해"라고 말하는 것이 아이에게 그 메시지를 전하는 가장 효과적인 방법은 아니다. 진심으로 그 말을 하는 것도 물론 중요하지만 말만으로는 아이에게 이 소중한 메시지를 전할 수 없다.

눈 맞추기

실험을 해보자. 친구와 등을 대고 서서 오늘 있었던 일에 대해 말하거나, 지금 기분이 어떤지 설명해보는 것이다. 보통은 얼마 지나지 않아 어떻게든 고개를 돌려 친구의 눈을 보려고 할 것이다.

서구 문화권에서 눈을 맞추는 것은 주의를 기울인다는 의미다. 훌륭한 강연자는 청중의 시선을 사로잡아 자신의 말에 집중하도록 만들 것이다. 마찬가지로 이야기할 때 눈을 맞추면 아이에게 네가 그만큼 중요한 존재라는 신호를 보낼 수 있고, 아이의 주의를 집중시킬 뿐 아니라 메시지를 효율적으로 전할 수도 있다.

안타깝게도 부모들은 어떤 특정 상황에서 눈 맞추기를 가장 많이 한다. 어떤 상황일까? 어른들은 자신이 화났을 때나 야단을 칠 때 아이와 눈을 맞추는 경향이 있다. 가장 강력한 의사소통 방식을 가장 부정적인 메시지를 위해 아껴두는 것이다. 토니 모리슨은 오프라 윈프리 쇼에서 이런 신랄한 질문을 던진 적이 있다. "아이가 방으로 들어올 때도 당신의 눈이 그처럼 반짝거리나요?"

다른 문화권에서는 눈 맞추는 것을 반항으로 여긴다. 한 교사는 자꾸 시선을 피하는 아이를 뭔가 감추는 것이 있다고 생각했으나, 그것이 그 아이가 속한 문화의 영향이라는 것을 알고 나선 생각을 바꾸었다고 한다. 시선을 맞추지 않는 행동이 담고 있는 메시지를 이해한 뒤 교사의 태도가 바뀌었고, 그 아이는 물론 그의 가족과도 효과적으로 소통할 수 있었다.

자세와 위치

아이와 눈을 맞춘다는 것이 생각만큼 쉬운 일은 아니다. 누가 도와주지 않으면 아이는 어른의 다리만 보게 될 것이다. 만약 아이와 소통하고 싶다면 눈높이를 맞춰야 한다. 아이 옆에 무릎을 꿇거나, 소파에 나란히 앉거나, 편하게 눈을 맞추도록 아이를 책상 위에 앉혀보자. 그러면 아이와 얘기하면서 계속 눈을 맞출 수 있을 뿐 아니라 몸집이나 키 차이가 불러오는 짓누르는 듯한 느낌을 없앨 수 있다. 또한 아이와 이야기할 때는 자세에서도 주의해야 한다. 예를 들어 팔짱을 끼거나 다리를 꼬는 것은 반감이나 적대감을 드러내는 행동으로, 아이는 그것을 빠르게 알아차린다.

> 수잔은 미셸이 왜 화났는지 물어보며 딸을 달래려고 했습니다. 수잔은 부드러운 말투로 "얘기 좀 해봐, 아가야. 엄마는 너를 돕고 싶어"라고 말했습니다.
> 머뭇거리던 미셸은 "하지만 엄마가 화낼 것 같은데"라고 말했습니다.
> 수잔은 걱정하지 말라는 듯 웃으며 "화 안 내기로 약속할게. 엄마가 널 얼마나 사랑하는데. 그리고 네가 엄마한테 뭐든 얘기할 수 있었으면 좋겠어"라고 설득했습니다.
> 미셸은 잠시 생각에 잠기더니 엄마의 얼굴을 바라보며 "엄마가 입을 꽉 다물고 나를 쳐다보지 않는다고 약속하면 얘기할게"라고 말하는 것이었습니다.

수잔은 아이를 받아들이고 사랑하려고 진심으로 노력했을 것이다. 그러나 딸은 엄마의 진짜 감정을 드러내는 신체언어를 읽을 수 있었다. 수잔의 말과 행동이 일치해야만 미셸도 엄마에게 좀 더 편한 마음으로 터놓고 이야기할 수 있을 것이다.

말투

말투는 가장 강력한 비언어적 도구일지도 모른다. "나는 널 도와줄 수 없어"와 같은 간단한 문장을 가지고 매번 다른 단어에 힘을 주며 말해보자. 의미가 어떻게 바뀌는가? 심지어 "즐거운 하루 보내세요"처럼 전혀 공격적이지 않은 말도 차가운 말투를 하면 심술궂은 말이 될 수 있다. 쓰는 단어보다 말하는 방식이 진짜 메시지를 전달하는 경우가 많다. 그중에서도 아이들은 특히 비언어적 소통의 뉘앙스에 민감하다는 것을 명심하라.

표정과 접촉

기분이 아주 우울할 때 친구가 미소를 지으며 어깨를 토닥여주거나 안아주면 마음이 풀어진다. 아이를 바라보는 눈빛이나 스킨십은 긴 말이 없이도 아주 효과적으로 의사소통할 수 있는 방법이다.

> 토미는 심한 감기에 걸려 담요를 뒤집어쓴 채 소파 위에 웅크리고 있었습니다. 거실을 지나가던 아빠는 담요를 잘 덮어준 뒤 부드럽게 머리를 쓰다듬어 주었습니다.

여기에 서로 소통된 것이 있을까? 별다른 말이 없어도 토미는 아빠가 자신을 걱정하고 있으며, 어떻게든 돕고 싶어 하며, 하루바삐 낫기를 바라고 있다는 것을 느낄 수 있다.

그럼 처음 시작했던 곳으로 돌아가보자. 이제부터 "사랑해"라는 말을 어떻게 하겠는가? 만약 아이 앞에 무릎을 꿇고, 눈을 바라보며 미소를 띤 채 가장 따뜻한 말투로 "사랑해"라고 말한다면 그 느낌이 얼마나 강렬할지 상상해보라. 이제야말로 말과 비언어적 신호가 일치한 것이다. 비언어적 소통은 아이에게 유대감과 다양한 감정, 궁극적으로는 그에 따른 언어를 가르쳐준다.

적극적인 듣기 기술

적극적(또는 반영적) 듣기도 아주 효과적인 의사소통 도구다. 이는 아이를 키울 때, 아이가 사춘기에 접어들 때 꼭 필요한 도구다. 적극적 듣기는 관찰의 기술로, 감정을 주의 깊게 살피고 그에 맞춰 반응하는 것을 말한다. 적극적 듣기라고 해서 반드시 아이의 감정에 동의해야 하는 것은 아니다. 그러나 이를 통해 아이는 서로 마음이 통하며, 자신이 이해받는다고 느끼고(이는 모든 사람에게 필요하다), '감정'이라고 알려진 이 불가사의한 충동을 탐색하고 명확히 할 기회를 얻을 수 있다.

다섯 살 크리시는 현관문으로 돌진해서 벽에 걸린 그림이 흔들릴 정도로 문을 세게 닫고 곧장 울음을 터뜨렸습니다. 아이는 "태미가 내 공 뺏어갔어. 태미가 너무 싫어!"라고 울부짖었습니다. 그러고 나서 서럽게 흐느끼더니 소파에 몸을 던졌습니다.

크리시의 엄마 다이앤은 공과금 고지서를 보고 있다가 고개를 들었습니다. 문을 세게 닫은 것에 대해 야단치고 싶은 충동을 꾹 누르며 "화가 많이 났구나, 아가야"라고 말했습니다.

잠시 후 크리시는 짧게 훌쩍거리며 구슬프게 "엄마, 태미는 나보다 크잖아. 그런데 내 물건을 뺏어가는 건 불공평해"라고 말했습니다.

"큰 애한테 괴롭힘을 당하는 건 정말 힘든 일일 거야." 다이앤은 딸의 감정을 살피는 데 집중하며 말했습니다.

어린 딸은 단호하게 "응. 정말 화나. 이제 걔랑 안 놀 거야"라고 말했습니다. 그리고 엄마가 일하는 모습을 보면서 잠시 조용히 앉아 있더니 "엄마, 뒷마당에 나가서 놀아도 돼요?"라고 물었습니다.

다이앤은 딸을 끌어당겨 다시 한 번 꼭 안아주었습니다.

딸의 마음속에 담긴 감정을 단순히 받아주는 것만으로(적극적 듣기) 다이앤은 야단치거나, 어떻게든 해결해주려고 하거나, 딸의 감정을 폄하하는 등의 행동을 자제할 수 있었다. 그녀는 크리시가 자기 안에서 어떤 일이 벌어지고 있는지 충분히 탐구할 기회를 주었고, 그 덕분에 아이는 스스로 해결책을 찾아냈다. 언젠가 다이앤은 다른 문제가 생기지 않도록 크리시와 이야기를 나눌 수 있을 것이며, 문을 쾅 닫지 않고 분노를 표현할 수 있는 방법을 찾아보자고 말할 수도 있을 것이다.

또한 다이앤은 아이의 감정을 존중해주었다. 부모들은 종종 자녀의 감정에 동의해주지(또는 이해해주지) 않는다. 그런데 적극적 듣기는 아이의 말에 반드시 동의하거나 완벽히 이해해야만 할 수 있는 것이 아니다. 그럼에도 아이는 이를 통해 자신의 이야기가 충분히 전해졌다고 느끼고, 자기가 느끼고 싶은 대로 느껴도 된다는 것을 깨닫는다. 애정과 이해로 아이의 감정을 인정해주면 진정으로 마음을 나누고 문제를 해결할 수 있는 문이 열리며, 사랑과 신뢰의 관계를 구축해나갈 수 있다. 아이가 다음과 같은 말을 했다면 어떻게 대답할 것인가?

- "싫어! 낮잠 안 잘 거야!"
- "나도 아기처럼 젖병 물고 싶어."
- "병원 가기 싫어."
- "아무도 나랑 안 놀아줘."

부모들은 '어른 중심주의' 입장에서 이렇게 대답할 수도 있다. "어떻게 너는 무조건 …를 안 한다고 하니?" "너는 도대체 언제 …할 거니?" "내가 …하라고 몇 번을 더 얘기해야 하니?" 아이의 마음을 바꾸거나 기분 좋게 해주고 싶은 마음에 아이의 감정을 부정하려고 하는 경우도 많다. 그런 시도는 이런 식으로 나타난다.

- "당연히 낮잠을 자야 해. 6시부터 깨어 있었잖아. 쉬어야 한다는 걸 언제 배울래?"
- "엉뚱한 소리 하지 마. 아기들이나 젖병 쓰는 거라고. 너는 이제 다 컸잖아."
- "아픈 거 나으려면 병원에 가야 한다고 여러 번 얘기해줬지."
- "왜 그래, 귀염둥아. 너 친구 많잖아. 이렇게 해보는 건 어때?"

이런 말을 들으면 아이들은 오해나 공격을 받고 있다는 느낀다. 그리고 결국에는 말싸움으로 번지거나 둘 다 짜증을 내며 끝낼 것이다. 적극적 듣기는 이런 식으로 표현된다.

- "장난감 가지고 노는데 자라고 해서 실망했구나. 한참 재밌게 놀고 있었는데."

- "어린 동생을 돌보느라 정신이 없으니까 외로운 기분이 드는 모양이구나. 얘기하고 싶은 게 더 있니?"
- "가끔은 어른도 병원 가기가 무서워."
- "나이 많은 아이들이 무시하는 거 같아서 많이 슬픈가 보구나."

이런 대답은 아이를 섣불리 평가하지 않으면서도 아이가 자신의 감정을 더 깊이 탐구할 수 있는 길을 터준다. "얘기할 게 더 있어?"라고 물으면 더 듣고 싶다는 마음을 전하면서도 아이가 더 깊이 감춰진 감정을 발견하게 도울 수 있다.

어른들과 마찬가지로 아이들도 때로는 이야기를 들어주고 이해해줄 사람이 필요하다. 적극적 듣기는 아이가 자신의 감정에 대해 탐구하게 도와줄 뿐 아니라 부모가 중요한 것에 집중하도록 도와준다.

분노는 어쩌지?: 까다로운 감정을 다루는 법

어른과 마찬가지로 아이들도 이따금씩 화가 나고 짜증이 난다. 그러나 어린 아이들은 할 수 없는 것도 많고 이해할 수 없는 것도 많다. 불행하게도 아이들에겐 어른들이 용납할 수 있는 방법으로 분노나 짜증을 표현하는 기술이나 성숙함이 아직 없다. 그래서 화난 아이는 대개 버릇없는 아이로 인식된다. 어른이든 아이든 아무리 까다로운 감정이라도 그것을 수용적이고 긍정적으로 다룰 수 있는 방법을 찾아야 한다.

화가 나거나 감정이 격해질 때면 두뇌에서 흥미로운 일이 벌어진다. 감정 통제와 충동 조절, 적절한 판단을 담당하는 부분인 전두엽 피질이 근본적으로 '차단'되어 육체적 감각과 느낌만 남는다(이는 모든 부모가 한 번쯤 경험하는 "뚜껑 열린다"는 상태다). 그러나 거울 뉴런이 있어 강한 감정은 쉽게 전해진다는 점을 명심하라. 즉 어른이 뚜껑이 열리면 아이도 그렇게 되기 쉬우며, 그 반대도 마찬가지다. 전두엽 피질 없이는 문제를 효율적으로 해결하는 게 불가능하다. 그러므로 문제를 해결하기 전에 우선 머리를 식힐 수 있게 긍정적 타임아웃을 가지는 것이 좋다.

아이가 화를 내면 어른들은 대개 "떼를 쓴다"고 말하는데, 이때 안아주거나 긍정적인 타임아웃을 가지는 것(그리고 어린 아이는 아직 강한 감정을 성숙한 자세로 대처하기 어려울 수밖에 없다는 것을 이해하는 것)은 바람직한 첫 걸음이 될 수 있다. 가끔은 화가 가라앉을 때까지 아이를 그냥 두는 것(문제를 해결해주거나 아이의 감정을 '고치려' 하지 말고)이 가장 효과적일 수도 있다. 그리고 나중에 호기심을 자극하는 질문으로 아이가 자신의 감정을 이해하고 해결책을 모색하도록 도와줄 수 있다.

감정 해독력의 중요성

마이클 톰슨와 댄 킨드론, 윌리엄 폴록을 비롯한 연구자들은 '감정 어휘'를 가지고 태어난 아이는 없지만, 부모가 아들에게 감정을 묘사하는 단어를 사용하는 것이 중요하다는 것을 발견했다. 남자 아이들은 여자 아이들보다 감정적 능력 발달이 느린 경우가 많다. 더구나 서구 문화에서는 두려움이나 슬픔, 외로움 등의 감정은 '약하다'고 폄하하는 경우가 많다 보니 남자 아이들에게 그것을 억누르길 유도하는 경우가 많다. 감정을 반영하고 묘사할 수 있는 간단하고 정확한 단어를 사용하면 아이에게 자신이 느낀 감정을 정의하는 법을 가르쳐줄 수 있을 뿐 아니라 감정을 표현할 때 행동보다는 말을 사용하는 능력을 (시간과 노력을 들인다면) 길러줄 수 있다.

부모나 양육자들도 단순히 떼쓰는 것이 아니라 아이의 분노에 대응하는 거라고 생각하는 것이 더 쉬울 수도 있다. 일단 아이가 진정되면 왜 화가 났는지 그 이유를 알아내도록 가르쳐줄 수 있다. 또한 분노가 신체적인 감정임을 인식하고, 그것에 대처하는 방법을 찾도록 도와줄 수도 있다.

자녀가 감정을 인식하고 관리할 수 있게 돕는 법
어린 아이가 강한 감정을 탐구하고 표현하도록 도울 수 있는 몇 가지 방법이 있다.

- 어떤 감정이 느껴지는지 아이에게 그림을 그려보게 하라. 그것에 색깔이나 소리가 있는가?
- 아이가 느끼고 있는 것을 행동보다 말로 표현하도록 유도한다. 대부분의 아이는 자신의 감정을 인지하지 못하고, 감정을 정확하게 묘사할 수 있는 어휘도 부족하기 때문에 '네/아니오'로 대답하는 질문을 하는 것이 나을 수도 있다. "큰 상처를 받아서 되돌려주고 싶구나" "마음속에 화가 나면 너무 힘들지?" "갖고 싶은 걸 갖지 못하면 너무 화가 나고 참기 어렵지?" 감정을 정확하게 짚어주었다면 아이는 인정받았다고 느낄 것이며, 이해받았다는 생각이 들어 안심할 것이다.
- 크게 화났을 때는 아이의 몸에서 무슨 일이 벌어지고 있는지 물어보라. 분노는 신체적 반응(아드레날린이 분비되고, 심장 박동과 호흡이 빨라지고, 혈관이 확장되는 등)을 일으키기 때문에 실제로 대부분의 사람은 분노를 몸으로 느끼게 된다. 아이가 주먹을 꽉 쥐거나, 체한 것처럼 가슴이 답답하거나, 얼굴이 뜨겁다고 말하면 아이와 함께 정말 화가 나는 순간을

인식하고 분노가 통제 불능이 되기 전에 화를 식히는 방법을 찾도록 노력한다(어른도 자신의 신체적 신호에 주의를 기울이는 것이 도움이 될 수 있다).

- 감정을 나타내는 표정 차트를 항상 가지고 다녀라. 그리고 차트를 갖고 아이와 대화한다. "지금 네가 느끼는 감정이 이 표정들 가운데 있어?"
- 분노를 다룰 수 있는 적절한 방법을 제공하라. 마당을 뛰어다니거나, '펀치 에어백'을 때리거나, 육식 공룡의 흉내를 내는 등 아이가 자신의 감정을 신체적으로 표현하도록 도와준다(강한 감정을 표현하고 있을 때 아이 곁을 지키면서 그것을 말로 풀어내보라). 몇몇 유치원에서는 '분노 상자'라는 판지로 된 무릎 높이의 상자를 마련해두고 화난 아이가 서 있거나 뛰거나 기분이 나쁠 때 소리 지를 수 있게 하고 있다. 심지어 교사들도 가끔 그것을 사용한다. 베개에다 소리를 지르거나, 장난감 찰흙을 가지고 노는 것 역시 감정을 발산하고 마음을 가라앉히는 데 도움이 된다.
- 천천히 호흡하는 방법을 가르쳐주라. 가장 간편한 방법 중 하나가 바로 집중해서 천천히 호흡하는 것이다. 이는 아이들이(어른들도) 언제 어디서나 쓸 수 있는 방법이다. 천천히 넷까지 세면서 들이쉬고 내쉬는 연습을 해본다. 그리고 이를 여러 번 반복한다. 좀 더 자라면 자신의 맥박 재는 법을 배워 천천히 호흡하는 것이 심장 박동수를 얼마나 줄여주는지 확인할 수 있다.
- 아이가 강한 감정에 휩쓸려 행동하기 전에 머리를 식히기 위해 긍정적 타임아웃을 가지는 게 어떠냐고 제안해보라(이것은 아이가 긍정적 타임아웃의 개념을 이해하고 있는 경우에만 유효하다). 아이에게 돕고 싶다는 마음을 표현하기 위해서든 자신에게 꼭 필요하기 때문이든 아이와 함께 또는 혼자서 타임아웃을 가질 수 있다.
- 분노와 다른 감정에 대한 토론을 시작하기 위해 책이나 그림을 활용하

라. 서로 다른 감정을 표현한 사진도 괜찮다. 이를 통해 아이들에게 공감능력을 기르는 데 도움이 되는 얼굴 표정과 몸으로 전해지는 신호를 인식하는 방법, 그런 감정을 정확히 명명하는 방법을 가르칠 수 있기 때문이다. 게다가 이는 아이들이 자신의 감정을 정확히 인식하고 적절한 신체적 신호로 표현하게 도와준다. (이 기법은 부모와 자녀가 배운 것에 대해 차분히 이야기를 나눌 수 있을 때 가장 효과적이다.)

- 아이가 분노 룰렛을 만들 수 있게 도와주라. 그러고 나서 극단적이지 않은 방식으로 자신의 분노를 표현하도록 도울 수 있는 항목을 룰렛에서 고르는 것이다.

- 최종 결정권을 아이에게 주라. 아이의 감정을 막거나 상황을 대신 해결해주려고 하는 것은 좋은 방법이 아니다. 아이를 믿고 격한 감정이 누그러질 때까지 기다린다. 그리고 평온을 되찾았을 때 아이가 스스로 문제 해결책을 찾도록 여러 기술을 가르쳐준다.

대처 방법이 필요한 까다로운 감정에 분노만 있는 건 아니다. 적극적으로 들어주고, 이해할 시간을 충분히 가지며, 앞서 제시한 아이디어를 활용해 어른들은 아이가 질투나 두려움, 슬픔 등 모든 감정을 솔직하게 다루도록 도울 수 있다.

작은 아이들과 함께 있으면 갈등이 빠르게 악화될 수 있다. 교사들은 분노를 가라앉히는 법을 가르치거나 아이들이 화났을 때 다 같이 역할놀이를 해보도록 하는 것이 효과적이라는 것을 알 수 있다. 감정에 대해 미리 얘기를 나눠보고, 감정을 다스리는 기술을 적극적으로 가르쳐주면 아이와 교사는 물론이고 사람들은 강렬한 감정이 덮쳐올 때 따라할 수 있는 계획을 세울 수 있다. 교실에 분노 룰렛을 두는 것도 적절한 행동을 구상하고 논의하며, 강렬한 감정을 다루기 위한 효과적인 방법이다.

감정적으로 솔직해지는 연습

부모와 교사 대부분은 자신의 감정을 아이들과 어디까지 나눠야 할지 궁금해한다. 살면서 겪는 다른 일들과 마찬가지로 아이는 어른을 롤모델로 삼을 때 가장 잘 배울 수 있다. 부모가 자신의 감정을 다루는 방식(또는 감정을 다루는 데 실패하는 방식)은 아이들에게 강력한 메시지로 작용한다. 소리를 지르며 화를 다스린다면 어린 자녀가 똑같이 행동할 것이다. 반면 감정을 효과적으로 표현할 방법을 알고 있다면, 자신의 내적 갈등을 줄일 수 있을 뿐 아니라 감정을 다루는 적절한 예시를 아이에게 보여줄 수도 있다.

자신의 세계를 어린 아이와 나누다 보면 우리 안의 온갖 흥미로운 감정이 자극받을 것이다. 하루 동안에도 부모나 교사는 사랑, 온화함, 짜증, 분노, 초조함, 지침, 희망, 절망 사이를 오간다. 그런데 아이들은 주변 어른들의 감정 상태에 놀라울 정도로 예민하다. 아이들은 자신의 거울 뉴런과 비언어적 신호 감지 능력을 통해 어른이 '아무렇지 않게' 행동한다고 생각하는 순간에도 어떤 감정인지 알 수 있다. 그렇다면 어른들은 자신의 감정을 아이들에게 어떻게 설명하고 표현해야 할까?

때로는 감정에 솔직해지는 것이 가장 좋은 방법이다. 아이에게 침착하게 "나는 지금 화가 많이 났어"라고 말하는 것은 조금 괜찮은 정도가 아니라 현명한 일이다. 앞선 발언에서 '너'라는 단어가 빠져 있다는 점에 주목하라. "너 때문에 화가 많이 났어"라고 말하는 것과는 의미가 완전히 다르다. 탓하거나 창피를 주는 발언은 불필요하다. 지금 기분이 어떤지, 왜 그런지를 아이에게 단순하게 설명하는 것은 자신의 감정을 다스리는 데도 도움이 된다. 또한 아이에게 자신의 행동이 어떤 결과를 가져오는지를 가르쳐줄 수도 있다. 이 나이대의 아이들은 자기중심적이어서 어른의 감정이 모두 자신에 대한 것이라고 생각한다는 것을 명심하라. 따라서 감정 상태와 그 이유를 설명해주면 아이는 오해와 혼란을 피할 수 있다.

감정을 표현하는 유용한 방법 중 하나는 '나 대화법'을 사용하는 것이다. 이 대화법은 다음과 같은 간단한 공식으로 이루어진다. "나는 ___. 그건 ___ 때문이야. 따라서 ___." (감정이 너무 격해져 이성적으로 생각하기 어려울 때 이 공식을 활용하면 편하다.) 지금 기분이 어떤지 그 이유가 무엇 때문인지 설명하는 것을 두려워하지 말라.

'나 대화법'은 다음과 같이 나타난다.

- "놀이방에서 블록을 내팽개쳤을 때 걱정스러웠어. 다른 아이들이 다칠 수도 있거든. 진정될 때까지 타임아웃을 해볼까, 아니면 다른 해결책을 얘기해줄래?"
- "시리얼이 바닥에 쏟아졌을 때 화가 났어. 너무 피곤해서 그걸 치우고 싶지 않았기 때문이야. 만약 시리얼을 바닥에 또 쏟으면 네가 시리얼을 먹지 않겠다는 뜻으로 받아들일 거야. 그럼 네 그릇을 스스로 치우거나 내가 치워줄게."
- "정말 짜증이 났어. 자동차 타이어가 펑크 났기 때문이야. 오늘 지각할 거 같아."
- "지금 너무 화가 나서 진정될 때까지 잠깐 타임아웃을 가져야겠어. 그래야 나중에 후회할 일이나 말을 하지 않을 것 같아."

또한 부모와 교사는 아이와 그의 부적절한 행동을 분리하는 연습을 해야 한다. 어떤 행동을 받아줄 수 없다고 가르칠 때 아이에 대한 애정은 변함없다고 안심시키며, 자신의 세계를 이해하려는 아이의 노력을 격려해줄 수 있다. 예를 들면 다음과 같다.

- "너를 사랑해. 그리고 화났다고 해서 나를 발로 차게 놔둘 순 없어."
- "부엌에 관심을 갖게 되어 기쁘구나. 그리고 크레용을 가스렌지에 녹이는 건 안 돼."
- "도와줘서 너무 고마워. 그리고 너는 아직 어려서 진공청소기를 고치는 것은 무리야."

어린 아이에게는 말보다 행동으로 가르치는 것이 훨씬 더 효율적이라는 사실을 명심하라. 만약 아이가 다칠 위험에 처했다면 먼저 친절하고도 단호하게 행동하고, 나중에 대화를 나눈다.

"슬픔이나 걱정으로부터 아이를 보호해줘야 할까요?"

어른들은 이따금 슬픔이나 상실 등 삶의 불편한 진실로부터 아이를 보호해줘야 한다고 생각한다. 그러나 대개는 자신이 솔직할 수 있는 만큼 아이에게도 솔직한 것이 좋다. 지금까지 얘기했듯이 가정에 뭔가 문제가 생기면 대부분 아이들은 눈치를 챈다. 그런데 상황 정보가 부족하면 아이들은 자신이 무언가 잘못했을 거라고 짐작한다. 아이들은 자기중심적이어서 자기 때문에 뭔가 나쁜 일이 일어난 거라고 생각할 만반의 준비를 갖추고 있다. 물론 아이들이 너무 무거운 부담을 짊어지거나 부모의 문제에 직접 개입하게 해서는 안 되지만, 최소한 무슨 일이 일어나고 있는지 이해하고 공유할 기회를 주어야 한다. 그래야 아이도 자신이 가족의 구성원이고, 가정이라는 울타리에 소속감과 유대감을 길러줄 수 있다.

가족이나 사랑하는 애완동물이 죽었다면 무슨 일이 일어난 건지 아이가 이해할 수 있게 설명해주는 것이 가장 바람직하다. 어린 아이에게 "할아버지가 잠이 드셨어"라거나 "멀리 가셨어"라고 말할 수도 있지만, 그러면 아이가 잠자리에 드는 것을 무서워하거나 엄마나 아빠도 갑자기 멀리 가버리지 않을까 걱정할 수 있다. 죽음은 간단하고 솔직한 말로 설명해주고, 이를 통해 아이도 애도하고 마음을 치유할 기회를 얻을 수 있다. 아이들이 이해할 수 있는 것 이상을 얘기해줄 필요는 없다. 어른들 가운데도 죽음을 이해하기 어려워하는 사람이 많다. 또한 장례식처럼 죽음과 관련된 의식에 아이를 데려가는 것이 오히려 두려움을 없앨 수 있다. 죽음은 인생주기의 일부분이다. 이렇게 생각해야 아이든 어른이든 죽음에 좀 더 쉽게 대처할 수 있다.

마찬가지로 가족이 경제적 어려움을 겪고 있거나 다른 문제로 힘들어한다면 아이들이 이해할 수 있는 범위 내에서 간단히 사실을 알려줄 수도 있다. 그러고 나서 아이가 자신의 감정을 탐구하고 다스리도록 적극적 듣기를 활용하는 것이다. 이혼 등 트라우마를 불러올 수 있는 사건에는 아이가 격한 감정과 반응을 보일 수도 있다. 따라서 그저 '괜찮겠지' 하고 생각하는 것은 현명하지 않다. 탓하거나 평가하지 말고 무슨 일이 일어난 건지, 그것이 아이에게 어떤 영향을 끼칠지 시간을 들여 충분히 설명해준다. 그리고 이것은 아이의 잘못이 아니며, 계속 사랑하고 돈독한 관계를 유지하리라는 점을 아이가 확실히 알 수 있게 해야 한다. 그 후에도 계속 주의를 돌리지 말고 적극적 듣기를 활용하여 아이의 생각을 점검하고, 아이가 자신의 두려움 등 여러 감정을 터놓고 표현하도록 해주어야 한다.

아이와 함께 가족의 삶을 만들어가면서 부모는 감정이 무엇인지, 어른이 된다는 것에 대한 의미가 무엇인지 아이가 배우도록 도와줘야 한다. 또한 아이의 감정을 탐구하고 존중해주며 자신의 감정에 솔직하고 믿음으로 이어진 단단한 관계를 만들어갈 수 있을 뿐 아니라 아이에게 평생 도움이 될 문제해결 능력을 키워줘야 한다.

함께 보내는 시간

부모가 애정과 관심을 전할 수 있는 또 하나의 방법은 시간을 어떻게 쓰느냐에 달려 있다. 자녀는 부모가 언제든 시간을 낼 정도로 자신을 중요하게 생각한다는 것을 느껴야 한다. 사실 여기에는 많은 시간이 필요하지 않다. 일대일로 아이에게 온전히 집중하여 우리가 이 책에서 부르는 '특별한 시간'을 정기적으로 가지는 것이 아이를 위해 할 수 있는 가장 중요한 일 중 하나다. 오직 아이에게만 집중하며 보내는 시간만큼 '사랑한다'는 뜻을 전할 수 있는 방법은 찾아보기 어렵다.

'특별한 시간'의 효과가 강력해서 그것의 중요성은 아무리 강조해도 모자를 정도다. 어른 아이를 막론하고 더 이상 사랑하는 이와 보내는 시간이 필요 없는 사람은 없다.

시작하기 너무 이른 때는 없다

"부모님은 저를 몰라요."

"섹스와 약물에 대해 얘기하고 싶은데, 어떻게 해야 할지 모르겠어요."

"십대에 접어든 아이가 안 좋은 문제에 휘말릴까 봐 걱정스러워요. 그런데 애들은 나를 믿지 않는 것 같아요. 왜 그런지 모르겠어요."

"나랑 내 친구가 하는 일에 대해 부모님에게 절대 얘기하지 않을 거예요. 부모님은 그냥 화만 내요. 우린 아예 대화를 하지 않아요."

　십대와 십대 자녀를 가진 부모는 뭔가 달라지기를 바란다. 그들은 자신이 직면한 선택과 문제에 대해 터놓고 이야기할 수 있을 만큼 서로를 이해하고 신뢰할 수 있기를 바란다. 그러나 대부분의 경우 서로를 얼마나 사랑하는지에 상관없이 그렇게 하지 못하고 있다. 그들은 서로 믿지 못하고, 서로 이해하지 못한다. 변화하기에 늦은 때는 없다고 하지만, 확실히 오래 기다릴수록 더 어렵다.

　운 좋게도 아직 어린 아이의 부모라면 황금 같은 기회가 남아 있다. 서로 신뢰하고 터놓는 관계를 시작할 수 있는 가장 좋은 시기는 아이가 사춘기에 접어들고 문제의 심각성을 갑자기 깨닫게 된 이후가 아니다. 때는 바로 지금, 아이가 아직 어릴 때다. 아이와 눈을 맞추며 이야기하고, 아이의 생각과 느낌을 듣고, 삶에 대해 가르쳐주고, 가족으로서 함께 하는 것은 절대 후회하지 않을 미래에 대한 투자다.

　유치원 교사라면 당신과 함께 보내는 시간을 통해 어린 학생들이 세상을 보는 시각을 만들어간다는 것을 명심해야 한다. 어린 아이를 가르친다는 것은 그야말로 미래를 만들어가는 일이다. 부모든 교사든 감정을 이해하기 위한 시간을 가지고 그것을 긍정적으로 표현하면 애정과 신뢰가 넘치는 관계를 만들어갈 수 있다.

8장
아이의 문제 행동이 보내는 메시지

    아이의 발달을 이해하고 긍정의 훈육 기법으로 자신의 보관함을 채우는 것은 아이와의 갈등을 해결하는 데 도움이 된다. 또한 이는 기질, 출생 순서, 두뇌 발달, 신체적·지적 능력, 기술 습득 등의 영향이 아이의 여러 행동 속에 숨어 있다는 사실을 이해하는 데도 도움이 된다. 그러나 아무리 훌륭한 아이라도 완벽할 수 없고, 문제 행동을 보이면 부모는 당혹스러울 수밖에 없다. 왜 아이들은 문제 행동을 할까? 그리고 부모는 그때 어떻게 행동해야 할까?

    엄마가 고지서를 정리하는 동안 칼리는 거실에서 놀고 있었습니다. 전화기가 울리자 칼리의 엄마가 받았습니다. 그런데 칼리가 엄마 다리에 매달리더니 주스를 달라고 칭얼대기 시작했습니다. 아무리 조용히 하라고 말해도 칼리는 말을 듣지 않았습니다. 갑자기 왜 이러는 걸까요?
    알베르토는 잠자리 들기 전에 꼭 이를 닦아야 한다는 걸 알고 있습니다. 그리고 아빠가 이것을 중요하게 여긴다는 것도 알고 있습니다. 그런데 아빠가 칫솔을 들고 다가오자 팔짱을 끼고 눈썹을 찡그린 채 입을 굳게 다물었습니다. 아빠는 겁을 주기도 하고 부탁하기도 하고 심지어 입술에 칫솔을 가져다대려고 했지만, 알베르토는 절대 입을 벌리지 않았습니다. 왜 이러는 걸까요?

이 아이들은 문제 행동을 한 걸까? 아무래도 그렇게 보인다. 대부분의 부모는 이런 경험을 한 적이 있을 것이고, 해결책을 찾기 위해 무던히 노력했을 것이다. 이때는 아이가 다른 행동을 선택하는 걸 도와주려고 하기 전에 왜 그런 행동을 하는지, 그 행동으로 얻으려고 하는 것이 무엇인지를 이해해야 한다.

사실 행동은 아이가 마음속에 품고 있던 자기 자신과 세계에 대한 신념을 드러내는 숨겨진 메시지다. 잘못된 행동을 할 때는 아이가 자신이 아는 유일한 방법으로 자신이 (최소한 지금은) 좌절 상태임을, 소외감을 느끼고 있음을 말하는 것이다. 그 암호를 해독하는 법을 배우면 어른이 대응하는 방식도 (궁극적으로는 아이의 행동도) 바뀌게 될 것이다.

다음 이야기를 읽어보자. 이는 아이의 행동을 비난하거나 비판하기 전에 아이의 입장에서 생각해보는 기회를 줄 것이다. 아이의 세계에 들어가보면 (그리고 그 나름의 입장을 생각해보면) 그들의 행동을 조금씩 이해하게 될 것이다.

문제 행동이란 무엇인가

부모들은 때때로 예외적인 행동이 문제 행동이라고 여긴다. 문제 행동을 보이면 잠시만 아이의 입장이 되어 생각하고 그들의 세계에 들어가려고 노력해보자.

다섯 살짜리 리처드는 수두에 걸려 엄마와 집에만 있었습니다. 엄마는 며칠 휴가를 냈지만, 전화로 몇 가지 일을 처리해야 했습니다. 어느 날 오후 통화를 마치고 나서 리처드의 방에 들어갔다가 아이가 잘 안 지워지는 매직펜을 갖고 노는 데 푹 빠져 있는 것을 발견했습니다. 상상력이 뛰어난 아이는 자신의 수두 발진을 보고는 색칠공부의 점잇기 놀이를 떠올렸던 것입니다. 리처드는 옷을 벗고 매직펜으로 발진을 연결하느라 정신이 없었습니다. 그의 몸은 빨간 자국을 잇는 현란한 색으로 뒤덮여 있었습니다.

리처드의 엄마는 이것을 문제 행동이라고 여기지 않았습니다. 아이는 주의를 끌려고 하거나 난장판을 만들려고 한 것이 아닙니다. 그저 놀라울 정도로 창의적이었을 뿐입니다. 리처드는 자기 몸이 점잇기 그림 같다는 것을 발견하고 단순히 점을 연결시킨 것뿐입니다. 엄마는 어떻게 반응했을까요? 엄마는 유머 감각을 발휘했습니다. 아이에게 잘 지워지는 사인펜을 가져다주었고, 아이와 점잇기를 끝까지 함께했습니다.

엄마의 입장에서는 리처드를 야단치거나 화를 내는 것이 쉬웠을 텐데, 그랬다면 안 좋은 기억으로 남았을 것이다. 그런데 리처드의 엄마는 어린 시절의 소중한 추억거리를 마련해주었다. 나중에 리처드가 어른이 되었을 때 "그때 기억나세요?"라고 하면서 두 사람은 그날의 수두 점잇기 놀이를 떠올리고는 함께 웃을 수 있을 것이다. 그렇게 웃으면서 오래전에 나눴던 웃음과 사랑의 순간을 다시 한 번 추억할 것이다.

어느 날 저녁 엘시를 데리러 유치원에 간 아빠는 딸의 머리가 무척 짧아졌다는 것을 발견했습니다. 아빠는 당황스러워하며 엘시의 선생님에게 "누가 오늘 엘시의 머리를 잘랐나요?"라고 물었습니다. 그러자 선생님이 "아뇨, 엘시가 잘랐어요. 요즘 안전 가위 사용법을 연습하고 있거든요"라고 대답했습니다.

엘시는 문제 행동을 한 걸까? 딸의 세계에 들어간다면, 아빠는 엘시가 가위라는 놀라운 세계를 열심히 탐구하고 있음을 알게 될 것이다. 오늘 아이는 가위로 자신의 머리카락을 자를 수 있다는 것을 알았다. 아빠는 딸의 새 머리모양이 마음에 안 들지도 모르지만, 나중에 자기 머리카락(혹은 남의 머리카락)을 직접 자르지 않는 게 좋을 것 같다고 설명할 기회가 있을 것이다. 또는 "다른 자를 만한 것을 찾아보자"고 말할 수도 있다. 아빠는 머리카락은 다시 자라고 엘시의 실험이 배움을 위한 경험이라는 것을 알았다. 엘시가 실수할 때도 있지만, 아빠는 그것을 통해 뭔가 배울 수 있도록 도와주었다.

두 아이 모두 발달 단계상 적절하게, 창의적으로 행동했다. 그러나 이 두 가지 상황을 문제 행동으로 해석할 가능성도 있다. 그렇다면 어떤 행동이 잘못된 것인지는 어떻게 알 수 있을까? 핵심은 좌절이다. 자신을 어딘가에 소속시키는 데 필요한 능력에 대해 좌절감을 느끼는 아이는 문제 행동을 할 가능성이 크다. 여기서 리처드와 엘시는 좌절을 경험한 것이 아니라 자신을 둘러싼 세계를 탐구했다.

리처드의 행동이 엄마가 전화에만 매달리지 말고 자기랑 놀아주길 바라는 마음에서 나온 것이었다면 그것은 문제 행동일 수 있다. 그런 경우 그의 행동은 주의를 끌거나 힘을 얻기 위해 의도된 것이며, 이는 소속감을 확인하고자 어긋난 방식을 동원한 것이다. 앞서 살펴봤듯이 인간의 주된 욕구 가운데 하나가 소속에 대한 욕구와 자신이 가치 있고 중요하다는 것을 확인하고자 하는 욕구다. 자신이 어디에도 속하지 못했다고 생각할 때 아이는 좌절한다. 그런 좌절 속에서 아이는 루돌프 드라이커스가 말한 대로 "문제 행동으로 이어지는 어긋난 목표"를 세운다. 그것이 '어긋난' 목표인 이유는 그 행동이 자신에게 소속감을 되찾아줄 거라고 아이가 '어긋난' 생각을 하기 때문이다. 문제 행동을 하는 아이는 어딘가에 소속되고 싶어 하지만 그 목표를 달성하는 법을 잘못 알고 있는 그저 좌절한 아이라는 것을 인식한다면, 문제 행동을 조금 다른 각도에서 바라볼 수 있다.

문제 행동 또는 숨겨진 메시지?

네 살 메기는 추수감사절에 이모, 삼촌을 비롯한 가족과 함께 할머니 댁을 방문했습니다. 화장실에서 왜 이렇게 오래 있는지 보려고 할머니가 문을 열었을 때 메기는 화장지를 갈기갈기 찢고 있었습니다.

메기는 문제 행동을 하고 있는 걸까? 할머니의 첫 반응이 분노였다면 그랬을 수도 있다.

아이들의 세계에 들어가는 것은 만화경을 들여다보는 것과 비슷하다. 자신이 메기의 할머니라고 가정해보자. 만화경을 통해 무엇이 보이는가? 화장실에 널려 있는 휴지조각을 본 순간 머릿속에서 분노의 빨간 불이 들어왔을 수도 있다. 만화경을 살짝 돌려 다시 한 번 보자. 메기가 보인다. 그녀는 걸리적거린다고 부엌에서 쫓겨났다. 또 메기가 보인다. 그녀는 언니에게 너무 어려서 다른 사촌들이랑 하는 모노폴리 게임에 끼워줄 수 없다는 말을 들었다. 또다시 메기가 보인다. 그녀는 '거미가 줄을 타고 올라갑니다'라는 노래에 맞춰 율동을 보여주고 싶었는데, 할아버지가 식탁으로 의자를 옮겨야 한다며 거절당했다. 메기가 화장지를 통해 진짜로 하고 싶었던 말은 무엇일까? 그녀는 어떤 기분일까? 메기가 더 이상 파괴적인 행동을 하지 않게 하려면 어떻게 해야 할까?

메기의 세계를 이해한다는 것이 고의로 난장판을 만들어도 괜찮다는 뜻이 아니다. 그러나 메기가 겪은 일을 이해한다면 할머니의 반응도 달라질 수 있다. 메기는 어찌 됐든 휴지 조각을 빠짐없이 주워야 할 것이다. 그러나 사랑과 이해로 무장한 할머니는 메기가 휴지 줍는 것을 도와줄 수 있고, 나중에 파이 반죽을 같이 만들자고 권할 수도 있다.

문제 행동을 하는 아이는 좌절한 상태에 있다. 따라서 격려는 그들의 건조한 영혼에 단비와 같은 역할을 한다. 아이가 자신이 소중한 존재이며 격려받고 있다고 느끼게 도와줄 기회를 마련하는 것과 그들이 소속되어 있다고 느끼게 해주는 것은 중요하다.

다 같이 만화경을 돌리며 좌절한 아이의 숨겨진 네 가지 메시지를 좀 더 자세히 살펴보자.

암호 풀기

아이의 행동 속에 숨어 있는 암호를 읽을 수 있으면 이제는 아이의 행동뿐 아니라 신념까지 효과적으로 다룰 수 있다. 암호를 풀 수 있게 도와줄 세 가지 단서가 있다. 아이의 문제 행동 뒤에 숨어 있는 메시지를 풀기 위한 단서들을 살펴보자. 그리고 궁극적으로 아이를 격려하고 문제 행동을 바꾸기 위해 무엇을 해야 하는지 알아보자.

문제 행동에 대한 부모의 감정

아이의 문제 행동에 대해 어떤 감정이 드는지가 아이의 어긋난 목표를 찾기 위한 첫 번째 단서다. 예를 들어 아이의 목표가 '과도한 관심 끌기'일 때 아이의 행동은 어른들이 귀찮아하고, 짜증내고, 걱정하고, 죄책감을 느끼도록 유도한다. 아이가 '힘의 잘못된 사용'을 추구한다면 어른들은 대개 도전받는다고 느끼거나, 위협 또는 패배감을 느낀다. 아이의 어긋난 목표가 '보복'이라면 그들의 행동은 어른이 상처받거나, 실망하거나, 의심하거나, 혐오감이 들도록 만든다. 아이가 크게 좌절해 모든 것을 포기한다면(지레 부족하다고 여기는 경우) 어른들은 기대에 못 미친다고 느끼거나 절망하거나, 체념하거나, 어쩔 수 없다고 느낄 것이다.

다음에 나오는 어긋난 목표 차트에서 보듯이 문제 행동을 하는 아이와 대면했을 때 드는 자신의 감정을 가장 잘 묘사하는 것이 무엇인지 표의 두 번째 열에서 찾아본다. 그 감정에 대해 특별히 뭔가를 할 필요가 없다는 것을 알아두어야 한다. 그냥 그렇다는 것을 확인하고 아이를 이해하는 데 활용하면 된다. 그리고 아이의 행동 때문에 어떤 감정을 느끼게 된 것이 아니라는 것을 알아두어야 한다. 그 감정은 아이의 행동에 대한 어른의 해석으로 말미암아 생겨난 것이다. 그러므로 그 해석이 바뀌면(그리고 숨겨진 메시지를 이해한다면) 감정도 바뀐다.

문제 행동을 말리기 위한 일반적 (비효율적) 시도

또 다른 단서는 아이의 행동에 대한 일반적 반응이다. 어긋난 목표에 따른 아이의 행동에 어른들은 예상 가능한 방식으로 반응할 때가 많다. 예를 들어 아빠와 아이는 무엇을 입을지, 얼마나 먹을지, 컴퓨터를 얼마나 할지 등으로 끊임없이 싸운다. 이것은 끝없는 힘겨루기다. 아빠는 명령하고 아이는 거부한다. 그리고 아빠는 "넌 여기서 빠져나갈 수 없어. 네가 이걸 하게 만들고야 말겠어"라고 다짐하며 아이와 싸운다. 아니면 그냥 포기해버리는 어른도 있다. 어떤 경우든 거기엔 승자와 패자, 싸움을 계속하기 위해 힘과 무기를 비축하는 잠깐의 휴전으로 이루어진 힘겨루기가 있을 뿐이다. 어긋난 목표 차트의 세 번째 열은 네 가

어긋난 목표 차트

아이의 목표	부모와 교사의 감정	부모와 교사의 반응	아이의 반응	아이 행동 이면의 그릇된 신념	숨겨진 메시지	부모와 교사의 사전예방적, 동기부여적 반응
지나친 관심 끌기 (다른 사람을 계속 바쁘게 만들거나 특별한 대접을 받으려고 함)	성가시다/ 짜증난다/ 걱정된다/ 죄책감을 느낀다	다시 한 번 주의를 준다/ 아이를 타이른다/ 아이들이 할 수 있는 일을 대신해준다	일시적으로 행동을 멈추지만, 같은 행동을 반복하거나 다른 방법으로 방해한다	사람들의 관심을 받거나 특별한 대접을 받을 때 내가 인정받는 것 같아 (소속감을 느껴)/ 어른들이 나 때문에 분주할 때 중요한 사람이 된 것 같아	나를 봐주세요/ 나도 함께하고 싶어요	아이가 유용한 일을 하도록 이끌어준다. "사랑해. 그리고 _____." (예: 난 너를 사랑해. 나중에 너와 함께 시간을 보낼 거야) 제대로 된 관심을 받을 수 있는 일을 하도록 이끌어준다. 특별한 대접을 하지 않는다. 특별한 시간을 계획한다. 일과를 정한다. 문제해결 과정에 참여시킨다. 격려한다. 가족 또는 학급회의를 활용한다. 말없이 스킨십을 한다. 작은 행동은 무시한다. 비언어적 신호를 정한다.
힘의 잘못된 사용 (보스처럼 행동함)	도전받는 느낌이 든다/ 위협을 느낀다/ 패배감을 느낀다	싸운다/ 포기한다/ '봐주지 않을 거야' 또는 '본때를 보여주겠어'라고 생각한다/ 바로잡기 위해 애쓴다	더 심한 행동을 한다/ 반항적으로 복종한다/ 부모 또는 교사가 화내는 모습을 보고 이겼다고 느낀다/ 수동적인 힘을 드러낸다	대장일 때 또는 통제할 때만 나는 소속감을 느껴/ 누구도 나를 막을 수 없다고	내가 도와줄게요/ 선택권을 주세요	긍정적으로 힘을 사용하도록 도움을 요청한다. 제한된 선택지를 제안한다. 싸우거나 포기하지 않는다. 갈등 상황에서 벗어난다. 단호하면서도 친절하게 대한다. 말하지 않고 행동한다. 자신이 할 행동을 결정한다. 일과를 따르게 한다. 문제 장소에서 벗어나 마음을 진정시킨다. 상호 존중하는 태도를 기른다. 합리적인 제한선 몇 가지를 설정한다. '관철하기' 기술을 실천한다. 격려한다. 가족 또는 학급회의를 활용한다.

아이의 목표	부모와 교사의 감정	부모와 교사의 반응	아이의 반응	아이 행동 이면의 그릇된 신념	숨겨진 메시지	부모와 교사의 사전예방적, 동기부여적 반응
보복 (똑같이 되돌려줌)	상처받는다/ 실망한다/ 믿지 못한다/ 혐오스럽다	보복한다/ 받은 대로 돌려준다/ 나한테 어떻게 이럴 수 있느냐고 생각한다	보복한다/ 더 심한 행동을 한다/ 같은 행동을 더 세게 하거나 다른 방법을 찾는다	어디에도 속해 있지 않기 때문에 내가 상처받은 만큼 다른 사람들에게도 상처를 줄 거야/ 아무도 나를 좋아하지 않아	상처받은 내 마음을 알아주세요	상처받은 감정을 다독여준다. 마음에 상처를 주지 않는다. 처벌이나 보복을 하지 않는다. 신뢰를 쌓는다. 적극적 듣기를 활용한다. 감정을 공유한다. 보상해준다. 배려해준다. 말하지 않고 행동한다. 장점을 통해 격려한다. 어느 한쪽 편을 들지 않는다. 가족 또는 학급회의를 활용한다.
미리 부족하다고 여김 (포기하고 혼자가 됨)	체념한다/ 절망한다/ 어쩔 수 없다/ 기대에 못 미친다고 느낀다	포기한다/ 아이의 일을 대신 해준다/ 지나칠 정도로 도와준다	움츠러든다/ 수동적이 된다/ 더 나아지려고 하지 않는다/ 어떤 반응도 보이지 않는다	나는 완벽하지 못하기 때문에 어디에도 속할 수 없어. 그러니 사람들이 나한테 어떤 기대도 할 수 없게 할 거야/ 난 아무런 도움도 주지 못하는 무능한 인간이야/ 어차피 제대로 못할 거니까 노력할 필요 없어	날 포기하지 말아주세요/ 내가 조금씩 따라갈 수 있게 해주세요	할 일을 작은 단계로 나누어준다. 모든 비판을 중단한다. 시도하는 것 자체를 격려한다. 아이의 능력을 믿어준다. 긍정적 자산에 초점을 맞춘다. 동정하지 않는다. 포기하지 않는다. 성공할 기회를 제공한다. 기술을 가르치고 어떻게 하는지 보여주되, 직접 해주지는 않는다. 아이와 즐겁게 지낸다. 아이가 좋아하는 것을 찾도록 도와준다. 격려하고, 격려하고, 격려한다. 가족 또는 학급회의를 활용한다. 아이의 말에 공감해준다.

지 어긋난 목표에서 나온 행동에 대한 어른들의 일반적인 반응이다.

비효율적 행동에 대한 아이의 반응

아이의 어긋난 목표를 해석하는 다음 단서는 어른들이 (긍정적 훈육법이 아닌) 징벌적 또는 방임적 방법으로 문제 행동을 중단시키고자 할 때 나타나는 아이들의 반응이다.

유치원 교사가 여섯 살짜리 매튜에게 "바르게 행동해야지"라고 말할 때 아이는 대개 자신의 장난감을 망가뜨리거나 다른 아이의 블록을 무너뜨리는 것으로 반응한다. 심지어 "선생님 싫어요!"라고 소리를 지르기까지 한다. 그러면 매튜의 어긋난 목표는 보복이다. 아이가 어른의 행동에 대응하여 다른 사람을 괴롭히거나, 물건을 망가뜨리거나, 험한 말을 하는 등 어떤 방식으로든 복수하려고 한다면 그 목표는 보복이다.

어긋난 목표 차트의 네 번째 열은 어긋난 목표로 문제 행동을 보일 때 어른들이 비효율적으로 끼어들고, 여기에 아이들이 보인 전형적 반응을 정리해놓았다.

원칙에 충실하라

때로는 아이의 어긋난 목표를 구분하기가 쉽지 않다. '옳은' 답을 찾는 데 집착하지 말고, '분석 불가' 상태에 빠지지 않도록 주의한다. 이때는 신중하게 관찰하고 최선을 다해야 한다. 완벽한 사람은 없으므로 자신의 실수를 배우고 성장할 수 있는 기회로 바라보는 법을 배우도록 하라.

(아이이든 어른이든) 진공 속에서 생겨나는 행동은 없다. 그 행동 이면에는 메시지가 숨어 있고, 그 메시지에는 예상하지 못한 좌절이 담겨 있다. 목표가 무엇이든 무조건적인 사랑과 포옹, 인내심, 깊은 신뢰를 통

해 아이를 격려해야 한다는 것을 명심하라.

가능성에 주목하기

노력에 상관없이 다른 사람의 행동을 억지로 바꿀 수는 없다. 바꿀 수 있다고 해도 그것은 피상적인 수준에 그칠 것이다. 더구나 행동이 그 사람의 신념에 깊이 닿아 있을 때는 행동이 바뀌기 전에 그 신념이 먼저 바뀌어야 한다. 아이가 숟가락으로 컵을 두드릴 수 없도록 컵을 치워버릴 수는 있지만, 아이가 오직 주목받을 때 자신이 중요하다고 느낀다면 분명 5분 안에 다리로 의자를 투덕거리기 시작할 것이다.

표면적 증상을 막는 것은 근본적 문제를 일시적으로 완화시킬 뿐이다. 소속감을 느끼고 싶은 아이의 심층적 요구가 충족된다면 그 목표를 이루기 위해 동원한 잘못된 방법은 더 이상 필요하지 않다. 소속감을 만들어주는 강력한 방법 중 하나는 특별한 시간을 함께 보내는 것이다.

특별한 시간

문제 행동을 하는 아이는 좌절한 상태이므로 문제 행동에 대한 해결책은 당연히 격려다. 문제 행동 자체를 굳이 건드릴 필요가 없다. 아이가 격려받았다고 느끼게 도와주기만 하면 문제 행동은 자연스럽게 사라진다.

우리 모두는 사랑하는 사람과 함께 시간을 보내고 싶어 한다. 소중한 시간을 함께 보낸다는 것은 건강한 가족관계를 만드는 데 큰 영향을 끼친다. 특별한 시간이란 무엇일까? 무엇이 함께 보내는 시간을 특별하게 만들까? 아이와 특별한 시간을 보내는 데 세 개의 A가 도움을 줄 수 있다.

첫 번째 A는 태도Attitude다. 특별한 시간은 보람과 가치가 있으며, 진심으로 아이(또는 다른 가족)와 가까워지고 싶다는 태도로 접근한다면 함께 보내는 그 시간이 진정으로 특별한 가치를 지니게 될 것이다. 이 특별함의 가치는 오래도록 기억될 소중한 추억을 만들어준다. 특별한 시간이 다른 사람과 의미 있는 관계를 형성할 때 생기는 감정인 소속감을 키우는 데 얼마나 강력한 힘을 발휘할지는 (어른과 아이의) 태도에 달렸다. 특별한 시간을 통해 아이는 자신의 존재가 소중하고, 사랑받고 있으며, 인정받고 있다고 느낀다.

두 번째 A인 집중Attention은 아이와 함께 있다는 것에 온전히 집중해야 특별한 시간이 좀 더 효과적일 수 있다는 의미다. 특별한 시간은 관심을 외부의 어떤 것에도 뺏기지 않고 오직 둘만의 활동에만 집중하는 것이다. 다른 가족이나 전화 벨소리, 선약 등에 방해받아선 안 된다. 이렇게 관심과 사랑을 공유하면서 아이와 자신의 마음을 가득 채우는 상상을 해보라. 함께 있다는 것에 완벽하게 집중할 수만 있다면 마트에 들르는 것조차 특별한 시간이 될 수 있다.

마지막 A인 단둘이Alone는 특별한 시간에는 다른 가족들과 떨어져 아이하고만 시간을 나누어야 한다는 점을 강조한다. 가족이 많든 적든 한 명의 부모(또는 이모나 삼촌, 할아버지, 할머니)와만 따로 보내는 시간은 큰 기쁨을 가져다준다.

여섯 살 킴과 그녀의 아빠는 둘이 함께 보내는 특별한 날을 '나와 아빠의 데이트 날'이라고 부릅니다. 한 달에 두 번 킴은 엄마와 남동생을 남겨두고 아빠와 단둘이 하루를 보냅니다. 킴과 아빠는 도서관에 가서 책을 함께 고릅니다. 그리고 철물점이나 목재상에 가는 등 아빠의 일도 함께 봅니다. 그리고 가장 좋아하는 과자점에서 아이스크림을 사먹는 것으로 하루를 마무리합니다. 모든 활동이 킴에게만 맞춰져 있지 않아도 이 특별한 시간을 기다리는 그들의 태도와 아빠의 집중된 관심, 단둘이 있을 수 있는 기회 등 모든 것이 갖춰져 있어 그들은 이 날을 손꼽아 기다립니다.

한편 엄마는 킴의 남동생인 프랭키와 쿠키를 만듭니다. 자신을 밀어내거나 아직 그가 할 수 없는 일을 먼저 하는 누나가 없으니 프랭키는 여러 기술을 배울 기회를 얻을 수 있고, 엄마와 단둘이 부엌에서 특별한 시간도 보낼 수 있습니다. 킴과 그의 가족이 나눈 경험이 보여주듯, 특별한 시간은 아주 간단하면서도 정말 대단한 힘이 있습니다.

특별한 시간의 또 다른 요소는 바로 시간이다. 사실 바쁜 부모에게 이것은 가장 힘든 부분이다. 그러나 어떤 현명한 사람이 말하길 사랑은 시간이라고 했다. 시간을 어떻게 내야 할까? 어느 정도의 시간이 필요할까? 만약 어떤 것이 진정으로 중요하다면 어떻게든 그것을 위한 시간을 마련할 것이다. 아무리 바쁘더라도 중요한 일을 할 시간은 있다.

엄마는 매일 밤 10분씩 다섯 명의 아이에게 책을 읽어줍니다. 다 읽어주는 데 한 시간이 채 걸리지 않습니다. 다른 아이들이 식탁 정리를 돕는 동안 그녀는 침실 구석에 있는 흔들의자에서 아이를 한 명씩 안고 책을 읽어줍니다. 아이들은 자기 차례가 언제인지 알고 있으며, 엄마가 다른 형제와 보내는 시간을 가능한 한 방해하지 않습니다. 엄마는 부엌에서 혼자 싱크대를 닦는 대신 아이들과 사랑을 나누며 저녁 시간을 보냅니다.

계획하고 이름을 붙여라

특별한 시간이 반드시 길어야 하는 것은 아니다. 다만 두 사람에게 아주 특별하다고 여겨지는 것이 중요하다. 아이만큼이나 당신도 이 시간을 기다린다는 것을 느끼도록 해주는 것이 중요하다. 예를 들면 이렇게 말한다. "이렇게 특별한 시간을 같이 보낼 수 있어 너무 좋았어." "같이 수영할 수 있어서 너무 좋았어." 또한 아이의 기술을 인정해줄 수도 있다. "이제 커서 아기일 때 할 수 없었던 일을 할 수 있다는 게 너무 멋지지 않니?"(아기의 탄생에 적응하지 못하는 아이에게 이 말은 큰 위로가 될 것이다!)

자녀가 관심을 바라는데 너무 바쁘다면 이런 말로 아이를 위로할 수도 있다. "지금은 어쩔 수가 없어. 하지만 7시에 가질 우리의 특별한 시간을 진심으로 기다리고 있단다."

만족

문제 행동은 아이에게든 어른에게든 엄청난 에너지를 소진시키며, 강렬한 감정을 불러일으킨다. 좌절한 아이에겐 운동장에서 쫓겨나는 것과 발버둥치고 소리 지르며 침대로 옮겨지는 것이 하찮고 눈에 안 띄고 힘이 없다고 느끼는 것보다 나을지도 모른다. 행동의 목표에 따라 아이가 새로운 신념을 만들도록 유도하는 방법은 여러 가지가 있다. 각각의 어긋난 목표에 적용해볼 수 있는 해결책이 어긋난 목표 차트의 마지막 열에 정리되어 있다(이 표를 냉장고에 붙여놓고 유용하게 활용할 수도 있다).

탐탁지 않은 행동이 모두 문제 행동이 아니라는 것을 기억하면서 아이의 세상에 들어가는 것이 아이 행동을 이해하는 데 도움이 될 것이다. 문제 행동은 아이가 좌절해서 생긴다는 것을 이해한다면 공감 능력을 발휘해 좀 더 효과적인 대응법을 찾을 수 있다. 다음 두 장에서 우리는 네 개의 어긋난 목표가 집과 유치원 등 보육기관에서는 어떻게 나타나는지를 살펴볼 것이다. 아이의 문제 행동 이면에 숨은 메시지를 이해한다면 효과적인 방법으로 그것에 대처할 수 있다.

9장
가정에서의 어긋난 목표

지금까지 아이들이 때때로 문제 행동을 보이는 몇 가지 이유를 살펴보았다. 자녀의 행동 속에 숨겨진 메시지를 이해하고 아이와 함께 노력하려면 먼저 실제 생활 속에서 어긋난 목표를 알아보는 법을 배워야 한다. 문제 행동의 목표는 집에서 어떤 식으로 나타날까? 만화경을 꺼내 어긋난 목표의 관점에서 아이의 행동을 바라보면 어떤지 함께 들여다보자(172~173쪽 어긋난 목표 차트를 참고).

지나친 관심 끌기 또는 "나 때문에 계속 분주하게 만들 거야!"

엄마와 여덟 살 캐서린, 여섯 살 앤이 병원에 왔습니다. 엄마는 열이 나고 기침을 하는 캐서린을 대기실에 앉히고 외투를 둘러주었습니다. 그리고 아이의 이마를 짚어본 뒤 최대한 편한 자세로 앉게 해주었습니다. 순서를 기다리는 동안 엄마도 자리를 잡고 잡지를 펼쳤습니다. 그런데 앤이 동화책을 가져와 읽어달라고 했습니다. 엄마는 "나중에"라고 대답한 뒤 어젯밤 캐서린을 돌보느라 잠을 거의 못 잤다고 하면서 지금은 그냥 잡지를 보고 싶다고 했습니다.

앤은 저쪽으로 걸어가더니, 잠시 후 소파에서 뛰기 시작했습니다. 엄마는 "뛰지 말고 가만히 앉아 있어"라고 말했습니다. 앤은 더 이상 뛰지 않았지만, 몇 분 지나지 않아 엄마 무릎에 앉아도 되느냐고 물었습니다. 엄마는 "너는 엄마 무릎에 앉기엔 너무 컸잖아!"라고 말한 뒤 다시 열을 재러 캐서린에게 갔습니다.

이윽고 진료실에 들어갈 차례가 되었습니다. 셋이서 의사 선생님을 기다리는데, 앤이 갑자기 배가 아프다고 했습니다. 엄마는 걱정스럽게 바라보며 이마를 짚어보았습니다. 캐서린을 진찰하러 의사 선생님이 들어오자 앤은 엄마의 소맷자락을 잡아끌며 화장실에 가고 싶다고 했습니다. 엄마는 크게 한숨을 쉬고 일어나 앤을 화장실까지 데려다주었습니다.

앤은 확실히 엄마를 성가시게 했다. 무엇 때문에 이렇게 행동한 걸까? 일단 앤은 캐서린이 큰 관심을 받고 있다고 느꼈다. 어쩌면 엄마가 언니를 더 사랑한다고 생각했는지도 모른다. 앤의 입장에서는 그렇게 보였을 수도 있다.

지금 엄마의 기분은 어떨까? 성가시다? 짜증난다? 죄책감이 든다? 그녀는 앤을 집에 두고 오지 않을 걸 후회했을 것이다. 그러나 그녀가 앤의 세계로 들어갔다면 어떤 생각을 했을까? 다른 식으로 행동하지 않았을까?

앤의 행동은 이렇게 말하고 있다. "나도 관심을 받고 싶어. 누군가 나를 지켜봐줬으면 좋겠어. 나도 이 상황에 끼고 싶어." 앤은 자신이 주목받을 때, 엄마가 자기 때문에 분주할 때만 자기가 중요해지고 어딘가에 속해 있다고 느꼈다. 이것은 네 가지 메시지(또는 어긋난 목표) 중 첫 번째,

즉 지나친 관심 끌기에 해당한다.

지나친 관심 끌기라는 목표 확인하기

앤의 엄마는 짜증이 나는 동시에 죄책감이 들었다. 이는 어긋난 목표 차트의 두 번째 열에 나온 감정이다. 이런 감정은 지금 어떤 상황인지 알 수 있는 첫 번째 단서이기에 중요하다. 엄마와 딸들이 병원에 있을 때 어떤 종류의 감정이 생겨났으며, 엄마는 어떻게 반응했는가?(차트의 세 번째 열) 엄마는 앤에게 소파에서 뛰지 말고 조용히 앉아 있으라고 말했다. 또한 앤이 이제 다 컸다고 하면서 자신의 무릎에 앉지 못하게 했다. 마지막으로 앤이 혼자 갈 수 있는 화장실에 데려다주었다. 이것은 모두 앤의 행동에 대한 반응이다. 지나친 관심 끌기라는 어긋난 목표를 가진 아이들은 대부분 주변의 어른들을 자기로 인해 바쁘게 만드는 데 성공한다. 모든 아이가 부모의 관심을 필요로 하지만, 아이들은 긍정적이고 고무적인 방식으로 그 관심을 추구하지 않을 수도 있다.

차트의 다음 열을 보자. 엄마의 행동에 대한 앤의 반응은 어떤가? 엄마가 뭐라고 하면 그 행동을 멈추었지만, 바로 다른 것을 찾아냈다. 엄마의 감정과 반응, 엄마에 대한 앤의 반응은 지나친 관심 끌기라는 어긋난 목표를 말해주는 단서다.

지나친 관심을 원한다는 메시지를 보내는 아이는 자신이 중요해지거나 어디엔가 소속되는 유일한 방법은 다른 사람들을 자기로 인해 분주하게 만들거나 모종의 특별대우를 받는 것뿐이라고 믿는다. 이 목표를 달성하기 위해 아이는 어떤 관심, 심지어 부정적인 관심이라도 받고 싶어 한다. 만화경을 들여다보면서 깃털과 과일, 꽃, 날아다니는 공룡이 달린 커다란 모자를 쓰고 있는 아이를 상상해보자. 그 모자에는 '나를 봐주세요, 나도 함께하고 싶어요'라는 글이 있다.

아이의 행동이 관심을 얻는 데 집중되어 있다는 얘기를 들으면 부모들은 곧잘 이렇게 말한다. "잠깐만요, 우리는 아이에게 충분히 관심을 쏟고 있어요. 집에 있으면 항상 아이와 함께 시간을 보내요. 책도 읽어주고 같이 놀아주기도 하면서. 그런데 어떻게 관심이 더 필요할 수가 있어요?" 아이에게 사랑이라는 이름으로 지나친 관심을 주는 것이 문제의 원인일 수도 있다. 특별한 보호가 필요한 아이 또는 많이 사랑받는 아이는 어른들로부터 큰 관심을 받는다. 관심이 지속되면 괜찮은데 전화나 병원 방문, 친구와의 대화 등 잠시라도 어른의 관심을 흐트러뜨리는 일이 생기면 아이들은 상실감을 느끼고 관심을 되찾아오기 위해 무슨 일이든 한다. 다시 말해 아이가 지나친 관심 끌기를 어긋난 목표로 삼는 건 관심을 충분히 받지 못했기 때문이 아니다. 사실 너무 많은 관심을 받아서 항상 특별 대접을 받고 싶어 하는 것일지도 모른다!

캐서린이 아파서 엄마의 관심을 독차지하게 되자 앤은 엄마가 자기보다 언니를 더 사랑한다는 결론을 내린 것이다. 앤의 행동이 이런 생각에서 비롯되었다는 것은 전혀 놀라운 일이 아니다. 앤의 세계에서 관심은 사랑의 척도다.

메시지에 대응하기

사소한 짜증을 불러오는 상황에서 어떻게 하면 포기하지 않고 아이에게 필요한 관심과 소속감을 심어줄 수 있을까? 지나친 관심 끌기라는 어긋난 목표를 세우게 만든 신념을 이해했으니, 이제는 어긋난 신념을 강화시키는 방식이 아니라 아이를 격려하는 방식으로 대응할 수 있을 것이다. 다음은 추천하고 싶은 몇 가지 활동이다.

행동이 아닌 신념에 대처하기 위해 적극적 듣기를 활용하라

병원으로 되돌아가보자. 엄마는 앤의 행동을 통제하는 대신 엄마가 언니를 더 사랑한다는 앤의 신념에 대처할 수도 있다. 시도할 수 있는 것 중 한 가지는 앤과 적극적 듣기를 해보는 것이다.

적극적 듣기는 아이의 세계로 들어가서 아이가 어떤 기분이 들었을지 추측해보는 것이다. 따라서 자신의 추측을 충분히 검토해보는 것이 중요하다. 엄마는 이렇게 말할 수도 있다. "언니에게만 관심을 보여서 많이 서운했구나. 너한테 갈 사랑이 더 이상 남아 있지 않다는 생각도 들었을 거야." 만약 엄마가 정확히 추측했다면 앤은 자신의 감정을 인정받았다고 느꼈을 것이다. 그녀는 엄마의 추측이 사실이라는 것을 인정하며 안도감에 울음을 터뜨렸을지도 모른다. 그러고 나면 아이는 자신이 중요하지 않다는 신념을 버릴 수도 있다. 그러면 문제 행동을 할 필요가 없어진다.

주목하고 타협하라

엄마는 앤에게 조용히 혼자 책을 읽겠다고 약속하면 다음에 책을 읽어주겠다고 말할 수도 있었다. 이렇게 제한된 형식의 특별한 시간은 지나친 관심 끌기에 선을 그으면서도 적절한 관심을 제공한다. 조용한 시간을 갖고 싶은 요구를 존중해달라고 앤에게 부탁하면서 엄마는 관심을 달라는 앤의 요구에 굴복하는 것이 아니라 아이의 요구를 이해하고 엄마의 요구도 정중하게 말한 뒤 타협에 이를 수 있다.

협력을 통해 아이가 긍정적 관심을 얻을 수 있게 유도하라

엄마는 앤에게 아픈 언니를 보살피는 일을 도와달라고 부탁할 수도 있다(모자에 쓴 '나도 함께하고 싶어요'라는 글을 기억하는가?). 아픈 언니를 보살피는 과정에 앤을 동참시켜 캐서린을 좀 더 안정시키기 위해 무엇을 해야 할지 물어볼 수도 있다. 이렇게 의미 있는 역할을 주면 자신이 중요하고 필요한 사람이라고 느끼고 싶어 하는 아이의 요구를 바로 충족시켜줄 수 있다. 그러고 나서 엄마가 얼마나 피곤한지 설명한 뒤 도와달라고 부탁하면 앤은 어깨를 주물러주거나 엄마에게 책을 읽어줄 수도 있다. 어른이 협력과 도움을 청하면 아이들은 눈에 띄게 신중해진다. 이런 선택은 다른 문제 행동을 불러들이는 대신에 사랑과 유대감을 만들어줄 것이다.

안심할 수 있도록 안아주라

다른 선택지는 꼭 안아주면서 엄마가 앤을 정말로 사랑한다고 말해주는 것이다. 아이가 안심하도록 꼭 안아주며 "너는 언제나 우리와 함께야. 그리고 넌 내 삶에서 아주 중요한 존재란다"라고 말해준다. 이런 행동과 말에는 강력한 힘이 있다. 이것만으로 문제 행동이 사라지는 경우도 많다. 누구에게나 잔소리나 꾸지람보다 포옹이 훨씬 기분 좋은 일이다.

혼자 놀면서 스스로 마음을 달래도록 아이를 격려해주라

태어날 때부터 혼자 즐겁게 노는 법을 아는 사람은 없다. 아이가 이 기술을 배우려면 충분한 시간 외에도 부모와 양육자의 격려가 필요하다. 아이들은 대개 어른들이 끊임없이 오락거리를 제공해줄 거라고 기대한다. 그런데 어른이 그렇게 해주면 아이들은 자기주도적으로 시간을 보내거나 지루함을 달랠 방법을 배우지 못한다.

아이가 혼자 노는 법을 배우도록 격려하라. 그리고 이것은 시간과 인내심이 필요한 과정임을 잊지 말라. 아이에게 동화 시디를 주고 그것을 재생하는 법을 가르쳐주라. 또 아이가 퍼즐이나 미술 작업, 조용한 게임의 세계를 탐험하게 하라. 그러고 나서 아이가 지나친 관심을 요구하면 "사랑해. 나는 네가 잠시 동안 <u>스스로</u>를 돌볼 능력이 있다고 믿는단다"라고 말해주라. 이것은 시간이 걸리는 일이다. 하지만 비는 시간을 <u>스스로</u> 채울 줄 아는 아이는 어른의 도움을 덜 바랄 것이다. 혼자 즐겁게 시간을 보내는 것은 아이가 평생 지녀야 할 소중한 능력이다.

힘의 오용 또는 "당신은 나의 보스가 아니야!"

다섯 살 비벌리는 키보드를 호기심 가득한 눈으로 바라보며 컴퓨터 옆에 서 있었습니다. 흥미로운 그림과 패턴이 모니터를 지나갔습니다. 비벌리는 엄마 아빠가 컴퓨터하는 걸 많이 봤기 때문에 자기도 시도해보기로 했습니다. 컴퓨터를 만지지 말라는 경고를 많이 들었기 때문에 비벌리는 주변을 신중하게 살펴본 뒤 엄마가 없다는 것을 확인하고 키보드를 몇 번 눌러보았습니다.

때마침 엄마가 저쪽에서 이 모습을 보았습니다. 어린 딸의 문제 행동에 깜짝 놀란 엄마는 순식간에 방을 가로질러 비벌리의 손을 단단히 움켜 잡았습니다. "컴퓨터 만지지 말라고 얘기했지! 지금 네가 엄마 작업을 다 망쳐버렸어." 화가 난 그녀는 이렇게 말하고 나서 아이의 손을 찰싹 때렸습니다. 그러자 비벌리는 몸을 비틀어 엄마의 품에서 빠져나와 작은 주먹으로 키보드를 내리쳤습니다.

화가 난 엄마는 비벌리를 자기 방에 가둔 뒤 징벌적 타임아웃을 시켰습니다. 비벌리는 소리를 지르며 화를 냈지만 엄마는 오류가 생긴 파일을 살펴볼 뿐입니다. 지금 엄마는 엄청 화가 났습니다. 그녀는 고작 다섯 살짜리 아이에게 진 것입니다!

비벌리의 행동은 충동 조절이 잘 안 돼서 시작됐을 것이다. 그녀는 자신이 컴퓨터를 만져선 안 된다는 것을 알았다. 그러나 그 규칙이 탐구하고 만지고 배우고 싶은 충동을 이길 수 없었다. 엄마의 재빠른 반응은 모든 것을 한 번에 바꿔버렸고, 강렬한 힘겨루기를 불러왔다. 비벌리의 좌절된 메시지는 문제 행동으로 이어졌다. 비벌리는 "힘을 가지지 않는 한 내가 중요하다는 걸 믿을 수 없어. 그게 아니더라도 엄마가 나에게 보스처럼 굴게 놔두진 않을 거야"라고 말하고 있었던 것이다.

힘의 잘못된 사용이라는 목표를 확인하기

비벌리와 컴퓨터를 놓고 다투고 있을 때 엄마는 처음엔 분노를, 나중엔 패배감을 느꼈다. 화가 난 비벌리의 엄마는 "내가 …라고 말했지!" "네가 엄마 작업을 다 망쳐버렸어!"라고 힘을 잔뜩 드러낸 채 말했다. 엄마의 비효율적인 간섭에 대한 비벌리의 반응은 자신의 행동을 더 악화시켰다. 그리고 전쟁이 시작되었다.

힘에 대한 어긋난 목표에서 중요한 지점은 당사자 모두가 반드시 이기려고 한다는 것이다. 조금이라도 양보하려는 사람이 없다. 부모와 아이가 이런 식으로 싸움에 갇히면 결국 힘겨루기로 이어진다. 힘겨루기의 문제는 승자가 있으면 반드시 패자가 있다는 것이다. 사랑하는 아이가 패자가 되는 싸움이라면 승리가 무슨 소용이겠는가.

여기에는 흥미로운 사실이 하나 더 있다. 힘겨루기를 하던 어른들은 자신이 화를 낼수록 아이들은 이 모든 소동을 재미있어 한다는 것을 깨닫고 놀라는 경우가 많다. 그렇다. 아이들은 재미있다고 생각한다! 힘겨루기는 엄청난 에너지를 필요로 한다. 그리고 어른들이 격렬하게 대응할수록 아이들은 자신이 얼마나 큰 힘을 가졌는지를 더 분명하게 느낀다.

자신의 힘을 실감하는 것만으로도 아이들은 짜릿한 발견을 한 것이다.

만약 아이가 격앙된 목소리로 "나한테 이래라 저래라 하지 마!"라고 소리친다면 목표가 힘과 관련되었음을 쉽게 짐작할 수 있다. 목표가 힘인 아이는 밝은 주황색 모자를 쓰고 있다고 상상해보자. 이 모자에는 굵은 글씨로 '내가 도와줄게요. 선택권을 주세요'라는 요청이 적혀 있다.

메시지에 대응하기

다섯 살짜리 비벌리와 엄마가 컴퓨터를 두고 다투기 시작하면서 앞으로 그들 관계의 전반적 분위기를 결정할 일련의 힘겨루기가 시작되었다. 그러나 다행스럽게도 비벌리의 엄마는 자신에게 이 힘겨루기를 잠재울 책임이 있음을 알고 있었다. 그녀는 먼저 자신의 행동을 바꾸었고, 그를 통해 비벌리가 자신의 신념 체계와 행동을 바꿀 수 있는 길을 열어주었다.

제한된 선택지를 제공하라

비벌리의 엄마는 부모교실을 찾아갔고, 비벌리에게 적절한 방식으로 힘을 부여하면서 아이가 권리를 가질 수 있게 하는 법을 배웠다. 그녀는 비벌리에게 복종을 요구하는 대신에 제한된 선택지를 주고 "이 작업은 엄마가 할 일이야. 너는 책을 읽고 싶어, 아니면 장난감을 가지고 놀고 싶어?" 또는 "엄마가 일하는 동안 너는 뭐 하고 싶어?" 등 호기심을 자극하는 질문을 던지는 법을 배웠다.

아이가 긍정적 힘을 사용할 수 있도록 도움을 요청하라

힘겨루기는 아이에게 도움을 요청하면 끝나는 경우가 많다. 엄마는 자신에게 비벌리가 얼마나 필요한 존재인지를 아이가 느끼도록 해줄 수 있다. "아가야, 우리는 가족이고 너는 나에게 소중한 존재야. 네가 얼마나 컴퓨터를 만지고 싶어 하는지 잘 알지만, 컴퓨터는 고장 나기가 쉬워. 엄마와 아빠만 컴퓨터를 만질 수 있어. 하지만 네가 엄마 작업을 도와줄 수 있는 방법이 분명히 있을 거야. 뭐가 있을지 같이 찾아보자!" 아이에게 도움을 요청하거나 함께 해결책을 찾다보면 아이와 부모는 힘겨루기에서 벗어나서 협력이라는 긍정적인 방향을 향해 나아갈 수 있다. 명령은 저항을 부른다. 그러나 호기심을 자극하는 질문은 협력으로 이어진다.

말하지 말고 친절하고 단호하게 행동하라

힘겨루기에서 벗어날 수 있는 또 다른 방법은 친절하면서도 동시에 단호하게 행동하는 것이다. 비벌리가 컴퓨터 키보드를 주먹으로 내리쳤을 때 아이는 엄마에게 결투를 신청한 셈이다. 결투에 응하는 대신 엄마는 이야기를 멈추고 행동에 돌입할 수 있다. 그녀는 친절하지만 단호하게 비벌리를 안아서 다른 방으로 데려간다. 마음을 가라앉힐 만큼 시간이 지나면 컴퓨터에 대한 언급은 더 이상 필요하지 않다. 아이가 제한된 선택지나 도움 요청에 귀 기울일 수 있을 때까지는 어느 정도 시간이 필요하다.

딸을 야단치거나 창피를 주지 않았기 때문에 더 이상의 저항은 없다. 심지어 비벌리가 분통을 터뜨리더라도 엄마가 거기에 휘말리지 않으면 힘겨루기를 누그러뜨릴 수 있다. 아이들의 분노는 친절함과 단호함의 에너지를 느끼면 사그라진다. 그렇다고 그 분노를 완전히 피할 수는 없다. 또한 분노를 피하는 것이 목표도 아니다. 목표는 자신이 말한 것을 친절하고 단호하게 행동에 옮기는 것이고, 아이에게 격한 감정이 덮칠 때 그것을 스스로 가라앉히는 방법을 찾도록 도와주는 것이다.

긍정적인 타임아웃이 도움이 될지 물어보라

어른과 아이가 힘겨루기에 휘말렸을 때 두 사람은 모두 비이성적으로 반응했다. 논리적인 사고를 하려면 뇌신경이 연결되어야 하는데, 두 뇌가 강렬한 감정에 사로잡히면 객관성은 사실상 사용 불가능한 상태가 되고 만다. 그러므로 모두가 마음을 가라앉힐 때까지 효율적인 문제 해결은 잠시 미뤄두어야 한다. 서로 윈윈할 수 있는 해결책을 찾기 전에 먼저 긍정적 타임아웃이 필요하다. 긍정적 타임아웃을 위한 공간을 만들 때는 아이에게 도움을 청하라(1장 참조). 그러고 나서 힘겨루기가 일어나면 "진정될 때까지 머리 식히기 공간에 가 있으면 좋을 것 같니?"라고 물어보라. 만약 아이가 머리를 식히기 위한 공간을 함께 만들었고, 이런 타임아웃이 처벌이 아니라는 사실을 알고 있다면 기꺼이 이 선택지를 활용하려고 할 것이다. 아이가 싫다고 한다면 "그래. 그럼 엄마는 기분이 좀 풀릴 때까지 방에 가 있어야겠다"라고 말할 수도 있다. 힘겨루기에는 반드시 두 사람이 필요하다는 것을 명심하라. 어른이 진정하려고 하면 아이도 그렇게 할 수 있다.

긍정적인 타임아웃 후에는 함께 해결책을 찾아보는 것이 좋다. 비벌리와 엄마는 이렇게 합의할 수 있다. 엄마가 옆에서 도와준다면 비벌리도 하고 싶은 컴퓨터 게임을 할 수 있다, 엄마는 방해받지 않고 일할 시간을 가질 수 있다. 그리고 비벌리는 컴퓨터를 하고 싶을 때 반드시 허락을 받아야 한다.

문제 해결을 위한 날을 정하라

아이와의 문제를 해결해 나가려면 호기심을 자극하는 질문을 활용하여 무슨 일이 일어났는지, 원인이 무엇인지, 이 문제를 해결하기 위해 무엇을 할 수 있을지 탐구해볼 수 있다. 그리고 아이가 다섯 살 정도 되면 가족회의에도 무리 없이 참여할 수 있다(16장 참고). 머리를 식힐 시간을 가진 뒤(또는 다투는 중간이라도) "네가 이 문제를 이번 가족회의에서 말해볼래, 아니면 내가 말하는 게 좋을까?"라고 물어보면 힘겨루기를 누그러뜨릴 수 있다. 문제를 가족회의 안건으로 올리면 모두가 마음을 진정시킬 시간을 가질 수 있고, 회의에서 해결책을 찾기 위해 함께 노력할 수도 있다.

보복 또는 "나만큼 당신도 기분 나쁘게 만들어줄게!"

잘 시간이 되자 아빠는 네 살짜리 앨리스가 잠자리에 들 준비를 돕기로 했습니다. 이제 잠옷을 입을 시간이라고 말했지만 앨리스는 싱크대에서 거품 장난을 하는 것이 너무 재미있어 그만두고 싶지 않았습니다. 아빠의 참을성이 한계에 이를 때쯤에는 물을 바닥에 쏟았습니다. 아빠는 일부러 물을 쏟았다는 생각에 화가 치솟아 아이를 번쩍 들어 엉덩이를 때렸습니다. 앨리스가 울기 시작했고, 아빠는 발버둥치는 아이에게 억지로 잠옷을 입도록 했습니다. 아이가 마지못해 잠옷을 입자 아빠는 퉁명스럽게 잠자리용 동화책을 집어들었습니다. 그러자 앨리스는 입을 삐죽 내밀더니 "나 그 책 싫어. 그리고 아빠가 읽어주는 것도 싫어! 엄마가 좋아!"라고 뾰로통하게 말했습니다. 아빠는 속이 상한 것뿐 아니라 큰 충격을 받았습니다. "내 딸이 나를 싫어하다니." 그는 이 모든 일이 믿기지 않습니다.

앨리스는 자신이 아는 유일한 방법으로 보복하고 있는 것일지도 모른다. "아빠가 나한테 상처를 줬으니, 나도 아빠에게 상처를 줄 거야." 이것이 어긋난 목표 중 세 번째인 보복이다.

보복임을 확인하기

아빠는 앨리스가 일부러 바닥에 물을 엎지른 줄 알고 화가 났다. 그는 아내가 늦게까지 일하는 동안 아이를 재우기 위해 최선을 다했지만 상처를 받았을 뿐이다. 앨리스를 때린 것을 후회했다. 물론 좋아서 때린 것은 아니었다. 다만 아이의 행동에 달리 어떻게 해야 하는지 알지 못했다.

그렇다면 앨리스는 일부러 물을 쏟은 걸까? 어린 아이들은 뭔가 잘 쏟는다. 근육 통제력이 아직 발달 중이기 때문이다. 만약 아빠가 앨리스 행동의 발달적 특징을 잘 알고 있었다면 그 일이 단순한 사고나 실수였다는 것을 이해했을 것이다. 그리고 물 닦을 걸레를 아이가 가져오도록 했을 것이다. 같이 열심히 걸레질을 하다 보면 앨리스도 거품 장난을 잊어버리고 순순히 잠옷을 입었을지 모른다.

앨리스가 일부러 물을 엎질렀다고 해도 때리는 것은 큰 도움이 되지 않는다. 때리는 것은 아이에게 힘이 곧 정의라는 것을 가르칠 뿐이다. 체벌은 여러 가지 반응을 불러일으키지만, 그중 부모가 바라는 반응은 거의 없다. 이 경우에는 체벌이 보복을 불러왔고, 결국 앨리스와 아빠 모두 상처받는 것으로 끝이 났다.

아이의 행동 때문에 어른이 상처를 받을 때마다 아이도 상처를 받는다. 아빠의 감정과 반응, 앨리스의 반응을 살펴보면서 어긋난 목표가 보복임을 알 수 있다. 보복이 목표인 아이라면 까만 야구 모자를 거꾸로 쓴 아이를 상상해보자. 그 모자에는 '도와주세요, 나는 상처받고 있어요. 내 마음을 알아주세요'라는 호소가 써 있다.

메시지에 대응하기
어른에게 상처를 주는 아이가 사실은 상처 입은 아이라는 것을 알았다면 그 아이를 다르게 대해야겠다는 생각이 들 것이다. 앙갚음과 처벌에 대한 본능적인 욕망에 굴복하는 대신 아이를 지원하기로 결심할 수도 있다. 아이가 상처받았는데 기분을 더 안 좋게 하는 것이 말이 되는가?

상처받은 감정을 달래주라
먼저 앨리스의 상처받은 감정을 달래주며 문제의 핵심에 접근하는 것이 좋다. 아이에게 "지금 상처를 받았나 보구나. 아빠가 때렸을 때 엉덩이가 아팠던 것만큼 마음도 아플 거야"라고 말해줄 수 있다. 아이의 세계로 들어가서 아이의 감정을 인정해주는 것은 아주 중요한데, 이를 통해 아이는 소속감을 느끼는 동시에 자신이 이해받고 있으며 중요한 존재라고 느낄 것이다.

고통을 주었다면 사과하라
앨리스의 아빠는 진심으로 딸을 사랑한다. 그리고 딸을 때린 것을 곧바로 후회했다. 그런 만큼 아빠가 사과하면서 자신의 행동에 책임을 지는 모습을 보이면 앨리스도 자신의 신념을 바꿀 것이다. 아빠는 아이에게 때린 것이 옳지 못한 행동이었다고 말할 수 있다. 또한 아무리 화가 나거나 상처받았더라도 서로를 해하는 행동은 옳지 못하다는 것을 아이에게 재차 확인시켜줄 수도 있다.

(벌이나 잔소리로 행동 자체에 반응하는 대신) 아이의 행동 뒤에 숨어 있는 신념에 대응하려면 아이를 통제할 수 있다거나 통제해야 한다는 생각을 버려야 한다. 또한 가르침과 격려가 처벌보다 더 효과적인 대응이라는 것을 인정해야만 한다. 이렇게 되기까지는 시간이 걸릴 것이다. 가부장적인 분위기에서 성장한 경우라면 더욱 그럴 것이다. 자신에 대해 인내심을 가지고 실수를 인정하고 그로부터 기꺼이 배우려는 자세를 가져야 한다.

아이에게 한 번도 사과해본 적이 없다면 자존심을 접고 어른이라고 언제나 옳은 것은 아니라는 점을 인정한 뒤 아이에게 다시 실수를 저질렀을 때는 반드시 사과해야 한다. 아이들은 기쁜 마음으로 금방 용서해줄 것이다. 그리고 서로 자신의 잘못을 인정한 뒤의 포옹은 부모와 아이를 더 가깝게 만들어준다.

아이의 감정에 귀 기울여라

아빠는 잠시 시간을 갖고 어린 딸을 가만히 살펴볼 수도 있다. 그러면 앨리스의 튀어나온 입과 떨리는 턱, 눈에 고이기 시작한 눈물이 보였을 것이다. 그때는 아이에게 기분이 어떠냐고 물어볼 수 있다. 만약 아이가 너무 어려서 자신의 감정을 정확히 설명할 수 없다면 아빠가 너를 사랑하지 않는다는 생각이 드느냐고 물어본다. 그러면 아이는 아빠 말이 맞다고 말이나 비언어적 신호로 대답할 것이다. 아빠는 앨리스에게 왜 바닥에 물을 쏟았느냐고 물어볼 수도 있다. 그러면 아이는 "쏟아진 거야" 또는 "그건 사고였어"라고 설명할 수도 있다. 이런 대답을 들으면 아빠는 순식간에 분노가 사라질 것이다. 이런 종류의 대화를 나누면서 아빠와 앨리스는 서로에 대한 신뢰를 쌓아가게 된다.

아이가 상처받았을 때 자신의 감정을 누르고 해결책을 찾는 것은 정말 어려운 일이다. 그러므로 감정을 먼저 이야기하게 하는 것이 중요하다.

사랑의 메시지가 확실히 전해지도록 하라

아빠에게는 앨리스를 얼마나 사랑하는지, 딸이 얼마나 소중한 존재인지 말할 기회가 주어졌다. 아이가 상처를 입었을 때 사랑의 메시지는 아픔을 치유하는 데 큰 도움이 된다. 아빠 역시 자신의 감정을 공유할 수 있다. 아빠가 아이의 감정을 들어주고 존중해주고, 자신의 감정을 설명한다면 서로에 대해 더 잘 알게 될 것이다. 그러면 사랑의 관계도 회복된다.

아빠가 이렇게 새로운 아이디어를 시도한다면 자신의 소중한 딸에게 동화책을 함께 읽은 것만큼이나 가까이 다가갔다는 사실을 발견하게 될 것이다. 사랑과 관심의 메시지가 전달되면 아무리 고통스럽고 힘든 경험이라도 치유할 수 있다.

핑계대지 말고 보상하라

앨리스가 일부러 물을 엎질렀든 아니든 간에 아이와 아빠가 자신의 감정을 정리했다면 이제는 어질러진 상황을 처리해야 한다. 아빠는 아이가 바닥을 닦을 때 옆에서 도와주겠다고 하거나, 아이가 스스로 닦을 수 있게 걸레를 가져다줄 수 있다. 앨리스가 눈물이나 상처받은 감정을 내세워 책임을 미루려고 한다면 아빠는 친절하고 단호하게 아이가 바닥의 물을 치우게 도와주고, 원래 하기로 했던 잠자리 일과를 말없이 이어가면서 (보복의 순환을 지속하는 것이 아니라) 이 사건을 가르침의 기회로 삼을 수 있다.

"내가 고칠 수 있게 도와주세요"

Q. 이제 낮잠 잘 시간이라고 말하자 다섯 살짜리 아들이 들고 있던 주스 컵을 바닥에 던져 컵이 산산조각 났어요. 제 생각에는 아침에 공원으로 놀러가지 못해 상처를 받았던 것 같아요. 저는 아이의 상처받은 감정을 다독여주고 싶지만, 아이의 행동은 벌을 받아야 한다고는 생각해요.

A. 어른들은 간혹 아이가 어긋난 목표로 문제 행동을 한 것이라면 더 이상 자기 행동에 책임을 지지 않아도 된다고 받아들이는 경우가 있습니다. 문제 행동을 무시하면 일상생활 기술을 배울 수가 없어요. 그렇다고 벌을 줘야 한다는 뜻은 아닙니다. 그건 대부분 '넌 당해봐야 돼'라는 의미로 해석될 뿐이죠. 실제로 도움을 주려면 아이가 직접 잘못을 바로 잡을 기회를 줘야 합니다.

물건이 고장 났다면 아이도 그것을 고치거나 새로 사는 데 협조하도록 하는 것이 바람직합니다. 돈을 벌기 위해 몇 가지 일을 해야 할 수도 있고, 아이의 돼지 저금통에서 모아둔 돈을 꺼낼 수도 있습니다. 아니면 찢어진 책을 다시 붙이기처럼 망가진 것을 고치는 데 참여시킬 수도 있습니다.

이런 해결책은 책임감을 가르치는 데 초점이 맞춰져 있습니다. 때리기나 창피 주기, 소리 지르기, 일주일 간 텔레비전 금지하기 등으로는 교훈을 얻을 수 없습니다. 이런 벌을 받으면 아이는 보복의 무서움을 배우면서 더 해로운 행동을 하거나 자기 자신을 '나쁜' 사람으로 규정하게 될 것입니다. 이런 처벌로는 자신의 행동에 대한 책임을 배우기 어렵습니다.

아이들은 잘못된 것을 스스로 고칠 기회를 가질 때 자신에 대해 훨씬 더 좋은 감정을 가질 수 있습니다. 이것이 분노가 아닌 사랑의 마음으로 이루어진다면 아이는 이 과정에서 자존감을 회복할 수 있습니다. 자기 행동을 통제할 수 없을 때 그런 자신을 보고 기뻐하는 아이는 드뭅니다. 부모들은 아이의 행동을 탓하고 창피 주는 것에서 진정한 훈육과 지원을 해주는 것으로 바꿔야 하며, 아이들은 자신의 실수와 잘못을 바로잡으면서 여러 가지를 배우도록 격려받아야 합니다.

지레 부족하다고 여김: "난 포기했어"

장은 할아버지 할머니와 함께 살고 있는데, 오늘은 아이의 다섯 번째 생일입니다. 아이가 부엌으로 들어갔을 때 할아버지 할머니는 재빨리 방 한가운데 새 자전거를 가져다놓고 아이가 어떤 반응을 보일지 기다렸습니다. 장은 초조한 표정으로 주변을 둘러보더니 자전거에 대해 아무 말도 하지 않았습니다. 할머니가 기다리다 못해 "어때? 마음에 들어?"라고 물었습니다. 장은 대답하지 않았습니다. 할머니는 아이를 달래듯이 "장, 멋진 너의 새 자전거를 보렴"이라고 말했습니다. 그러자 장은 고개를 저으며 "저는 자전거 못 타요"라고 낮게 중얼거렸습니다. 이 말에 할아버지는 장에게 다가와 "걱정하지 마, 아가야. 금방 배울 수 있어"라고 안심시켰습니다. 그러나 장은 아무 말도 하지 않았고, 자전거 근처에도 가지 않았습니다. 할아버지와 할머니는 서운한 마음에 서로를 바라보며 "쓸데없는 짓을 했군"이라고 말했습니다. 낙담한 할아버지는 말 없이 장에게 줄 시리얼과 우유를 챙기기 시작했습니다.

장의 할아버지와 할머니는 아이를 내버려둬야겠다는 생각이 드는 상황을 겪어왔습니다. 그들은 자신에게도 장에게도 희망이 없다고 느꼈습니다. 무슨 이유인지 장은 자신이 매사에 부족하고 가능성이 없는 아이라고 생각했습니다. 그녀는 이런 생각에 따라 행동하며, 다른 사람들에게도 자신이 부족하다는 것을 확신시키려고 했습니다. 할아버지와 할머니는 장을 진심으로 사랑했습니다. 그런데 그들은 그 사랑을 보여줄 방법이 아이의 일을 대신해주는 거라고 착각하고 있었습니다. 예를 들면 아이 혼자서도 쉽게 할 수 있는 시리얼과 우유 준비를 대신해주면서 말이죠.

네 가지 목표 또는 메시지 가운데서 자신을 부족하다고 여기는 아이는 쉽게 지나칠 수 있는데, 이런 생각을 가진 아이가 가장 좌절한 상태라고 말할 수 있다. 그들은 다른 세 가지 목표를 가진 아이들과 달리 큰 사건을 일으키지 않는다. 이 메시지를 가진 아이들은 거의 눈에 띄지 않는다.

자율성의 감각을 키울 기회가 없거나 아주 적었던 아이가 아니라면 이 목표는 여섯 살 이하의 아이에게는 거의 나타나지 않는다. 생산적이고 목표지향적인 부모는 자녀에게서 이런 행동을 보면 더 큰 절망을 느낄 수 있다. 개인적 추진력이나 결단력처럼 부모가 중시하는 특성이 오히려 자녀를 짓누른 나머지 아이는 자신이 무능해서 결코 기대를 충족시킬 수 없을 거라고 믿게 된 것일 수도 있다. 이렇게 해서 네 번째 어긋난 목표인 지레 부족하다고 여기는 것 또는 포기가 만들어진다.

지레 부족하다고 여긴다는 것을 확인하기

장의 할아버지와 할머니는 희망이 없다고 포기하지 않으려고 노력했다. 그러나 장의 좌절은 깊어 보였다. 그들은 아이를 보호하고, 부모의 빈자리를 채워주기 위해 최선을 다했다. 장이 무기력하게 행동하는 것을 보면 할아버지와 할머니는 아이의 일을 대신해주곤 했다. 할아버지는 아이의 시리얼을 그릇에 담은 뒤 우유를 부어주었다. 할머니는 매일 아침 아이에게 옷을 입혀주었다. 그들은 장에게 필요한 것은 다 해주었다. 아이가 끼어들 새도 없이 물건을 사주었고 계획을 짜주었다. 그럴수록 장은 더 멀찍이 물러나고, 수동적으로 행동하고, 무엇이든 새로운 것에 도전하지 않으려는 반응을 보였다. 어른의 감정과 반응, 아이의 반응까지 모든 단서가 그 행동은 지레 부족하다고 여기는 것임을 보여준다.

자신이 부족하다는 신념을 키우고 있는 아이는 자신이 무언가를 완벽하게 할 수 없기 때문에 그냥 포기하는 게 낫다고 믿어버린 것일지도 모른다. 실수는 누구나 할 수 있고, 무언가를 배우는 과정의 일부분이라는 것을 아이가 이해한다면 완벽의 신화라는 굴레에서 벗어날 수 있을 것이다.

끊임없이 비판받는 아이가 자기는 제대로 할 수 있는 게 아무것도 없다는 믿음을 키워나가게 된다는 것은 당연한 일이다. 그런데 비판이 언제나 겉으로 드러나는 것은 아니다. 어린 아이지만 장은 언제나 깨끗이 다려진 프릴 원피스를 입었다. 아이는 항상 깨끗하게 입으라는 주의를 받았고, 장이 물감이나 음식을 옷에 묻히면 할머니는 크게 화를 내곤 했다. 장의 생각에 더럽히는 것은 곧 '나쁜 것'이었다. 그럼에도 그녀는 자주 옷을 더럽혔고, 결국 자신이 부족한 사람이라고 믿기 시작했다. 그림을 그리거나 스스로 주스를 따르려고 할 때마다 옷을 더럽히는 것만 같았다. 결국 장은 자기는 무엇이든 제대로 하는 것이 없다고 결론을 내리게 되었다.

이 어긋난 목표를 추구하는 아이는 우중충한 갈색 모자를 깊숙이 눌러쓰고 있다고 상상해보라. 가까이 가서 보면 모자 앞에 '날 포기하지 말아주세요. 조금씩 따라갈 수 있게 해주세요'라고 새겨져 있다.

메시지에 대응하기

부족하다고 생각해 포기해버리는 아이는 너무나 외롭다. 이 아이들의 목표는 혼자 남겨지는 것이기 때문에 다른 사람들과 문제를 일으키는 경우가 거의 없고, 그런 만큼 쉽게 지나친다. 이들의 필요를 충족시키기 위해 부모가 해줄 수 있는 것은 많다.

아이를 믿고 스스로 해볼 수 있게 하라

 부모들은 대부분 사랑이라는 이름으로 아이에게 너무 많은 것을 해주는 것이 오히려 좌절을 안겨줄 수 있다는 것을 알지 못한다. 아이가 스스로 할 수 있는 일까지 어른들이 대신해주면 아이들은 '나는 할 수 있는 게 없어'라는 믿음을 가질 수도 있다. 아니면 '다른 사람들이 대신 일 해줄 때만 사랑받는 거야'라는 믿음을 키울 수도 있다.

 자존감은 스스로 기술을 터득할 때 생기며, 응석을 너무 받아주면 아이를 좌절시킨다는 사실을 알아두면 도움이 될 것이다. 아이의 일을 대신해주지 말고, 아이가 완벽하게 하지 못하더라도 스스로 해보게 하면서 연습할 시간을 주어야 한다. 아이가 "못하겠어"라고 말한다면 인내심을 가지고 "네가 이 일을 할 수 있을 거라고 믿어"라고 말해준다. 자신이 부족하다고 믿고 있는 아이를 격려하려면 엄청난 인내심과 끈기, 아이의 능력에 대한 믿음이 필요하다.

연습에 시간을 투자하고 아주 작은 전진에도 격려하라

 장이 자전거 타는 법을 모른다는 것은 별로 놀랄 일이 아니다. 가르침과 연습 없이 배울 수 있는 사람은 없다. 할머니는 당황하지 않고 자신이 자전거를 배울 때의 이야기를 들려줄 수도 있다. 자전거를 타다가 처음으로 넘어지고 형제자매들이 웃음을 터뜨렸을 때 기분이 어땠는지 이야기해주는 것이다. 자신의 이야기를 해주면서 장에게도 모든 사람은 새로운 일을 배우기 위한 도전을 하며, 그 과정에서 부끄러움을 느껴도 괜찮다고 말해줄 수 있다. 단단한 반석 위에 서 있는 것은 멋있어 보일 수 있지만 신뢰 쌓는 기회를 막을 수도 있다.

 부모가 자신의 실수와 고충에 어떻게 반응하는지도 중요하다. 아이가 보기에 어른은 언제나 쉽게 성공하는 것처럼 보일 수도 있다(그러나 자신은 그렇지 않기에 부족하다고 느끼는 것이다). 때로 어른도 무언가를 시도하다 계속 실패할 수 있다. 이때 부모가 반응하는 방식(한바탕 웃고 다시 시작할 수도 있고 좌절하여 포기할 수도 있다)은 아이에게 단서를 제공할 수 있다. 롤 모델의 힘을 절대 무시해서는 안 된다.

이미 '나는 부족해'라는 신념을 가진 아이는 연습을 시도하는 것조차 거부한다. 그러므로 작은 진전이 중요하다. 할아비지는 장에게 그냥 자전거에 앉아보라고 권하는 것부터 시작할 수 있다. 또한 자전거에 보조바퀴가 있어 그게 어떤 역할을 하는지 보여줄 수도 있다. 직접 길에서 타볼 때는 충분히 준비되기 전까지 절대 자전거에서 손을 놓지 않겠다고 안심시켜 주는 것도 좋다. 그리고 장에게 우유 따르는 법을 가르쳐 줄 수도 있다. 특히 좌절한 아이에게 새로운 기술을 가르칠 때는 최대한 문제를 예측하면서 아이의 성공을 보장하기 위해 최선을 다해야 한다는 것을 명심하라.

실수는 배울 수 있는 훌륭한 기회라는 것을 가르쳐라

자신의 실수에 어떤 식으로 대처하는가? 대부분의 사람은 자신이 들은 것보다 자신이 본 것으로부터 훨씬 더 많은 것을 배운다. '건설적인 비판'이라도 비판은 받아들이기 어렵다. 자신이 부족하다고 믿는 아이에게 비판은 그저 그 믿음을 강화시켜줄 뿐이다. 좌절한 아이를 돕는 가장 좋은 방법 중 하나는 모든 비판을 중단하는 것이다.

장이 물감이나 진흙으로 옷을 더럽힌다면 할머니는 아이에게 좀 더 빨기 쉬운 옷을 입히는 편이 좋다. 할머니가 "물감으로 그림을 그렸구나! 오늘 그림 그리기도 정말 재미있었나 보네"라고 말할 수 있다면 훌륭한 메시지를 전한 것이다.

또한 가족들이 정기적으로 자신의 실수를 공유할 수 있다. 저녁식사 때 가족들이 모두 돌아가면서 자신의 실수담과 그를 통해 얻은 교훈을 공유하는 것이다. 이를 통해 재미있는 시간을 보내면서도 많은 것을 배울 기회를 가질 수 있고, 실수에 대한 태도도 바뀔 수 있다.

숨겨진 메시지를 알아차려라

이렇게 말하는 사람이 있을지도 모르겠다. "아이가 그런 식으로 행동할 때 머릿속에서 그렇게 많은 일이 벌어지고 있는지 전혀 몰랐어요." 아이들이 의식적으로 어긋난 목표 중 하나를 따르기로 정하는 것이 아니라는 점을 이해할 필요가 있다. 아이들도 자신의 신념이 무엇인지 거의 알지 못하며, '내 목표를 맞춰보세요'라는 게임을 들고 나와 부모를 좌절시키려고 하는 것은 더더욱 아니다. 아이의 어긋난 목표를 알았다고 해도 그것을 친절하고 단호하며 격려를 담은 행동으로 옮길 때까지 또 시간이 걸린다.

부모가 아이의 행동에서 숨은 메시지를 알아채고, 자신의 감정과 반응을 점검하고 나면 부모도 좌절한 아이를 격려하고 아이가 위험과 실수를 무릅쓰고 기꺼이 나아가고자 하는 것을 축하해주는 단계로 나아갈 수 있다. 그러면서 부모는 자신이 능력 있고, 사랑받을 자격이 있으며, 가치 있다고 믿는 아이로 키울 수 있다.

유치원에서의 어긋난 목표

문제 행동(자신의 신념에 대해 아이가 보내는 숨겨진 메시지)은 집에 있을 때만 일어나는 것이 아니다. 문제 행동은 아이가 가는 곳이면 어디서든 일어날 수 있다. 교사와 양육자도 아이들의 어긋난 목표를 해독하고 지도와 격려의 방식으로 대응하는 법을 배워야 한다.

유치원에서의 지나친 관심 끌기

많은 아이가 모이면 지나친 관심 끌기의 욕구가 나타난다는 것은 그리 놀라운 일이 아니다.

오늘 아침 유치원 교사인 마샤의 교실에는 12명의 여섯 살 아이가 모였습니다. 10시쯤 자말이 신발끈이 풀어졌으니 묶어달라고 부탁했습니다. 마샤는 끈을 묶어주었고, 자말은 밖으로 놀러 나갔습니다. 5분이 채 지나지 않아 아이는 연필 깎는 걸 도와달라고 했는데, 마샤는 이번에도 도와주었습니다. 그리고 2분도 지나지 않아 자말이 벤의 블록을 망가뜨리려고 하는 것을 발견했습니다. 마샤는 그것은 벤의 블록이니 다른 것을 갖고 놀아야 한다고 일러주었습니다. 10시 15분쯤 자말의 신발끈이 또다시 풀어졌습니다.

지금 마샤는 휴식시간만 기다리고 있다. 자말의 끊임없는 요구가 성가시기도 했지만, 동시에 그녀는 자신이 이 아이와 함께하는 시간이 그다지 즐겁지 않는다는 데 죄책감을 느낀다. 어긋난 목표 차트의 두 번째 열에서 보았듯이 이런 감정은 자말의 행동이 관심을 끌려는 어긋난 목표에서 나온 것임을 알려주는 첫 번째 단서다.

자말의 행동에 대한 마샤의 반응 역시 전형적이다. 그리고 이것은 그의 어긋난 신념을 찾는 또 하나의 단서가 되고 있다. 그녀는 자말이 스스로 할 수 있는 일, 배워야 하는 일을 대신해주었다. 또한 자말에게 어떤 행동을 하지 말라고 주의를 주는 데 많은 시간을 할애했다. 어긋난 목표가 지나친 관심 끌기라는 것을 보여주는 세 번째 단서는 자말이 잠시 행동을 멈췄다가도 마샤를 바쁘게 만들 만한 다른 방법을 금방 찾아낸다는 점이다. 모든 교사가 자말과 비슷한 아이를 한 명쯤 알고 있을 것이다.

자말과 같은 아이들이 자신의 행동을 통해 진짜 말하고자 한 것은 무엇일까? 자말은 '나를 봐주세요, 나도 함께하고 싶어요'라고 써 있는 크고 화려한 모자를 쓰고 있다는 것을 명심하라. 아이가 지나치게 관심을 끌려고 하는 것은 자신이 눈에 띄거나 자신으로 말미암아 어른들이 분주해질 때만 소속감을 느끼고 중요한 사람이 된다는 신념을 가지고 있기 때문이다. 이런 어긋난 목표의 메시지를 해석할 수 있다면 문제 행동을 하는 아이가 진짜 하고 싶은 말이 '나는 어린 아이예요. 나는 그저 여기에 소속되고 싶어요'라는 것을 이해할 수 있다.

메시지에 대응하기
교사가 자말의 행동에 대해 관심을 달라는 외침으로 이해했다고 해도 여러 아이가 모인 교실에서 항상 일대일로 관심을 줄 수는 없다. 그러나 모든 아이와 규칙적으로 할 수 있는 여러 가지 일을 통해 자말이 끊임없이 관심을 바라는 것을 줄일 수는 있다.

의미 있는 참여를 통해 유용한 방향에서 관심을 받도록 도와주라
8~9장에서 배웠듯이 지나친 관심 끌기라는 어긋난 목표가 전하는 메시지는 '나를 봐주세요, 나도 함께하고 싶어요'이다. 아이가 유용하고 의미 있는 관심을 얻도록 행동의 방향을 돌릴 때까지 문제 행동은 일단 무시하는 것이 가장 효과적이다. 마샤는 자말에게 미술용 붓을 빨아달라거나 칠판을 지워달라거나 점심시간을 알리는 종을 대신 쳐달라는 등 선생님을 도와줄 것을 부탁하면서 참여를 유도할 수도 있다.

비언어적 신호를 가르치라
지금 시간과 관심이 필요하다는 것을 알릴 수 있는 비언어적 신호를 아이에게 가르쳐주는 것도 좋은 방법이다. 반 아이들에게 선생님이 필요하면 조용히 다가와 팔에 손을 올려 신호하라고 가르쳐줄 수도 있다. 도움 요청을 알아들었으면 마샤도 아이와 눈을 맞추고 윙크하며 '시간 나면 바로 갈게'라고 신호를 보내는 것이다. 이렇게 하면 아이는 자신이 인정받고 있으며 중요한 존재라고 느끼면서도 합리적인 수준으로 관심을 조절할 수 있다.

아이가 지나친 관심을 요구하기 전에 특별한 관심을 주라

마샤는 아이들이 자신이 특별하다고 느끼도록 뭔가 언급해줄 수도 있다. 마샤는 자말과 인사하면서 자신이 거미 알주머니를 찾아 과학 테이블에 가져다두었다고 말해줄 수도 있다. 그녀는 자말이 거미를 아주 좋아한다는 사실을 알고 있었던 것이다. 그녀의 특별한 관심과 자말의 관심사에 대한 인정은 아이가 자신이 여기 속해 있으며, 보살핌을 받고 있다고 느끼게 해준다.

'널 잘 지켜보고 있어'라는 것을 알려줄 수 있는 또 다른 방법은 아이들과 개별적으로 인사하는 것이다. 일부 교사는 아이들이 유치원에 들어올 때 아이들과 일일이 포옹이나 악수를 한다. 이 행동은 '나는 네게 관심을 갖고 있으며, 네가 와서 기뻐'라는 메시지를 전달해준다. 반 아이들과 효과적인 분량의 '특별한 시간'을 나눠 가지는 방법을 찾아볼 수도 있다. 아이들은 소속감과 자신이 중요하다는 생각이 들면 지나친 관심을 덜 바라게 될 것이다. 큰 유치원이라면 아침 인사를 하며 맞아주는 교사를 따로 정할 필요가 있다.

연습에 시간을 투자하라

10분마다 풀리는 자말의 신발은 어떻게 해야 할까? 자말이 신발끈 묶는 법을 배우도록 훈련 계획을 세워보는 것도 좋은 생각이다. 시범을 보여주고 몇 번 훈련을 시킨 뒤 자말이 직접 신발끈 묶는 것을 보고 싶다고 말하는 것이다. 자말은 격려에 고무되어 신발끈을 스스로 묶고 돌아와 마샤에게 자랑스럽게 보여줄 수도 있다. 그러면 자말은 관심을 받되 성가시게 굴거나 특별 대접을 요구하는 방식이 아니라 아이 자신이 유능하다고 느낄 수 있게 도와주는 방식으로 관심을 받게 된다.

아이들이 종종 지나친 관심을 얻고자 실수를 범하는 것처럼 어른들도 근본적으로 소속감과 자신이 중요하다는 느낌을 가지도록 아이들을 이끌어줄 방법을 찾는 대신 그저 상황에 말려드는 실수를 범하기도 한다. 그때는 꼭 이 점을 기억하라. 충분히 격려받은 아이는 소속감과 중요함을 찾기 위해 자주 잘못된 방법을 쓸 필요가 없다!

유치원에서 힘의 잘못된 사용

아름답고 화창한 날이었습니다. 사과나무에 올라간 네 살짜리 샤마와 교사 줄리가 서로 노려보고 있었습니다. 줄리는 이제 들어갈 시간이라고 말했지만 샤마는 들어가려고 하지 않았습니다. 줄리는 놀이 시간이 끝나서 다들 안으로 들어갔고, 샤마도 빨리 들어가야 한다고 말했습니다. 그러자 샤마는 올라오는 쪽 빗장을 걸었습니다. 화가 난 줄리는 빨개진 얼굴로 "지금 안 내려오면 하루 종일 밖에 못 나가게 할 거야"라고 겁주기 시작했습니다. 이 말에 샤마는 혀를 내밀고 "나한테 이래라 저래라 하지 마세요!"라며 소리를 질렀습니다. 샤마를 안아서 안으로 데려가려면 우선 아이를 끌어내려야 했습니다. 줄리는 화가 나고 당혹스러웠는데, 자신의 권위가 도전받고 있다는 기분이 들었습니다. 발버둥치며 소리 지르는 아이를 안으로 데려가는 동안 그녀는 이를 꽉 물고 "안으로 들어갈 시간이라고 말했으면, 말을 들어야지!"라고 말했습니다.

어떻게 생각하는가? 샤마는 다음부터 줄리의 말을 순순히 따를까? 이 아이의 행동 뒤에 숨은 메시지는 무엇일까? 샤마는 이렇게 말하는 것일지도 모른다. "나는 보스가 되고 싶어요. 그리고 내 삶에 힘을 갖고 싶어요!" 샤마의 보이지 않는 모자에는 '내가 도와줄게요. 선택권을 주세요'라고 써 있다. 그리고 샤마는 '누구도 나에게 이래라 저래라 할 수 없어!'라는 것을 증명함으로써 힘을 얻고자 한 것이다.

힘의 잘못된 사용임을 확인하기

줄리는 화가 났다. 그리고 자신의 합당한 권리가 침해받았다고 느꼈다. 이것은 힘겨루기에 연루되었을 때 어른들이 가지게 되는 전형적인 감정이다. 이런 감정은 힘의 잘못된 사용임을 확인시켜주는 첫 번째 단서를 제공한다.

지금까지 언급했듯이 힘겨루기에는 반드시 두 사람이 필요하다. 샤마가 이 싸움을 하기 위해선 줄리가 반드시 호응해야 한다. 줄리는 샤마를 압도해 안으로 데려가는 데 자신의 월등한 힘을 사용하는 것으로 이 상황에 대처했다. 일단 자신이 말한 대로 샤마를 따르게 만든 것이다. 그렇다면 아이는 과연 이 싸움에서 이기길 포기한 걸까?

샤마가 자기 자리를 지키기 위해 빗장을 붙들고 있던 것을 떠올려보라. 목표가 힘이라는 것을 알려주는 추가적 단서는 행동이 점점 심해졌다는 것이다. 샤마의 대응은 힘의 잘못된 사용이라는 어긋난 목표를 잘 보여준다.

힘의 잘못된 사용이라는 어긋난 목표에 따라 행동하는 아이는 협조를 거부하는 데 엄청난 에너지를 소비한다. 샤마는 선생님이 풀지 못하도록 빗장을 필사적으로 붙들고 있었다. 싸움에서 이런 난폭함은 '고집불통'으로 묘사된다(아이가 복잡한 수학 문제 푸는 법을 배우거나 마라톤을 끝까지 완주하려고 할 때 이것은 '불굴의 끈기'라고 긍정적으로 평가된다). 힘의 잘못된 사용이라는 어긋난 목표의 밑바탕에 깔려 있는 신념은 '나는 스스로 통제할 때만 소속감을 느껴. 누구도 나를 어쩔 수 없어'이다.

메시지에 대응하기

줄리가 자신의 힘을 적절한 방식으로 발휘할 수 있는 방법은 무엇일까? 가능한 몇 가지 방안을 살펴보자.

아이에게 도움을 청하라

둘 사이의 힘겨루기에 패턴이 있다면 줄리는 아이에게 도움을 요청하는 등 자신의 힘을 생산적인 방향으로 사용하면서 그 악순환을 깨보려고 할 수 있다. 줄리는 "샤마, 네 도움이 필요해. 저기 구석에 있는 아이들에게 이제 들어갈 시간이라고 말해줄 수 있니?"라고 말할 수 있다. 이렇게 도와줄 기회를 주면 힘의 잘못된 사용을 원하는 아이도 유용한 방향으로 힘을 발휘하는 기회를 가짐으로써 긍정적 효과를 가져오는 경우가 많다.

아무리 어려도 무기력하거나 피해자가 된 듯한 기분을 즐기는 아이는 없다는 점을 기억하라. 우리 모두에겐 자기통제를 경험할 기회와 자신의 힘이 생산적인 방향으로 사용될 수 있다는 것을 배울 기회가 필요하다. 힘을 가지려고 하는 것 자체가 잘못된 것은 아니다. 그 힘의 잘못된 사용이 문제를 일으키는 것이다.

제한된 선택지를 제공하라

아이에게 권한을 주는 가장 좋은 방법 가운데 하나는 수용 가능한 제한된 선택지를 제공하는 것이다. 아이에게 안으로 들어가도 괜찮겠냐고 묻는 것은 괜찮지 않으면 들어가지 않아도 된다는 것을 의미한다. 그러나 수용할 수 없는 방안이라면 직접 얘기하는 것이든 암시하는 것이든 선택지에 포함시켜선 안 된다.

줄리는 아이에게 놀이 시간이 끝나면 반 아이들을 이끌고 안으로 들어가고 싶은지, 아니면 선생님의 손을 잡고 다른 아이들 뒤를 따라가고 싶은지 물어볼 수 있다. 이것은 제한된 선택지인 동시에 모두 수용 가능하다. 계속 밖에 있는 것은 선택지에 포함되지 않는다. 아이가 계속 밖에 있겠다며 보기에 없는 선택지를 고르면 "그건 선택지가 아니잖아"라고 말하면 된다.

샤마에게 안으로 들어가기 전 마지막으로 어떤 놀이기구를 탈지 고르게 한 뒤 2분이 지나면 벨이 울릴 거라고 말해두는 방법도 있다. 이처럼 힘겨루기가 아이와의 패턴으로 굳어지기 전에 미리 계획해두는 것이 현명하다.

선택지를 주는 것은 아이에 대한 존중을 보여주는 행위다. 이것은 아이를 속여 따르도록 만드는 속임수가 아니다(아이가 어른의 행동을 어떻게 받아들일 것인지는 어른의 태도에 달렸다는 사실을 명심하라). 직접 선택하도록 하는 것은 아이에게 권한을 줌으로써 수용 가능한 방식으로 힘과 소속감에 대한 아이의 요구를 채워줄 수 있다. 그리고 그 밑바탕에 깔린 요구를 충족시켜 줌으로써 그저 문제 행동의 증상만 다루는 것이 아니라 진짜 원인을 겨냥할 수 있다.

예상하지 못한 행동을 하라

어른과 아이는 자신들의 행동이 점점 예상 가능해진다는 것을 알아차린다. 줄리와 샤마도 지금 이 장면(또는 약간 다른 버전)을 그전에도 여러 번 연출했을 것이다. 샤마의 도전에 늘 하던 대로 반응하는 대신 예상하지 못한 방식으로 행동할 수도 있다. 샤마가 안으로 들어가지 않겠다고 하면 "나 잡아봐라!" 하고 말한 뒤 도망가는 것이다. 빗장을 단단히 붙들고 있는 아이에게 얼마나 놀라운 일이겠는가! 샤마는 손을 놓고 선생님을 뒤쫓을지도 모른다. 마침내 선생님을 잡으면 줄리는 아이를 힘껏 안아주고는 사이좋게 안으로 들어갈 수 있다. 대치 상태의 긴장감은 어느새 사라지고 모두 승자가 된다.

서로 윈윈할 수 있는 해결책을 찾으라

힘겨루기를 해결할 수 있는 또 다른 방법은 샤마에게서 배운 것처럼 서로 윈윈할 수 있는 해결책을 찾아보는 것이다. 두 사람이 서로 이기려고 들면 힘겨루기는 갈수록 심해진다. 그러다가 결국에는 아이를 패자로 만들 뿐인데, 왜 자신의 힘을 강하게 주장하는가?

유치원에서의 보복

화요일 아침, 다섯 살 에릭은 계속 장난감 공룡을 교실 구석으로 집어던지고 있었습니다. 이때 선생님 존이 오더니 장난감 공룡을 빼앗으며 "오늘은 이걸 가지고 놀 수 없어"라고 말했습니다. 에릭은 엄청 화가 났습니다. 어제 재커리가 구석으로 블록을 던질 때는 뭐라고 하지 않았기 때문입니다. 에릭은 불공평하다는 생각에 마구 발을 굴렀습니다. 얼마 지나지 않아 존은 에릭이 화장지를 잔뜩 버려 변기가 막혀버렸다는 것을 알았습니다. 존은 에릭에게 변기를 보여주면서 "어떻게 이런 짓을 할 수 있니?"라고 물었습니다. 그러자 에릭은 망설임 없이 "여기가 싫어요. 그리고 변기가 고장 나서 오히려 좋은데요"라고 대답했습니다. 존은 이 일을 부모님께 알릴 것이며, 에릭은 구석에 조용히 서 있어야 한다고 말했습니다. 그러나 그날 에릭은 집에 돌아가기 전 책까지 찢어놓았습니다.

이쯤 되자 존은 다음 날 병가를 내기로 결심했는데, 도저히 이 아이와 하루를 같이 보낼 자신이 없었던 것이다. 에릭의 메시지는 이것이다. "나는 상처받았어. 그러니 다른 사람들에게도 상처를 줄 거야. 인생은 불공평해!" 의심할 여지없이 존은 지금 큰 상처를 받고 좌절한 상태다. 교사가 되기 위해 지금까지 많은 시간과 노력을 투자했는데, 그게 다 무슨 소용인가! 또한 존은 혐오와 불신에 사로잡혔으며, 에릭이 유치원을 경멸하는 것에 당혹감을 느꼈다.

보복임을 확인하기

어른들은 (아이들도) 상처받은 감정을 분노로 덮으려고 하는 경우가 많다. 에릭의 행동에 대한 존의 반응은 질책과 처벌로 아이에게 상처를 되돌려주는 것이었다. 이것은 보복의 악순환을 만든다.

에릭은 발을 구르는 것부터 변기에다 화장지를 버린 것, 유치원에 대한 증오를 선언한 것, 책을 찢은 것까지 자신의 행동을 점차 강화시키며 대응했다. 아이들은 보복의 악순환에 아주 능숙하다. 그들은 행동 뒤에 숨은 메시지를 보지 못하고 이 악순환에서 어떻게 벗어나야 할지 모르는 어른들에게 상처 줄 수 있는 무기가 많다. 에릭이 뒤로 돌려 쓴 모자에는 '도와주세요, 저는 상처받았어요. 제 감정을 인정해주세요'라는 외침이 적혀 있다.

보복이라는 어긋난 목표를 선택한 아이는 자신이 여기 소속될 수 없다면(이는 큰 상처가 되는 일이다) 되갚아주겠다고 생각한다. 안타깝게도 다른 사람을 괴롭히고 물건을 망가뜨리는 아이를 사랑하고 아끼는 것은 어른에게도 힘든 일이다. 자신이 여기에 소속되지 못했다는 생각이 들면 아이는 자신의 주장을 증명하는 방식으로 행동한다.

메시지에 대응하기

에릭과 같은 아이는 다루기가 어렵다. 그러나 에릭이 불공평하다고 느끼고 상처받았다는 것을 알았다면, 교사는 아이의 진정한 필요에 맞춰 대응할 수 있다. 에릭은 소속감을 느끼고 집단의 진정한 구성원이 되기를 바라고 있다. 그렇다면 어떻게 해야 할까?

인정과 표현을 통해 상처받은 감정을 다루어라

에릭은 행동을 바꾸기 전에 자신의 상처받은 감정을 인정받고 그것을 수용 가능한 방법으로 표현하도록 도움을 받아야 한다. 존은 에릭과 시간을 보내면서 아이가 자신의 감정을 보다 효율적으로 표현하는 방법을 찾도록 도울 수 있다.

어린 아이들은 자신의 문제 행동이 상처받은 감정에서 나왔다는 것을 알지 못한다. 그러나 어른들이 자신의 감정을 말해주면 아이들은 인정받고 이해받았다고 느낀다. 학습을 시작하는 가장 좋은 방법은 본보기를 보여주는 것이다. 존이 이렇게 말했다고 가정해보자. "에릭, 네가 그렇게 행동했을 때 나는 상처받았어. 마찬가지로 너도 상처를 받았을 것 같아. 네가 상처받은 감정에 대해 얘기할 준비가 되면 알려줄래?" 에릭은 자신의 감정에 대해 얘기할 수 있을 때까지 시간이 필요할 것이다. 아직 아무 말도 하고 싶지 않아 한다면 교사가 먼저 자신이 상처받은 순간에 대해 말하는 것도 좋다. 존의 이야기를 듣고 나면 에릭도 자신의 상처받은 마음에 대해 존과 대화할 마음이 생길 것이다. 이런 시간을 가지면 교사는 아이가 자신은 호감 가는 사람이 아니라고 느끼더라도 선생님이 자신을 받아들인다는 것을 보여줌으로써 아이의 신뢰를 얻을 수 있다. 그리고 자기 감정이 인정받고 받아들여질 때 아이의 기분(행동)도 좋아지기 시작한다.

감정과 행동의 차이를 가르쳐라

마음속의 감정에 이름을 붙일 줄 알게 되면 아이에게 새로운 도구가 생기는 것이다. 자신의 감정을 잠시 멈추고, 인식하고, 이름 붙이면서 에릭은 행동하기 전에 속도를 늦추고 생각할 시간을 가질 수 있다. 에릭은 상처받았다고 느끼는 것과 그 감정에 따라 행동하는 것에 차이가 있다는 것을 배워야 한다.

존은 에릭에게 이렇게 말할 수 있다. "네가 무엇을 느끼든 그건 언제나 괜찮아. 하지만 네가 무엇을 하는 것은 언제나 괜찮은 것은 아니야. 상처받았을 때 다른 사람을 해치거나 학교를 망가뜨리지 않고 할 수 있는 일에 무엇이 있을지 나중에 같이 생각해보자." 에릭이 회복하기까지는 얼마간의 시간이 필요하므로 같이 생각할 시간을 다음으로 미루는 것이 좋다.

긍정적인 타임아웃이 도움이 될지 물어보라

만약 존이 아이들에게 긍정적 타임아웃을 가르쳤다면 기분이 좀 나아질 때까지 머리를 식히는 것이 도움이 될지 에릭에게 물어볼 수도 있다. 또한 에릭에게 누군가가 같이 가주는 것이 좋을지, 아니면 혼자 가고 싶은지를 물어볼 수 있다. 만약 누군가와 같이 가길 원하고 존에게 시간적 여유가 있다면 이렇게 물을 수도 있다. "선생님이랑 같이 갈래, 아니면 다른 친구랑 갈래?" 자신이 여기 속하지 못했다고 생각하는 아이는 대개 누군가와 같이 갈 기회를 놓치려고 하지 않는다. 이렇게 하면 아이는 마음을 가라앉히는 동시에 소속감도 느낄 수 있다.

상처받은 아이가 다른 아이를 괴롭힐 때

아이의 어긋난 목표가 자신의 상처에 대한 복수였다는 것을 이해한다고 해서 다른 사람을 해치는 행동을 받아줘야 하는 것은 아니다. 신체적 공격에 대한 보상을 해주는 것은 세 단계로 이루어진다.

1. 일단 피해를 최소화하라. 싸우는 아이들을 떼어놓거나, 공격하는 아이의 손이 닿지 않도록 아이들을 다른 곳으로 보낸다. 두 아이가 진정되면 더 나은 결정을 할 수 있을 때까지 머리를 식힐 수 있는 장소에 보내는 경우도 많다.

2. 상처받은 감정에 대해 말하게 하라. 무엇 때문에 아이가 상처를 받았고, 그 감정이 표면으로 드러나게 되었는지 알아본다. 아이의 감정을 수용하고 인정했다면 어떤 감정이 생기더라도 걱정할 필요가 없다는 메시지를 보내 아이의 소속감을 키워준다. 이것이 무조건적인 돌봄의 형식이다. 아이가 겪는 고통의 원인을 없애기 위해 뭔가 해줄 수 있는 것이 전혀 없을 때도 있다. 계속 싸우는 부모라든가, 가족 가운데 아픈 사람이 있을 때, 그 외에도 많은 일에 대해 할 수 있는 것이 없다. 그러나 아이가 자신의 감정을 솔직히 표현할 수 있고, 누군가 자신의 이야기를 들어주고 지지해준다고 느낄 수 있는 안전한 장소를 제공해주는 것만으로도 상처를 치유하는 데 도움을 줄 수 있다.

3. 보상하라. 보상은 자신이 행동에 책임을 지는 법을 배우는 과정으로, 우리 모두가 기르고 실천해야 하는 것이다. 공격한 아이에게 다친 아이가 기분을 풀도록 도울 방법을 찾고 싶은지 물어볼 수도 있다. 아이는 다친 아이를 위해 봉사(그 아이의 책상을 대신 정리해주거나 동화책을 읽어주거나 그림을 그려주는 것 등)하겠다고 제안하는 등의 아이디어를 낼 수 있다. 또한 사과하는 방법을 택할 수도 있다. 그러나 아이에게 "미안해"라고 말하길 억지로 강요해선 안 된다. 이것은 아이에게 마음에 없는 말을 하는 법을 가르칠 뿐이다. 아이가 진심으로 사과의 말을 꺼낸다면 그것이 가장 효과적이다.

아이가 자신의 관점을 충분히 공유할 수 있게 하라

에릭의 마음이 진정되고 기분도 풀리면 교사와 아이는 왜 상처를 받았는지에 대해 이야기를 나누고, 다시 기분이 좋아지는 방법을 함께 찾아볼 수 있다. 에릭은 물건 던지기 사건에 대한 존의 반응을 보고 자신의 기분이 어땠는지 이야기할 수 있다. 그러면 존은 그날 아침 학급회의에서 물건 던지기에 대한 대책을 만들었던 것을 상기시켜줄 수도 있다. 그러면 그 전날 물건을 던졌던 아이가 왜 자신처럼 벌을 서지 않았는지가 설명된다. 아니면 에릭에게 앞으로 더 공평해질 수 있는 해결책이 떠오르면 제안해달라고 부탁할 수도 있다. 먼저 상처받은 감정을 다독이면서 존과 에릭은 함께 문제 해결로 나아갈 수 있다.

해결책을 찾을 시간을 계획하라

에릭은 격한 감정이 치솟을 때 다른 방식으로 행동하는 법을 배워야 한다. 시간이 좀 지나고 존은 에릭과 함께 이야기를 나눌 시간을 가졌다. 이런 후속 조치는 긍정적인 성장을 유도할 뿐 아니라 이후에 일어날 수 있는 문제를 예방하는 데도 도움이 된다. 존은 다음에 상처받으면 자신에게 와서 그 감정에 이름을 붙여보기로 하면 어떠냐고 제안하면서 대화를 시작했다. 존은 언제나 성심껏 들어주기 위해 노력하겠다고 말했다. 그러고 나서 에릭에게도 어떤 아이디어가 있는지 물었다. 에릭은 '할 수 있는 만큼 솔직히 말하기'를 배웠기 때문에 "나에게 상처 준 사람에게 그러지 말라고 말할 게요"라고 대답했다. 존은 "그거 좋은 방법이네. 그런데 다른 것도 있니?"라고 물었다. 다른 아이디어가 없다는 것을 눈치 챈 존이 운을 띄웠다. "그 문제를 학급회의 안건으로 올리는 것은 어때?" 그러자 아이는 "해볼게요"라고 말했다.

존은 "지금까지 좋은 의견이 세 개나 나왔네. 혹시 다음에 네가 상처 받는다면 이 방법들 너에게 가장 잘 맞는 것을 하나 선택할 거라고 믿어"라고 말한 뒤 이야기를 마무리했다. 그러나 에릭이 자신의 감정에 이름을 붙이고, 그것을 괜찮은 것으로 받아들이고, 수용 가능한 방법으로 해결할 수 있기까지는 이 과정을 되풀이해야 한다는 것 역시 명심하라.

고장 난 것을 고치고 보상하라

에릭이 했던 과격한 행동은 어떻게 해야 할까? 아이의 기분을 상하게 하는 것은 행동을 개선하도록 하는 데 도움이 안 된다는 것을 기억하라. 앙갚음과 처벌은 파괴적인 행동에 대한 어른들의 전형적인 반응이지만, 이는 아이가 더한 보복으로 대응하도록 도발할 가능성이 크다. 대신 아이가 무언가를 망가뜨렸을 때는 망가진 물건을 교체하거나, 망가진 것을 고치기 위한 책임을 아이가 지도록 하는 것이 좋다.

에릭이 변기에 화장지를 버려 막히게 했으면, 화장실 청소를 돕는 일을 시킨다. 에릭은 자신의 감정과 행동 뒤에 숨겨진 상처가 적절히 해결되었을 때 청소하겠다고 나설 가능성이 크다. 따라서 시간이 지난 다음 에릭과 존은 어떻게 아이가 화장실 청소를 도울지 이야기를 나눌 수 있다. 핵심은 화장실이 더러워졌다는 것이지, 에릭이 더럽혔다는 것이 아니라는 점을 잊지 마라. 지금은 비난하기 위한 시간이 아니라 문제 해결책을 찾기 위해 함께 노력하는 시간이다. 물론 시간이 걸릴 수밖에 없다. 그러나 이렇게 존중과 관심을 담아 접근하면 에릭의 행동을 개선시킬 수 있는 가능성이 훨씬 커진다.

에릭은 '벌을 받지 않고 빠져나간' 것이 아니다. 궁극적으로 존은 자신이 입힌 피해를 복구하기 위한 계획에 동의할 것이고, 존은 그 계획이 순조롭게 진행되는 과정을 지켜볼 수 있을 것이다. 초점이 해결책에 있을 때 그 결과는 행동을 바꿀 수 있다. 그러면 보복의 악순환이 깨진다.

아이가 소속감을 느끼도록 노력하라

지금까지 에릭이 그날의 행동을 다스리도록 도울 수 있는 여러 가지 방법을 살펴보았다. 그러나 에릭이 근본적으로 자신을 바라보는 차원에서 지속적인 변화를 만들어내려면 존은 아이가 교실에서 소속감을 느낄 수 있는 방법에 초점을 맞춰야 한다. 학급회의나 그룹 토의 시간에 존은 다른 사람이 우리와 무언가를 같이하고 싶어 하면 얼마나 기분이 좋은지에 대해 토론할 수 있다. 그런 뒤 오늘 오전 간식을 나누어줄 사람으로 에릭을 골랐다고 말하는 것이다. 그는 에릭과 함께 이 일을 같이하고 싶은 사람이 있는지 물어본다. 몇몇이 손을 들 테고, 도와줄 사람이 정해진다. 이 일을 에릭과 함께한다는 데 초점을 맞춤으로써 존은 그저 "또 간식 나눠줄 사람?"이라고 물을 때와는 다른 메시지를 보낸 것이다.

이후에 존은 에릭과 잠시 시간을 보내며, 얼마나 많은 아이가 에릭과 함께 일하고 싶다고 손을 들었는지 언급할 수 있다. 에릭은 많은 아이가 자신과 함께 간식을 나눠주겠다고 손을 들었을 때 기분이 좋았을까? 이런 방식으로 존은 에릭이 학급의 구성원으로 자리매김하도록 도와줄 뿐 아니라 에릭이 자신을 다른 아이들이 함께 일하고 싶은 호감 가는 사람이라고 인식하도록 도와줄 수 있다. 이런 과정은 에릭이 자신의 경험에 대해 다른 신념을 가지도록 돕는 데 결정적인 한 수로 작용한다.

유치원에서 지레 부족하다고 여기기

데일에게는 여느 때와 다름없는 수영 수업이었습니다. 데일은 여섯 살이지만 아직 네 살 반에서 수업을 받습니다. 수영 강사인 톰은 물속에서 물거품을 만들어보자고 했습니다. 데일은 얼굴을 적시기 싫어 물 위에서 슬쩍 입김을 불었습니다. 톰이 다가와 데일에게 생일 초를 끄는 것처럼 불어보라고 말했습니다. 그러나 데일은 그저 팔로 자신을 감싼 채 턱을 가슴으로 한껏 당기고는 고개를 저었습니다. 1~2분이 지나자 톰은 포기하고 다음 아이에게로 갔습니다. 잠시 후 다른 아이들은 수영장 가장자리를 잡고 발차기 연습을 시작했습니다. 데일은 수영장에 안 들어가겠다고 말한 뒤 옆에 그냥 앉아 있었습니다. 톰이 발장구를 치는 동안 몸을 잡아주겠다고 했지만, 데일은 거절의 뜻으로 몸을 돌렸습니다. 결국 톰은 포기하고 데일을 혼자 두었습니다.

데일은 자신을 그냥 내버려두라고 수영 선생님을 설득하는 데 성공했다. 데일은 자신이 '충분히 훌륭하지' 못하기 때문에 희망이 없다고 믿고 있다. 그는 이 신념에 따라 다른 사람들도 자신을 포기하게 만들거나, 지레 부족하다고 여기는 어긋난 목표를 완벽하게 입증하거나, 스스로 포기하는 식으로 행동했다. 얼굴까지 덮어쓴 데일의 스키 모자에는 '조금씩 따라갈 수 있게 해주세요. 내 성공을 축하해주세요'라고 써 있다.

유치원에서 지레 부족하다고 여긴다는 것을 확인하기

톰은 자기 반 아이들 모두의 필요에 귀를 기울여야 한다. 데일에게만 전적으로 관심을 쏟을 수 없다. 그는 데일이 다양한 활동을 시도하도록 설득하지 못하자 어쩔 수 없다는 생각이 들었다. 데일을 억지로 물속에 집어넣어 물거품을 만들게 할 수는 없다. 자신이 할 수 있는 일은 데일을 포기하고 그냥 내버려두는 것뿐이라고 생각했다. 그 외에 뭘 할 수 있겠는가? 톰에 대한 데일의 반응은 더 멀리 도망가는 것이었다. 그는 누구와 싸우지도 사납게 굴지도 않았다. 사실 그는 자신을 무시하고 내버려두면 모든 것이 편해지는 상황을 만들었다.

데일이 시도만 했더라면 수영을 아주 잘했을지도 모른다. 그런데 자신이 부족하다는 믿음은 어디서 생긴 걸까? 공교롭게도 데일의 엄마와 아빠는 운동신경이 뛰어나서 모든 운동을 즐겼다. 그들은 달리기도 하고, 롤러블레이드와 자전거도 탔다. 데일이 그들과 함께하려고 하자 두 사람은 그럴 경우 운동을 제대로 즐길 수 없다는 사실을 숨기지 않았다. 그들은 데일을 사랑하지만, 자신들의 활동을 아이의 수준에 맞추는 법을 제대로 알지 못했던 것이다.

메시지에 대응하기

데일은 자신이 엄마와 아빠만큼 스포츠를 잘하지 못하기 때문에 아예 시도조차 하지 않는 것이 좋겠다고 판단했다. 그는 제대로 할 수 있는 것이 아무것도 없는 것 같았다. 엄마와 아빠는 '완벽'하지만, 자신은 그렇지 못하기 때문에 체념하는 게 더 편하다고 생각한 것이다. 만약 다른 사람들이 자신에게 별로 기대하지 않게 만들 수 있다면 자신을 내버려둘 거라고 여겼다. 이런 상황에서 톰은 데일을 무시하는 것 말고 무엇을 할 수 있을까?

아주 작은 발전에도 격려하라

데일이 수영장에서 아무것도 하지 않는데 어떻게 그 아이를 격려할 수 있는가? 톰은 이렇게 말해볼 수 있다. "데일, 물거품 내는 데 함께하려면 네가 큰 용기를 내야 한다는 걸 알고 있어. 나는 너의 그 노력을 정말 고맙게 생각한다는 것을 알아줬으면 좋겠어." 이는 간단한 말이지만 강력한 힘을 발휘할 수 있다. 톰은 수영을 배우는 것이 쉬울 거라고 말하지 않았다. 오히려 그것이 데일에게 얼마나 힘든 일인지를 인정해주었다. 톰은 데일이 기꺼이 시도할 수 있을 정도의 작은 발전을 찾아주기 위해 시간을 들였다. 시간이 흐르면 이런 부드러운 격려는 데일이 두려움과 맞서는 데 큰 힘이 된다.

아이가 할 수 있는 것에 초점을 맞춰라

어른들은 아이가 할 수 있는 것에 초점을 맞추는 법을 배워야 한다. 우선은 다른 사람의 눈을 통해 자신의 능력을 볼 수 있게 도와주고, 궁극적으로는 자신의 눈으로 직접 볼 수 있게 이끄는 것이다. 대부분의 교사는 관심을 바라는 아이들의 차지가 되거나, 반항적인 아이들과 힘겨루기를 하느라 정신이 없다. 그러나 어긋난 목표가 지레 부족하다고 여기거나 포기하는 아이들을 절대로 무시해선 안 된다.

작업을 작은 단계로 나누고 성공을 축하하라

작은 아이들과 함께 생활하는 어른들은 성공을 향한 작은 발전을 발견하고 격려하는 법과 현실적인 기대감을 갖는 법을 배워야 한다. 루돌프 드라이커스는 "완벽이 아니라 발전을 위해 노력하라"고 말했다. 작은 발전을 격려할 때는 과제를 작은 단계로 쪼개 좌절한 아이가 위협적으로 느끼지 않게 만들어야 한다. 데일이 자신을 믿도록 교사가 도와줄 수 있다. 이 어긋난 목표를 가진 아이에게 필요한 키워드는 '자신을 믿어!'와 '격려, 격려, 격려!'다. 간혹 어려울 때도 있겠지만, 좌절한 아이를 믿으려고 노력해야 한다. 아이는 어른의 눈에 비친 자신의 모습을 본다. 그리고 어른의 믿음에서 나온 에너지는 아이에게 전염된다.

소용이 있을까

교사와 양육자들은 자신들이 매일 마주하는 사태의 심각성에 당혹감을 느낄 수도 있다. 수십 명의 작고 에너지 넘치는 아이를 가르치고 관리하는 것은 절대 쉬운 일이 아니다. 더구나 아이들이 지기 자신과 사신의 세계에 대해 믿고 있는 것 대부분이 교사들이 통제할 수 없는 가정에서 형성될 때는 더욱 그렇다.

그럼에도 최선을 다할 수밖에 없다. 아이들이 양육자들과 보내는 시간은 소속감과 자신이 중요하다는 느낌을 받을 수 있는 가장 좋은 기회다. 그리고 매 시간은 창조하기 위해 투자하는 노력만큼 가치가 있다. 더 나아가 아이의 행동을 진정으로 이해하고 적절히 다루기 위해 부모와 교사가 함께 노력한다면 그 결과는 아이에게 기적처럼 여겨질 것이다!

11장

넌 내 생일 파티에 오지 마!
: 아이에게 필요한 사회생활 기술

 "선생님 나랑 친구해요?" 유치원 교사라면 모두 이 말을 들어보았을 것이다. 이 말은 마음을 따뜻하게 만들어주기도 하고, 과도한 관심을 바라는 요구처럼 느껴져 부담스러울 수도 있다. 사실 아이가 우정과 사회생활 기술을 필요로 하는 것은 일반적이며 발달 단계의 일부분이다.
 유아기의 아이들은 놀라운 성장을 보여준다. 이런 성장은 우정의 발달로 추적해볼 수 있다. 사회생활 기술은 예측 가능한 양상으로 얻을 수 있다. 이때 어른들이 아이의 능력을 잘 이해하고 있다면 기술을 훨씬 더 수월하게 익힐 수 있을 것이다. 아이를 진정으로 사랑하는 어른이라면 인내심을 갖고 사회생활 기술이 발달하는 이 시기, 즉 때로는 눈물로 얼룩진 얼굴과 내팽개쳐진 장난감, 끈질긴 줄다리기로 가득 찬 이 시기에 충분한 훈련과 격려를 제공해야 한다.

어린 아이에게 우정은 어떤 의미인가

아이가 세 살 이하일 때는 어린이집에서 친구들과 함께 있거나, 부모님 친구의 아이와 만나거나, 어른들끼리 어울리는 동안 이웃집 아이들과 함께 '놀고' 있어도 그들에게 친구가 있다고 보기 어렵다. 세 살에서 네 살로 넘어갈 때쯤 아이들은 자기 또래 아이들을 호기심이나 탐구의 대상으로 보면서 상호작용하기 시작한다. 그러나 그 상호작용은 찌르기, 물기, 장난감 뺏기, 모래 던지기 등으로 우정을 쌓기에 적당하지가 않다. 이 시기에 아이들은 나란히 노는 것, 즉 다른 아이 옆에서 개별적으로 노는 것은 할 수 있다.

네 살이 되면 본격적으로 우정이 생겨나기 시작한다. 이때의 관계는 종종 어른들에 의해 정리되기도 하고, 한순간에 사라질 수도 있다. 그러나 진정한 우정의 씨앗은 이미 뿌려졌고, 몇몇 아이는 또래 아이들과 진정한 관계를 쌓아가기 시작한다. 다섯 살이 되면 아이들은 대개 두세 명의 좋아하는 놀이 상대와 지속적으로 우정을 키워나가기 시작한다.

유아에게 학습은 종종 반대 개념까지 함께 배우는 것이기도 하다. 즉 아이들은 한 가지 기술을 배우면 동시에 그 반대에 있는 것도 배운다. 예를 들어 우정을 통해 관계를 맺는다는 것은 그것의 부정적인 측면, 즉 따돌림도 따라온다는 뜻이 된다. 아이에게 우정을 드러내는 말로 "너 내 생일 파티에 올래?"보다 강력한 것은 없다. 이때 아이는 이렇게 말한 것이다. "가장 중요한 날을 함께하고 싶을 만큼 너를 좋아해!" 그러나 불행하게도 아이들은 다른 아이를 내쫓는 것이 권력의 느낌이나 보복의 기회를 가져다준다는 것도 함께 배운다.

제나는 다섯 살입니다. 지금은 6월이고 제나의 생일은 12월입니다. 그럼에도 제나는 하루도 빠짐없이 유치원의 누군가를 자신의 생일 파티에 초대하거나 못 오게 합니다. 어떤 부모가 자신의 딸을 등록시키기 위해 상담하러 들렀을 때 제나는 새로운 아이에게 다가가 "이제 여섯 살 되는데, 너는 내 생일 파티에 와도 돼"라고 말합니다. 그러나 얼마 지나지 않아 친구인 일사가 가지고 놀던 장난감을 빌려주지 않자 제나는 입을 삐죽 내밀고는 무서운 목소리로 "넌 내 생일 파티에 못 와!"라고 선언했습니다. 일사는 그런 위협에 어쩔 줄을 몰라 하며 서둘러 장난감을 건네주었습니다.

생일 초대(또는 초대 철회의 위협)는 어린 시절의 사회적 도구다. 이것은 상호우호관계의 제안과 수용을 의미하며, 이것의 반대는 일시적 거절을 뜻한다. 이 나이의 아이들은 자신의 감정을 인식하고 말로 표현하는 데 서투르기 때문에 이 생일 초대 위협은 두 가지 목적으로 활용된다. 먼저 이런 의미다. "나는 어찌 됐든 화났어." "나는 슬퍼." "나는 기분 나빠." 또한 이것은 다른 사람이 자신의 요구를 들어주도록 만드는 도구로 활용되기도 한다. "그네를 양보하지 않으면 내 생일에 못 와." 아이가 성숙해지면서 사회적·감정적 기술을 습득하면 그들도 좀 더 협력적인 방식으로 상호작용하는 법을 배운다.

여섯 살부터는 강한 우정이 형성된다. 이 시기의 우정은 어린 아이들이 점점 강렬하게 경험하는 여러 감정과 함께 발생하며, 이렇듯 발달의 측면이 한데 어우러지면서 격렬한 불꽃이 튈 수도 있다. 여섯 살부터 아이들은 특별한 관계를 맺은 한 명의 친구에 집중하거나, 특별한 친구 집단을 만들게 된다.

세르지오와 케네스는 가장 친한 친구입니다. 둘은 아침마다 유치원에서 서로가 오기를 기다립니다. 그들은 싸우는 시늉을 하며 함께 바닥을 구르면서 인사를 나눈 뒤 새로운 블록 탑을 쌓으러 재빨리 달려갑니다. 그들은 그룹 활동 시간에도 나란히 앉고 싶어 하는데, 선생님께 둘이서 조용히 있기 어려우면 떨어져 앉아야 한다고 주의를 받을 때도 있습니다. 세르지오와 케네스는 하루 종일 함께 있습니다. 그들은 이렇게 어린 시절의 우정을 쌓아가고 있습니다.

세 명이 어울려 지내는데 그중 한 명과 밀어져 문제가 발생하는 경우도 흔하다. 로렌의 부모는 어위과 메이 둘이서만 수영하러 갔다고 말할 때 아이의 목소리에서 괴로움이 묻어나는 것을 느꼈다. 혼자 남겨진다는 것은 아주 고통스러운 일이다. 거절은 마음 아픈 사회적 기술 중 하나다. 이렇게 유아기 후반이 되면 어른들은 아이들에게 문제해결 기술을 활용하여 앞으로 겪게 될 차이에 따른 문제를 해결하는 법을 가르치고, 그들에게 본보기를 보여줘야 하며, 건강한 사회적 상호작용을 하도록 격려해야 한다. 흥미롭게도 성별 역시 사회적 상호작용에 영향을 끼치는 것으로 드러났다. 몇몇 연구에 따르면 여자아이들은 공격할 때 관계와 거절을 이용하는 경향이 있는 반면 남자아이들은 말다툼을 하거나 싸우고 나서 금방 화해하는 경향이 있다.

할과 앨런, 셸리는 친구입니다. 그들은 떼려야 뗄 수 없는 한 팀으로, 운동장을 돌며 잡기 놀이를 하고 있습니다. 셋 가운데 셸리가 리더입니다. 대부분은 놀이도 규칙도 셸리가 정합니다. 선생님은 이 세 명에게 새로운 활동을 소개하려면 셸리를 먼저 설득해야 한다는 것을 알고 있습니다.

특별한 우정은 살면서 만들어가게 될 다양한 관계의 중요한 토대를 형성하며, 아이들에게 여러 가지 역할을 실험해볼 기회를 제공한다. 예를 들어 지금 앨런이 셸리의 리더십을 따르기로 했다고 해서 영원히 리더가 되지 못한다는 뜻은 아니다. 그는 지금 시험 삼아 한 가지 역할을 맡은 것뿐이다.

사회생활 기술은 연습을 거치지 않으면 얻을 수 없다. 거기에는 무수한 불평의 외침과 눈물이 따를 것이다. 어른들이 섣불리 구조요원을 자청하나 심판으로 나서지 않고 아이들 스스로 자신이 영향력 있고 유능하다고 느끼도록 건강하게 돌보는 데 집중한다면 아이들이 소속감을 얻는 데 필요한 사회생활 기술을 습득하도록 도움을 줄 수 있다.

놀이 시간: 사회화를 위한 무대

사실 아이들의 놀이는 역할과 관계에 대한 집중적 연구가 이루어지는 일종의 실험실이다. 놀이는 아이들이 장차 타인과 나눌 상호작용의 토대를 만들어주는 활동이다. 절대로 의미 없거나 시간 낭비인 활동이 아니다. 놀이를 하는 동안에도 힘든 순간이 있을 텐데, 부모와 양육자들은 다음과 같은 이야기를 들려줄 기회가 있을 것이다.

어느 날 오후 다섯 살배기 샤론은 무릎이 까지고 피가 난 채로 집에 돌아왔습니다. 아이는 제이미가 자신을 그네에서 밀었다고 말했습니다. 엄마는 곧장 유치원 교사에게 전화해 항의해야겠다고 생각했을 겁니다. 그들은 아이들을 지켜볼 책임이 있으니까요. 그러나 샤론의 엄마는 갈등이 생겼을 때 타인을 비난하기보다는 그 일을 통해 아이가 일상생활 기술을 배우도록 도와주는 데 관심을 가진 사람이었습니다. 그녀는 아이 옆에 앉아서 "아가, 무슨 일이 있었는지 말해줄 수 있겠니?"라고 물었습니다.

"제이미가 그네에서 내려서 내가 탔어." 샤론은 이렇게 말하고 나서 한 마디 덧붙였습니다. "걔는 그때 안 타고 있었어."

엄마는 미소를 참았습니다. 이 이야기가 어떻게 진행될지 알 것 같았습니다. "제이미가 왜 그네에서 내렸는지 알아?"

"재킷을 가지러 가려고." 아이는 차분하게 대답했습니다.

엄마가 짐작한 대로 제이미가 재킷을 가지고 돌아왔을 때 샤론이 말도 없이 '자기' 그네를 타고 있자 그냥 밀어버린 것이었습니다. 엄마는 잠시 동안 아이의 감정을 인정해주었습니다. "제이미가 밀었을 때 정말 무서웠겠다. 이제 제이미가 친구라는 느낌이 안 들겠는걸."

이 말에 샤론은 입술까지 떨며 "응"이라고 대답하고는 이내 눈물을 터뜨렸습니다. 울음이 잦아들고 기분이 좀 나아지자 샤론과 엄마는 무슨 일이 있었는지 함께 탐구하기 시작했습니다. 엄마는 제이미가 그네에서 내렸을 때 샤론이 그네 타는 것 말고 다른 일을 한다면 무엇을 할 수 있었는지 물었습니다. 샤론은 잠시 생각하더니 제이미가 돌아올 때까지 그네를 맡아주었을 거라고 대답했습니다.

"제이미를 위해 그네를 맡아주고 있었다면 어떻게 됐을까?" 엄마가 물었습니다.

"제이미가 그네를 다시 탈 수 있었겠지." 샤론이 답했습니다.

"그래도 제이미가 널 밀었을까?"

샤론은 고개를 저었습니다. 아이는 자신이 다르게 행동했다면 결과도 달랐을 거라는 사실을 알았습니다. 엄마는 제이미가 샤론을 민 것은 분명히 잘못이라는 데 동의했습니다. 그리고 샤론이 제이미한테 "밀지 마"라고 말할 수 있었다는 것을 알아듣도록 설명해주었습니다. 또한 샤론에게 상황의 결과에 영향을 끼칠 수 있는 선택지가 있다는 것을 이해하도록 설명해주었습니다. 다시 말하면 샤론은 개인적인 힘과 영향력을 충분히 가지고 있다는 것입니다. 아이를 위해 무조건 돌진하는 대신 이 일에 대해 차근차근 이야기하면서 엄마는 샤론이 자신에게 능력이 있다고 느끼도록 도와주었습니다.

부모는 아이를 사태에 영향을 끼칠 능력이나 상황을 바꿀 힘이 없는 피해자로 생각하게끔 훈련시키는 일이 없도록 해야 한다. 샤론의 엄마는 유치원에 당장 전화해서 비난할 수도 있었지만, 그러면 그 과정에서 아이는 피해자의 마음가짐을 가지게 될 가능성이 있다. 샤론에겐 물론 도움이 필요하지만 동정하거나 다른 사람을 탓하는 것, 부모가 모든 것을 해결해주는 것은 바람직하지 않다. 그녀는 사회적 상황에서 어떻게 상호작용해야 하는지를 배우는 중이며, 부모와 교사는 무슨 일이 벌어지고, 그에 대해 어떻게 느끼고 있으며, 이를 통해 무엇을 배웠는지, 이 문제를 해결하기 위해 어떻게 해야 할지를 아이가 스스로 탐구하도록 도와주어야 한다. 우정 경험을 통해 자신이 무기력하지 않으며, 자신의 선택이 경험과 더 나아가 삶을 만들어가게 된다는 것을 배우도록 어른들이 도와주어야 한다.

피해자와 가해자

유치원에 다닐 나이가 되면 아이들은 다른 사람을 통제할 힘을 얻고 유지하기 위해 따돌림이나 신체적 위협을 이용하는 법을 터득한다. 이런 행동에서 괴롭힘이 시작된다. 부모와 교사를 통해 아이들은 자신이 개인적 힘과 선택권을 가지고 있으며 괴롭힘의 타깃이 되어선 안 된다는 것을 배워야 한다. 어른들이 사회생활 기술을 가르쳐주고 자신이 가진 힘을 자각할 수 있게 도와주는 대신 직접 아이를 구해버린다면, 그들은 의도치 않게 아이가 피해자가 되도록 만들 수도 있다. 일단 가해자가 되려면 피해자가 필요하지 않겠는가.

마시는 엄마에게 어떤 아이가 자기를 때렸다고 하면 큰 관심을 받을 수 있다는 것을 알게 되었습니다. 엄마는 마시를 안은 채 "우리 불쌍한 아기"라고 말해주고, 유치원이나 이웃(사건이 친구네 집에서 일어난 경우)에 전화해 충분히 지켜보지 않아서 마시를 보호하지 못한 것 아니냐고 화를 냈습니다. 그러면 교사나 이웃 사람들은 더 조심하겠다고 약속했습니다. 마시가 속한 반에 임시 교사로 온 조는 유치원 운동장에서 이상한 광경을 목격했습니다. 조가 운동장 구석에서 아이들을 지켜보고 있는데, 마시가 자기 발에 걸려 넘어지는 것이었습니다. 일으켜주기 위해 조가 달려가자 마시는 "브루스가 날 밀었어요"라고 말했습니다. 그 순간 조는 깜짝 놀랐습니다. 브루스는 근처에 있지도 않았기 때문입니다. 마시는 피해자가 되었을 때 얻는 동정과 관심이 좋아 그것을 얻기 위해 거짓말을 한 것이었습니다.

물론 아이는 어른의 보호와 감독이 반드시 필요하다. 어느 날 마시는 다른 아이에게 정말 맞은 적이 있을 것이다. 걱정스러운 부모가 그 문제에 대해 다른 어른과 이야기하는 것도 좋은 방법이다. 그러나 이 나이가 되면 아이 스스로 문제를 해결하도록 힘을 불어넣어주는 것도 마찬가지로 중요하다.

마시는 "그만! 나 때리지 마"라고 말하는 법을 연습할 수 있다. 어른에게 도움을 청해 "그렇게 하면 내가 아프잖아. 나 화났어"라고 자신의 감정을 표현하는 법을 배울 수도 있다. 또한 "나는 맞거나 다치지 않고 놀았으면 좋겠어"라고 자신이 원하는 것을 정확히 말하는 법을 배울 수도 있다. 이처럼 건강한 문제해결 방법에 초점을 맞추고, 아이가 자신의 감정을 이해하고 표현하도록 가르친다면 괴롭힘을 강화하는 사이클을 중단하고 그것을 예방할 수 있다. 그 외의 문제해결 방법으로는 자신의 감정에 이름을 붙이고 말로 표현하는 것과 타인에 대해 공감하는 법을 배우는 것 등이 있다. 이렇게 하면 아이들도 다른 사람을 탓하는 것이 아니라 해결책에 초점을 맞추는 중요한 기술을 배울 수 있다. 공감과 연민의 감정은 아동기와 청소년기를 거치며 꾸준히 발달하지만, 아이가 또래들과 우정의 세계에 들어가는 순간 더욱 빠르게 느낄 수 있을 것이다. 이와 관련한 여러 기술은 가족회의와 학급회의를 통해 더욱 강화된다.

이 시기는 괴롭힘에 대해 터놓고 이야기하기 좋은 때다. 가족회의나 학급회의에서 누군가가 괴롭힘을 당할 때 어떤 기분이 드는지, 왜 사람들이 괴롭히는 행동을 한다고 생각하는지, 어떻게 이 문제를 해결할 것인지에 대해 이야기를 나누도록 유도해보는 것도 좋다.

한 유치원에서 생긴 일입니다. 조슈아가 자신들의 블록 탑을 쓰러뜨리고 모래성을 발로 밟는다고 불만을 터뜨리는 일이 자주 있었습니다. 어느 날 조슈아가 결석을 하자 교사는 이를 학생들이 공감과 문제해결을 연습해보는 기회로 활용하기로 했습니다. 학급회의에서 그녀는 "조슈아가 왜 다른 사람의 마음을 아프게 하는 일을 한다고 생각하나요?"라고 물었습니다.

한 여자아이가 "아마 친구가 없어서 그런 것 같아요"라고 말했습니다(조슈아는 이 유치원에 온 지 얼마 되지 않았고, 다른 아이들은 그의 공격적 행동 때문에 그를 피했습니다). 그러자 다른 아이가 "조슈아는 아직 솔직하게 말하기를 배우지 못한 것 같아요"라고 말했습니다.

교사는 "그럼 이 중에서 조슈아를 도와주고 싶은 사람?"이라고 물었고, 모든 아이가 손을 들었습니다(아이들은 도움을 줄 기회가 오면 아주 좋아합니다). 교사는 다시 한 번 "조슈아에게도 이 문제의 해결책을 찾기 위한 브레인스토밍에 함께하고 싶은지 물어볼게요. 그런데 조슈아를 돕기 위해 뭘 할 수 있을까요?"라고 물었습니다.

몇몇 아이가 함께 놀자고 말해보겠다고 했습니다. 또한 솔직하게 말하기를 활용하여 조슈아가 물건을 망가뜨릴 때 자신들의 기분이 어떤지를 전하고, 물건을 망가뜨리지 말라고 요구하거나 이미 망가졌으면 다시 만드는 것을 도와달라고 하기로 결정했습니다.

교사는 조슈아와 이야기하기 전에 우선 그들의 계획이 얼마나 잘 실행되는지를 지켜보기로 했고, 문제가 완벽히 사라져 이 일에 대해 다시 말을 꺼낼 필요가 없다는 것을 알게 되었습니다. 조슈아의 공격성은 리더십으로 발현되기 시작했습니다. 그는 학급회의 안건으로 올라오는 다른 문제들을 해결하기 위해 다양한 의견을 제안했습니다. 그는 우정을 향한 다른 아이들의 노력을 통해 소속감을 갖게 된 것은 물론이고 자신의 힘을 유용한 방향으로 활용하는 법도 배우게 되었습니다.

"아무도 날 좋아하지 않아"

앞서 언급했던 것처럼 아이들의 우정은 사회생활 기술의 실험실이다. 그러나 아이들이 모든 실험에서 성공하는 것은 아니다. 까진 무릎과 마음의 상처는 어떻게 해도 피하기 어렵다. 만능 부모나 교사가 되기 위해 나서지 않고 자신이 저지른 실수로부터 무언가를 배우도록 도와준다면 아이들이 자신도 충분한 능력을 가졌다는 것을 자각하도록 이끌어줄 수 있다.

칼라는 여섯 살입니다. 어느 날 유치원에 갈 준비를 하다가 갑자기 가지 않겠다고 말했습니다. 자기는 친구도 없고 아무도 자기를 좋아하지 않기 때문에 유치원에 가기 싫다고 말했습니다.

칼라의 부모와 교사는 먼저 실제로 무슨 일이 벌어지고 있는지 알아봐야 한다. 칼라에게 정말로 친구가 없다면 어른들은 그 이유를 아이가 이해할 수 있게 설명해줘야 한다. 다른 아이를 괴롭히거나 놀이할 때 협조적으로 행동하지 않는 아이는 친구들에게 환영받지 못한다. 그러나 그런 아이도 또래 아이들과 어울리는 방법을 충분히 배울 수 있다.

사회적 관계를 잘 만들어가는 아이들은 진행 중인 놀이를 우선 지켜보다가 자신의 역할을 스스로 찾은 뒤 합류하는 법을 터득하고 있다. 예를 들어 안젤라는 친구들이 소꿉놀이하는 것을 잠시 지켜보다가 나머지 아이들에게 쿠키를 굽자고 제안하며 다가갔다. 그녀는 진행 중인 놀이에도 자연스럽게 섞여 들어갔다.

엠마는 이런 것에 아직 능숙하지 못했다. 엠마는 아이들 그룹에 무턱대고 들어가서 "함께 놀아도 돼?"라고 묻는다. 그러면 종종 거절을 당하는데, 그것은 나머지 아이들이 엠마에게 역할을 만들어주느라 흐름이 끊기는 것을 바라지 않기 때문이다. 아이가 사회생활 기술을 기르도록 도우려면 또래 집단에 아이가 소속될 수 있게 해줘야 한다. 그 요구가 충족되지 않으면 그 결과는 지나친 관심을 요구하거나 힘의 잘못된 사용, 보복, 부족하다고 여기는 것 등 어긋난 목표와 행동으로 나타날 수도 있다.

사실 칼라는 아이들에게 환영받는 친구이지만 단지 자신이 그렇지 않다고 느끼는 것일 수도 있다. 유치원에서 이 상황을 다루려면 학급회의가 도움이 될 수 있겠지만, 부모가 나서야 한다면 다른 방식으로 접근해야 할 수도 있다. 예를 들어 칼라의 아빠가 아이에게 "왜 다른 아이들이 너를 좋아하지 않는다고 생각해?" 또는 "누군가의 친구라는 것이 무슨 뜻이라고 생각해?"라고 물어볼 수도 있다. 그들은 칼라가 생각하는 우정이 무엇인지를 탐구할 수도 있다. 그런 뒤 그녀의 경험을 점검해보는 것이다. "오늘 보니까 에이드리안이 너에게 그네를 같이 타자고 하던데, 그 애가 왜 그런 말을 했다고 생각해?" 이렇게 하면 칼라는 자신의 인식과 실제로 벌어진 일을 비교하는 기회를 가질 수 있다. 그리고 교사 역시 그날 있었던 긍정적인 일들을 아이에게 귀띔해줄 수 있다.

놀이데이트

놀이데이트는 현대인의 삶에 일부분이 되었다. 요즘 아이들은 형제도 많지 않고 이웃끼리 왕래가 드물기 때문에 같이 놀 아이를 초대하는 것이 우정을 형성하고 사회생활 기술을 실천하는 한 가지 방법이 되었다. 아이들은 평소와 다른 장소에서 시간을 함께 보내면 공감대를 갖게 되었다고 느낀다. 칼라의 부모는 그녀의 유치원 친구 가운데 한 명을 초대해 함께 동물원에 가자고 할 수도 있고, 토요일 오후에 칼라의 새 장난감 집에서 놀자고 할 수도 있다. 그렇게 사이가 가까워지면 유치원에서도 친하게 지낼 가능성이 크다. 아이가 스스로 놀이데이트를 할 수 있다면 그것은 사회성 발달에 획기적인 사건이다.

> 일곱 살 레일라가 문을 박차고 들어와 "내 친구가 지금 놀이데이트 하러 왔어!"라고 알렸습니다. 그녀는 흥분해 숨을 헐떡거렸는데, 친구인 조야도 마찬가지였습니다. 그들은 온 집안을 뛰어다녔는데, 레일라는 친구에게 자기 방을 제대로 보여주지 못할 정도로 흥분 상태였습니다. 레일라의 엄마인 포지아도 들뜨고 동시에 약간 긴장했습니다. 조야는 레일라가 새로 들어간 유치원의 같은 반 아이였습니다. 포지아는 레일라가 예전에 다니던 유치원인 이슬람 사원의 친구들은 대부분 알고 있었습니다. 그러나 레일라가 온전히 혼자 힘으로 친구를 사귄 것은 이번이 처음이었습니다. 조야와 놀이데이트를 한 것은 엄마와 딸 모두에게 성취감을 안겨주었고, 레일라의 사회성 발달에 중요한 척도가 되었습니다.

못마땅한 친구

아이들은 부모에게 문제를 제기하기 위해 친구를 고르기도 한다. 자녀가 때때로 다른 아이를 대놓고 싫어하거나, 자꾸 말다툼을 벌이려고 할 때도 있을 것이다. 부모로서 자녀가 어떤 특정한 아이와 함께 있을 때 행동하는 방식이 유독 못마땅할 수도 있다. 아이의 우정이 눈에 띄게 난폭한 행동이나 공격성으로 드러난다면 명확한 기대치를 설정하는 게 좋다.

갈렙은 근처에 사는 데릭과 노는 것을 너무 좋아했습니다. 데릭은 체격이 건장하고 거친 사내아이였습니다. 다섯 살짜리 두 아이는 언제나 집 주변을 무작정 달리거나 잔디밭에서 씨름을 하거나 장난감을 부수기도 했는데, 갈렙은 여기저기 상처나고 혹이 나고 멍이 들어 돌아오기 일쑤였습니다. 갈렙의 엄마는 두 아이가 어울리는 것이 썩 달갑지 않았습니다. 갈렙이 이런 식으로 노는 것은 데릭과 함께 있을 때뿐이었기 때문입니다. 갈렙의 엄마는 아이를 무작정 보호하기 위해 끼어들지는 않았지만, 집에서 놀 때 어디까지 허락할 것인지 기준을 세우기로 했습니다.

어느 조용한 아침, 엄마는 아이와 앉아 자신의 감정과 갈렙의 안전에 대한 걱정을 털어놓았습니다. 그러고 나서 자신이 바라는 것을 명확하게 설명했고, 아이가 이해했는지 확인하기 위해 되풀이해 달라고 부드럽게 부탁했습니다.

그녀는 세 가지 규칙을 세웠습니다. 욕하지 않기, 사람들 놀리지 않기, 거칠게 놀지 않기였다. 엄마와 갈렙은 이 규칙을 지키지 않으면 데릭이 집으로 돌아가야 한다는 것에 합의했습니다. 데릭의 엄마가 그를 데리러올 때까지 데릭은 지정된 곳에서 기다리고 갈렙은 자기 방에서 기다리기로 했습니다.

갈렙의 엄마는 이 규칙에 찬성하는 데릭의 엄마와 함께 이 계획을 논의했습니다. 이제 두 엄마는 필요한 경우 이 계획을 끝까지 관철시키는 방법에 대해 생각해봐야 할 것입니다. 아이들이 본래 그렇듯, 갈렙과 데릭은 이 계획이 진짜인지 알아보려고 할 것입니다. 그들은 한두 번은 얌전히 놀 테지만, 결국에는 그 규칙을 시험해볼 것입니다.

어느 날 갈렙과 데릭은 주방 조리대에 올라가 한바탕 소란을 떨었습니다. 엄마가 내려오라고 하자 갈렙은 싫다고 버티더니 "엄만 바보 천치야"라고 했습니다. 갈렙은 스스로 자기 방으로 갈지, 아니면 엄마한테 안겨서 갈지 선택해야 했습니다. 그녀는 친절하지만 단호하게 데릭이 엄마가 올 때까지 기다리도록 정한 소파를 가리켰습니다. 두 아이 모두 정한 약속과 규칙을 알고 있었기에 주의를 주거나 경고를 할 필요는 없었습니다. 데릭의 엄마가 도착해 아이를 집으로 데려갔습니다. 이제 두 아이는 엄마의 약속이 진심이었다는 것과 자신들이 행동을 고쳐야 한다는 것을 알게 되었습니다. 만약 고치지 않는다면 갈렙과 데릭은 서로의 집에서 영원히 놀지 못할 것입니다.

"이봐, 날 좀 보라구!": 과시

몇몇 아이는 '공작새 유전자'를 타고난 것처럼 보인다. 그들은 자신의 물건을 과시하는 것이 다른 사람들 사이에서 돋보이는 최선의 방법인 것처럼 행동한다.

> Q. 다섯 살짜리 아들은 또래 아이들이랑 같이 있으면 우리가 가르쳐준 것을 완전히 잊어버리는 것 같아요. 그 애는 친구들이랑 같이 있으면 너무 흥분해 일부러 이상한 행동을 하며 자기를 과시하려고 해요. 어른들의 말에는 완전히 귀를 닫아버리고, 우리가 큰 소리를 내야만 겨우 멈춰요. 이런 행동을 하지 못하게 하려면 어떻게 해야 하나요?
>
> A. 아들이 어른들에게 주의를 기울이기보다는 자기 또래와 상호작용하는 데 더 관심을 보이는군요. 이것은 발달 단계의 측면에서 보면 당연한 일입니다. 이 사실을 이해하면 자녀의 행동에 대처하는 방법을 결정하는 데 도움이 될 것입니다.

큰 소리를 내지 않기로 하는 것이 좋은 출발점이 될 수 있다. 자녀의 주의를 끌려면 친절하고 부드럽게 아이를 한쪽으로 데려와서 눈높이를 맞춘다. 그리고 문제가 무엇인지 설명하고 아이가 어떻게 하면 좋겠는지, 부모로서 어떻게 할 것인지를 말해준다. 건물 안에서는 절대 소리를 지르면 안 된다고 설명해주었는데도 계속 소리를 지른다면 아이를 집으로 데려가야한다(만약 그 장소를 떠나고 싶지 않다면 아이와 다른 방으로 가서 놀이에 다시 합류하기 전까지 스스로 진정하게 할 수도 있다). 이런 계획은 아이에게 존중하는 마음을 담아 개인적으로 얘기했을 때만 통할 수 있다. 그래야 아이가 무안한 나머지 문제 행동을 계속해야겠다는 마음이 들지 않기 때문이다. 또한 부모는 계획을 끝까지 지켜야 한다.

"내 자리는 어디일까?": 출생 순서의 사회적 의미

가정은 아이들이 처음으로 사회생활 기술을 시험해보는 실험실이 되기도 한다. 물론 여기선 형제자매가 실험대상이다. 가족 내에서 아이의 위치는 서로의 관계는 물론이고 가족을 넘어 더 넓은 세계에 접근하는 방식을 결정하는 한 가지 요인이 된다.

어린 시절에 아이들은 자기 자신과 타인에 대해 많은 생각을 하고 판단을 내리는데, 이것은 그들의 삶에 영향을 끼친다. 그들은 자신에게 이렇게 묻는다. "가정에서, 친구들 사이에서 소속감과 내가 중요하다는 느낌을 가지려면 무엇을 해야 할까? 나는 귀엽고 사랑스러운 존재일까, 아니면 별로 매력이 없는 사람일까? 나는 충분히 잘하고 있을까, 더 열심히 노력해야 할까, 아니면 그냥 포기할까?" 아이들은 이 질문에 대한 나름의 대답을 가지고 자신을 둘러싼 세계로 나아간다. 그리고 사회적 관계를 탐구하면서 배워온 것을 실천할 것이다.

형제자매 간의 싸움

형제자매는 축복일까, 아니면 저주일까? 대부분의 아이는 이따금씩 이 질문에 대해 궁금해할 것이다. 형제자매는 영원하다. 그들은 대부분 부모보다 오래 살고, 아이들은 우정에 대한 교훈을 대개 형제자매와의 관계를 통해 처음으로 얻는다.

18개월 된 티미가 다섯 살 누나에게 다가가 "사랑해, 베프"라고 말하는 장면은 마음을 따뜻하게 해준다. 한편 베프가 자신이 가장 좋아하는 책을 티미의 가랑이 사이에서 구출하려고 하자 티미가 누나의 머리를 잡아당기는 장면은 그다지 마음이 따뜻해지지 않는다. 아이들이 4~7세일 때 형제자매 간의 싸움은 미숙한 사회생활 기술의 결과물이며, 가족 안에서 자신의 자리를 찾고자 하는 어긋난 방법이고, 주변 어른들에 대한 반응이기도 하다.

특히나 부모의 사랑과 관심을 공유하는(또는 그것을 놓고 경쟁한다는) 것이 갈등을 불러일으킨다는 사실은 형제자매에겐 사회생활 기술 훈련에 있어 매우 중요하다(형제자매 간의 싸움은 형제자매 간의 경쟁과 다르다. 형제자매 간의 경쟁은 출생 순서와 가족 내에서의 역할에 기반해 각각의 아이가 가진 생각, 판단과 관련이 있다. 그리고 그 경쟁은 형제자매 간 싸움의 숨겨진 원인이 되기도 한다).

형제자매 간 싸움이 무엇 때문에 일어나는지 살펴보는 건 부모에게 여러모로 도움이 된다. 어린 아이들은 서로 간의 관계를 확인하기 위해 싸우는 경우도 있다. 부모는 단지 그 방에서 나가는 것만으로도 구원자 역할을 할 수 있다. 관객이 사라지면 싸움도 수그러들기 때문이다.

너무 시끄럽거나 아이가 진짜로 다칠 것 같아서 무시하기 어렵다면 아이들을 꼭 안아준다. 그리고 "뭐 때문에 그래? 싸워서 얻는 게 뭘까?"라고 물어볼 수도 있다. 사실 싸워서 얻는 것은 없다. 아이들이 관심을 끌려고 경쟁하는 거라면 생각지도 못한 방식으로 관심을 보여주라. 그들을 안아주며 이렇게 말하는 것이다. "지금 너희 둘은 내 관심을 받고 싶구나. 그렇지만 다음번에는 서로를 괴롭히지 말고 내게 와서 솔직하게 말하렴." 예상치 못한 방식으로 행동하면 아이들은 부모의 말에 더 주의를 기울일 것이다. 그리고 안긴다는 것은 언제나 행복한 일이다!

두 아이가 같이 싸운 것이므로 똑같이 대해야 한다. 마음을 가라앉히도록 두 아이에게 긍정적인 타임아웃을 권해보자. 자신이 직접 판결을 내리거나 심사하려고 해선 안 된다. 이는 범인을 찾는 것은 추리소설을 읽을 때나 하는 일이지 아이를 키울 때 하는 일이 아니다. 아이들이 다시 어울릴 마음의 준비가 되면 타임아웃 공간에서 나올 수 있다. 이때 부모는 '우리 중 누가 더 사랑받고 있는가'에서 '서로를 괴롭히면 안 돼'로 메시지를 전환시켜야 한다.

다투는 아이들에게 적용할 수 있는 3가지 방법

- **나가라** 그 공간을 떠날 수 있다. 놀랍게도 관객이 없으면 아이들은 싸움을 멈춘다. 아이들이 따라온다고 해도 놀라지 마라. 바로 이런 점 때문에 루돌프 드라이커스는 집에서 가장 중요한 공간이 화장실이라고 말한 것이다. 화장실은 문을 잠글 수 있는 유일한 방이다. 아이가 문을 두드린다면 샤워를 시작하거나, 화장지로 귀를 막고 재밌는 소설을 읽어도 좋다(이 방법을 사용할 생각이라면 아이들에게 미리 이야기해두는 것이 좋다). 그러고 나서 싸움과 그에 대한 해결책에 대해 가족회의에서 의논하고 싶다고 제안한다.
- **견뎌라** 이것은 직접 싸움에 뛰어들거나 문제를 해결해주지 않고 그저 같은 공간에 머물러 있는 것으로 가장 어려운 선택지다. 예를 들어 아이들

이 차 안에서 싸우고 있을 때 견딘다는 것은 차를 길가에 세워두고 아이들에게 "싸움을 멈추면 출발할게"라고 말한 뒤 잠시 책이라도 읽는 것을 의미한다. 이때 가장 힘든 점은 아이들이 그만하겠다고 말할 때까지 입을 꼭 다물고 있어야 한다는 것이다.

- **말리거나 쫓아내라** 싸움이 너무 격해져 아이들(또는 집)의 안전이 걱정된다면 머리를 식히도록 아이들을 어디론가 보낼 수 있다. 아이들이 계속 싸우겠다고 한다면 밖으로 내보낼 수도 있다. '게임 오버'도 아이들이 언제든 사용할 수 있는 선택지 중 하나다.

나눔이라는 사회생활 기술

무언가를 함께 나눈다는 것은 쉬운 일이 아니다. 우리는 나눔이란 개념을 가지고 고군분투하는 어른을 한 명쯤은 알고 있다. 더구나 어린 아이에게 나눔은 사회생활 기술을 발달시키는 데 있어 지속적으로 찾아오는 도전이다. 앞서 지적했듯이 나눔은 사회적·문화적 태도로부터 영향을 받는다. 서구 문화에서는 어린 아이가 서로 번갈아가며 양보하거나, 새로운 형제자매를 반겨주고, 좋아하는 장난감을 기꺼이 포기하는 등의 행동을 하길 기대한다. 이런 기술은 '내 것'이라는 태도의 반대편에서 균형을 잡아주기 때문에 개인주의 사회에서는 특히 가치 있는 행동으로 여겨진다. 유아기 후반이 되면 이런 기대치가 더욱 높아진다. 이 시기의 유아들은 자신이 우주의 중심이 아닐 수도 있으며, 그 생각이 그다지 환영받지 못하는 것 아닐까 의심하기 시작한다.

나눔이라는 사회생활 기술을 아직 배우지 못한 아이를 견디기 힘들어하는 어른도 많다. 그리고 여러 문화권에서 이런 이기적인 행동은 용납되지 않는다. 그러나 나누는 법을 배우는 것은 꾸준히 이어져야 하는

평화 유지를 위한 몇 가지 선택지

- 아이가 문제를 가족회의나 학급회의에 올리도록 유도하라.
- 머리를 식힌 뒤 호기심을 자극하는 질문('무엇을, 왜, 어떻게'로 시작하는 질문)을 활용해 아이들이 직접 무슨 일이 일어났는지, 지금 기분이 어떤지, 그것을 통해 무엇을 배웠는지, 이제 그 문제를 어떻게 해결할 것인지를 탐구하도록 돕는다.
- 아이가 가능한 한 솔직하게 이야기하도록 가르쳐라. 이것은 곧 어른이 설교하는 사람이나 심판자가 아니라 코치로서 활동해야 한다는 의미다.

발달 과정이며, 이를 위해선 많은 훈련과 연습, 어른들의 인내심이 필요하다.

Q. 요즘 네 살 아들이 유치원에서 다른 아이들이랑 싸우기도 하고 아주 제멋대로 굴어요. 애들을 때리지는 않지만 장난감을 나눠 쓰기가 싫대요. 선생님 말도 전혀 안 들어요. 어느 날은 괜찮은 것 같다가도, 다음 날이 되면 다른 아이들을 자기가 갖고 노는 장난감 근처에도 못 오게 해요. 어떻게 하면 아이가 그렇게 행동하면 안 된다는 것을 배울 수 있을까요?

A. 어린 아이다운 행동이군요. 네 살 정도면 지금은 어떻게 나누는지 배워나가는 단계입니다. 그런데 나눔은 배우기 어려운 기술이에요. 어른도 어떤 물건을 갖고 싶은 때 가질 수 없으면 속상하잖아요.

아이에겐 분명하고 흔들리지 않는 지도가 필요하며, 잔소리나 처벌보다는 가르침이 필요하다. 아이들은 아직 교섭하고 협상하고 문제를 다른 사람과 의논하는 법을 모른다. 아이들이 하나의 장난감을 가지고 다투고 있으면 어른들은 보통 그 장난감을 모두에게서 빼앗아버린다. 그러나 아이들이 이 중요한 기술을 배우게 도우려면 부모와 양육자가 그 정도에 그쳐서는 안 된다.

아이들은 정확한 말로 자기에게 필요한 것을 요구하는 법을 배워야 한다. 아이들이 싸우면 일단 격리시켜야 한다. 모두가 진정되면 장난감을 가져가고 싶다고 부탁하는 법을 연습시킨다. 예를 들면 한 아이가 이렇게 물을 수 있다. "나 블록 가지고 놀아도 돼?" 친구의 요청에 대해 아이는 "아직 다 안 놀았어"라고 대답할 수도 있다. 이런 경우 협상 기술을 가르쳐줄 수 있다. "그럼 네가 5분 더 가지고 놀아" 또는 "그럼 나랑 같이 가지고 놀까?"라고 말한다. 이런 훈련은 함께 나누는 법을 배우는 데 꼭 필요하다.

말다툼

어린 강아지들이 서로 물고 싸우는 것을 본 적이 있는가? 이런 강아지를 보면 그들의 공격적 행동이 자연스러운 일이라고, 심지어 귀엽다고 생각할 것이다. 반면 부모들은 아이들이 말다툼하거나 싸우면 별로 기뻐하지 않는다. 그러나 한계를 가늠해보거나 다른 의견을 가지는 것은 강아지들이 싸우는 것만큼이나 어린 아이들에게 자연스러운 일이다.

네 살 반에서 일곱 살까지 아이가 말다툼을 한다면 일단 기분을 전환하기 위한 장소로 가거나, 아이들에게 이 문제를 가족회의 안건으로 올리는 것이 어떠냐고 물어보는 것이 효과적이다. 물론 이것은 처벌이 아니라 마음을 진정시킬 기회로 활용해야 한다. 그리고 나중에 아이가 자신의 감정을 탐구하고 이름 붙이도록 이끌어주고, 다음에 이런 상황이 벌어지면 어떻게 대처할지 방법을 찾아보도록 유도할 수 있다. 어른들이 화를 내거나, 아이를 탓하고 벌주고 야단치거나, 직접 싸움에 끼어드는 것은 전혀 도움이 되지 않는다.

학습에 신경 쓰는 만큼 사회생활 기술도 충분히 가르친다면 다른 아이들과 어울려 평화롭게 놀 수 있을 것이다. 지속적으로 모방하고 연습하면 아이들도 자신을 둘러싼 세계의 다른 구성원들과 잘 어울릴 수 있는 방법을 배워갈 수 있다.

여섯 살 아이 둘이 뒤엉켜 싸우는 것을 본 코너스 선생님은 이를 중단시킬 수 있는 독창적인 방법을 생각해냈습니다. 그는 장난감 마이크를 들고 싸우는 아이들에게 달려가 이렇게 말했습니다. "잠시만요. 저는 6시 뉴스에서 나온 기자입니다. 두 분은 30초씩 시청자들에게 이 싸움이 어떻게 일어나게 됐는지 각자의 입장에서 이야기해주실 수 있나요?" 그는 한 아이에게 마이크를 건네고는 가상의 카메라를 바라보라고 손짓을 했습니다. 이 놀이의 의도를 파악한 아이는 자기 입장을 설명하기 시작했습니다. 30초가 지나자 코너스 선생님은 마이크를 상대방 아이에게 넘겼습니다. 또 30초가 지나자 코너스 선생님은 가상의 카메라를 바라보며 이렇게 말했습니다. "시청자 여러분, 아이들이 이 문제를 어떻게 해결했는지 알고 싶다면 채널을 고정해주십시오." 그러고 나서 코너스 선생님은 싸운 아이들을 바라보며 말했습니다. "너희 둘은 나중에 다시 돌아와서 시청자들에게 어떻게 문제를 해결하기로 했는지 알려줄래?" 두 아이는 미소를 지으며 알겠다고 하더니 함께 해결책을 찾으러 자리를 떴습니다. 이 해결책은 나중에 가상의 카메라로 보도될 것입니다. 코너스 선생님은 싸움을 사회생활 기술을 배우는 기회로 바꿔 놓았습니다.

감정을 인식하고 이름 붙이기

아이들이 사회생활 기술을 배우는 데 가장 큰 부분 중 하나가 감정에 대해 배우는 것이다. 다른 사람을 때리는 이유가 좌절과 분노의 감정을 행동으로 표현한 거라는 사실을 알아두면 아이를 이해하는 데 도움이 된다. 어찌 됐든 이 세상에는 아이의 충동과 열망에 방해가 되는 사람이 너무 많다. 따라서 아이에게 감정과 행동은 전혀 다른 것이라는 사실과 감정을 확인하고 다스리는 법을 기르치는 것은 중요하다.

네 살인 잭은 난폭한 면이 있는 아이였습니다. 그는 유치원에서 다른 아이를 때리고, 블록 탑을 무너뜨리고, 화단 꾸미는 데 사용된 자갈을 걷어차곤 했습니다. 어느 날 오후 자기 앞으로 달려오는 아이를 본 순간 잭은 화가 났습니다. 잭은 그 아이를 밀어 무릎을 다치게 했습니다. 담임인 테리 선생님은 잭을 책장 쪽으로 데리고 갔습니다. 잭이 진정되자 선생은 표지에 슬퍼 보이는 아이가 그려진 책을 가져다주었습니다. 잭이 책의 그림을 보며 "이 아이 표정이 왜 이래요?"라고 물었습니다.

선생님은 자리에 앉아 그림을 바라보며 글쎄, "이 친구의 표정이 슬퍼 보이네. 왜 슬퍼하는 것 같니?"라고 말했습니다.

이 질문은 잭에게 처음으로 공감이라는 작은 씨앗을 심어주었고, 이를 통해 아이는 다른 사람의 관점을 통해 세상을 볼 수 있었습니다. 잭은 그림의 아이는 자신이 가장 좋아하는 베이비시터가 떠나서 슬픈 거라고 말했습니다. 잭은 참고 자료로 삼을 수 있는 것이 자신의 경험밖에 없기 때문에 자기 감정을 그림의 아이에게 이입했습니다. 이 이야기를 듣고 테리 선생님은 잭에게 안아주면 좋겠냐고 물었고, 잭은 기꺼이 선생님 무릎 위에 앉았습니다. 그리고 선생이 다정한 목소리로 "그 작은 아이는 너무나 슬프고 외로울 거야"라고 말하자 잭은 울기 시작했습니다.

잭의 흐느낌이 훌쩍임으로 잦아들자 테리 선생님은 밀어 넘어뜨린 아이의 기분을 풀어줄 수 있는 방법을 생각해보겠냐고 물었습니다. 그러자 잭은 "그 친구도 슬플 거예요. 그러니까 제가 그 친구와 특별한 놀이를 하면 좋을 것 같아요. 그리고 그 애가 점심 먹은 것을 치워줄 거예요"라고 대답했습니다.

테리 선생님은 잭의 부모에게 무슨 일이 있었고, 잭이 베이비시터와 헤어지고 많이 슬퍼하고 있다는 것을 알리는 메모를 적었습니다. 잭은 종이의 맨 아래에 사인 대신 그림을 그렸습니다.

잭은 편안하게 자신의 감정을 탐구할 기회를 얻었다. 또한 다른 아이에게 한 자신의 행동에 책임을 져야 한다는 것도 배웠다. 자신의 감정을 확인하고 이를 받아들이면 아이는 효과적으로 사회생활 기술을 배울 수 있다.

때리는 행동과 공격성

아이가 다른 아이를 때리거나 머리를 잡아당긴다면 단호하게 떨어뜨려 놓아야 한다. 부모나 교사는 "다른 사람을 괴롭히면 절대 안 돼"라고 말한 뒤 아이가 화가 나거나 좌절했을 때 어떻게 행동해야 할지 생각해볼 시간을 주어야 한다. 그런 공격적 행동은 아이들의 감정과 관련된 숨겨진 메시지를 담고 있는 경우가 많다. 어떤 행동은 부적절하고 다른 아이에게 피해를 줄 수 있지만, 그렇다고 해서 감정 자체가 잘못된 것은 아니다. 아이가 자신에 대해 어떤 믿음을 가졌는지 살펴보면 부모나 교사가 어떻게 대응해야 할지 단서를 찾을 수 있다.

아이에게 함께 협력하며 놀아야 한다는 것을 가르치려면 이런 상황을 여러 번 반복해야 한다. 인내심을 가지고 반복하고 모범을 보이고 지도하면 함께 어울리는 즐거움을 배우는 데 도움이 된다. 그렇다고 그들이 하루아침에 천사가 되는 것은 아니다! 사회생활 기술에 대한 실수가 배움의 기회로 바뀔 수 있다는 것을 명심하라.

아이가 어른을 괴롭힐 때

아이의 공격성과 분노가 다른 아이들에게만 향하는 것은 아니다. 뭔가 마음대로 되지 않을 때 부모나 양육자를 때리고 차고 물고 머리를 잡아 뜯는 아이도 있다. 아무리 작은 주먹과 발이라도 계속 맞으면 아프다. 그러나 부모는 이런 공격적인 아이를 어떻게 대해야 하는지 모르는 경우가 많고, 고치려고 했던 행동을 의도치 않게 강화시킬 수도 있다.

> Q. 네 살짜리 남자아이의 엄마입니다. 아들은 원하는 것을 얻지 못하면 욕을 하고 때리기까지 합니다. 그런데 이런 행동을 유치원에서 배운 것 같아요. 남편과 저는 인간적으로 훈육하려고 노력했거든요. 무슨 일이 있어도 때리거나 소리 지르거나 아이에게 수치심을 주지 않았어요. 항상 아이에게 합리적으로 설명해주려고 노력했어요. 그런데 이런 상황이 되니 어떻게 해야 할지 모르겠어요. 이런 행동을 고칠 수 있는 방법을 알려주세요.
>
> A. 유치원에서 이런 행동을 배웠을 가능성은 작습니다. 유치원에서는 여러 아이들과 부대끼면서 함께 나누고, 때로는 양보하고, 또 서로의 영역에 대한 권리를 갖기 위해 노력합니다. 그런데 집에서는 자기가 이길 확률이 높기 때문에 자기 마음대로 하려고 하는 건지도 모릅니다.

아이의 공격적인 행동을 고치도록 도와주기 위해 부모가 해야 하는 일이 있다. 다음에 등장하는 몇 가지 제안을 살펴보고 자신과 아이에게 맞는 것을 골라보자.

먼저 자신이 무엇을 할지 결정하라

아이가 어른을 때리거나 욕을 하면 다시 존중하는 태도로 대할 수 있을 때까지 그 방을 떠나 있겠다고 확실히 알린다. 이 말을 한 뒤에는 다른 말을 덧붙이지 말고 계획을 끝까지 관철시켜야 한다. 곧장 방을 떠나라는 말이다.

아이를 친절하고 단호하게 붙잡아라

아이가 가구를 망가뜨리거나, 물건을 깨뜨리거나, 자신을 다치게 할까 봐 걱정된다면 더는 때리거나 물건을 던지지 못하게 아이를 의자에 앉힌 뒤 기분이 가라앉을 때까지 단호히 붙잡아라. 이때 야단치거나 소리를 질러선 안 된다. 부드럽게 다독이면 아이는 빠르게 진정된다.

자신의 감정을 공유하라

아이에게 "그렇게 하면 너무 아파(또는 그렇게 하면 내 마음이 너무 아파). 나중에 마음의 준비가 됐을 때 미안하다고 말하면 내 기분이 나아질 것 같아"라고 말한다. 사과를 요구하거나 강요해선 안 된다. 이렇게 하는 주된 목적은 감정을 공유하고 바라는 것이 뭔지 요구하는 모습을 본보기로 보여주기 위해서다. 물론 사람들이 우리가 바라는 것을 항상 해주지는 않는다. 그러나 우리는 자신의 감정과 바람을 강압적이지 않은 방식으로 알리면서 스스로를 존중하는 모습을 보여야 한다.

긍정적 타임아웃을 활용하라

1장에서 배웠듯이, 아이와 함께 긍정적 타임아웃 장소에 이름을 붙여 보는 것도 좋은 생각이다. 그 장소에 곰 인형이나 책, 푹신한 쿠션 등을 둘 수 있다. 아이가 때리거나 욕을 하면 "머리 식히기 장소로 가면 기분이 나아질 것 같아?"라고 물어보라. 사람들은 기분이 나아지면 행동도 나아지고, 누구나 진정하고 머리를 식힐 시간이 필요하다는 것을 가르쳐준다. 아이가 가고 싶지 않다고 한다면 "나는 지금 기분이 안 좋아. 그래서 기분이 좋아질 때까지 조용한 곳에 가 있어야 할 것 같아"라고 말하며 본보기를 보여줄 수도 있다.

호기심을 자극하는 질문을 던져라

호기심을 자극하는 질문은 아이가 자기 행동의 결과를 탐구할 수 있게 도와준다. "네가 사람을 때리거나 욕을 하면 어떤 일이 일어날까? 네 기분은 어떨까? 다른 사람의 기분은 어떨까? 그 사람의 기분이 나아지도록 도우려면 뭘 할 수 있을까? 네가 원하는 것을 얻으려면 다른 어떤 방법이 있을까?" 이런 질문은 친절하고 단호하게 아이의 말을 경청하겠다는 자세로 건네야 한다는 것을 명심하라. 이 대화가 야단치는 것으로 바뀌면 안 된다.

제한된 선택지를 제공하라

차분하게 제한된 선택지를 제공하면서 아이가 무엇을 할 수 있는지 알려준다. 예를 들면 이렇게 말한다. "다른 사람을 때리고 괴롭히면 안 돼. 이제 때리는 것을 그만두고 여기서 나랑 같이 있거나 네 방에 가서 혼자 기분 내키는 대로 할 수 있어. 어떻게 할지 네가 골라." 이때 제공하는 선택지가 아이를 존중하면서도 부모 자신이 수용할 수 있는 것이어야 한다는 것을 명심하라.

문제를 가족회의나 학습회의 안건으로 올려라

때리거나 이름을 부르는 문제를 가족회의나 학급회의에 올리면 모두가 진정되었을 때 회의에서 이 문제를 논의할 수 있다. 그러면 모두가 해결책을 찾기 위해 노력할 기회를 갖게 된다(회의에 대한 더 자세한 내용은 16장에서 다루겠다).

폭력적인 행동 멈추기

Q. 폭력이 문제를 해결할 수 있는 유일한 방법이라고 생각하는 아이를 어떻게 다루어야 하나요?

A. 이 질문은 몇 가지 질문을 더 불러옵니다. 이 아이의 삶에 무슨 일이 벌어지고 있는 걸까? 이 아이는 어디서 폭력을 배운 걸까? 텔레비전을 너무 많이 본 걸까, 게임을 너무 많이 한 걸까, 아니면 벌을 너무 많이 받은 걸까? 아이가 접하는 환경과 롤모델을 살펴보면 그 아이의 폭력적인 행동에 대한 단서를 얻을 수 있습니다. 현자가 말했던 것처럼 과일을 이해하고 싶다면 나무를 봐야 합니다. 아이들은 자기가 경험한 삶에서 배웁니다. 결국 공격적이고 난폭한 행동을 바꿀 수 있는 가장 좋은 방법은 비폭력적이고 정중한 해결 방법을 친절하고 단호하게 가르치는 것과 어른들이 자신이 말한 것을 얼마나 잘 실천하는지 보여주는 것입니다.

교실에서 활동에 지장을 주는 행동

단체 생활에서 사회생활 기술에 대해 배울 기회를 제공하는 것은 특히 중요하다. 교사들은 매일 행동의 파급 효과를 접한다. 예를 들어 그룹 활동을 하려고 모두 앉아 있는데, 한 아이가 혀 굴리는 소리를 내기 시작한다. 그러면 갑자기 모든 아이가 입으로 소리를 내며 침을 튀기기 시작한다. 그때는 아이들이 진정될 때까지 가만히 앉아 있어야 한다. 자신이 원하는 행동의 본보기를 보이는 것이다. 아이들과 함께 입으로 소리를 내는 교사도 있다. 그러면 아이들은 한꺼번에 웃음을 터뜨리는데, 이것은 아이들을 진정시키는 가장 쉬운 방법 중 하나다. 이렇게 방해하는 행동을 반복한다면 다른 아이들에게 도움을 청해보라.

학급회의 때 그룹 활동을 하려는데 소음을 내는 일이 계속된다면 모두에게 피해가 된다는 것을 설명하라. 일어난 일에 대해 논의하고, 아이들이 자신의 생각을 말할 수 있게 유도한 뒤 해결책을 제안한다. 소음을 멈춰야 한다는 신호로 수신호나 손뼉 치기, 불끄기 등을 제안할 수도 있다.

학급회의는 일어날 수 있는 여러 가지 문제를 탐구할 때도 필요하다. "…하면 넌 어떻게 하겠니?"라고 묻거나 상황을 설명하고 아이들에게 무엇이 잘못되었다고 생각하는지 물어보라. 스토리텔링이나 부직포 게시판, 책 등을 통해서도 사회생활 기술을 알려줄 수 있다. 아이가 무슨 기술을 배우는지 확인할 수 있게 도와주어야 한다. 그리고 그때 무슨 일이 왜 일어난 것인지 논의하는 데 시간을 충분히 할애해야 한다.

사회적 관심

알프레드 아들러는 '사회적 관심'을 타인에 대한 진정한 관심과 사회에 기여하고자 하는 성실한 욕구라고 묘사했다. 가정과 학교 생활에 처음 합류한 아이들은 소속감을 느끼고 싶다는 욕구가 강하다. 이때 소속감을 느낄 수 있는 강력한 방법 중 하나는 가정이나 집단에 속한 다른 사람의 행복에 자신이 의미 있는 기여를 하는 것이다. 아이들이 직접 자신의 공동체를 돌보고 공동 목표를 위해 협력하도록 어른들이 도와준 다면, 이는 모든 사람에게 이득이 되는 일이다. 이렇게 가정이나 학교에서 사회적 관심을 키워줄 수 있는 훌륭한 방법 중 하나가 바로 가족들이 하는 집안일이나 작업을 아이와 함께하는 것이다.

사실 어린 아이에게 놀이와 일은 그다지 차이가 없다. 따라서 어른들은 일상적인 집안일을 사회적 관심을 가르치는 기회로 활용할 수 있다.

> 샬린이 햄버거 패티를 만드는 동안 네 살짜리 숀은 치즈를 싼 비닐을 벗겨 빵 위에 올려놓았습니다. 저녁식사를 할 때 숀이 도와준 덕분에 햄버거가 너무 맛있다는 가족들의 말을 듣고 숀이 얼마나 기뻤을지 상상해보세요. 여섯 살짜리 베키는 할머니가 와 계시는 동안 매일 저녁 안약 넣을 시간을 알려드렸습니다. 할머니가 댁으로 돌아가시자 베키는 매일 밤 전화해 안약 넣을 시간을 알려드리고 싶다고 말했습니다.

앞선 사례들은 사회적 관심이 발현되는 모습을 보여준다. 이것은 다른 사람에게 도움이 되는 의미 있는 참여다. 아이들이 할 만한 단순한 일은 얼마든지 있다. 이를 통해 아이들은 기술이나 협동심만 키우는 것이 아니라 다른 사람과 어울리는 법을 연습할 기회를 얻는다. 다음 표에 제시된 일들 가운데 하나를 골라 아이에게 도와달라고 부탁해보라.

관계: 서로를 묶어주는 끈

좋든 싫든 관계는 우리의 삶이라는 천을 짜는 실이다. 우리는 가족과 함께 살고, 친구들과 학교에 가며, 성인이 되어서도 다른 사람과 일하고 사랑하고 어울린다. 어린 자녀가 사람들과 잘 어울릴 수 있게 도와준다면 아이는 삶이 주는 가장 멋진 경험인 가족 및 친구와의 관계에서 큰

나이에 적합한 일

나이	자기관리	음식	집안일
4세	옷 벗기 손 씻기 신발 벗기	상 차리기(수저와 젓가락 놓기) 스스로 밥 먹기 코트 입기(약간의 도움이 필요) 컵에 우유 따르기 과일 내가기 감자에 버터 바르기 바나나 껍질 벗기기 반죽 섞기(팬케이크 등) 상추나 다른 채소 씻기 삶은 달걀 자르기(플라스틱 칼 사용)	장난감 정리 자기 옷 빨래통에 넣기 마당에서 흙 파기 방울토마토 등 과일 따기
5세	옷 고르기 옷 입기와 벗기 (약간의 도움이 필요) 신발 신기	과일 짜서 주스 만들기 치즈 자르기 빵에 잼 바르기 버섯 씻기 바나나 썰기(버터 칼로) 반죽 치대기 음식할 때 물 계량하기 컵케이크 장식하기	침대 정리하기 신문 정리하기 재활용 캔 찌그러트리기 상 차리기 세탁물 분류하기
6세	도시락 싸는 것 돕기 머리 빗기 머리 감기 신발끈 묶기 (약간의 도움이 필요)	부드러운 채소나 과일 썰기(감독이 필요함) 반죽 밀기 케이크 반죽 섞기 크래커나 빵에 버터와 잼 바르기 식단 짜는 것 돕기 익힌 감자 으깨기	빨래 개기 애완동물 돌보기 세탁물 치우기(약간의 도움이 필요) 창문 닦기 장보는 것 돕기 구두 닦기 세차(도움이 필요함)

만족감을 얻을 수 있다. 물론 불화와 갈등을 피할 수는 없다. 그러나 존엄과 상호존중의 자세로 그것을 해결하는 법을 배울 수는 있다. 지금 사회생활 기술을 가르치고 격려하기 위해 들이는 이 시간이 아이가 자라고 성숙하면서 보다 행복한 삶을 만들어가는 길을 닦아줄 것이다.

12장

잠자리 전쟁 끝내기
: 아이와 수면

아니타는 유치원의 낮잠 시간에 깨어 있었습니다. 선생님이 동화책을 읽어주고 등을 토닥거려주었지만 아니타는 잠이 오지 않았습니다. 타샤는 아니타와 반대 경우로, 타샤의 엄마는 아이가 낮잠을 너무 오래 자서 걱정이었습니다. 그러면 밤에 잠들기가 어렵기 때문입니다. 선생님은 늦게 재우거나 좀 더 일찍 깨워보겠다고 약속했지만, 아이는 가장 먼저 잠들어 가장 나중에 일어났습니다.

문제는 항상 부모가 아이를 재울 수도 없고, 아이가 언제 일어날지 통제할 수도 없다는 것이다. 간혹 부모가 자기 시간이 너무 필요해 아이에게 맞지 않는 밤잠이나 낮잠을 억지로 재우려고 하는 경우도 있다.

학교에 갈 나이가 되면 대부분의 아이는 더 이상 길고 규칙적으로 잠을 자지 않는다(물론 예전에도 안 그랬지만). 그래서 부모는 혼자 일을 하거나 휴식을 취할 수 있던 평화로운 오후를 그리워할 때도 있다. 아이에게 낮잠을 강요하고 싶은 유혹이 큰 것은 사실이다. 그러나 안타깝게도 아이를 잠들게 하는 것은 (그것이 낮이든 밤이든) 어른이 마음대로 할 수 있는 일이 아니다.

부모라면 아이가 밤에 잘 시간을 훨씬 넘겨서까지 여전히 깨어 있거나, 새벽 시간에 일어나거나, 엄마 아빠가 급히 볼일이 있어 나가야 하는데도 좀처럼 일어나지 않아서 낭패를 본 경험이 있을 것이다.

아이가 모두에게 편한 수면 사이클을 가지도록 부모가 도울 수 있는 방법은 없는 걸까?

일과: 매일의 마법

유치원 시기의 아이들은 정해진 일과를 잘 지킬 수 있다. 정해진 일과와 그에 따른 일관성은 (어른들은 지루해하기 쉽지만) 아이의 두뇌 발달에 필요하며, 학습과 단체 생활에 필요한 협력에 도움이 된다. 아이들은 일과가 분명하고 예측 가능할 때 활발하게 성장하며, 반복이 주는 편안함을 좋아한다.

또한 규칙적인 일과는 가족과 아이가 고통스러운 사건을 겪고 있을 때 스스로를 방어하는 최전선이자 고유한 안전망이다. 변화나 혼란의 한가운데서 익숙한 일과를 지켜나간다면 아이는 안전하게 보호받고 있다고 느낄 수 있다. 국가적 재앙이나 정치적 격변, 가정의 위기(이혼, 죽음, 이사 등)로 말미암아 생활에 급격한 변화가 닥쳤을 때 일상생활로 빨리 돌아올수록 아이도 상황에 빨리 대처하고 치유를 시작할 수 있다.

크리스틴 앤더슨 무어 등이 쓴 『가족의 힘: 자주 간과되지만 실재하는 Family Strengths: Often Overlooked, but Real』에 따르면 일상생활이 예측 가능한 가정에서 자란 아이는 학교에서도 훨씬 잘 지내고 자기통제도 잘한다고 한다. 자기통제는 멀리 간 만큼 돌아오는 특성이 있어 흔히들

탄성이 있다고 말한다. 우리는 모두 힘들고 고통스러운 시기를 겪는다. 그런데 이 탄성으로 말미암아 우리는 그 힘든 시간을 넘길 수 있다. 그저 버티는 것이 아니라 한층 성장할 수 있다. 규칙적으로 하루 일과를 보내면 약물이나 알코올, 담배 중독의 위험을 낮출 수 있으며 청소년기에 학교로부터 징계받는 일도 줄어든다.

기상 시간이나 식사 시간, 잠드는 시간 등 친숙하게 반복되는 일과가 있으면 아이는 자기 행동의 한계가 어디까지인지 시험해보고 싶은 마음이 들지 않는다. 분명한 기대와 예상 가능한 활동은 아이의 불안한 하루를 안정시켜줄 수 있다(부모와 교사의 하루도 안정된다).

아이가 자라서 학교에 들어가면 일과를 정해두는 것만으로 숙제나 집안일 등을 둘러싼 많은 말다툼을 줄일 수 있다. 특히 아이가 일과를 짜는 데 동참하면 더욱 효과적이다. 일방적으로 명령하는 것은 아이의 저항을 불러올 가능성이 크다. 누군가가 뭘 하고, 어떻게 하고, 언제 하는지를 정해주면 기분이 어떨 것 같은가? 일단 아이가 함께 일과표를 만들어두면 그 일과는 '보스'가 된다. 부모는 그저 "일과표에서 다음 일정이 뭐야?"라고 묻기만 하면 되고, 아이는 (지시를 듣는 것이 아니므로) 신나서 그것을 알려줄 것이다.

아이가 강한 자의식을 갖도록 도우면서 아이의 협력하고 기여하고자 하는 욕구를 키워주는 가장 좋은 방법은 연령대에 적합한 수준에서 의사결정에 가능한 한 많이 참여시키는 것이다. 일과를 짤 때 아이를 참여시키는 것은 그들이 자의식을 키우고 협력 욕구를 유지하도록 돕는 데 아주 효과적인 방법이다.

일과는 가족마다 다르고 보육기관마다 다르다. 그러나 일과야말로 잠자기, 먹기, 화장실 가기라는 끔찍한 삼총사와의 싸움을 줄일 수 있는 유용한 방법이다. 이 장과 다음 장에서 다양한 일과표를 짤 때 도움이 되는 기본적 가이드라인을 살펴볼 것이다.

일과표

먼저 자기 전 해야 할 일에 뭐가 있을지 아이와 함께 이야기를 나눠보고, 아이의 의견을 반영한 일과표를 만든다. 해야 할 일은 3~4가지 정도로 한정하는 것이 좋다(6가지를 넘어선 안 된다). 일과표는 상이나 스티커를 위한 것이 아니라는 것을 명심하라. 이것은 단지 자녀가 다음에 뭘 해야 하는지 기억할 수 있게 도와주는 지도일 뿐이다. 아이가 각각의 일을 할 때 사진을 찍어주면 좋은데, 사진을 일과표에 붙일 수도 있다. 어떤 아이는 그 일을 하는 자신의 모습을 그려 넣거나, 해야 할 일을 뜻하는 상징을 그려 넣기도 한다. 잡지에서 오려낸 사진을 활용할 수도 있다. 일과표에 아이의 이름이나 스티커, 그 외의 다른 장식으로 아이만의 개성을 담도록 도와주자. 그리고 나서 일정표를 쉽게 따라하도록 눈에 잘 띄는 곳에 붙인다. 마법의 주문을 기억하라. "잠자리 일과표에서 다음 할 일이 뭐야?" 그러면 아이는 지시대로 하는 것이 아니라 자신이 직접 해야 할 일을 말할 수 있다.

활용해볼 만한 잠자리 일과 아이디어

예상 가능하고 친숙한 일로 일과를 정하면 잠자리 전쟁에서 벗어날 수 있다. 그러면 어떻게 가족에게 적합한 잠자리 일과를 찾아야 할까? 다음 잠자리 일과 아이디어를 참고하여 자녀(그리고 당신)가 행복하게 잠자리에 들도록 일과표를 짜보자.

놀이 시간

가족이 함께 놀이 시간을 즐기는 것은 잠자리 일과를 시작하는 좋은 방법 중 하나다. 보드게임도 좋고, 술래잡기나 베개 싸움처럼 활동적인 게임도 좋다. 활동적인 게임은 앞부분에 배치하는 것이 좋다. 점차 조용하고 차분한 활동으로 이어지는 게 좋다는 말이다.

선택의 시간

미리 계획을 짜두는 것은 여러 힘겨루기를 제거할 수 있다. 예를 들면 욕조에 들어가기 전에 미리 아이가 두 벌의 잠옷 중 입고 싶은 것을 골라놓게 할 수 있다. 그러고 나서 고른 잠옷을 침대 위에 올려놓으면 목욕 시간이 끝나자마자 입을 수 있다.

내일 입고 싶은 옷을 정해놓는 것도 중요하다. 기분 좋은 아침은 대부분 전날 밤에서 시작된다. 힘겨루기와 분노 폭발은 아침에 아이가 뭘 입을지 정하지 못할 때, 입고 싶은 것을 찾을 수 없을 때, 어울리지 않는 옷(예를 들면 한겨울에 반바지)을 입으려고 할 때 주로 일어난다. 무엇을 입을지 고를 때 아이에게 어느 정도 자율성을 주는 것은 중요하다. 그런데 아이들은 하필 부모에게 시간이 없을 때 한계선을 시험해보려고 한다. 전날 밤에 옷을 골라두면 아침에 일어날 힘겨루기의 가능성을 제거할 수 있다(너무 뻔한 말일 수도 있지만, 또 하나의 간단한 해결책은 여름에는 겨울옷을, 겨울에는 여름옷을 들여놓는 것이다. 이렇게 하면 어울리지 않는 옷을 고르는 일이 확실히 줄어든다).

목욕 시간

욕조에 몸을 담그면 몸과 마음이 편안해진다. 목욕은 놀이 시간이며 친목을 다지는 시간이기도 하다. 목욕용 장난감과 따뜻한 물의 느낌이 아이들이 휴식을 취할 수 있게 도와주기도 한다. 저녁의 목욕 시간은 활동적인 게임 다음에 두면 일과에서 '진정하기'를 시작할 수 있다.

이 닦기

이 닦기도 재밌게 할 수 있다. 어떤 가족은 서로의 칫솔에 치약을 짜주는 등 기분 좋게 이를 닦으며 구강 청결을 가르쳐줄 뿐 아니라 새미도 함께 누린다. 이 닦기를 놓고 힘겨루기를 하는 대신, 이것을 교감을 나누는 기회로 활용해보자.

동화책 시간

동화책을 읽어주거나 이야기를 들려주는 것은 충분히 그럴 만한 이유가 있어 오랜 기간 친숙한 잠자리 일과로 자리 잡은 것이다. 아이들은 이야기 듣는 것을 아주 좋아한다. 사실 어떤 아이들은 같은 이야기를 반복해 들어도 전혀 지루한 줄 모른다. 한 단락이라도 건너뛰고 싶은 부모에게는 참으로 고난이 아닐 수 없다! 그리고 동화책 읽는 시간은 아이에게 도움이 된다. 간단하고 짧은 글도 아이가 말을 배우는 데 도움을 준다.

아이가 더 자라면(혹은 잠이 안 온다고 하면) 침대에 조용히 누워 책을 훑어보라고 하는 것도 좋다. 또한 이야기 시디를 틀어주고 아이가 그 책을 함께 읽는 것도 좋다. 시간이 허락한다면 아이가 가장 좋아하는 이야기를 부모의 목소리로 녹음할 수도 있다. 그러면 아이가 부모와 떨어져 다른 곳에서 지내거나, 부모가 잠시 집을 비워 같이 지내지 못하더라도 아이는 편안한 목소리를 들을 수 있다.

어떤 아이는 책을 한 권 더 읽어달라고 부탁한 뒤 "한 권만 더, 제발"이라고 조르곤 한다. 이것은 잠자리 일과를 짤 때 한 권 또는 두 권을 읽어주기로 합의하는 것으로 예방할 수 있다. 그럼에도 아이가 조르면 "일과표에 뭐라고 돼 있지?"라고 물으면 된다. 다른 방법으로는 아이를 꼭 안아주면서 미소를 지은 채 "시도는 좋았어"라고 말한 뒤 방을 떠나거나, 다음 일정으로 넘어가는 것이 있다. 아니면 아이의 요청을 그대로 되풀이한 뒤("네가 정말로 이야기를 하나 더 듣고 싶은가 보구나") 안심시켜주면("이 책을 침대 옆에다 뒀다가 내일 밤에 읽자") 아이 마음대로 하지 못하게 하면서도 친절함을 보여줄 수 있다. 아이들은 어른들이 진심으로 이야기하는지, 그렇지 않은지를 정확히 안다. 친절하면서 동시에 단호하게 행동하면 아이들은 진심으로 이야기하고 있다는 것을 안다.

특별한 활동

아이들은 잠들기 전 기분이 편안해져 이야기를 하고 싶어 하는데, 부모와 함께한다면 잠자리에 누운 시간은 하루 중 가장 행복한 시간일지도 모른다. 어쩌면 함께 기도하거나, 특별한 노래를 부르고 싶어 할지도 모른다. 어떤 아빠는 아이를 안고 방을 한 바퀴 돌며 인형과 사진들에게 잘 자라는 인사를 시켜준다. 마음을 가라앉혀주는 자장가나 부드러운 음악으로 편안한 환경을 만들어줄 수도 있다.

몇몇 부모는 아이와 하루 중 자신이 가장 행복했던 순간과 가장 슬펐던 순간을 나누고, 아이에게도 같은 질문을 던지는 것을 좋아한다(아이들은 시간을 두루뭉술하게 이해하기 때문에 오늘 오후나 지난 주, 심지어 지난달에 일어난 일을 이야기할 수도 있다). 이를 통해 부모와 아이는 서로에 대해 많은 것을 알게 된다. 이 순간은 단순히 아이를 재우는 것을 넘어서 사랑과 신뢰, 친근함으로 가득 찬 시간이 된다.

포옹과 뽀뽀

포옹과 뽀뽀 등 스킨십을 하고 "사랑해"를 반복해 말하는 가족이 있다. 반면 이런 애정 표현이 전혀 없는 가족도 있다. 학자들은 포옹이 감정적 건강을 키워준다고 말한다. 포옹과 뽀뽀를 해주지 않았다면 노력해볼 것을 권한다. 잠자리는 포옹과 키스, 사랑의 감정을 확인하기에 더 없이 완벽한 시간이다.

매일 밤 이모 일레인은 네 살 시시의 침대 끝에 앉아서 이야기하는 것을 좋아합니다. "이 세상의 모든 네 살짜리 여자아이를 쭉 세워놓는다면, 내가 누굴 고를 것 같아?" 그러고 나서 일레인 이모는 시시를 가리키며 "나는 '저 애가 좋아!'라고 말할 거야"라고 말합니다. 행복하게 키득거리던 시시는 이모를 꼭 안아줍니다.

이 순간 아이의 얼굴은 온 방을 밝힐 수 있을 정도로 빛난다!

때리기보다는 포옹

마이애미대학 신체접촉연구소의 최근 연구에 따르면 포옹을 하거나 어깨를 부드럽게 다독이거나 악수 없이 하루를 보내는 것은 건강에 해로울 수 있다고 한다. 그리고 몇몇 연구자는 미국 아동들은 위험할 정도로 스킨십이 부족하다고 말한다. 이 연구는 스킨십이 고통과 스트레스를 감소시키고, 우울 증상을 줄여주며, 무엇보다도 미성숙한 신생아가 체중이 늘도록 도와준다는 사

> 실을 보여준다. 또한 사람과의 접촉이 부족하면 공격성의 위험이 증가한다고 한다. 부드럽게 등을 쓰다듬는 것, 포옹하는 것, 사랑하는 마음을 드러내는 스킨십은 아이의 일과에 있어 소중한 부분이다.

자신의 일과를 실천하라

잠자리 일과가 정해져 있다고 해서 아이가 잠들기 힘들어하는 날이 사라지는 것은 아니다. 아이가 "잠이 안 와"라고 말한다면 괜찮다고 말해주라. 그때는 침대에 조용히 누워 책을 넘기거나 이런저런 생각을 하며 시간을 보내면 된다. 잠드는 것은 아이의 몫이라는 것을 잊지 말아야 한다. 부모는 그저 잠들 기회를 제공할 뿐이다. 부모가 해야 할 일들 중 가장 어려운 것은 잠자리 일과를 마쳤는데 아이가 마실 것이나 이야기를 더 해주길 원할 때 그것을 (친절함과 단호함을 가지고) 무시하는 일일 것이다.

 잠자리 일과는 부모와 아이가 3차 세계대전을 리허설하는 대신 하루 가운데 특별한 시간을 함께 나눌 수 있게 해줄 것이다. 일과에 대한 아이디어는 무궁무진하다. 마음에 드는 아이디어를 고르거나 창의력을 발휘하여 자신과 아이에게 잘 맞는 것을 찾아보라. 무엇을 고르든 충분히 반복해서 그것이 친숙하고 예상 가능한 하루의 일부이자 아이가 편히 잠들 수 있게 도와주고 격려하는 평화로운 것이 되게 하라. 일과의 특징은 지속적인 반복을 통해 우리가 건강한(그리고 바람직한) 습관을 만들도록 도와준다는 것이다.

유치원 낮잠 시간을 위한 일과

교사들도 낮잠 시간에 비슷한 과정을 따를 수 있다. 낮잠 시간 일과에 부드러운 음악과 어두운 조명, 부드럽게 등 쓰다듬기를 포함시켜라. 낮잠 준비를 돕고, 신발을 벗어 정리하고, 잠자리 눕기 전 화장실을 다녀오게 하는 등 아이들을 일과에 참여시켜라. 아이가 최대한 편안한 환경을 즐기도록 유도하라.

안락함의 중요성

아이를 함께 참여시키는 것의 중요성을 강조했음에도 아이가 편안하게 잠들도록 어른이 직접 도와줘야 할 일은 많다. 아이가 편한 잠옷을 입고, 튼튼한 침대에서, 날씨에 맞는 이불을 덮고 편안히 자고 있는지 세심하게 확인해야 한다. 또한 아이의 기질을 염두에 두어야 한다는 것을 잊지 마라. 자는 곳의 온도는 적당히 따뜻하거나 시원한가? 아이는 조용한 것을 원하는가, 지속적인 소음이 있기를 원하는가? 희미한 불빛이 필요한가, 깜깜해야 하는가? 어른과 마찬가지로 아이들도 빛이나 소음에 대해 각기 다른 요구사항을 가진다. 거기에 옳고 그름은 없다. 아이에게 딱 맞는 것을 찾으려면 인내심과 시행착오의 과정을 거쳐야 할 것이다.

아이가 한 곳에서 지내는 것이 아니라면, 특별한 냄새와 촉감은 잠자리의 스트레스를 줄여줄 수 있다. 이동할 때 베개와 이불을 가지고 가거나, 평소 잘 갖고 노는 인형이 있으면 좋다. 아이들은 쓸 수 있는 것이 없을 때, 또는 좋아하는 물건을 두고 왔을 때 친숙한 느낌과 냄새로 안락함을 끌어내기 위해 몸을 잔뜩 웅크린 채 재킷을 머리까지 뒤집어쓰기도 한다고 알려져왔다.

우유나 요거트처럼 칼슘을 함유한 저녁 간식도 아이가 긴장을 풀고 잠드는 데 도움을 줄 수 있다. 어떤 사람들은 당분이 아이들을 자극한다고 주장한다. 아직 결론이 난 것은 아니지만, 밤늦은 시간이나 낮잠 시간 전에 달콤한 음식을 피하는 게 도움이 될 수도 있다. 아이에게 가장 잘 맞는 것을 찾을 때까지 시행착오를 거칠 수밖에 없다.

테스트 기간

아이가 울면서 "엄마, 나 목말라"는 말을 자주 하는가? 이때는 음료나 물을 어느 정도 마실 것인지 아이와 미리 이야기해두면 좋다(그리고 정한 양을 일과표에 써놓자). 일단 합의된 사항은 친절하고 단호하게 끝까지 관철해야 한다. 다음은 끝까지 관철하기 위한 몇 가지 방법이다. 예를 들면 이렇게 말할 수 있을 것이다. "그래, 알았어. 그런데 나는 네가 내일 아침까지 참을 수 있을 거라고 믿어." 아니면 이렇게만 말할 수도 있다. "으으으으음." (아이들은 대답을 듣지 못하면 테스트를 멈추는 경우가 많다)

만약 테스트가 점점 심해져 아이가 침대 밖으로 나온다면 아무 말 없이 친절하고 단호하게 행동하는 것이 가장 효과적이다. 예를 들면 다음과 같이 한다. 아이가 일어난다. 그러면 말없이 친절한 태도로 아이의 손을 잡고 다시 침대로 데려다준 뒤 뽀뽀해주고 방을 떠난다. 아이가 버틴다면 안아서 데리고 가야 한다. 다시 한 번 강조하지만, 차분하고 단호하지만 사랑을 담은 태도로 대해야 한다. 이 과정을 몇 번 되풀이하면(대개 첫날밤에 몇 번 정도일 것이다) 아이도 부모의 말이 진심임을 알게 될 것이다. 또한 아이는 테스트를 하는데도 단호하지만 존중하는 마음으로 자신을 대한다는 사실을 깨닫고 부모를 믿고 의지하게 될 것이다. 이때 자신이 가진 모든 인내심을 발휘하라. 그리고 절대 좌절하지 마라. 일관성을 유지한다면 테스트는 대부분 3일, 길어도 5일을 넘기지 않을 것이다(물론 그 5일이 너무 길게 느껴질 것이다).

어느 엄마는 이 계획을 실행에 옮기던 첫날 딸을 24번이나 침대로 돌려보냈다고 한다. 두 번째 밤에는 12번이었다. 그리고 세 번째 밤에는 엄마가 일과를 진심으로 따르려 한다는 것을 깨닫기까지 겨우 두 번 걸렸다. 네 번째 밤부터는 아이도 기분 좋게 잠자리 일과를 토씨 하나 틀리지 않고 따르게 되었다.

자신의 행동을 통제하라

이제 부모가 통제할 수 있는 행동이란 부모 자신의 행동밖에 없다는 것을 되새겨줄 시간이 온 것 같다. 그러면 아이들도 부모를 따라 자신의 행동을 바꾸는 일이 마법처럼 일어난다.

Q. 네 살 먹은 딸이 밤마다 잠자리에 드는 것을 너무 힘들어해요. 아이에게도 잠자리 일과가 있어요. 여동생이랑 같이 목욕하고, 동화책을 읽어주고, 물을 한 잔 가져다주고, 기도를 해요. 그런데 아이 방을 떠날 시간만 되면 제멋대로 행동하기 시작해요. 네가 계속 소리를 지르거나 울면 동생이 깰 수도 있으니 방문을 닫을 수밖에 없다고 얘기해도 아이는 전혀 신경 쓰지 않고 바보라고 하거나 혀를 내밀거나 해요. 그리고 방문을 닫으려고 하면 아이는 완전히 정신 나간 것처럼 굴어요. 벽이나 문을 두드리고, 창문 블라인드를 망가뜨리고, 장난감 상자를 집어던지고, 창문을 열고 "누가 좀 도와주세요! 저는 엄마 아빠가 필요해요"라고 소리까지 질러요. 우리는 3분간 기다린 뒤 문을 열고 아이에게 이제 정신 나간 행동은 다 끝났고 침대로 돌아가 얌전히 행동할 거냐고 물어요. 아이가 아니라고 대답하면 다시 3분간 문을 닫아요. 아이에게 다시 한 번 기회를 준 뒤 교훈을 잊지 않도록 오늘은 방문을 닫아야 한다고 말합니다. 한

번은 아이가 무려 네 시간 동안 소란을 피워 아이 방문 앞에서 새벽 1시 30분까지 서 있어야 했던 적도 있어요! 결국 아침에야 아이는 잠자리에 들었고 낮잠까지 잤지만, 어른은 그럴 수가 없잖아요. 이젠 완전히 지쳐버렸어요. 도와주세요!

A. 얘기를 들어보니 첫째 아이 외에는 아무도 충분한 휴식을 취하지 못하고 있는 것 같군요. 다음의 네 가지가 이 심야 드라마의 막을 내리는 데 도움을 줄 겁니다. 아이가 졸릴 수 있게 만들어주세요. 아이와 자신의 요구를 존중해주고 싸움을 멈추고 협력을 위해 노력한 뒤 친절하고 단호하게 계획을 관철시키세요.

아이가 졸릴 수 있게 도우라

이 아이는 자신의 모든 신체적·감정적 에너지를 비축했다가 잘 시간에 쓰는 능력이 있는 듯하다. 아이는 별로 졸리지 않은 것이다. 특히 늦잠이나 낮잠을 자면 더욱 그렇다. 아이가 밤에 피곤해질 만큼 낮에 활발하게 움직이지 않아서 그럴 수도 있다. 그때 잠자리 일과에 활동적인 놀이를 넣어보자. 공원으로 산책을 다녀오거나, 계속해서 움직이는 놀이를 해보거나, 저녁 수영 강습에 등록할 수도 있다. 일단 아이가 피곤해지면 자연의 섭리를 부모의 편으로 만들 수 있다. 낮잠을 포기하고 아이를 밤에 좀 더 빨리 잠자리에 보내는 것도 고려해볼 만하다. 아이가 자고 안 자고를 부모가 통제할 수는 없지만, 낮잠을 잘 환경을 만들어주지 않거나 최소한 아이가 낮잠 자기를 불편하게 만들 수는 있다.

아이와 당신의 요구를 존중하라

이 아이는 어린 여동생에게 자기 자리를 뺏겼다고 느끼고 있다. 부모는 아기에게 많은 시간과 노력을 들인다. 그럼 좀 더 큰 아이에게 남는 것은 무엇일까? 여기 네 살짜리 아이는 부모의 관심을 끌기 위한 좋은 방법을 찾아낸 것이다. 이런 부정적 관심을 하루 중 다른 시간에 긍정적 관심을 주는 것으로 전환해야 한다.

아이와 단둘이 즐기는 시간을 만들어보자. 아이에게 지금은 오직 둘만을 위한 시간이라는 것, 아이와 둘만의 시간을 갖게 되어 너무 기쁘다는 것, 함께 특별한 일을 할 수 있는 큰아이가 있어 좋다는 것을 확실히 알려야 한다. 그 시간을 보내는 방법은 함께 마트 또는 도서관에 다녀오거나, 동네를 산책하는 것처럼 간단한 일로도 충분하다. 함께하고, 관심받고, 특별하다는 기분을 느끼고 싶은 아이의 요구가 충족되면 잠자리 전쟁으로 관심을 끌 이유가 줄어든다.

부모 자신에게도 요구가 있다. 스스로 존중하는 모습을 보여주면 아이도 부모를 존중해준다. 긴장을 풀고, 휴식을 취하고, 저녁 시간을 함께 보내는 데 집중할 시간을 가져야 한다. 늦은 오후의 느긋한 샤워, 따뜻한 차 한 잔, 짧은 운동을 일과에 넣으면 자신의 몸이 달라지는 게 느껴질 것이다. 자신의 요구를 충족시키면 다른 가족들의 요구에 대응하기도 훨씬 수월해진다는 것을 명심하라.

싸움을 멈추고 협력을 위해 노력하라

이 아이는 놀라운 고집을 어디서 얻은 걸까? 딸의 방문 앞에서 몇 시간을 기꺼이 기다리는 부모는 방문 저편에서 떼를 쓰는 아이와 어떤 유전적 공통점이 있을 것이다. 이제는 협력관계를 구축해야 할 시간이며, 이 힘겨루기에서 상황을 통제할 수 있는 사람은 부모 자신뿐이다. 다시 말해 딸의 수면 습관을 통제할 수는 없지만, 자신이 어떤 행동을 할지는 결정할 수 있다. 다음 제안을 함께 살펴보자.

- 도움을 청하라(이것이 얼마나 잘 통하는지 깜짝 놀랄 것이다).
- 잘 시간에 아이 방의 문을 닫는 것을 부모도 원하지 않는다고 설명해주라. 방문을 닫는 것 외에 어떤 방법이 있을지 아이에게 의견을 물어보라.
- 잠자리 일과에 대한 계획을 함께 짜라.
- 아이에게 무엇을 시킬지가 아니라 자신이 무엇을 할지 결정하라(예를 들면 아이를 침대로 데려가서 뽀뽀해주고 방을 떠나겠다고 결정할 수 있다). 아이에게도 부모의 계획에 대해 알려줘라. 아이의 방문을 지키는 것이 아니라 부부 침실로 가서 책을 읽으며 방문을 닫아두는 방법도 있다.
- 가족 모두에게 통할 수 있는 해결책을 찾아라.

친절하고 단호하게 계획을 관철시켜라

이 잠자리 싸움을 혼자 하고 있지 않다는 것을 알면 마음이 조금 편해질 수도 있다. 만약 앞서 언급한 방법을 모두 시도해봤는데도 아이가 여전히 침대에서 일어난다면 아이를 그냥 침대로 돌려보내라. 다음 내용을 염두에 두고 있으면 더욱 효과적이다.

- 한 마디도 하지 마라. 행동은 말보다 강하다. 그리고 이것은 말다툼을 하는 것보다 훨씬 더 힘들다.
- 자신의 행동이 친절하면서 동시에 단호해야 한다는 것을 명심하라. 이것은 비언어적으로라도 야단을 쳐선 안 된다는 의미다(예를 들면 화났다는 뜻을 담은 바디랭귀지).
- 일관성이 있어야 한다. 만약 아이를 다섯 번쯤 침대로 돌려보내다가 중간에 포기한다면 아이에게 부모보다 끈질기게 버티기만 하면 된다는 것을 가르치는 셈이 된다.

- 하루 중 다른 시간에 아이와 특별한 시간을 보낸다(특별한 시간에 대한 자세한 내용은 9장의 어긋난 목표를 참고하라).

낮잠은 어떨까

어린 아이들은 때때로 자기 싫어하는데, 그것은 졸리지 않기 때문이 아니라 신나는 세상을 탐험하면서 하나라도 놓치고 싶지 않기 때문이다. 모든 아이에게 같은 양의 잠이 필요한 것은 아니다. 어떤 아이에겐 낮잠 시간보다 차분한 휴식 시간이 더 잘 맞을 수도 있다. 세 살에서 세 살 반쯤 되면 더 이상 낮잠을 자지 않는 아이도 있고, 유치원에 갈 때까지 낮잠을 자는 아이도 있다.

낮잠 시간이든 휴식 시간이든 간에 다음의 가이드라인을 따라해보자.

- 아이에게 "너는 지금 피곤해"라고 말하지 마라. 부모 자신이 피곤해서 조용한 시간이 필요하다는 것을 인정하라.
- 낮잠 시간 또는 휴식 시간 계획을 아이와 함께 짜도록 하라. 아이가 낮잠용 특별 인형, 밤에 잘 때 쓰는 것과는 다른 침대, 다른 이불을 고를 수 있게 하라.
- 아이에게 간단한 시디나 다른 전자기기 사용법을 가르쳐라. 아이에게 낮잠 시간 음악 중 하나를 골라 틀게 하라. 이어폰은 되도록 피하고, 침대 근처에서 잔잔하게 음악이 흘러나오게 하라.
- 아이에게 제한된 선택지를 제공하라. "낮잠(또는 휴식)을 1시부터 시작할래, 아니면 1시 15분부터 시작할래?"
- 아이 재울 때 텔레비전은 꺼두라. 잡지 『소아의학Pediatrics』에 실린 글을 보면 아이가 텔레비전 앞에 오래 앉아 있을수록 깊이 잘 확률이 낮

아진다고 한다.

한 엄마는 네 살 된 아이에게 오직 낮잠 시간에만 쓸 수 있는 침낭을 고르게 했다고 한다. 그리고 가족회의에서 낮잠 자고 싶은 방을 아이에게 선택하도록 했다. 너무 멋대로 구는 것을 방지하기 위해 아이는 자신의 침실과 놀이방 이렇게 두 곳 가운데 하나를 고를 수 있었다. 또한 아이는 어느 방을 고르든 그 방을 낮잠용으로 일주일 동안 사용하기로 합의했다. 그리고 나서 아이와 엄마는 타이머로 한 시간을 맞춰두기로 했다(그러면 낮잠을 길게 자지 않고 밤에 쉽게 잘 수 있다). 그리고 "따르릉" 하고 소리가 울렸는데도 아이가 일어나지 못하면 엄마가 깨우겠다는 약속도 미리 해두었다.

다른 침대에서 낮잠을 자는 것이 낮잠 시간에는 유용할 수 있다. 그러나 잠자리 일과는 같은 침대로 일관성을 유지해야 한다. 그러지 않으면 아이는 누구의 침대에서 자야 하는지 물을 것이다.

누구 침대에서?

가족이 함께 자는 가족 침대를 선호하는 사람도 많다. 그것을 선택한 가족은 당연히 행복한 시간을 보낼 것이다. 그러나 많은 부모가 선택이 아니라 의무적으로 어린 아이들을 다른 침대에서 자도록 하기 때문에 이 문제를 해결하기 위해 도움을 요청한다. 그들 역시 잠시 동안은 꼬맹이들과 끌어안고 자는 것을 즐겼을지도 모른다. 그러나 지금은 자신의 프라이버시를 되찾기 바란다.

부모는 자신이 진정으로 원하는 것이 무엇인지를 확실히 정한 뒤 그것을 친절하고 단호한 태도로 끝까지 관철시킬 준비를 해야 한다. 모든 습관과 마찬가지로 이것을 깬다는 것은 모든 사람에게 고통스러운 일이다. 아이들은 부모의 비언어적 메시지를 잘 알아챈다. 만약 어디서 자야 할지에 대해 부모가 자신과 다른 생각을 가졌다는 것을 감지하면 아이는 그 망설임을 알아차릴 것이다. 아이가 자기 침대에서 자야 한다고 확실히 결정을 내렸다면 아이는 그것을 금방 눈치 챌 것이다.

> 마리사와 남편은 자신들의 침대를 되찾고 싶었습니다. 조너선은 네 살이 될 때까지 부모의 침대에서 함께 잤습니다. 조너선은 자신이 잠들 때까지 엄마 아빠가 옆에 누워 있지 않으면 자기 침대를 쓰지 않겠다고 했습니다. 엄마 아빠는 아이가 잠들기 전 곯아떨어졌고, 그렇게 그들의 저녁 시간은 사라졌습니다. 엄마 아빠가 중간에 깨어나 자기 침대로 돌아가면 조너선도 같이 일어나 자신을 엄마 아빠 침대로 데려갈 때까지 울었습니다.

이 문제는 생각보다 조금 더 복잡하다. 조너선은 한동안 부모님과 침대를 같이 썼기 때문에 아이가 그것이 계속되길 바라는 것은 이상한 일이 아니다. 밤에 부모와 함께 있는 것이 조너선에게는 많은 의미가 있었을 것이다. 그동안 그는 관심과 보호를 받았고, 오랜 포옹도 받았다. 그런데 자기 침대에 혼자 있는 것은 외롭고 약간 무섭기까지 하다. 조너선의 감정은 논리적이라고 볼 수 있다. 또한 무의식적으로 보인 과도한 관심을 아이가 계속해서 요구할 수 있는 구실을 부모가 만들어주었다. 조너선은 스스로 마음을 안정시키는 아주 중요한 일상생활 기술을 배울 기회를 놓쳐버린 것일 수도 있다. 여기서 중요한 질문은 이것이다. 부모가 하고 싶은 것은 무엇인가? 그리고 아이의 습관을 바꾸기 위해 자신이 기꺼이 하고자 하는 일은 무엇인가?

조녀선의 부모는 다른 부모들과 마찬가지로 자신이 원하는 것이 무엇인지를 결정해야만 한다. 만약 가족용 침대를 선택한다면 거기에는 장기적인 몇 가지 질문이 포함되어 있다. 가장 큰 질문은 아이를 가족 침대에서 내보내고 싶어지면 무슨 일이 벌어지는가 하는 것이다. 만약 아이를 혼자 키우다가 재혼하려고 하는 상황이라면? 아이(또는 새로운 배우자)는 기꺼이 침대를 함께 쓰려고 할까?

이제 아이를 자기 침대로 보낼 시간이라고 마음 먹었다면, 앞서 설명한 내용을 그대로 따라해보라. 이 계획은 인내심이 필요해서 반드시 심호흡을 해야 한다는 것을 명심하라.

자기 방으로 가서 자는 법을 배운다고 아이에게 평생의 트라우마가 생기진 않을 것이다. 대개 아이보다 부모에게 더 큰 트라우마가 생긴다! 부모의 태도가 열쇠다. 지금 옳은 일을 하고 있다는 자신감을 갖고 아이에게 혼자 잠잘 능력이 있다는 것을 가르쳐준다면 아이도 그 자신감의 에너지를 느낄 것이다. 그러나 부모가 죄책감이나 분노, 여러 상반된 감정으로 갈등을 느낀다면 그 에너지 역시 전달되어 아이가 부모를 조종하려고 하거나, 무기력하게 만들거나, 힘겨루기를 벌이는 일이 발생할 것이다.

응석받이냐, 유능한 아이냐?

친절한 동시에 단호한 것은 효율적인 자녀양육의 열쇠다. 아이의 끝없는 요구에 굴복하는 것은 사랑의 행동이 아니다. 어른이 분명하게 경계선을 긋는 데 실패하면 아이도 안정감을 느낄 수 없다. 아이가 혼자 자는 법을 배울 수 있게 하는 것은 일생의 소중한 선물이다.

이 장의 여러 제안은 잠자리를 조종이나 힘겨루기가 아니라 아이에게 중요한 일상생활 기술을 가르치는 기회로 활용하도록 부모들을 도와주기 위한 것이다. 아이들은 생각하는 기술, 문제해결 기술, 자기통제를 배울 뿐 아니라 부모가 무엇을 말할 때 빈말이 아니라 진심이며, 존엄과 존중의 자세로 끝까지 그것을 관철시킬 거라는 사실을 알게 될 것이다. 뿐만 아니라 아이들은 자기 자신을 신뢰하는 법과 '나는 할 수 있어'라고 자신을 믿는 법도 배울 수 있다. 그러면 잠자리는 지옥이 아니라 천국이 될 수 있다. 좋은 꿈을 꾸길!

13장

나 이거 안 먹어!
: 아이와 식생활 습관

몇몇 친구와 둘러앉아 저녁식사를 하는 중이라고 상상해보자. 조이스와 그녀의 남편 제임스, 옆집에 사는 샘이 식탁에 앉아 있다. 라자냐와 브로콜리를 접시에 덜어주고 있을 때 이런 대화가 오고간다.

나: "모두 저녁식사에 와주셔서 너무 기뻐요. 제가 라자냐를 덜어드릴게요."

제임스: "조금만 주세요. 오늘은 무슨 일인지 배가 고프지 않네요."

나: "말도 안 돼요! 덩치가 있는데 많이 드셔야죠. 여기요, 적당히 드릴게요. 샘, 브로콜리 좀 드세요."

샘: "괜찮아요. 저는 브로콜리 잘 안 먹어요."

나: "샘, 브로콜리가 건강에 좋다는 거 알잖아요. 그러니 조금이라도 먹어봐요. 안 먹으면 디저트는 안 드릴 거예요! 조이스, 남기지 않고 깨끗이 드셨으면 좋겠어요. 맛있는 채소가 아직 남아 있잖아요."

조이스와 제임스, 샘의 기분이 어떨 거라고 생각하는가? 이 저녁 모임이 즐거운 분위기로 마무리될까? 그런데 혹시 당신 가정의 식탁에서 오간 대화와 비슷하다는 생각이 들지 않는가?

아이를 둔 부모에게 저녁 식사 자리는 종종 전쟁터가 된다. 부모들은 아이가 무엇을 먹는지, 먹지 않는지에 대해 걱정이 많다. 양은 충분할까? 비타민C는 충분히 섭취한 걸까? 당분을 너무 많이 먹은 건 아닐까? 칼슘과 단백질이 부족하지 않을까?

감시를 받으며 밥을 먹는다면 마음 편히 먹을 수가 없다. 어른과 마찬가지로 아이들도 당연히 불편해한다. 식사시간에 어떤 말을 가장 많이 하는지 생각해본 뒤 자신에게 물어보라. "어른 손님들에게도 이렇게 말할 수 있을까?" 존중받고 자란 아이들은 다른 사람들을 똑같이 존중할 줄 안다. 단지 어리다고 해서 음식에 대한 의견을 가질 자격이 없는 것은 아니다. 또한 그 의견은 아이들이 자라고 성숙해가면서 계속 변한다.

1950년대와 60년대, 70년대에 걸쳐 여러 대학의 유아 프로그램은 온갖 종류의 음식을 식탁에 차려놓았을 때 아이들이 어떤 음식을 즐겨먹는지 살펴보는 연구를 수행했다. 아이들은 먹고 싶은 것은 뭐든 먹을 수 있었다. 아이들은 디저트를 먼저 먹기도 하고, 브로콜리를 먼저 먹기도 했다. 이 프로그램을 통해 밝혀진 가장 중요한 사실은 아이들은 서두르지 않는다는 것이었다. 그리고 최종 결과는 늘 비슷했다. 그냥 '본능'에 따르도록 놔두면 아이들은 장기적으로 봤을 때 균형 잡힌 식사를 한다. 물론 오늘날의 선택지에 햄버거와 감자튀김, 탄산음료가 포함된다면 그 결과가 어떻게 될지 궁금하다. 아이들이 영양가 있는 음식을 선택하도록 만들려면 먼저 아이들에게 건강한 선택지가 주어져야 한다. 아이가 지나치게 단 과일 음료와 군것질거리에 사용된 화학적 과일

맛에 익숙해져 있다면 진짜 오렌지 맛은 심심하다고 느낄 것이다. 설탕은 좋은 음식에 대한 몸의 자연스러운 갈망을 방해할 수도 있다.

이 장의 후반에서는 부모들이 어떻게 힘겨루기를 유발하는지, 어떻게 하면 음식에 대해 협조적인 분위기를 조성할 수 있을지를 알아볼 것이다. 먼저 아이들이 직면하고 있는 몇 가지 심각한 문제를 살펴보도록 하겠다.

건강 문제와 아이

최근 연구에 따르면 아이들의 뼈가 과거보다 약해져 부러지기 쉽다고 한다. 단 음료수를 많이 마시고 우유를 덜 마시게 되면서 이런 문제가 생겼다는 것이다. 지방과 소금이 과하게 들어간 음식(패스트푸드와 군것질 거리 등)을 많이 섭취하고 운동은 적게 하면서 아동비만율 역시 높아지고 있다. 또한 텔레비전과 컴퓨터 앞에 앉아 있거나 비디오게임을 하면서 시간을 보내는 아이가 늘고 있다. 다음은 2004년 발행된 약물기관 보고서인 〈아동비만 예방법: 균형 잡힌 건강〉에서 발췌한 몇 가지 통계다(www.iom.edu/?id=22623).

- 1970년대부터 2~5세 유아와 12~19세 청소년의 비만율은 두 배를 넘어섰다. 그리고 6~11세 아동의 비만율은 세 배를 넘었다. 현재는 6세 이상의 아동 가운데 약 900만 명이 비만이다.
- 아동기 비만은 신체적·정서적 건강을 심각하게 위협한다. 2000년 미국에서 태어난 남자아이 중 30퍼센트와 여자아이 중 40퍼센트가 제2형 당뇨병을 진단받을 위험에 놓이게 될 거라는 예측이 있다.
- 어린 아이들이 비만에 따른 사회적 낙인으로 말미암아 심각한 사회심

리학적 부담을 지게 될 위험이 있다.
- 아동과 청소년의 연간 비만 관련 병원비는 20년간 세 배 넘게 증가해 1979~81년 3,500만 달러에서 1997~99년 1억 2,700만 달러에 이르렀다.
- 비만 예방은 에너지 균형, 즉 칼로리 섭취 대 소비의 균형에 초점을 맞추고 있다. 따라서 아동비만을 막기 위해선 섭식과 신체적 활동에 영향을 미치는 요소를 고려해야 한다.

연구 결과는 사회적 압력이 개개인의 음식 선택에 영향을 끼칠 수 있다는 것을 말해준다. 즉 부모가 자신의 식사 습관을 통해 보여준 모습

감사와 태도

음식과 식사 그리고 어린 아이와 관련된 중요한 사실이 있다. 음식을 차려주면 아이는 경우에 따라 먹기도 하고 안 먹기도 한다. 이때 음식이 부족한 문화권에서 자란 아이는 섭식 문제를 겪지 않는다. 그런데 더 중요한 사실은 이런 문화권에서는 음식이 아주 귀하게 여겨진다는 점이다. 밥을 먹으라고 설득할 필요가 없다. 한 사람이 먹지 않으면 다른 사람이 먹는다. 음식이 버려지는 일은 절대 없다. 예를 들어 싱가포르와 그 외 아시아 지역에서 유아기 프로그램에 인턴으로 참여하기 위해 미국을 방문한 학생들은 버려지는 음식을 보고 충격을 받는다. 다른 문화권에서는 소중한 음식을 버려서는 안 된다는 압박이 영양이나 맛의 문제를 앞선다. 우리는 때로 자신들이 누리고 있는 풍족함을 망각하는데 음식에 대해 감사의 마음을 표현하고, 아이들 역시 그렇게 하도록 격려할 필요가 있다.

이 아이에게 제공하는 음식만큼이나 결정적 역할을 하고 있다.

편식

아이에게 영양가 높은 음식을 다양하게 제공하는 것은 중요한 일이다. 그런데 특별 메뉴를 만들어주는 것은 식성을 더 까다롭게 만들 뿐이라는 것을 기억해두라. 그 대신 엄마가 차려준 음식을 아이들이 먹을 확률을 높여야 한다. 그러기 위해선 식탁에 최소 한 가지 이상 아이가 좋아하는 음식을 올리고 나머지는 부모가 먹길 바라는 것을 올려야 한다. 아이는 어떤 음식을 자주 보면 빨리 그것에 친숙해진다. 또한 아이가 원치 않는 것을 억지로 먹여선 안 된다는 것도 명심하라. 그것은 단지 힘겨루기를 불러올 뿐이고, 그 싸움에서는 모두가 패배자다.

> 마사는 하루를 제대로 시작하려면 아들이 따뜻한 오트밀을 한 그릇 먹어야 한다고 생각했습니다. 어느 날 아침 네 살짜리 렉스가 오트밀을 먹지 않겠다고 했을 때 엄마는 몸에 좋은 음식을 먹는 것이 얼마나 중요한지 가르치기로 마음 먹었습니다. 마사는 랩을 꺼내 오트밀 그릇을 덮었습니다. 렉스가 점심을 먹으러 왔을 때 마사는 오트밀을 전자레인지에 다시 데웠습니다. 30분쯤 지나자 오트밀은 돌처럼 딱딱해졌습니다. 렉스는 그것을 노려볼 뿐 먹지 않았습니다. 마사는 결연하게 그것을 다시 덮었습니다. 오트밀이 다시 한 번 저녁 식탁에 올랐을 때 그것이 얼마나 맛없어 보일지 상상이 되나요? 렉스는 한 숟갈 먹어보지도 않고 바로 저녁을 안 먹겠다고 했습니다. 렉스는 오트밀에 대해 어떻게 생각하게 됐을까요? 그리고 엄마는 렉스에 대해 어떤 생각을 하게 됐을까요?

아이에게 건강한 식사 습관을 만들어주기 위해, 식사시간에 가족들 모두 즐겁게 보내기 위해 부모가 알아두어야 할 것이 아주 많다.

타이밍

어린 아이들은 다른 사람의 스케줄에 맞춰 배가 고파지지 않는다. 신생아는 달라는 대로 밥을 줘야 한다. 조금 더 크면 배고플 때마다 밥을 달라고 하더니 유치원 다닐 때쯤에는 끼니 중간에 반드시 간식을 먹어야 한다. 이것은 일반저인 변화로 유언하게 대처하면 된다. 가장 중요한 것은 아이가 고를 수 있는 선택지를 건강한 음식들로 확보해두는 것이다. 아이가 밥을 다 먹지 않았다면 필요한 영양소를 간식으로 보충해줘야 한다. 예를 들면 당근 스틱이나 찐 감자가 감자튀김이나 탄산음료보다 훨씬 더 좋다. 그리고 아이가 언제 먹느냐는 무엇을 먹느냐에 비하면 그다지 중요하지 않다.

단순함

친구들은 당신이 만든 케이준 소스와 새우 요리에 감탄했지만, 아이는 별 반응이 없을지도 모른다. 아이들은 낯선 음식이나 처음 보는 조합에는 일단 거부감을 드러낸다. 예를 들면 샌드위치에 치즈와 상추, 토마토를 넣으면 거부하고, 크래커에 치즈와 토마토를 올리면 좋아한다. 아이가 파스타와 샐러드를 미심쩍은 눈으로 본다면 그 음식을 따로따로 차려준다. 아이용 음식을 따로 만들어줘야 할 필요도 없고 꼭 그래야만 하는 것도 아니다. 다만 아이의 식성을 알아두면 아이의 협조와 도전을 격려할 방법을 찾는 데 도움이 된다.

선택

아이가 스스로 식사 습관을 만들어가도록 하려면 서로에 대한 신뢰가 필요하다. 아이들은 자기 몸에 필요한 음식을 먹을 것이다. 그리고 부모가 건강하고 맛있는 음식을 다양하게 제공한다면 아이는 영양가 있는 음식을 선택할 확률도 높아진다. 심지어 어른들도 가끔씩은 마음 놓고 먹는 날이 필요하다는 것을 기억하라. 지금까지 많은 아이가 패스트푸드인 햄버거와 피자, 핫도그를 먹고도 큰 문제없이 자라왔다. 중요한 것은 균형이다. 영양가가 높은 음식을 규칙적으로 먹이고 있다면 추수감사절 젤리빈이나 초콜릿 산타, 할로윈 배탈처럼 어린 시절에 빼놓을 수 없는 경험을 하는 아이를 보면서도 안심할 수 있다. 그러나 젤리빈이나 포테이토칩, 쿠키, 컵케이크, 탄산음료를 집안에 항상 준비해둔다면 앞장서서 잘못된 식습관과 음식 전쟁을 자초한 셈이다.

음식 경찰이 되어선 안 된다. 식단 관리를 철저히 하는 가정에서는 음식에 대해 서로 감시하는 분위기를 조성하면서 자신들을 옭아매는 경우가 종종 있다. 아이가 설탕 든 음식을 먹지 않길 바란다고 해서 집에 있던 쿠키가 아이의 입으로 들어간다고 이성을 잃어선 안 된다. 과잉반응을 보일수록 지금이든 나중이든 음식 관련 문제를 초래하게 될 가능성은 더 커진다.

음식의 양과 배고픔

최근 한 연구에 따르면 음식을 많이 담아줄수록 아이들이 듬뿍 떠먹고, 결과적으로 더 많은 양을 먹게 된다고 한다. 아이가 스스로 얼마나 먹을지 정하거나 상대적으로 적은 양을 담아주면 적당한 양을 먹게 되는 경향이 있다. 어린 아이들도 (연습하면) 자기 음식을 스스로 그릇에 담을 수 있다. 연습에서 중요한 것은 음식을 적게 담도록 가르치는 것이다. 아이가 실수로 너무 많이 담았다고 해서 억지로 다 먹게 하는 것은 별로 도움이 되지 않는다. 호기심을 자극하는 질문을 통해 음식을 너무 많이 담으면 어떤 일이 일어나는지, 그 문제를 어떻게 해결해야 할지 생각하게 도와주는 것이 바람직하다.

아이에게 그릇에 담은 것을 억지로 먹게 하거나, 정해진 시간에만 먹게 하는 것은 몸의 신호를 무시하라고 가르치는 셈이 된다. 유아기에는 간식 시간이 중요한데, 작은 배를 자주 채워줘야 하기 때문에 간식으로 뭘 줄 것인지가 중요하다.

허기는 시계보다 더 뛰어난 식사 안내판이다. 그 사실을 받아들이는 것이 우리 모두에게 이득이다. 언제 얼마나 먹는지에만 신경 쓰면 아이가 자신의 몸이 보내는 신호를 무시하게 된다. 언제 먹느냐에 따라 음식의 영양 가치는 달라지지 않는다.

당신의 전쟁을 선택하라

부모에게 다섯 살짜리 자녀가 콩을 먹는 것이 무엇보다 중요한 일일 수도 있다. 또는 아이가 햄이나 건포도, 크래커를 꾸준히 먹는 것을 지켜보는 것이 편안할 수도 있다. 그러나 부모가 강요하면 아이는 저항할 수밖에 없다. 더구나 다른 가족들이 모두 식탁을 떠난 후에도 그릇에 남은 콩을 째려보고 있는 것으로 채소를 좋아하게 만들 수 있을지는 미지수다.

어떤 부모는 음식을 깨끗이 먹을 때까지 아이를 식탁에 앉혀두어야 하며, 그것이 맞다고 주장한다. 그러나 아이와 이야기를 나눠보면 전혀 다른 이야기를 듣게 될 것이다. 그들은 음식을 개에게 주고 냅킨에 숨

편식을 고치는 법

- 해달라는 대로 해주는 즉석 요리사가 되어선 안 된다. 다섯 살이 지나면 자신이 먹을 샌드위치 만드는 법을 가르쳐주자.
- 선택지를 제공하라. 아이가 음식 투정을 하면 "차려준 걸 먹어도 되고, 네가 먹고 싶은 대로 만들어 먹어도 돼. 어떻게 할래?"라고 물어보자.
- 해결책을 유도하라. 아이가 차려준 음식을 보고 투정한다면 "그럼 어떻게 하면 좋을까?"라고 물어보라. 이렇게 하면 아이는 자신의 사고 능력과 문제해결 능력을 사용할 수 있다. 또한 자신의 힘을 (힘겨루기가 아닌) 긍정적인 방향으로 사용하고, 자신도 무언가를 할 수 있다고 느낄 수 있다.
- 식단을 짤 때 아이가 도울 수 있게 하라. 아이들은 자신이 함께 참여한 일에는 협조적이다. 장보기 목록을 정할 때도 아이를 참여시켜라.
- 일을 분담하라. 아이에게 장보는 것을 도와달라고 한다. 그리고 목록에 있는 몇 가지 물건을 찾아서 카트에 넣어달라고 부탁한다. 아이가 목록에 없는 물건을 사달라고 하면 친절하고 단호하게 "그건 우리 목록에 없는 거잖아"라고 말한다.
- 아이에게 요리를 도와달라고 하라. 언제 요리를 도와줄 수 있는지 아이가 정하도록 하라. 아이들은 자신이 직접 한 음식을 더 잘 먹는 경향이 있으며, 식단을 짜는 데 참여한 경우 자신이 요리한 날이 아니어도 협조적인 태도를 보인다.
- 원한다고 해서 무조건 구제해주어선 안 된다. 일단 불씨(지나친 관심에 대한 요구)를 피해야 한다. 아이에게 밥을 먹여주기 시작하면 그것은 금세 모닥불이 되어 타오른다. 또한 적극적 듣기("그건 먹기 싫은가 보구나")를 활용하면서 말싸움을 피한다. 그리고 아이가 직접 그 문제를 처리하도록 유도한다("꼭 지금 먹지 않아도 돼. 다음 번에는 먹어볼 수 있을 거라고 믿어").
- 영양에 대한 불안을 가라앉혀라. 아이에게 좋은 영양제를 먹이면 된다. 배

> 고프면 언젠가 먹을 것이다.

기는 법(아이들이 자기가 그릇을 치우겠다고 할 때 뭔가 수상하다는 생각이 들지 않던가)을 터득했거나, 여느 어른들처럼 섭식 관련 문제를 겪고 있을 것이다. 단기적이든 장기적이든 음식을 놓고 전쟁을 벌이면 누군가는 항상 패배한다.

식사시간 일과

일과를 정하는 것은 식사에도 영양을 미친다. 바쁜 가정에서는 식사시간이 그저 급하고 정신없고 스트레스가 쌓이다 보니 아무도 식사를 즐기지 못하는 경우가 많다. 부모들은 하루 종일 일하고 녹초가 되어 집으로 돌아온다. 아이들은 배가 고프면 짜증을 낸다. 인간의 자비심은 저녁 식탁에까지 이어지지 않는다. 일과가 정해지면 식사시간이 훨씬 편안하게 진행될 수 있다. 일과의 구성 요소는 간단하다. 다음은 가정의 일과를 정하는 데 도움이 될 만한 몇 가지 제안이다.

긴장을 풀 시간을 가져라

집에서 저녁식사를 서둘러 차려야 한다면 그 과정을 달리해보자.

> 토드는 다섯 살짜리 딸 케이티에게 언제나 많은 양의 점심을 싸줍니다. 직장과 유치원이 끝나 함께 차를 타고 집으로 돌아오는 길에 케이티는 점심에 남긴 음식을 맛있게 먹습니다. 그러면 집에 도착했을 때 배고프지 않아서 아빠는 당장 저녁식사를 준비해야 한다는 압박감에서 벗어날 수 있습니다. 대신 그들은 저녁식사를 준비하기 전에 나

란히 앉아 이야기를 나누는 시간을 가질 수 있습니다.

하루를 마치고 나서 편히 쉬는 시간은 투자할 만한 가치가 있다. 퇴근해 집으로 돌아와 몇 분쯤 아이를 안고 누워 마음을 나누고 그날 있었던 일을 공유하는 시간을 가지고 싶을 것이다. 따뜻한 목욕이나 샤워로 체력을 재충전할 수도 있고, 산책을 하거나 아이와 함께 짧은 놀이를 하고 싶을 수도 있다. 온 가족이 숨을 고를 때까지 과일 몇 조각이나 가벼운 간식으로 배고픔을 달래는 것도 좋다. "하지만 정말 시간이 부족해요. 할 일이 너무 많아요!"라고 말할지도 모른다. 아무리 바빠도 일단 휴식을 취한 뒤 가족의 세계로 돌아갈 수 있는 시간을 가지면 말다툼이나 지나친 관심을 요구하는 데 많은 시간을 낭비하게 되는 일을 예방할 수 있다.

함께 식사를 준비하라

음식을 가리는 아이에게 식단을 짜고 식사 준비하는 것을 도와달라고 하는 것보다 더 좋은 방법은 없다. 그런데 많은 부모가 바로 옆에 있는 이 꼬마 도우미를 알아차리지 못한다. 큰 앞치마를 준비하고 싱크대 앞에 발받침을 마련한 뒤 아이한테 샐러드에 넣을 양상추를 씻어서 찢어 달라고 하자. 세 살만 돼도 야채를 문질러 씻을 수 있고, 네 살이면 수저와 냅킨을 식탁에 놓을 수 있다(더 자세한 내용은 252쪽의 표를 보라).

유치원 교사인 파커는 케일과 파인애플로 만든 스무디를 준비하면서 아이들에게 도와달라고 했습니다. 대부분의 어른은 이런 맛 조합을 싫어하는데, 케일을 씻고 찢으면서 준비 과정에 참여한 아이들은 이 혼합 음료를 기꺼이 먹을 뿐 아니라 더 달라고 하기까지 했습니다. 그러고 나서 파커는 스무디를 쟁반에 담아 옆반 아이들에게 나눠주었습니다. 어떻게 됐을까요? 좋아하는 아이가 없었습니다. 여기서 음식 준비에 아이들을 참여시키는 것보다 더 설득력 있는 이유를 찾기는 어려울 것입니다.

아이에게 도울 방법을 제시해주면 아이의 주도성 감각을 성장시킬 수 있고, 일상생활 기술을 가르칠 수 있으며, 아이가 자신을 가족이나 공동체에 기여할 수 있는 존재라고 자랑스러할 수 있고, 소속감도 길러줄 수 있다.

함께 보내는 시간을 만들어라

라운드트리 유치원에서 점심시간은 아주 특별한 시간입니다. 아이들이 손을 잡고 테이블 주변을 빙 둘러앉으면 그중 한 아이가 자신이 고맙다고 느낀 일을 이야기합니다. 그러고 나서 순서대로 자기 오른쪽 사람의 손을 꼭 쥡니다. 식사를 시작하기 전에 '꼭 쥐기'는 한 바퀴를 돕니다. 에즈라는 전통적인 유대인 집안에서 자라 집에서 밥을 먹기 전 특별한 히브리 기도문을 외웁니다. 제니 집에서는 식탁의 자기 자리에 서 있다가 모두 모이면 함께 감사의 노래를 부릅니다. 마이아 집에서는 식사를 시작하기 전 다함께 몇 분간 묵상을 합니다.

바쁜 가족들에게 식사는 그냥 빠르게 지나가는 시간이 되기 쉽다. 다들 어딘가 갈 데가 있고, 대화나 친목의 순간은 아차 하는 순간 사라진다. 종교적이든 아니든 어떤 의례를 행하는 것은 가족이라는 공감대를 형성하고 그것을 소중히 여기는 법을 아이에게 가르치며, 아이와 따뜻한 순간을 만드는 좋은 방법이 될 수 있다. 콜롬비아대학의 국립 중독

및 약물 남용 연구센터는 가족과의 저녁시간이 알코올과 약물 남용의 위험을 낮추고, 자살률을 줄여주며, 학업 성취도를 높이는 것과 연관이 있다고 밝혔다. 이것만으로도 온 가족이 모이는 식사시간을 마련하고 이를 즐겁게 보내야 할 이유가 된다. 식탁에 모이는 이 시간은 유대와 친목을 위한 더할 나위 없이 소중한 기회를 제공한다. 이 시간은 할머니가 손수 구워주신 빵이 우리 몸을 살찌웠듯, 우리 영혼을 살찌울 기억을 만들어줄 것이다. 음식은 맛있게 먹기 위한 것으로(억지로 먹이기 위한 것이 아니다), 절대 가정불화의 불씨가 되어선 안 된다.

식사 마무리에 대한 안내선을 마련하라

아이들은 다른 가족들이 식사를 마칠 때까지 자리에 얌전히 앉아 있어야 할까, 아니면 식탁을 떠나서 조용히 놀고 있어도 되는 걸까? 여기에 '올바른' 대답은 없다. 그러나 식은 감자를 앞에 놓고 말다툼하기보다는 이 문제를 미리 해결해놓는 것이 현명하다.

어린 아이라도 식사를 끝낸 뒤 식탁을 치우는 데 참여할 수 있다. 아이가 스스로 잘 걸을 수 있으면 자기 접시를 나르고, 남은 음식을 버리고, 자신의 식기를 싱크대에 넣을 수 있다. 아동 보육기관에서는 아이가 먹고 남은 것을 스스로 버릴 수 있는 작은 용기와 그들이 접시, 수저, 컵 등을 분류해 넣을 수 있는 각각의 통을 제공한다. 어떤 유치원에서는 아이들이 교대로 음식물 쓰레기를 지렁이 상자나 비료 상자에 가져다 넣도록 한다. 그러면 아이들이 음식과 환경의 관계를 이해하고 감사하는 새로운 차원의 학습을 할 수 있다.

알레르기와 약물치료, 특별한 식단

무수한 전쟁이 아이에게 약을 '먹이려다', 또는 문제를 일으킬 수 있는 음식을 안 '먹이려다' 발생한다. 아이들이 통제에서 벗어나기 위해 큰 고생까지 기꺼이 감수하는 것을 보면 아주 놀랄 정도다. 우리는 지금까지 아이를 문제해결 과정에 참여시켜 아이가 사고 능력과 문제해결 능력을 키우고, 자신에게 능력과 힘이 있다고 느끼게 하는 것이 중요하다는 점을 여러 번 강조했다. 다음은 이를 위한 몇 가지 제안이다.

- **야단치지 마라.** 대신 아이에게 '무엇을' '어떻게' '왜'의 질문을 던지면서 스스로 문제를 탐구하도록 해야 한다. "네가 이 약을 먹지 않으면(또는 이 음식을 먹으면) 무슨 일이 생길까?" "그런 일이 생기면 네 기분이 어떨까?" "혹시 이 문제를 해결할 수 있는 좋은 생각이 떠올랐니?" (이때 아이가 자신의 생각을 진짜 궁금해하고 자신이 문제를 해결하고 배울 수 있다고 믿어주는 게 아니라 그저 야단치는 거라는 느낌을 부모로부터 받는다면 이 방법은 효과가 없다.)

- **투약 일과를 정할 때 아이를 참여시켜라.** 하루 중 아이와 부모에게 가장 좋은 시간이 언제인지 함께 정하라. 약 먹을 시간을 알리는 표를 함께 만들고, 알리는 방식도 함께 정하라(예를 들면 매일 같은 시간에 알람시계가 울리도록 한다).

- **아이를 도서관에 데리고 가서 음식 알레르기와 그로 인해 몸에 생길 수 있는 반응을 스스로 알아보게 하라**(이때 목표는 교육하는 것이지 겁을 주는 게 아님을 명심하라).

- **부모 자신이 어떻게 할지 결정해야 한다.** 즉 매일 약 먹을 시간이라고 알려줄 책임을 기꺼이 질 것인지, 아니면 아이가 이 문제를 책임지거나 실수를 통해 배워갈 수 있을 거라는 믿음을 가지고 물러서 있을 것인지 분명히 정해야 한다는 의미다(건강에 심각한 위협을 주는 문제라면 전자를 선택하되 야단치거나

너무 걱정하는 모습을 보이지 말고 아이를 대하라).

- **자신이 언제까지나 곁에서 아이의 식단이나 약을 감독할 수 없다는 것을 인정하라.** 나이에 걸맞은 방법으로 (친절하고 단호한 태도로) 아이가 스스로 계량하고 혼합하고 기억할 책임을 지도록 해야 한다. 자신감과 능력은 연습으로부터 나온다는 것을 명심하라.

비만 아동

오늘날 많은 아이가 비만해지고 있으며, 이는 장기적인 건강에 심각한 영향을 끼칠 수 있다. 이 문제의 씨앗은 아주 일찍부터 심어진다. 대표적으로 유전적 요인이 있다. 비만이 유전이라면 자신이 있는 그대로 받아들여진다고 아이가 느끼도록 돕는 것이 매우 중요하다. 그리고 (도움을 원하면) 자기 삶에 던져진 이 과제를 어떻게 다뤄야 할지 함께 고민해본다.

아이가 자존감까지 낮아지면 비만은 악순환에 빠지게 된다. 낮은 자존감으로 말미암아 공허함을 채우기 위해 과식을 할 수도 있다. 아이들은 기분이 좋을 때 행동도 좋아진다. 아이가 하려고 한다면 비만 문제에도 얼마든지 잘 대처할 수 있을 거라고 말해주면서 무조건적인 사랑과 격려를 보여줘야 한다. 통제가 아닌 지원을 보내줘야 한다는 말이다. 약물과 음식 알레르기를 두고 벌어지는 힘겨루기를 피하기 위해 제안된 아이디어는 대부분 비만 아동에게도 적용된다.

물론 본보기를 보이는 것도 중요하다. 부모가 한 적 없는 일을 아이가 할 거라고 기대하지 마라. 먼저 자신의 체중 문제를 돌보도록 하라(이것을 아이와 함께할 수도 있다). 아이와 함께 건강한 식사를 준비하고 장보기 목록에서 정크푸드를 빼라.

운동

이 이야기를 또다시 해야 할 것 같다. 텔레비전을 꺼라. 앞서 텔레비전을 너무 많이 보면 두뇌 발달에 좋지 않은 이유를 살펴보았다. 이제 텔레비전 시청이 몸 건강에도 좋지 않다는 것을 알았을 것이다.

아이들은 부모의 지도가 필요하다. 아이들이 텔레비전을 보면 평화롭고 조용한 시간을 즐길 수 있는 것은 사실이다. 그러나 다 같이 나가서 공놀이를 한다면, 모두가 훨씬 더 건강해질 수 있다. 텔레비전이 모든 것을 차지하기 전 옛날 사람들이 즐겼던 것들을 아이에게도 전해주라. 집안에 긴 복도나 최소한의 (그리고 안 부서지는) 가구만 놓은 놀이방처럼 달리고 공을 던질 수 있는 공간을 마련해보자. 또는 아파트 단지에 활동적인 놀이를 할 수 있는 공간을 찾아보자.

텔레비전과 광고, 비만

미 의학한림원(IOM)은 아동과 음식 광고에 대한 최근 연구 120종의 요약본을 발표했다. 연구자들은 아동용 텔레비전 프로그램을 통해 방송된 광고들이 영양가는 낮고 지방과 소금, 설탕만 가득한 음식에 대한 유혹으로 가득 차 있다는 것을 밝혀냈다. 12세 이하의 아이들은 광고에 강한 영향을 받아 부모들에게 그런 음식을 사달라고 조른다. 또한 이 기관은 4세 이하의 아이들은 광고와 오락 프로그램을 구분하지 못하며, 광고가 상품을 팔고자 하는 의도를 담고 있다는 것을 이해하지 못한다고 밝혔다.

이 보고서에는 미국 기업들이 2004년 한 해 동안 아이들에게 음식과 음료

> 수 등을 홍보하기 위해 100억 달러를 지출했다고 내용이 실려 있다. 이런 연구를 계기로 2004년에 열린 미 심리학회에서는 8세 이하의 아이들을 대상으로 광고 마케팅을 하는 것은 부당하며, 필요한 경우 법으로 규제해야 한다는 결론을 도출해냈다.

산책을 해보는 것도 좋다. 특히 집에서 키우는 개한테 운동이 필요한 상황이라면 일거양득이다. 일주일에 한 번은 온 가족이 함께 수영하는 것으로 저녁을 마무리해보자. 아동용 또는 가족용 운동 비디오를 보며 다 같이 운동하는 건 어떨까. 음악을 틀어놓고 집안을 돌며 춤을 추거나 탬버린이나 다른 악기를 가지고 함께 연주회를 열어보자.

아이가 다니는 보육기관에서 쉬는 시간을 없애려고 하거나 줄이려고 한다면 반대의견을 모으는 데 앞장서라. 그리고 아동비만에 대한 통계나 규칙적인 운동이 아이의 두뇌와 몸을 위해 얼마나 중요한지에 대한 정보를 공유하라.

맛있게 드세요!

아이들이 직접 참여하게 하고, 상호신뢰와 존중을 격려하고, 기대치를 현실적으로 조정하면 식사를 둘러싼 갈등을 줄이고, 함께 식사하는 시간을 모든 가족이 기다리는 이벤트로 만들 수 있다. 식탁 위의 음식이 아무리 맛있어 보여도 아이가 먹겠다고 나서야 한다. 음식을 강제로 먹일 수 없다는 것을 명심하라!

14장

배변 문제 해결하기
: 아이와 화장실

 이렇게 생각하는 사람이 있을 것이다. "유치원 다니는 아이들은 다들 대소변을 잘 가리지 않나요. 네 살쯤부터 연습을 시작해야 하는 거 아닌가요?" 글쎄, 꼭 그런 것은 아니다. 화장실 습관과 위생은 네 살, 심지어 다섯 살이 넘은 아이들과 부모들에게도 미해결 과제로 남아 있다. 배변 훈련처럼 강한 정서적 반응을 일으키는 주제도 드물 것이다.

마음을 편히 가져라!
내 아이는 아직 기저귀를 차고 있는데, 이웃의 또래 아이들은 대소변을 가리게 되었다고 하자. 그러면 어떻게 할 것인가? 아이를 있는 그대로 사랑할 것인가? 힘겨루기를 회피하려고 할 것인가? 아이를 공동의 문제 해결에 참여시켜 아이에게 맞는 방법을 찾아보고, 아이가 실수했을 때 더러워진 것을 치우도록 방법을 알려줄 것인가? 아니면 불안감을 느끼면서 아이가 '마땅히 할 일'을 하게 만들려고 노력할 것인가?

만약 마지막 문장에 그렇다고 대답했다면 힘겨루기에 휘말릴 가능성이 크다. 따라서 185~190쪽의 힘겨루기에 대한 내용을 다시 읽어보면 도움이 될 것이다. 화장실 문제는 아이가 '나에게 이래라 저래라 하지 마세요'를 완강하게 보여주는 영역이다.

Q. 이제 배변 훈련을 시작해야 하는 아들이 있습니다. 이제 네 살이 되었어요. 그런데 변기 사용하는 것을 좋아하지 않아요. 화장실에 가고 싶으면 기저귀를 갈아달라고 말해요. 어떻게 해야 하는지 조언을 좀 주세요!

A. 아이가 커갈수록 기저귀를 갈아주는 일이 너무 힘듭니다. 하지만 배변 문제에 있어 아이들은 자신만의 스케줄이 있습니다. 다른 아이들과 비교해서 아들이 아직 화장실에 가지 않으려고 하는 문제가 심각해 보이는 것뿐이에요. 결국에는 화장실에 가게 될 겁니다. 다만 좀 더 많은 인내심이 필요하겠죠.

어렵겠지만 문제를 그리 중요하지 않다고 가볍게 생각하려고 노력해보라. 아이는 부모의 비언어적 메시지를 읽을 수 있기 때문에 자신의 화장실 습관이 중요한 문제라는 사실을 알고 있을 것이다. 결국 이것은 힘겨루기의 시초가 된다. 기저귀를 갈 때 아이가 도울 수 있는 방법을 알려준다. 아이가 엉덩이를 닦거나 씻는 것을 할 수도 있고, 기저귀를 버리는 것을 할 수도 있고, 마지막에 손 씻는 것을 할 수도 있다. 그동안 아이와 아이가 이룬 다른 성취를 즐겁게 받아들여라. 또한 "너도 화장실에 갈 수 있을 거야"라는 부모의 자신감을 아이에게 충분히 표현해주라. 아이에게도 격려가 필요하다.

일단 배변 훈련 문제에서 정서적인 부분을 분리하면 시간이 얼마나 빠르게 흐르는지 놀랄 것이다. 그 문제에서 벗어나면 힘겨루기가 사라질 뿐만 아니라 실제로 훈련 과정이 더 빨리 진행될 수도 있다. 아이들은 자신이 정한 시간표에 따라 움직일 수 있고, 딱히 반항할 대상이 없을 때 배변 훈련에 더 관심을 가질 수도 있다. 배변 훈련 문제에서 정서적인 부분을 분리해 마음을 편히 가질 수 있으려면 일시적인 실패를 불러오는 여러 가지 요인을 미리 알아두는 것이 중요하다.

실패의 요인

아이가 새 유치원이나 새 집, 새 형제자매 등 새로운 경험을 할 때 배변 훈련이 실패로 돌아가는 일이 흔히 발생한다. 새로운 환경을 접하거나 신나는 활동을 하다 보면 아이들은 자신의 몸이 보내는 신호에 미처 신경 쓰지 못한다. 죽음이나 이혼, 질병, 여행 등 인생의 중대한 사건들도 화장실 습관을 방해할 수 있다. 이런 사건들은 모두 아이의 삶에 압박을 주는 적응과 조정을 가져오며, 이 변화에 대처하다 보면 화장실 문제는 한쪽으로 미뤄지게 된다.

아이가 이런 사태에 어떻게 대처하는지는 부모나 양육자의 태도에 따라 크게 달라진다. 자신의 몸을 통제하지 못한데다가 부모의 분노나 실망까지 더해지면 아이가 얼마나 심각한 혼란과 좌절에 빠지게 될지 상상해보라.

언제가 가장 적절한가

필라델피아 아동병원의 최근 연구에 따르면 부모가 배변 훈련을 시작할 적절한 시기를 찾으면 아이는 훨씬 수월하게 배변 능력을 기를 수 있다는 것을 밝

> 혀냈다. 아이가 27개월이 되기 전에 배변 훈련을 시작하면 훈련은 일 년 이
> 상이 걸린다. 27~36개월에 시작하면 다섯 달에서 열 달 정도가 걸린다. 이
> 연구에 따르면 배변 훈련을 빠르게 마칠 수 있는 가장 적절한 시기는 만 세
> 살이 되기 조금 전이다. 33~36개월에 배변 훈련을 시작하면 대략 다섯 달
> 정도에 마칠 수 있다고 한다.

타라는 다섯 살 때 이모의 결혼식에 화동 역할을 하게 되었습니다. 타라는 특별 제작한 길고 하얗고 사랑스러운 드레스를 입고, 레이스 베일과 작은 진주 목걸이를 했습니다. 타라가 장미 꽃잎을 뿌리며 식장을 걸어 들어가자 사람들은 그녀를 보며 미소 짓고 고개를 끄덕였습니다. 타라는 주목받는 것에 흥분해 얼굴이 붉어졌습니다.

피로연도 아주 근사했습니다. 그리고 타라는 축제 분위기에 가슴이 뛰었습니다. 테이블 밑으로 기어들어가서 어른들의 이야기를 듣고 있다가 갑자기 자신이 오후 내내 무언가를 잊고 있었다는 것을 깨달았습니다. 그녀가 몸을 일으키기도 전에 사건이 벌어졌습니다. 그녀의 대장은 기다려주지 않았고, 희고 아름다운 드레스는 더러워졌습니다.

타라의 엄마는 당황해서 모여 있던 이모들과 할머니를 보며 "이제까지 이런 일이 없었는데"라고 말하더니 울고 있는 딸을 향해 "창피한 줄 알아" 하고 야단을 쳤습니다. 타라는 낡은 놀이옷으로 갈아입은 뒤 남은 시간 사람들을 피해 숨어 있었습니다.

배변 사고를 냈을 때 아이에게 가장 필요 없는 것이 바로 비난하는 관중이다. 타라의 엄마는 아이를 조용히 한쪽으로 데려가 옷을 갈아입게 도와주고, 너무 신이 나면 때로는 해야 할 일을 잊어버릴 수도 있는 거라고 설명해줄 수도 있었다.

아이가 화장실 가는 법을 배우는 중이라면 갈아입을 옷을 늘 챙겨 다

녀야 한다. 참을성을 가지고 무조건적인 사랑과 수용을 보여주는 것도 큰 도움이 된다. 일단 아이의 생체 시계를 고려해 아이에게 적절한 옷과 용변 도구를 제공하고, 필요한 기술을 가르치는 시간을 충분히 가졌다면 이제는 마음을 편히 먹고 아이가 성공하면 축하하고 실패하면 격려해주라.

변비
배변 훈련을 빨리 끝내고 싶은 부모의 욕심이 힘겨루기를 일으킬 때 문제가 나타나기도 한다. 심지어 몇몇 아이는 신체적 손상이 올 때까지 변을 보지 않는다.

> 쿠엔틴의 할머니는 배변 훈련에 대해 엄마에게 할 말이 아주 많았습니다. 할머니는 네 살짜리 쿠엔틴의 기저귀를 갈아주는 엄마를 볼 때마다 "내가 자식 키울 때는 세 살 때까지 배변 훈련을 완전히 마쳤는데"라며 못마땅하다는 듯 말했습니다. 그러자 쿠엔틴의 엄마는 적극적인 공격을 시작했습니다. 엄마는 하루에도 몇 번씩 쿠엔틴을 변기에 앉히고는 그 옆에 무릎을 꿇고 아이를 재촉했습니다. 쿠엔틴은 화장실도 엄마도 싫었습니다. 그리고 엄마가 원하는 것에 대해 언제 어디서든 거부했습니다. 오래지 않아 쿠엔틴은 자신의 몸이 보내는 신호에 응답할 능력을 잃어버렸을 뿐 아니라 언제 볼 일을 봐야 하는지 구분할 수 없게 되었습니다. 어느 날 정기 검사를 위해 병원에 갔는데, 의사 선생님이 쿠엔틴의 장에 변이 차서 심각하게 막혀 있다고 했습니다. 이 문제를 해결하기 위해 미네랄 오일과 관장약이 처방되었습니다. 그리고 이 문제를 해결하기까지 엄마와 아들은 많은 눈물을 흘려야 했습니다.

화장실 문제를 억지로 강요하는 것은 전혀 도움이 되지 않는다. 아이가 저항하면 먼저 그 원인을 찾아봐야 한다. 아이가 부드럽고 규칙적인 배변 활동을 할 수 있을 만큼 충분한 섬유질을 섭취하고 있는가? 그렇지 않다면 살구나 복숭아 음료 등 섬유질이 풍부한 것으로 주스를 바꿔보자. 음식에 푸른 주스를 한 숟갈 섞는 것도 도움이 된다. 매일 키위를 먹어도 아이의 변이 빨리 만들어진다. 변비를 일으키는 유제품이나 사과 주스는 줄이는 것이 좋다. 그러나 여기서 주의할 점은 이런 음식을 아이에게 먹이느라 또 다른 힘겨루기를 해서는 안 된다는 것이다. 어디까지나 선택사항으로 이런 음식을 제공할 뿐 억지로 먹이려고 하지 마라.

아이는 지금 과도한 스트레스를 받는 중일 수도 있다. 중대한 삶의 변화는 모든 가족 구성원에게 영향을 끼친다. 예를 들면 부모가 누군가의 불치병을 걱정하고 있을 때, 이런 상황에 직면한 자신의 고통과 아들이 겪고 있는 화장실 문제 간의 연결고리를 쉽게 발견해내지 못할 것이다. 아이가 대소변을 가릴 줄 알아도 매일 사고를 칠 수도 있다. 가정의 위기가 해소되면 아이의 문제도 사라질 것이다.

아이에게 지나친 기대를 하고 있는 건 아닌가?

> 맥키 가족은 모든 결정을 다섯 살 아이에게 맡깁니다. 그들은 끊임없이 "저녁에 뭐 먹을까?" "오늘 밤에 엄마 아빠가 외출해도 될까?" "오늘 유치원 갈 거니?"라고 묻습니다. 질문 목록이 점점 길어지자 아이는 자신의 어깨에 놓인 결정에 큰 부담을 느끼더니 급기야 심각한 변비를 겪었습니다. 부모가 여러 가지 규제로 아이를 제약하지 않을까 걱정한 것이 그 반대 방향으로 너무 멀리 가는 바람에 아이는 엄청난 고통에 시달리게 되었습니다.

학원에 줄줄이 등록해 아이를 떠미는 것도 스트레스를 불러올 수 있다. 마찬가지로 아이가 아주 완벽하기를 기대하는 것도 불안감을 가져다준다. 어떤 아이들은 어릴 적부터 새로운 기술을 배우는 것에 흥미를 보이지만, 그것을 아이에게 강요한다면 그만큼 감정적 대가를 치러야 한다. 아이가 그에 대한 스트레스를 드러내는 영역 중 하나가 바로 화장실 문제다.

결국 과도한 통제는 배변 저하 문제를 일으키는 데 일정 부분 역할을 한다. 힘겨루기를 피하고 아이에게 긍정적인 방향으로 힘을 부여하면 가족생활의 다른 측면과 마찬가지로 배변 문제도 효과적으로 해결할 수 있다.

다른 문제들

주의력결핍장애 등 다른 문제가 있는 아이들이 배변 조절 문제를 함께 겪는 경우가 많다. 그리고 신체적·생리적 상태 역시 화장실 문제에 영향을 끼친다. 다음은 이런 경우 도움이 될 만한 몇 가지 조언이다.

아이가 배변에 어려움을 느낄 때 변기에 앉아 풍선을 불면 괄약근이 이완되어 보다 편안하게 문제를 해결할 수 있다. 괄약근에 힘을 꽉 주는 것과 풍선 부는 것을 한 번에 하기는 어렵기 때문이다. 하모니카를 부는 것도 같은 효과를 불러온다.

어떤 아이들은 훈련을 마칠 때까지 점진적으로 접근해야 할 수도 있다. 아이가 큰일을 본다는 생각이 들면 화장실로 데리고 가라(기저귀는 그대로 채워둔다). 이렇게 하면 큰일을 볼 때면 화장실에 가야 한다는 긍정적인 연관성이 형성된다.

아이가 변기 그 자체를 불안해하거나, 요란하게 물 내려가는 소리에 겁을 먹거나, 변기에 빠지지 않을까 두려워한다면 그 두려운 감정에 대해 대화를 나눈다. 아이가 화장실에서 완전히 나올 때까지 기다렸다가 물을 내린다든가, 아이의 몸이 변기보다 크다는 것을 확인시켜주는 방법도 있다(아이가 안심하도록 유아용 변기 시트를 마련하는 것도 좋다). 아이의 감정에 먼저 귀를 기울이면 힘겨루기를 하거나 아이에게 수치심이나 좌절감을 주지 않고도 성공적으로 배변 훈련을 끝마칠 수 있다. 어떤 아이에게 배변 훈련은 다른 아이들에 비해 유독 어려운 일일 수 있다. 내 아이만 이런 어려움을 겪는 것이 아니라는 사실을 아는 것만으로도 이런 문제 행동에 대처하는 데 큰 도움이 된다.

인내심의 중요성

아이가 대소변을 가리기 위해서는 그저 시간이 약일 때도 있다. 예전에 더 이상 참을 수 없는 한계점에 다다른 부모의 이야기를 들은 적이 있다. 그들은 네 살짜리 아이에게 모든 것을 시도해보았지만 아무 소용이 없었다. 아이는 하루에도 몇 번씩 바지를 적셨다. 여섯 달쯤 지나 우리는 그 아이가 대소변을 완전히 가리게 되었다는 소식을 다시 듣게 되었다. 그러니 조급한 마음을 가라앉히고 조금만 더 참아보자.

    결론은 아이가 화장실을 쓸 때가 되면 결국 화장실을 쓰게 될 거라는 것이다. 부모는 응원하거나 사정하거나 겁을 줄 수도 있다. 그러나 아이에겐 자기 나름의 스케줄과 절대적인 통제 방식이 있다.

화장실 전쟁을 끝내기 위한 6가지 요소

이 중요한 발달 목표에 도달하기까지 부모가 단계를 마련해주는 데 도움이 될 수 있는 여섯 가지 요소가 있다.

신체적 준비

많은 아이가 유치원에 들어가기 전 배변 훈련을 마친다. 이 사실은 유치원에 들어갈 때가 되었는데 사회화 과정에서 꼭 필요한 이 단계에 아직 이르지 못한 아이를 둔 부모에게 당혹감을 안겨준다. 이런 발달 지연은 부모와 아이 사이의 힘겨루기에 따른 것일 수도 있고, 아이가 몸이 보내는 신호를 알아채고 반응할 준비가 아직 안 되었기 때문일 수도 있다. 또한 소변을 보기까지 오랜 시간을 버티도록, 특히 밤에 자는 동안 통제할 수 있도록 아이의 방광이 충분히 커져야 한다. 다른 아이들만큼 빨리 방광 조절을 익히지 못하는 아이도 있다.

> 브리짓은 세 아이의 방광 조절 수준을 잘 알고 있었습니다. 그래서 차를 몰고 장거리 여행을 할 때 아이가 화장실에 가고 싶다고 하면 얼마나 빨리 차를 멈춰야 하는지 정확하게 예측할 수 있었습니다. 브리짓은 여덟 살 케니가 화장실에 가고 싶다고 하면 남편에게 "20분 정도 더 갈 수 있어"라고 말합니다. 네 살 로리가 가고 싶다고 하면 "음, 10분 내에 차 세울 데를 찾아봐야 해"라고 말합니다. 그러나 여섯 살 제이콥이 "나 가야 돼"라고 말하면 "당장 세워야 돼. 수풀 같은 데가 없으면 그냥 길가에서라도 일을 봐야 돼"라고 말합니다.

기상의 편리성

배변 훈련에서 중요한 또 하나의 요소는 기상의 편리성이다. 유치원에 들어가서도, 유치원을 졸업하고 나서도 자다가 오줌을 싸는 아이들은 아침에 잘 일어나지 못하는 문제가 있는 경우가 많다. 이런 아이들은 심지어 소변이 스며들기 시작하면 알람이 울리는 요를 깔아줘도 잘 일어나지 못한다. 이렇게 잠귀가 어두운 아이들은 부모가 밤에 깨워 화장실에 데려가려고 할 때 흐늘흐늘한 헝겊 인형처럼 서지도 앉지도 못한다. 이런 아이들은 쉽게 잠을 깨지 못하는 것이다. 잠귀가 밝은 아이들은 밤에 화장실을 데려가려고 깨우면 불평을 하긴 하지만 남자아이들은 반쯤 졸면서도 어쨌든 서서 소변을 볼 수 있고, 여자아이들은 떨어지지 않고 변기에 앉을 수 있다. 그런데 어떤 아이들은 이렇게 할 수 있을 만큼 잠에서 깨지를 못한다.

물론 모든 아이는 언제나 존엄과 존중을 가지고 대해야 한다. 그러나 해야 하는 일을 신체적으로 아직 할 수 없는 아이에게 벌을 주는 것은 아이를 더욱 낙담시키는 일이다. 아이가 얼마나 준비되었는지 파악하면 인내심을 발휘할 수 있을 것이다.

아이의 관점에 대한 이해

자신이 아주 작은 아이라고 상상해보자. 엄마와 아빠는 빨리 화장실 가는 법을 배워 '다 큰 아이'가 되고 '다 큰 아이 바지'를 입어야 한다고 야단을 떤다. 갑자기 욱신거리는 느낌이 들었고, 이것이 화장실에 가고 싶다는 뜻이라는 것을 알아차리기 시작했다. 그래서 화장실로 가는데, 복도를 서둘러 걸어야 할 정도로 시간이 별로 없다는 것을 알았다. 화장실에서는 바지를 벗어야 한다는 것을 알고 있지만, 바지의 버클이 너무 뻑뻑하다. 변기를 보니 내 키에 비해 너무 높았다. 어쩌면 약간의 도움이 필요하다는 생각이 들었지만, 엄마 아빠나 선생님을 부르기엔 이미 늦었다.

아이들이 그냥 기저귀를 차는 게 편하겠다고 판단하는 것은 전혀 이상한 일이 아니다. 때때로 배변이 본질적으로 얼마나 어려운 일인지 헤아려보는 것은 부모가 아이의 성공을 위해 단계를 마련할 때 도움이 될 수 있다. 배변 훈련은 기저귀에 지친 어른들에게는 중요한 사안지만, 아이들에게는 그렇게까지 큰 문제가 아니라는 것을 명심하라. 식사나 수면처럼 벗기 쉬운 옷과 친절한 훈련 방법으로 화장실 친화적인 환경을 만드는 것은 부모의 임무다. 그리고 언제(그리고 어디서) 화장실에 갈지를 결정하는 것은 아이의 임무다!

논리 대 힘겨루기

부모들이 문제를 해결하고자 할 때는 논리에 따르는 경우가 많지만, 배변 훈련과 같은 문제에서는 비논리적인 힘겨루기를 벌이기도 한다. 부모들이 단호하게 대소변을 화장실에서 봐야 한다고 주장할수록 많은 아이가 단호하게 대소변을 다른 곳(주로 바지)에 본다.

아이는 자율성 감각을 키워가는 중이고, 아마도 '할 수 있어'라는 태도를 가지고 있을 거라는 점을 알아두어라. 이때 부모가 아이의 신체적 기능을 통제하려고 하면 오히려 저항에 직면하게 된다. 아이는 (무의식적으로) 이렇게 다짐할지도 모른다. "내게도 충분히 힘이 있다는 것을 포기하느니 오줌에 푹 젖은 바지를 입고 돌아다니겠어."

다시 말해 부모가 힘겨루기에서 이기려고 발버둥을 칠수록 결과는 아이가 패배자가 된다는 것이다. 그리고 아이는 패배자가 되지 않기 위해 성실히 싸움에 응할 것이다. 이렇게 해서 힘겨루기가 끝나지 않는 것이다. 부모가 더 '성숙한' 쪽이니만큼 이 힘겨루기를 멈추고 협력을 이끌어낼 방법을 찾기 위해서는 먼저 나서야 한다.

Q. 이제 한계가 온 것 같아요. 다섯 살짜리 아들이 있는데, 어느 날 사촌 형과 놀이데이트를 가서는 다리 위에서 오줌 누는 재미를 배워왔어요. 그러더니 카펫, 쓰레기통,

현관 등 아무데서나 소변을 봐요. 일종의 반항인 것 같아요. 아이가 하기 싫어하는 일(옷 입기 등)을 시키고 나면 주로 그러거든요. 타임아웃도 시켜보고(아이의 화를 부채질할 뿐이에요), 혜택(텔레비전 보기, 컴퓨터 시간, 디저트 등)을 빼앗아보기도 했어요. 지난번 아이가 현관에서 소변 봤을 때는 너무 화가 나서 엉덩이를 때렸어요. 아이와 이 문제에 대해 대화를 나눠보려고 해봤지만 아무 소용이 없었어요. 어떻게 해야 할지 모르겠어요.

A. 이 힘겨루기를 유용한 힘으로 전환하도록 몇 가지 변화를 만들어볼 아주 좋은 기회입니다. 다섯 살이면 자신의 개인적 힘을 가족에게 기여할 수 있는 방식으로 사용하기에 충분한 나이입니다. 그런데 부모가 통제와 처벌의 방식을 사용하면 아이들도 파괴적인 힘에 의지하게 됩니다.

"아이와 이 문제에 대해 대화를 나눠보려고 해봤지만"이라고 말할 때 우리의 수정 구슬은 그 말의 진짜 의미가 "마주 앉아서, 나는 얘기하고, 얘기하고, 얘기하고, 야단치고, 야단치고, 야단쳤어요"라고 알려주었다. 물론 수정 구슬이 틀렸을 수도 있지만 '대화'가 사실은 계속해서 '혼자 말하기'를 뜻하는 경우도 많다. 여기서 가장 먼저 제안하고 싶은 것은 말하기를 멈추고 호기심을 자극하는 질문을 던져보라는 것이다. 이렇게 물어볼 수도 있다. "무슨 일이 일어난 거지? 이 일에 대해 너는 어떤 생각이 들어? 이것이 너나 다른 사람에게 어떤 문제를 일으키게 될까? 이 문제를 해결할 아이디어가 있니?" 이 질문들을 할 때 가장 중요한 것은 친절한 어조로 아이의 관점에 대해 궁금증을 가지고 물어야 한다는 것이다(질문을 빌미로 자기 생각을 전하기 위해 아이를 설득하려고 해선 안 된다). 화난 목소리가 나오지 않을 때까지 잘못을 찾으려고 하는 마음과 아들과 대화하려는 마음 사이에서 잠시 기다려야 할 수도 있다. (야단치는 것이 아니라) 논의에 참여시키면 아이가 사고 능력, 문제해결 능력, 자기 행동이 만들어낸 결과에 대한 인식을 키우는 데 도움이 된다. 일방적으로 말하는 것은 아이를 더욱 방어적이고 반항적으로 만들 뿐이다.

다른 방법으로는 아이가 자신의 힘을 화장실 습관과 관련된 일뿐 아니라 삶의 모든 영역에서 일어나는 문제를 해결하는 데 사용하도록 가르치면서 아이의 참여를 유도하는 것이다. 이는 다양한 형식을 취할 수 있다.

- 주어진 상황에서 무엇을 해야 할지 아이에게 물어보라. 아침이라 옷을 입어야 하는 시간이라면 아이가 식사를 마쳤을 때 이제 무엇을 해야 하는지 물어본다.
- 일과표를 함께 만들어라. 이것이 반항 대신 협조를 얼마나 잘 이끌어내는지를 보면 깜짝 놀랄 것이다.
- 징벌적 타임아웃을 포함한 모든 종류의 벌을 중단하라. 자신이 직접 타임아웃을 선택한다면 아이는 긍정적 힘을 느낀다. 반면 억지로 타임아웃을 한다면 아이는 반항심을 갖게 될 것이다.
- 가족회의를 열어 아이가 다른 사람을 존중하는 법과 문제해결 능력을 배울 수 있게 하라. 아이가 자신의 힘을 유용한 방식으로 사용할 기회를 가진다면 더 이상 반항적으로 굴지 않게 될 가능성이 크다.
- 아이에게 자신이 어지럽힌 것을 치우는 법을 가르쳐라. 친절하고 단호한 목소리로 "네가 이것을 치워야 해. 내가 도와주는 게 낫겠니, 아니면 혼자서 하고 싶니?"라고 물어본다. 아이가 둘 다 싫다고 한다면 이렇게 말하라. "안아주면 기분이 좀 나아질까? 기분이 좋아지고 나면 너도 이 문제를 처리하고 싶어질 거야." (아이가 다 치우고 나면 반드시 비누

로 손을 씻을 수 있게 도와주라.)

여기서 제안한 방법은 장기적으로 긍정적인 결과를 불러온다. 자기 자신에게 이런 질문을 던져보라. "나는 아이가 자신이 한 일에 대한 대가를 치르길 바라는가, 아니면 아이가 배움을 통해 더 발전하도록 도와주길 바라는가?"

아이가 손을 깨끗이 씻도록 확실히 훈련을 시켜야 한다. 아이가 세면대에서 편하게 손을 씻을 수 있게 발받침을 준비하고, 비누와 손 닦을 수건도 손닿는 곳에 두라. 한 유치원에서는 아이들이 손을 씻을 동안 노래를 부르도록 가르친다(노래 길이는 20초 정도가 적당한데, 대장균을 박멸하는 데 걸리는 시간과 딱 맞는다).

협력하도록 유도하기

당연한 말이지만, 배변 훈련도 훈련이다. 그리고 이 훈련을 보다 쉽게 하기 위해 부모가 할 수 있는 일은 아주 많다. 그중 첫 번째가 부모의 태도다. 자녀의 기질과 능력을 파악하면 자신의 기대를 합리적으로 조정하는 데 도움이 된다. 부모가 편안하게 마음을 놓는다면 아이도 그렇게 할 수 있다.

꼭 성공해야 한다는 압박은 부모와 아이를 모두 좌절시킬 뿐이다. 사고가 생긴다면(분명 생길 것이다) 인내심을 발휘하라. 아이가 오줌을 쌌다면 갈아입히면 된다. 아이가 적정한 나이가 되었다면 입히는 기저귀를 사서 아이가 스스로 기저귀를 갈 수 있게 하라. 아이가 자신의 몸이 보내는 신호를 보다 잘 느끼도록 격려할 수도 있다. 아이가 자칫 실수했더라도 절대 창피를 주거나 부끄럽게 여겨서는 안 된다. 깨끗한 바지가 아이의 자존감을 망가뜨릴 만큼 중요하지는 않다.

변기를 잘 사용하게 되기까지 차근차근 단계를 밟아나가는 방식으로 아이를 훈련시키는 것도 도움이 된다. 고무줄 바지 등 아이가 쉽게 벗고 입을 수 있는 옷을 마련하는 것도 좋다. 날씨가 따뜻하다면 팬티만 입히는 것(또는 아무것도 안 입히는 것)이 훈련 과정을 단순화할 수 있다.

규칙적으로 화장실에 가는 것도 어린 아이에게 화장실을 이용하는 좋은 습관을 길러주는 데 도움이 된다. 외출을 할 때면 (아무리 짧은 외출이라도) 아이에게 미리 화장실에 갔다오라고 말한다.

> 엘렌 선생님은 블루베리를 따러 아이들을 데리고 밖으로 나가기로 했습니다. 그들은 즐거운 마음으로 유치원을 출발하여 근처의 들판에 도착했습니다. 그러나 곧 문제가 발생했습니다. 엘렌이 출발하기 전 아이들에게 화장실에 다녀오라고 말하는 것을 깜빡한 것입니다. 그곳에는 허름한 옥외 화장실밖에 없었습니다. 엘렌은 아이들을 한 명씩 옥외 화장실에 데려가는데 소풍의 대부분 시간을 허비했습니다. 이제 그녀는 외출 전 공지사항을 절대 잊지 않을 것입니다!

지금은 세 살부터 여섯 살 아이까지 쉽게 입고 벗을 수 있는 기저귀가 나오고 있다. 안타깝게도 흡수력이 좋은 기저귀는 아이들이 지내기에 편하고 축축한 느낌도 별로 없어 배변 훈련의 효율성을 저하시킬 수 있다. 따라서 덜 효율적인 기저귀나 훈련용으로 특별히 만들어진 기저귀를 사용하는 것을 고려하는 것도 좋은 방법이다.

아이와 분리되어 마음 편히 가지고 즐기기

준비 상태와 훈련을 모두 점검했다면 이제는 머지않아 배변 훈련에 성공할 거라고 믿으면서 마음을 편히 가질 시간이다. 가장 좋은 조언은 "마음을 놓아라"일지도 모른다. 스스로 화장실을 사용하는 것은 아이에게 중대한 일이다. 준비가 되면 하게 될 것이다. 재촉할 수는 없다.

사랑한다는 메시지를 분명히 전하라

아이에게 사랑한다는 메시지를 전할 수 있는 방법은 매우 많다. 가장 중요한 방법은 신뢰를 보여주는 것이다. 자는 것과 먹는 것, 화장실 훈련이 부모와 아이가 대치하는 전쟁터가 될 수도 있고, 존중과 친절과 응원을 나누는 기회가 될 수도 있다. 건강하게 자고 먹고 화장실 가는 습관은 아이를 튼튼히 지탱해줄 선물이다. 억지로 그것을 하도록 만들 수는 없지만, 성공을 향한 계단을 놓아주기 위해 부모가 할 수 있는 일은 아주 많다.

15장

보육 서비스를 선택하고 더불어 생활하기

짐에겐 아이가 둘 있습니다. 큰 애는 다섯 살이고 작은 애는 18개월입니다. 최근 짐은 이혼했습니다. 아이를 혼자 맡게 되었지만, 가족을 부양하기 위해서는 직장을 그만둘 수는 없었습니다.

베다니는 10년짜리 프로젝트를 진행 중인 연구팀 팀장입니다. 만약 그녀의 연구가 기대한 결과를 도출해낸다면 지금까지 가망 없다고 여겨졌던 특정 암질환의 치료법을 찾을 수 있습니다. 베다니는 이제 34세에 접어들었고, 그녀와 남편은 더 이상 임신을 미룰 수 없다고 생각했습니다. 그녀는 연구를 계속하면서 아이를 가진다는 것은 곧 보육기관에 보내거나 베이비시터를 고용해야 한다는 뜻임을 잘 알고 있습니다.

라니의 네 살짜리 딸 미트라는 외로워서 친구를 갖고 싶었지만, 이웃에 또래 아이가 없습니다. 라니는 딸이 하루 종일 텔레비전을 보는 것을 원치 않았습니다, 가까이에 유치원이 생겼지만, 라니는 그것이 미트라를 위한 최선의 선택인지 확신이 서질 않았습니다. 그리고 자신이 집에 있는데 미트라를 유치원에 보내면 자신이 소홀한 엄마가 되는 건 아닌지 걱정스럽기도 했습니다.

게이코는 첫 아이가 6개월이 될 때까지 아이 곁을 한 번도 떠난 적이 없는 헌신적인 엄마였습니다. 어쩌다 일이 생겨 아이를 고작 두 시간 베이비시터에게 맡기면서도 그녀는 세 번이나 별일이 없는지 전화했습니다. 그동안 아이는 편안히 자고 있었지만, 게이코는 아이 곁을 떠나는 것이 편하지 않았습니다.

린다와 미겔은 아직 여섯 살이 안 된 아이가 둘 있었습니다. 소방관인 미겔의 스케줄은 두 달마다 바뀌기 때문에 언제 아이를 돌볼 수 있을지 알기가 어렵습니다. 수입이 빠듯했지만 미겔의 직업 특성상 린다가 돈을 벌기 위해 일할 좋은 방법이 없습니다.

보육 서비스: 현대 사회의 필수 항목

유아를 키우는 부모라면 분명 보육 서비스라는 주제에 대한 논쟁을 들어보았을 것이다. 어렸을 때는 부모와 함께 집에 있어야 한다고 주장하는 사람도 있고, 보육 서비스나 유치원 프로그램이 아이에게 도움이 된다고 주장하는 사람도 있다.

우리는 직장을 가질 것인지, 집에 있을 것인지, 베이비시터를 둘 것인지, 유치원에 보낼 것인지 등에 대한 결정은 아이의 부모가 내리는 것이 가장 좋다고 생각한다. 많은 가정에서 보육 서비스는 피할 수 없는 현실이다. 부모가 원하든 원치 않든 간에 아이와 온종일 집에 함께 있는 것이 경제적으로 가능하지 않을 수도 있다. 그러나 아이를 다른 사람의 손에 맡기는 것은 부모에게 쉽지 않은 일이다. 대부분의 부모는 수시로 의심이나 죄책감에 시달린다. "아이와 함께 집에 있지 않으면 무책임한 부모가 되는 거 아닐까?" "선택의 여지가 없어. 나는 일을 해야 해. 하지만 아이에게 평생 남을 상처를 주는 건 아닐까?"

신뢰할 수 있는 대학연구소의 연구 결과에 따르면 양질의 보육 서비스가 제공되면 아이들은 문제 없이 잘 지낼 수 있다고 한다. 유아교육

연구의 검토 결과에 따르면 보육 프로그램에 참여하는 것이 학교에 대한 아동의 긍정적인 태도를 강화하고, 성인기까지 이어지는 건강한 습관을 길러주며, 학부모의 양육 능력을 키워준다고 한다. 이런 연구는 아이의 성취를 예측할 때는 가족 요소(주로 모성민감성과 반응성)가 보육 서비스를 받았는지 여부보다 강하게 작용한다는 것(열악한 보육 서비스의 경우는 제외)을 보여준다.

오늘날의 보육 서비스는 이전 세대의 이모나 삼촌, 조부모, 사촌 등 대가족을 대체하는 경우가 많다. 요즘은 아이가 이웃 아이의 머리를 잡아당기거나 한밤중에 열이 나서 일어났을 때 의견을 나눌 형제자매나 사촌이 없다. 아이를 키울 때 부모는 자신만의 지원 시스템이 되어줄 다른 어른이 필요하다. 오늘날의 어린이집이나 유치원은 그런 자원을 제공해줄 수 있다. 그곳에 가면 다른 부모들을 만나 고민을 나누고 서로 많은 것을 배울 수 있다.

보육 서비스에 대한 지식이 있으면 밤에 외출하기 위해서든 특별한 행사나 직장을 위해서든 양질의 보육 서비스를 찾아야겠다는 결심을 하는 데 도움을 받을 수 있다. 아이가 부모에게서 나오는 에너지를 흡수하고 그것에 반응한다는 사실을 잊어선 안 된다. 부모가 겁을 먹으면 아이도 겁을 먹을 것이다. 부모가 죄책감을 느끼면 아이는 부모를 마음대로 이용할 기회를 포착해낼 것이다. 아이러니하게도 일하는 부모든 집에 있는 부모든 자신의 선택이 무엇이든, 그것에 대해 어떤 지점에서는 죄책감을 느끼거나 후회를 하는 듯하다. 죄책감은 어느 누구에게도 좋은 영향을 끼치지 않는다. 자신이 처한 특별한 상황에서 내릴 수 있는 가장 좋은 결정을 내리는 것이 핵심이다. 그러고 나선 마음을 놓아야 한다. 양질의 보육 서비스를 찾는 법을 알게 되면 이것이 좀 더 쉬워질 것이다.

아이의 학습을 미리 준비시키는 최선의 방법

요즘 부모들은 읽기, 쓰기, 수학 등 학습 프로그램이 있는 유치원을 찾으려고 한다. 그러나 많은 유아 전문가가 이를 우려하고 있는 만큼 그 이유를 알아볼 필요가 있다.

템플대학 내 유아언어연구소 책임 연구원이자 『아인슈타인 육아법』의 공저자인 캐스린 허쉬 파섹 박사는 필라델피아 교외에 거주하는 중산층 가정의 4세 아이들 120명이 유치원과 초등학교 1학년에 진학하는 과정을 추적 조사하는 연구 프로젝트를 진행했다. 이 연구는 학습 위주의 유치원에 다닌 아이들이 놀이 위주의 유치원에 다닌 아이들에 비해 글자와 숫자를 더 잘 안다는 것을 확인해주었다. 그러나 5세가 되자 학습 위주의 유치원에 다닌 아이들이 학교에 대해 긍정적인 감정을 덜 느끼는 동안 놀이 위주의 유치원에 다니는 아이들이 그들을 따라잡기 시작했다.

물론 부모들은 좋은 의도에서 아이들에게 가능한 한 빨리 공부를 시키려고 한다. 아이들을 최대한 유리한 지점에 놓고 자신이 잘한다고 느끼게 해주고 싶은 것이다. 그러나 이렇게 떠미는 것은 역효과를 불러온다. 공부를 잘해야 한다고 아이들이 부담을 느끼면 발달 단계상 적절하고 보다 효과적으로 배우는 방법을 놓치기 쉽다.

잠시 아이의 세계로 들어가보자. 무엇을 배워야 한다고 떠밀려서 배우면 부모님이 자신을 자랑스럽게 여긴다는 사실을 알았을 때 어떤 기분이 들 것 같은가? 그런데 그것을 배우는 일이 (비록 할 수 있긴 하더라도) 어렵다면 기분이 어떻겠는가? 자신이 부족하다고 느끼지 않겠는가? 조건부로 사랑받을 수 있다고 느끼지 않겠는가? 한편 무언가를 성취할 때마다 자신이 능력 있다고 느끼도록 이끌어주는 교육적인 환경 속에서 매력적인 도구를 가지고 마음껏 탐구하고 실험할 수 있게 부모님이 도와주고 있다면 어떤 기분이 들겠는가? 사실과 수치를 달달 외우는 대신 창의적으로 생각하고 사회생활 기술과 문제해결 능력을 키우는 법을 배우면 어떤 기분이 들겠는가?

그렇다면 유치원 기간에 학습적인 교육은 절대 하지 말아야 한다는 뜻일까? 아니다. 아이의 흥미를 따라가는 것이 핵심이다(마리아 몬테소리는 이것을 50년 전에 벌써 알고 있었다). 네 살 아이들 가운데 어떤 아이는 스스로 읽고 싶어 할 수도 있고, 배우는 데 부담을 느끼기보다 신난다고 생각할 수도 있다. 어떤 아이는 알파벳 노래 배우는 것을 즐거워할 수도 있다. (심지어 그게 무슨 뜻인지 전혀 모른다고 하더라도) 아이가 무엇을 배우고 있으며, 그것에 대해 어떻게 느끼고 있는지 잘 살펴보라. 아이는 자신이 압박을 느낀다는 것을 어떻게 전해야 할지 모를 수도 있다. 그러나 부모가 충분히 주의를 기울인다면 알아챌 수 있을 것이다.

보육 서비스 고르기

무엇보다 중요한 질문은 이것이다. "양질의 보육 서비스란 무엇이며 그것을 어떻게 찾을 수 있는가?" 보육 서비스에 대해서는 싸다고 좋은 게 아니라는 생각이 중요하다. 물론 비용도 고려해야 하지만, 그것이 선택하는 데 결정적 요소가 되어선 안 된다. 부모가 선택한 보육 공간에서 아이는 인생에서 소중한 시간을 보내게 될 것이다.

쉽게 말하면 최선의 보육 서비스를 찾아야 한다. 양질의 서비스를 찾을 수 없다면, 교사와 양육자에게 이 책을 비롯한 여러 가지 중요한 정보를 제공해 양질의 서비스로 만들어라. 지금 사는 지역에 다양한 유아 훈련 프로그램이 부족하다면 그것을 유치하기 위해 노력하라.

　서둘러 선택하면 안 된다. 일단 보육기관 몇 군데를 살펴봐야 한다. 그리고 살펴본 것을 메모해둔다. 아이들의 표정이 행복한가? 관계자들이 기관을 자신 있게 소개해주는가? 교사들은 몸을 낮추고 아이의 눈높이에 맞춰 대화를 나누고 있는가? 미술품들이 아이들이 볼 수 있을 만큼 낮게 전시되어 있는가, 아니면 그저 어른들의 눈높이에 있는가? 건물은 깨끗한가? 안전사고 대책이 잘 준비되어 있는가? 교사들의 표정이 밝은가, 아니면 지쳐 보이는가?(물론 최고의 교사에게도 유독 힘든 날이 있을 수 있다는 것을 명심하라!) 보육기관에서 아이들이 자유롭게 뛰놀고, 배우고, 활발하게 움직이는 데 도움을 주는가? 아니면 대체로 아이들에게 조용히 하고, 얌전히 앉아 있고, '착하게 굴기'를 요구하는가?

　때로 부모들은 좋은 보육 서비스의 조건과 특성 목록을 보고 혀를 내두른다. 지금 고려 중인 기관이 이런 기준을 충족하는지 어떻게 확인하는지 알지 못할 수도 있다. 이 점에 대해선 상대적으로 간단한 해결책이 있다. 물어보는 것이다. 보육 서비스를 고르는 것은 중요한 일이다. 그리고 부모로서 자신이 가진 자부심에 따라 아이가 새로운 환경에 얼마나 안심하고 어떻게 반응하는지 영향을 받게 될 것이다. 충분히 알아본 뒤 결정을 내리기 위해서는 필요한 정보를 망설이지 말고 물어봐야 한다. 기관 관계자나 양육자가 질문에 대답하길 망설이거나, 직접 살펴보는 걸 원치 않는다면 다른 곳을 알아보는 것이 현명하다. 보육 서비스를 찾는 데 가장 중요한 기준 중 하나는 언제든 부모가 찾아오는 것을 반가워하는가 하는 것이다. 이런 기관은 숨길 것이 없을 뿐 아니라 부모를 아이를 함께 돌보는 파트너로서 존중해준다. 유치원이나 어린이집 등을 방문했을 때 침입자가 된 기분이 든다면 환영해주는 다른 곳을 찾아보라. 물론 아이를 훌륭하게 돌봐야 하는 것은 필수사항이다. 보육기관은 아이가 지내기에 안전하고 즐겁고 교육적인 곳이어야 한다.

양질의 보육 서비스 고르기

이 체크리스트에 제시된 지표를 활용해 보육 서비스의 질을 판단하라.

1. 유치원이나 어린이집에 다음 사항이 갖춰져 있는가?
   - 현재 유효한 허가증
   - 교사의 낮은 이직률
   - 지역과 국가에서 발급한 자격증
   - 아동 중심으로 사랑이 담긴 환경
2. 직원은 다음 사항을 갖추고 있는가?
   - 유아 교육에 대한 체계적 훈련
   - 팀워크
   - 연수 프로그램을 통한 최신 경향에 대한 지식
   - 적절한 급여
3. 훈육이 이렇게 이루어지고 있는가?
   - 징벌적이기보다 긍정적
   - 친절하면서 단호함
   - 아이들이 중요한 일상생활 기술을 배우도록 짜여짐
4. 다음 사항에 일관성이 있는가?
   - 커리큘럼
   - 문제에 대처하는 방식

- 일상적 기관 관리
5. 다음 사항에 안전이 보장되어 있는가?
    - 물리적 환경
    - 교육 프로그램에 대한 건강 방침
    - 긴급 상황에 대한 대비
6. 커리큘럼과 시설, 활동이 이렇게 이루어지고 있는가?
    - 다양하고 연령에 적합함
    - 훌륭하게 유지되고 계획되고 감독됨
    - 아이의 손이 쉽게 닿도록 아동의 키에 맞춰져 있음

유치원 또는 어린이집

대부분 유치원이나 어린이집이 허가를 받으려면 다양한 요구조건을 갖춰야 한다. 따라서 허가증이 있으면 그 조건을 모두 갖췄다는 의미다. 허가증의 발급일을 확인하고, 그것이 아직도 유효한지 알아본다.

유치원에서 일하는 교사가 자주 바뀌지 않는다면 직원에 대한 대우가 좋고, 급여가 충분하며, 일을 즐길 수 있고, 유치원으로부터 충분한 지원을 받고 있다는 것을 의미한다. 제대로 급여를 받지 못한다면 다른 곳을 알아보거나 아동 보육 분야를 떠날 가능성도 크다.

특별 면허도 찾아본다. 국가기관에서는 여러 차례 실사를 거쳐 인증서를 발급해준다. 가장 널리 알려진 것은 보육기관을 다면적으로 접근하여 평가하는 NAEYC(국립유아교육협회, National Association for the Education of Young Children)이다. 먼저 보육기관이 몇 달간 자기 평가를 통해 취약한 부분을 보완한다. 그러고 나면 평가기관에서 수차례 방문한다. 이 평가는 2년간 유효하므로, 이 과정이 계속 이루어져야 한다. 이런 종류의 자격증을 취득한 보육 프로그램은 신뢰할 만하다.

직원

훈련과 경험을 통해 양육자들은 아이들의 요구가 뭔지 이해하고, 그런 요구에 맞춘 활동을 제공하고, 발달 단계에 맞는 기대를 가져야 한다. 낮은 이직률과 충분한 교육을 통해 경험이 풍부한 양육자를 양성하면 모두에게 이익이 되는 환경을 만들 수 있다.

교사들이 어떤 훈련을 받았는지 알아보라. 그 훈련을 받기 위해 특별한 조건이 필요한가? 몬테소리, 발도르프, 하이스코프, 창의적 커리큘럼 등 다양한 프로그램에서 교사의 전문적 훈련을 위한 커리큘럼을 제공하고 있다. 유아교육 과정을 둔 전문대학과 대학, 대학원이 여러 지역에 마련되어 있다.

기관의 직원 관리가 얼마나 일관성이 있는지를 점검해보라. (직원과 부모의) 기대가 명확하게 제시되어 있는가? 행사가 제대로 기획되고 있는가? 재정이 합리적이고 사람을 존중하는 방식으로 운영되고 있는가?

의사와 증권 애널리스트, 유치원 교사는 모두 자기 분야의 최신 정보를 계속 업데이트해야만 하는 전문가 집단이다. 지금 알아보는 기관의 직원들은 연수에 참가하고 있는가? 기관 내에서 진행하는 연수 프로그램이 있는가? 또는 최근 실시되는 교육 프로그램에 교사들이 참여하는 것을 장려하는가? 직원들이 세미나, 워크숍, 긍정의 훈육 등 특별한 주제의 연수에 참여해 최신 정보를 업데이트하고 있는가? 교사들은 새로운 연구 결과를 배우고, 기본 개념을 다시 살피며 영감을 얻고, 공통적 딜레마에 대해 다른 교사들과 해결책을 공유하며 서로 격려한다.

기관이 조화롭게 운영되는지도 살펴보라. 기관에 불화가 있으면 아이들도 그것을 느낀다. 어린 아이들은 자기 주변 어른들의 에너지를 '읽을' 수 있으며, 자신이 감지한 것에 반응을 보인다는 사실을 명심하라. (아이들은 물론 직원들에게도) 협력을 강조하는 기관은 팀워크의 가치를 보여준다. 정기적으로 열리는 직원회의가 있는지, 직장 내 소통 경로가 있는지, 동료의식이 있는지 확인해보라.

훈육

문서화된 훈육 방침이 있는가? 문제가 생기면 어떤 방식으로 대처하는가? 보육기관에서 추천하는 훈육 방식에 대한 자료가 갖춰져 있는가? 아이가 때리고 깨물고 장난감을 빼앗으면 교사들이 어떻게 대처하는지 물어보라. 일어날 수 있는 여러 문제를 다루는 데 필요한 훈련을 교사들이 받는지도 알아보라. 때리는 것을 기관에서 눈감아주지는 않는가? 보육기관의 기본적 태도는 긍정적인가, 징벌적인가? 아이들은 하지 말라는 질책보다 해보라는 격려를 더 많이 받고 있는가?

교사가 아이들과 어떻게 상호작용하는지를 잘 살펴보라. 교사들이 존중하는 태도로 아이와 이야기하는가? 아이와 말할 때 교사는 몸을 낮춰 아이와 눈높이를 맞추는가, 아니면 교실 저쪽에서 크게 소리를 지르는가? 일대일 소통은 보다 적합하고 효율적인 돌봄을 의미한다.

넘어선 안 되는 한계선이 분명하게 정해져 있는가, 아니면 아이들이 달려가 부딪쳐도 교사들은 어색하게 웃고 넘어가는가? 한계선은 철저히 지키고 있는가? 교사는 하겠다고 말한 것을 반드시 지키는가? 교사가 아이를 불러 "막대기 내려놔!"라고 말한 뒤 아이가 여전히 막대기를 휘두르고 다니는데도 동료 교사와 잡담을 하는가, 아니면 아이가 스스로 막대기 내려놓을 시간을 잠시 주고 나서 교사가 차분하게 막대기를 치우는가?

아이들은 자신의 능력에 대해 어떤 가르침을 받는가? 교사들이 아이들의 외투와 양말, 신발을 일일이 입히고 신기는가, 아니면 아이들이 스스로 할 수 있게 도와주는가? 점심 먹기 전에 아이들이 직접 손을 씻도록 하는가? 아이들을 단순히 먹이고 입히고 옮겨지는 대상으로 보는 것이 아니라 그들에게 여러 기술을 가르쳐주는 프로그램이 있는지 찾아보라.

방문했을 때 어떤 분위기가 감지되는가? 아이들의 표정이 행복하고 평안해 보인다면 좋은 신호다(그렇다고 아이들이 조용해야 한다는 것이 아님을 반드시 알아두라!). 활동 모습을 보면 아이들이 그것에 얼마나 적극적으로 참여하고 있는지, 그것을 얼마나 즐기고 있는지 알 수 있다.

일관성

커리큘럼상의 일관성이란 어떤 활동을 정기적으로 수행한다는 의미다. 발표회, 동화책 읽어주기, 노래하기 등을 예로 들 수 있다. 집에서와 마찬가지로 보육기관에서 규칙적인 일과를 보낼 때 아이들은 더욱 건강하게 자랄 수 있다. 또한 일관성이 있다는 것은 학습 목표가 존재하며, 그것이 실행되고 있음을 의미한다. 잘 다듬어진 프로그램을 갖춘 곳과 아이들에게 헌 달걀 상자를 자르게 하거나, 매일 아침 똑같은 블록을 가져다놓거나, 계속해서 비디오나 텔레비전을 틀어주는 곳을 비교해보라. 또한 교사가 그저 침묵과 복종만 강요하는 것이 아니라 아이가 직접 해보면서 배우고, 건강한 활동을 통해 성장하는 것을 중요하게 여기는지 살펴보라.

문제를 처리할 때 교사와 교사, 학급과 학급 간에 일관성이 있는가?

한 교사는 간식 시간에 아이들이 요거트로 '핑거 페인팅'을 하는데, 다른 교사는 아이들이 간식 준비를 돕지 못하게 하지는 않는가?

일관성 있는 프로그램을 가진 기관은 아이들에게 신뢰와 자율성, 건강한 주도성 감각을 키워준다. 이것은 집에서도 중요하지만, 아이가 많은 시간을 보내게 될 보육기관에서도 중요하게 여겨져야 한다.

안전

안전은 보육기관의 물리적 환경, 교육 프로그램에 대한 건강 방침, 긴급 상황에 대한 대비를 모두 포함한 개념이다. 피복이 벗겨진 전선이 있다든지, 세탁물을 넣어둔 장소에 누구나 접근할 수 있다든지, 장난감이 부서져 있다든지 하는 기관은 아이들의 안전을 보장하기 어렵다.

일상적인 대비가 어떻게 이루어지는지 살펴보라. 긴급 상황에 어떻게 대처하는가? 정기적으로 화재 및 기타 위험 상황에 대한 대비 연습이 이뤄지고 있는가? 교사들은 심폐소생술이나 응급 처치에 대한 훈련을 받고 있는가? 약은 어떻게 보관하고 관리하는가? 알레르기 문제는 어떻게 대비하고 있는가?(견과류 알레르기가 증가하면서 대다수 보육기관에서는 견과류를 뺀 식단을 제공하고 있다) 질병과 격리에 대한 기관의 방침은 무엇인가? 아이가 부상을 입으면 어떤 치료를 받는지 물어보라.

만약 지진이나 홍수, 태풍 등이 잦은 지역에 살고 있다면 어떻게 그에 대비하고 있는지 알아봐야 한다. 여분의 음식과 물, 옷이 갖춰져 있는지, 지역 내 구조 시스템이 원활하지 않을 때를 대비해 구조 요청을 할 수 있는 전화번호가 준비되어 있는지, 대피 공간이나 대피 경로가 마련되어 있는지 알아본다.

직원들이 다양한 상황에서 아이들을 챙기는 법을 잘 알고 있는지도 확인해야 한다. 지금까지 언급된 이런 세부사항이 만족스러울수록 아이를 보육기관에 맡기는 데 따른 부담감을 내려놓을 수 있다.

커리큘럼과 시설, 활동

보육기관의 프로그램은 어떤 커리큘럼을 따르는가? 교육 테마나 활동에 대한 일일 스케줄 또는 학습 목표가 존재하는가? 아이들은 노는 동안 학습이 이루어지는 경우가 많다. 오스트레일리아에 대해 배울 때는 장난감 캥거루와 오스트레일리아 원주민의 미술품을 비치해둔다거나, 다문화적 이해를 높이고자 할 때 아프리카의 천이나 미술품, 아동용 의상을 준비하고, 그림을 그릴 때는 다양한 스펀지, 붓, 천 등을 제공한다면 아이들의 탐구 욕구와 놀이의 다양성을 높일 수 있다.

유아를 위해 디자인된 방에는 깨지지 않고 아이들에게도 안전한 거울이 바닥에 닿을 정도로 낮게 걸려 있어야 하고, 아이들이 잡고 일어서서 걸음마를 배우도록 난간이나 작고 튼튼한 가구가 갖춰져 있어야 한다. 바닥에 공이나 굴러가는 장난감을 놓아두면 아이가 눈과 손의 협응 능력을 기르는 것은 물론이고 활발하게 움직이고 기어다니게 도와줄 수 있다.

아이들의 대근육 발달을 돕는 실외 활동은 물론이고 정글짐 등의 기구도 갖춰져 있어야 한다. 이런 공간이 안전하고 깨끗하게 잘 관리되고 있는지 점검해본다. 매일 실외 활동이 규칙적으로 예정되어 있고, 항상 안전하게 감독되는지 확인하라. 실외 활동을 할 때는 아이와 지도하는 어른의 비율이 적절하게 맞아야 한다.

아이들이 사용하는 기구들은 사이즈가 아이들의 신체 크기에 맞아야 한다. 즉 세면대는 낮은 위치에 있어야 하고, 선반도 손이 잘 닿아야 하고, 벽걸이 장식도 아이들의 눈높이에 걸려 있어야 한다. 가능한 한 모든 곳에 어린이 사이즈의 기구가 구비되어 있어야 한다. 작은 물병과 컵, 어린이 사이즈의 탁자와 의자는 아이들에게 도움이 된다. 만약 어린이 사이즈를 구할 수 없다면 어른 사이즈에 보조기구를 다는 것이 좋다. 세면대나 변기에 튼튼한 계단 받침대를 설치하여 사용하기 쉽게 만드는 것이 좋은 예다.

퍼즐에는 모든 조각이 빠짐없이 있는지, 블록과 미술 도구가 다양하게 갖춰져 있고 계속 교체하고 있는지, 음악 감상과 노래하기, 리듬 맞추기 활동이 있는지 찾아보라. 보이는 거라곤 종이와 연필뿐이고, 아이들이 책상에 오래 앉아 있어야 한다면 심각하게 고민해봐야 한다. 활동적인 놀이와 움직임을 포함해 다양한 감각을 활용하는 프로그램을 갖고 있다면 적절한 교육 밸런스를 기대할 수 있다.

보육 서비스에 대한 자신의 결정을 받아들이기

마음을 정했다고 해도 아이를 보육기관에 보내는 데 따른 불안감을 떨쳐버릴 수 없을 것이다. 이때는 몇 가지 방법으로 도움을 받는다. 첫 번째 단계는 이것이 부모와 아이에게 꼭 필요한 결정임을 받아들이는 것이다. 먼저 부모가 가족의 삶에 보육 서비스가 필요하다는 것을 인정할 때(또는 그 가치를 알아볼 수 있을 때) 다른 걱정도 사라질 것이다.

다음 단계는 보육 서비스가 가정의 일과 가운데 하나가 될 때 일상생활이 구체적으로 어떻게 흘러갈지에 대한 여러 질문을 해결하는 것이다. "아침에 아이를 어떻게 보낼까? 하루 종일 아이와 떨어져 있으면 우리 집의 일과는 어떻게 바뀔까? 우리 아이의 친구들은 어떨까? 아이는 안전할까? 우리 아이가 사랑받고 또 사랑받는다고 느낄 수 있을까?" 일단 양질의 보육 서비스를 선택했다는 데 확신을 가질 수 있다면 이 많은 질문은 사라질 것이다.

분리

아이를 보육기관에 맡길 때 부모는 불안감뿐 아니라 죄책감을 느끼는 경우가 많다. 많은 아이가 아침에 유치원에 갈 때나 저녁에 부모가 외출할 때 울음을 터뜨린다. 이때 어떻게 대응하느냐에 따라 아이가 보육기관에 적응할 수 있는지가 결정된다. 불안해도 자신이 없는 동안 아이가 안전하게 보살핌을 받을 거라고 믿는 부모의 자신감은 아이에게도 전달된다.

헤어짐의 반대편에는 만남이 있다. 부모와 떨어져 있을 때 아이는 누구를 만나게 될까? 무엇보다 아이가 새로운 양육자들과 관계를 시작할 수 있게 도와주어야 한다. 부모가 곁에 있지 못할 때 함께할 사람을 아이도 신뢰하게 될 거라는 사실을 알아야 한다.

집에서 쓰는 담요나 좋아하는 인형을 가져가도록 하는 등 아이가 익숙한 세상과 연결되어 있다고 느끼도록 실질적인 방법을 마련해줘라. 같은 반 아이와의 놀이데이트를 계획해 아이가 새로운 친구와 보다 넓고 강한 유대감을 느끼도록 해주라. 유대감을 더 많이 느낄수록 아이는 부모와 떨어져 있는 시간을 더 잘 감당할 수 있다.

유치원 가는 날

이제 하루 일과가 유치원의 스케줄과 등하교 시간, 그 외 세부사항에 영향을 받아 바뀌게 될 것이다. 아이의 음식을 전부 또는 일부를 챙겨 보내야 한다면 음식을 준비할 시간이 필요하다. 옷을 챙겨 입고 집을 나서는 것, 낮잠 시간에 대비하는 것, 등교 일과를 정하는 것, 시시각각 생겨나고 변해가는 아이의 친구관계를 기억하는 것 등은 가족이 영향을 받는 대표적 문제들이다.

아무리 효율적이고 순조롭게 흘러가더라도 아이가 중이염으로 일주일 고생하면 균형이 깨질 수밖에 없다. 누구나 가끔씩 일이 뜻대로 풀리지 않는 날이 있는데, 하루를 얼마나 순조롭게 보내는가 하는 것은 아주 다양한 요인에 영향을 받는다는 점을 명심하라. 이것은 부모, 아이, 양육자의 기분과 컨디션, 교통 상황, 심지어 전날 밤에 우유를 다시 냉장고에 넣어야 한다는 것을 누군가가 기억했느냐 기억하지 못했느냐에 달려 있을 수도 있다. 이렇게 무수한 재앙의 가능성에도 하루를 잘 보낸 것을 축하하는 시간을 만들어보라.

서둘러 현관문을 나서야 하는 와중에 빼먹지 않기 어렵겠지만, 세 살 딸이 한쪽은 보라색 한쪽은 주황색 양말을 신겠다고 우기고, 여섯 살 아들이 부엌 바닥에 꿀병을 떨어뜨렸다고 해도 잠시 짬을 내어 딸이 스스로 옷을 입었다는 것과 아들이 시키지 않았는데도 스스로 아침상 차리기를 도와주었다는 것을 기뻐하라. 언제나 부족한 부분은 있다. 그래도 그날의 성취에 초점을 맞추는 데 에너지를 쓰라. 때로 그것이 너무 빈약해 보여도 말이다.

아침 대소동

정해진 일과는 아침에 집을 빠져나오는 데 결정적 역할을 한다. 유아기 초반에는 아이들이 시간을 다르게 인식하며 '과정인가 결과인가'의 사고방식이 지배적으로 작용한다는 것을 앞서 살펴본 적이 있다(3장을 보라). 이런 특징은 이따금씩 아침이 순조롭게 흘러가는 것을 가로막는다.

아이들은 정해진 일과와 예측 가능성을 바탕으로 쑥쑥 자란다는 것을 잊으면 안 된다. 아이를 유치원에 데리고 가기까지 미리 일과를 짜놓고 계획대로 하면 아침 시간을 여유롭게 보낼 수 있다.

재스퍼 가족은 네 식구입니다. 아빠는 8시 30분까지, 엄마는 9시까지 출근해야 합니다. 다섯 살배기 쌍둥이 에이다와 에이미도 유치원에 가야 합니다. 차가 한 대밖에 없기 때문에 온 가족이 함께 집을 나서는데, 매일 아침 엄마 아빠가 아이들을 유치원에 데려다줍니다. 며칠이 지나고 이들은 여유롭게 아침을 보낼 수 있는 몇 가지 방법을 찾았습니다.

매일 저녁 쌍둥이는 내일 입을 옷을 골라둡니다. 처음 며칠 동안 에이미는 쌀쌀한 아침 날씨에 따뜻한 잠옷을 벗기 싫어서 기분이 안 좋았습니다. 그래서 에이미와 엄마는 다음 날 입을 옷을 입고 자는 것으로 합의했습니다. 엄마나 아빠는 때때로 쌍둥이의 '도움'을 받아 점심을 전날 밤에 싸놓습니다. 점심을 싼 사람은 쌍둥이가 스스로 외투와 신발을 챙겨 문 옆에 놓아두어 아침에 뭔가를 빼먹어 혼란스럽지 않도록 도와줍니다. 전날 밤 꼼꼼히 준비해두면 아침에 많은 것을 결정해야 할 필요가 없습니다. 일과를 짜놓은 뒤로는 하루를 순조롭게 시작할 수 있습니다.

쌍둥이는 아침을 먹기 전 옷을 입어야 한다는 것을 알고 있습니다. 엄마나 아빠가 단추를 채우거나 신발끈을 묶을 때 도와주기도 하지만, 매일 아침 아이들은 혼자서도 옷을 잘 입습니다. 엄마와 아빠는 아이들이 세 살 되고부터 혼자서 옷을 입도록 격려하고 연습도 시켜왔습니다. 에이미는 우유 따르는 것을 좋아합니다. 그래서 엄마는 에이미가 쉽게 들 수 있는 작은 우유병을 냉장고에 넣어둡니다. 혹시라도 엎지르는 일이 있으면 싱크대에 있는 행주로 닦는 법도 배웠습니다. 에이다와 에이미는 아침 식탁을 차릴 때 냅킨을 꺼내고, 소금과 후추를 식탁에 올리고, 주스를 따르는 등등 도와야 할 일도 정했습니다. 에이다와 에이미는 자신들이 가족에게 도움을 줄 수 있어 기뻐합니다. 쌍둥이가 엄마나 아빠가 식탁 치우는 것을 돕는 동안 다른 부모는 차를 빼서 가족들의 준비물을 싣습니다. 그러고 나서 온 가족이 편안하게 웃으며 집을 나섭니다.

이것이 꿈같은 이야기로 들리는가? 그렇기도 하고 아니기도 하다. 신중하게 아침 일과를 정해 이렇게 하모니를 만들어내는 것은 얼마든지 가능하다. 물론 하루아침에 이루어지는 일은 아니다. 먼저 엄마와 아빠가 아침에 각각 무슨 일을 맡을 것인가 하는 문제로 한바탕 싸워야 한다. 둘이서 조율을 끝내고 나면 이제 상대가 바라는 것이 무엇인지 정확히 파악해 더 이상 말다툼으로 에너지를 소진하지 않을 수 있다.

엄마 아빠가 아침을 먹기 전 옷을 입어야 한다고 생각하는지 알아보기 위해 에이미와 에이다는 몇 차례 테스트를 해볼 것이다. 이는 에이미와 에이다가 한두 번 정도는 아침을 거른 채 집을 나서야 한다는 의미다(부모는 아이들이 오전 간식 시간까지 한두 시간은 견딜 수 있다는 것을 이미 알고 있다). 또한 이는 최소 한 번 정도는 엄마나 아빠가 옷 가방을 들고, 쌍둥이는 잠옷 차림으로 유치원에 가게 된다는 의미이기도 하다. 에이미와 에이다의 부모는 아이들을 무시시킨 게 아니다. 그들은 아이들에게 자신이 내린 결정의 결과로부터 얻은 교훈을 바탕으로 서로 존중하고 책임감 있는 사람이 될 기회를 준 것이다. 이렇게 하면 에이다와 에이미가 부모가 빈말을 하는 게 아님을 깨닫게 되어 아침 일과에 능동적으로 참여하는 효과도 있다.

대부분은 다툼 없는 아침 일과라는 목표를 달성한다. 여기서는 '대부분'이란 단어가 중요하다. 모든 날이 물 흐르듯 시작되는 것은 아니다. 때로는 엄마나 아빠가 늦잠을 자서 준비가 늦어질 수도 있고, 그냥 아무 이유 없이 기분이 안 좋을 수도 있다. 아무리 일과를 여러 번 반복했어도 에이미가 옷을 안 입겠다고 할 때가 있을 수도 있다. 그러나 그들은 완벽을 추구하는 것이 아니라 발전을 격려하는 법을 배웠다.

아침 일과가 언제나 완벽하게 실현되는 것은 아니다. 훈련과 신중한 계획, 서로에 대한 배려와 합의된 규칙에 대한 존중이 있다면 아침 시간은 훨씬 더 순조롭게 흘러갈 것이다. 어디까지나 대부분의 경우에 말이다!

도착

도착하기까지 무슨 일이 일어났든 간에 부모와 아이는 유치원에 도착할 것이다. 다음 몇 가지를 알면 다가올 날을 부모와 아이가 좀 더 편하게 받아들이는 데 도움이 된다.

변화를 편하게 받아들일 수 있도록 일찍 나서서 아이와 함께 유치원을 쭉 둘러보는 시간을 가진다. 교사가 오늘 어떤 프로그램을 진행하기로 했는지 살펴본다. 임시 교사가 오는 날이라면 아이를 준비시켜둔다. 임시 교사와 아이가 미리 인사를 하도록 하고, 그날 새로 만나는 사람이 있다면 반드시 아이와 인사를 시켜라.

환경에 어떤 변화가 있는지 잘 살펴봐야 한다. 새로운 장난감이나 도구가 나와 있다면 아이와 함께 그것을 살펴본다. 가끔은 떠나기 전 아이에게 동화책을 읽어주거나 퍼즐을 함께 맞출 시간이 있을지도 모른다. 만약 그럴 시간이 없다면 아이에게 뭘 가지고 놀 거냐고 물어보라. 이렇게 하면 아이와 좀 더 가깝게 연결되었다고 느낄 수 있으며, 그날 아이가 무엇을 할지 그려볼 수 있다.

떠날 시간이 되면 빨리 떠나라(인사를 질질 끌면 당신과 아이, 양육자 모두 감정적으로 지치게 된다). 그렇다고 그냥 사라지라는 말은 아니다. 아이에게 이제 간다고 말하라. 그 말에 아이가 눈물을 보일지도 모르지만, 솔직하고 분명한 태도를 보인다면 아이도 곧 부모를 믿게 될 것이다. 아이가 매달린다면 부드럽게 아이를 양육자의 품으로 넘겨 부모가 떠날 때 아이를 안고 달래줄 수 있게 한다. 부모가 떠날 때 아이가 서서 또는 안겨서 손을 흔들어줄 특별한 장소를 정해두는 것도 도움이 된다.

부모가 떠난 뒤 아이는 계속해서 울 수도 있다. 하지만 머지않아 아이는 함께 지내는 어른들을 신뢰하고 자기 자신을 신뢰하는 법을 배우게 될 것이다. 이것은 부모가 매일 보여주는 모습, 즉 당신이 돌아온다는 것(그리고 헤어져도 아이가 잘 견딜 수 있었다는 것)을 통해 재확인될 것이다. 결국 눈물은 사라질 것이며, 부모와 아이의 아침 일과는 순조로워질 것이다(만약 필요하다면 유치원에 전화를 걸어 아이가 금방 울음을 그치고 별일 없이 잘 지냈는지 확인해보라. 마음의 평화가 무엇보다 중요하다).

하교: 저녁에 데려갈 때

아이를 집에 데려가기 위해 유치원에 들어가면 잠시 반갑게 인사하면서 관계를 다시 시작할 시간을 가진다. 이제 아이와 하루 가운데 새로운 일과를 시작하려고 하는 중이다.

매들린이 네 살배기 딸인 브리를 데려가려고 유치원에 도착했을 때는 문을 닫기 전이었습니다. 브리는 옷과 장신구를 가지고 놀고 있었습니다. 매들린은 브리를 안고 아이가 고른 주황색 가발과 꽃장식 가방에 대해 이야기를 나누고 5분만 더 놀다 가자고 말했습니다. 그동안 매들린은 교사가 남겨놓은 브리에 대한 메모를 살펴보았습니다. 그리고 다음 주에 있을 음식 바자회에 캐서롤을 가져오겠다고 사인했습니다. 그녀가 옷장 쪽으로 돌아갔을 때 브리는 여전히 주황색 가발을 쓰고 있었습니다. 매들린은 "그 가발이 무척 마음에 들었구나. 내일도 그 가발을 쓸 수 있을 거야"라고 말해주었습니다. 그러고 나서 이제는 집에 갈 시간이라고 얘기했습니다. 브리는 잠깐 입을 삐쭉거렸지만, 외투를 입고 엄마 손을 잡았습니다. 그리고 두 사람은 사라진 브리의 신발 한 짝을 찾았습니다. 하교 사인을 한 뒤 엄마와 딸은 함께 유치원을 나섰습니다.

매들린은 딸이 유치원에서 잘 지내는 것을 보고 안심했다. 딸과 다시 마음을 연결할 시간도 가지고, 놀이를 마무리할 시간도 주면서 매들린은 아이가 차분히 귀가하도록 단계를 거쳤다. 어쨌든 브리는 재미있게 놀고 있었기 때문에 떠날 때 한바탕 소동을 피울지도 모른다. 그래도 노는 도중 갑자기 끌려 나간 아이보다 훨씬 더 조용히 떠날 수 있을 것이다.

교사는 아이가 떠나기 30분 전부터 외투, 도시락, 미술 시간에 만든 것, 행사 안내문 등 아이가 집에 갈 때 가져가야 할 물건을 스스로 챙기도록 하면서 아이가 순조롭게 집에 갈 수 있게 도와준다. 이런 모든 준비에도 불구하고 어떤 아이들은 부모님이 데리러 왔을 때 브리만큼 협조적이지 않을 수 있다.

아이들이 하루를 마치고 돌아갈 때 소동을 벌이는 것에는 그럴 만한 이유가 있다. 보육 서비스에서 아주 중요한 요소 가운데 하나는 아이가 사회적인 환경에서 하루 종일 있어야 한다는 점이다. 그러면 아이에게 긴장과 스트레스가 생기게 마련이다. 아이가 부모의 도착과 함께 흐트러진다면 그건 부모가 어떤 모습을 보이더라도 자신을 받아주고 사랑해줄 사람이라고 믿는다는 것을 전하는 아이만의 방식일지도 모른다. 부모님이 도착했다는 안도감과 푸근함에 사회적 기준이 느슨해질 수도 있다.

아이의 하루에서 가장 큰 변화는 보육기관이라는 환경을 막 떠나려고 할 때 생겨난다. 이 변화를 버텨내도록 부드럽게 지원해준다면 아이에게 큰 도움이 될 것이다. 아이와 아이의 요구를 위해 시간을 투자하는 것은 궁극적으로 부모와 아이 모두에게 이익이 된다.

가족의 지원

모든 가족은 때때로 도움을 필요로 한다. 어린 아이를 둔 부모는 자신의 고민과 아이디어, 경험을 나눌 다른 부모가 필요하다. 또한 아이들은 세상을 채우고 있는 다양한 사람들로부터 보다 많은 것을 배우기 위해 여러 아이와 어른이 필요하다.

부모교실이나 유아교육과 관련된 도서 등은 오늘날의 부모에게 소중한 도구를 제공한다. 다양한 경험을 가진 부모들이 아이디어를 나누고 아이들은 함께 어울려 놀 수 있는 모임도 있다. 그리고 인터넷은 대화와 조언을 나누고 심지어 다양한 분야의 검증된 전문가에게 질문까지 할 수 있는 기회를 제공하는 사이트들을 통해 광대한 정보를 제공해준다. 양육자들 역시 일련의 자원을 활용할 수 있다. 아이를 키운다는 것은 사회 전체가 관련된 일이다. 어떤 수준에서든 아이에게 일어나는 일은 아이와 어른 모두에게 중요한 문제다.

양육자로서 베이비시터

Q. 우리 집에 오시는 베이비시터는 세 살짜리 딸과 다섯 살짜리 아들과 아주 잘 지내고 있습니다. 다만 한 가지 걱정되는 것은 그녀가 자신의 네 살짜리 딸을 전혀 훈육하지 않는다는 거예요. 그렇다 보니 그녀의 딸은 폭군처럼 구는데, 우리 딸도 그 애를

따라하기 시작했어요. 그 아이는 소리를 지르고, 자기 엄마를 때리고, 엄마에게 "싫어" 또는 "닥쳐"라는 말을 서슴없이 합니다. 딸도 집에서 이렇게 행동하기 시작했는데, 그런 애를 다시 우리 규칙에 맞추려면 최소 한 시간은 걸려요. 우리 아이가 그런 폭군이 되지 않았으면 좋겠어요. 하지만 이 베이비시터가 다른 부분에서는 다 괜찮아요. 어떻게 해야 좋을까요?

A. 베이비시터의 딸이 그런 행동을 혼자서 만들어낸 것은 아닙니다. 시터가 아이들을 대하는 방식이 만족스러울지 몰라도 그분은 제한선을 그다지 효율적으로 설정하지 못하는 것으로 보입니다. 그분 딸의 행동이 중요한 단서입니다. 그 아이는 항상 그런 식으로 행동하나요? 그 아이가 엄마의 관심을 나눠 가져야 한다는 사실에 질투가 나서 엄마가 자기로 인해 계속 바빠지도록 문제 행동을 하는 것일 수도 있습니다. 어떤 점이 우려되는지 의논해보세요. 시터에게 자기 딸의 행동에 대해 어떻게 생각하는지 물어보고, 서로 윈윈할 수 있는 해결책을 찾을 수 있을지 이야기를 나눠보세요. 이렇게 해도 문제가 해결되지 않는다면 베이비시터를 교체할지 말지 결정해야 할지도 모릅니다.

베이비시터는 아주 신중하게 선택해야 한다. 평판을 확인하고, (아이 없이) 후보자를 만나보고, 양육자와 아이가 친해지도록 시험 방문을 해보는 것도 좋다. 거래는 사무적인 방식으로 진행해야 한다. 시터에게 응급 상황과 의료 관련 정보를 제공하고, 갑자기 약속을 취소하는 경우 시급 지불에 대한 합의 사항을 정해둔다.

베이비시터를 고용하는 것의 장점 중 하나는 아이를 밖으로 데리고 나가지 않아도 된다는 것이다. 아이들은 친숙한 환경에서 자고 먹고 놀 수 있다. 또한 부모의 근무 일정이 자주 바뀌거나 출장이 잦은 경우 좀 더 유연하게 대처할 수 있다. 그러나 다른 한편으로 베이비시터와 집에 있는 아이는 정기적으로 이웃 친구들이나 친척들과 만나서 놀거나 유치원에 시간제 등록을 하지 않는 한 사회생활 기술을 발달시킬 기회를 놓치기 쉽다. 또한 많은 부모가 학대나 방치에 대해 걱정하기도 한다. 시터가 아이와 단둘이 있기 때문이다. 이를 예방하려면 신중히 선택하고, 자격증이나 평판 등을 철저히 점검하는 수밖에 없다.

부모가 없는 동안 아이를 돌볼 사람으로 누구를 선택하든 마음이 편해질 만큼 충분히 그 사람과 이야기를 나누고, 아이를 키우는 것에 대한 철학을 공유해야만 한다. 자녀양육 강좌를 함께 듣는 것도 도움이 된다. 아이가 부모와 소통할 수 있을 만큼 컸다면 잘 지내고 있는지 확인해보는 것이 좋은데, 이때는 아이가 보고 들은 바를 점검한다. 그리고 자기 자신의 마음에 귀를 기울여라. 변화가 필요한 상황이라면 본능이 그것을 알려줄 것이다.

조부모와 다른 친척들

부모가 일할 때 아이는 조부모나 다른 친척들과 시간을 보낼 수도 있다. 사실 오늘날에는 부모가 아이를 돌볼 수 없기 때문에 조부모가 손주를 키우는 경우가 많다. 친척들 손에서 자라면 아이들에게 가족 간의 강한 유대감을 심어줄 수 있다. 그리고 우리 가운데도 대가족과 시간을 함께 보냈던 즐거운 추억을 가진 사람이 많다. 물론 여기에도 문제와 의견 충돌, 세대 간의 갈등이 있다.

Q. 할머니가 다섯 살짜리 아이를 자기 마음대로 하게 내버려둬 버릇을 잘못 들여놓는데, 제가 어떻게 그 애를 예의바르게 키울 수 있겠어요? 집 근처 회사에서 파트타임으로 일하는 동안 아이는 할머니와 함께 지내요. 그런데 할머니가 아이를 전혀 훈육하려

고 하지 않아 제가 악당 역할을 하고 있어요. 어느 때는 저보다 할머니를 더 좋아할까 봐 걱정스럽기까지 해요. 도움이 필요해요.

A. 조부모와 자녀양육에 대한 의견 충돌이 생기는 것은 아이와 조부모 간의 문제이기 보다는 부모와 조부모의 관계에 대한 문제인 경우가 많습니다. 자신의 부모와 어른 대 어른의 관계로 나아가야 할 필요가 있을 때 그런 갈등이 빚어지기도 합니다. 부모님은 아직도 가끔 당신을 엊그제까지 무릎에 앉혀놓고 어르던 사랑스러운 귀염둥이라고 생각하거나, 어릴 적 이후로 아무것도 배운 게 없는 문제아로 생각하고 있을지도 모릅니다.

사랑은 경쟁이 아니다. 이 사례는 부모와 조부모가 아이를 이용해 서로에게 우월함을 증명하려고 하는 것처럼 들린다. 아이는 자신의 부모를 사랑한다. 그리고 자신의 조부모도 사랑한다. 한쪽의 사랑을 줄이지 않고 양쪽을 모두 사랑하는 것은 얼마든지 가능한 일이다.

아이는 각기 다른 상황 속에서 어떻게 행동할지를 배울 수 있다. 혹시 할머니가 아이에게 할머니 집의 식탁을 마시멜로로 장식해도 된다고 허락했더라도 아이는 그 마시멜로가 자기 집에서는 다르게 쓰인다는 것을 기억할 수 있다. 물론 아이는 "할머니는 해도 된다고 했어"라고 칭얼대며 이 변경 사항을 부모에게도 적용하려고 할 것이다. 그때는 웃으면서 집에서의 규칙은 다르다는 것을 알려주면 된다.

불행하게도 자녀양육의 철학이나 기대, 원칙이 충돌할 때는 관용만으로 부족할 수도 있다. 만약 시부모나 장인 장모 또는 다른 친척들과 건강한 관계를 만들기 위해 노력했음에도 차이가 좁혀지지 않는다면 다른 보육 서비스를 찾아야 할 것이다.

"의심이 든다면?"

부모 중 한 명이라도 양육자에게 진심으로 불편함을 느낀다면 반드시 말을 해야 한다. 학대에 대한 의심이나 해로운 환경에 노출되는 것, 훈육 철학의 차이, 아이가 발달 단계상 뒤처지는 것에 대한 우려가 있다면 즉각적으로 주의를 기울여야 한다. 아이가 위험하다는 생각이 들면 절대 주저해선 안 된다. 아이를 그 상황에서 빼내어 부모가 믿을 수 있고 편안하게 여길 수 있는 다른 양육자를 찾아야 한다.

아이의 안전이나 건강을 위협하는 사안이 아니라면 해결책을 찾기 위해 노력해야 한다. 자신의 우려를 전달하고, 아이디어와 바람과 요구사항을 정중하게 이야기하라. 양육자의 의견도 자의적으로 판단하지 말고 신중히 들어라. 문제를 해결하기 위해 이런 식으로 함께 노력해야 한다. 어떤 보육 환경에서든 어른들이 함께 노력하면 아이들이 이득을 보게 된다.

이변이 없는 한 아이는 중요한 유아기의 일부를 부모가 아닌 다른 사람(베이비시터나 친척, 양육자 등)과 함께 보낼 것이다. 보육 서비스에 투자한 시간과 에너지는 마음의 평화와 즐거움, 새로운 배움으로 몇 배가 되어 돌아올 것이다. 어린 아이가 지내는 환경과 그들과 함께하는 교사들은 아이들의 미래가 만들어지도록 돕고 있다. 그리고 그 미래는 결국 우리 모두가 나눠 가지게 된다.

16장
아이를 위한 가족회의와 학급회의

ABC 유치원의 학급회의 시간이었습니다. 아이들이 둥글게 둘러앉자 교사인 스콧이 의제를 말해주었습니다. "놀이터에서 나뭇조각을 던지는 사람이 있는데, 이 문제에 대해 말하고 싶은 사람이 있나요? 이 문제의 해결책을 말해도 좋아요."

여섯 살 지라르가 손을 들더니 "나뭇조각을 던지는 사람은 바로 마음을 가라앉히는 시간을 가져야 해요!"라고 말했습니다. 다섯 살 나탈리가 손을 흔들어 발언권을 얻은 뒤 "바닥에 나뭇조각을 깔지 말고 그 대신 잔디를 깔면 어때요?"라고 제안했습니다. 교사는 작은 손을 참을성 있게 들고 있던 네 살 크리스티나에게 발언권을 주었습니다. 크리스티나는 밝게 웃으며 "있잖아요"라고 작게 중얼거렸습니다.

그러자 스콧 선생님이 "그래 뭐니, 크리스티나?"라고 물었습니다.

"오늘 시리얼에 바나나가 들어 있었어요."

스콧 선생님은 "오, 정말 맛있었겠구나"라고 말한 뒤 미소로 크리스티나의 발언에 감사를 표했습니다. 그러고는 나뭇조각 문제에 대해 더 말할 것이 있는지 물었습니다. 크리스티나는 나뭇조각에 대해 고민하고 있지 않은 게 분명했지만, 그래도 그녀는 여전히 학급의 중요한 멤버였습니다.

 아이들이 그룹 활동에 참여할 수 있을 정도가 들면(대개 네 살 정도), 학급회의에 참여할 수 있다. 학급회의는 아이들이 협력하고 기여하는 법을 배우며, 문제해결 능력을 기르는 좋은 방법이다. 이 학급은 앞으로는 나뭇조각을 던지지 않기로 합의했다. 이 제안은 교사가 제안했을 때는 전혀 통하지 않았지만, 아이가 직접 제안하고 반 아이들이 합의한 후에는 잘 지켜졌다.

학급회의란 무엇인가

학급회의는 문제해결을 위한 그룹 토의보다 더 큰 의미를 지닌다. 학급회의에서 아이들은 서로 돕고, 격려하고, 의사소통 기술을 배우고, 해결책에 찾고, 자신의 판단력과 지혜를 기르기 위해 모인다. 그러나 아이의 나이가 몇 살이든 학급회의의 최고 효과는 소속감을 길러준다는 것이다. 어떤 어긋난 목표 행동이든 간에 그 핵심에는 소속감을 얻고자 하는 마음이 자리하고 있어(8~10장 참고) 이 요구를 충족시켜주면 그 집단에 속한 아이들의 행동에 장기적으로 큰 영향을 끼치게 된다는 것은 당연한 결과다.

 학급회의에서는 여러 기술을 배우고 기르는 기회를 얻을 수 있다. 먼저 사회생활 기술을 배우게 도와주고, 언어 발달을 신장시킨다. 그리고 집단적 책임감과 개인적 책임감을 높여주고, 자신의 잠재력과 자기 존재의 중요성에 대해 긍정적인 태도를 가지게 하면서 아이들에게 힘을 불어넣어 준다. 이런 태도는 아이들의 행동을 구성할 뿐 아니라 자존감을 심어준다.

이 장에서는 유치원 환경에서 학급회의를 시작하는 방법에 대해 알아볼 것이다. 학급회의에 대한 보다 폭넓은 논의를 보려면 제인 넬슨과 린 로트가 쓴 『학급긍정훈육법』을 보라.

너무 어리다?

이렇게 말하는 사람이 있을지도 모른다. "초등학교 학생들이 학급회의를 하는 것이 중요하다는 것은 알겠어요. 그런데 학교에 들어가기 전 아이들은 너무 어리지 않나요?" 그러나 대답은 "아니오"다. 네 살 이상의 아이들은 생산적이고 고무적인 학급회의를 함께 만들어갈 수 있다. 심지어 더 어린 아이들도 학급회의 과정을 통해 그런 태도를 기르는 것을 시작할 수 있다. 어린 아이들은 큰 아이들을 롤모델로 삼아 많은 걸 배울 수 있고, 큰 아이들은 어린 아이들의 필요를 충분히 고려하고 수용하는 방법을 배우게 된다. 크리스티나처럼 네 살짜리 아이들은 큰 아이들과는 다른 방법으로 기여한다. 그러나 어린 아이들이야말로 집단에 대한 소속감을 만드는 것이 가장 중요하므로 그들을 반드시 포함시켜야 한다.

학급 전체가 3~4세 아동으로 구성되어 있다고 해도 학급회의를 함께 즐길 수 있다. 큰 아이가 없으면 교사 자신이 롤모델이 될 수 있다. 대부분의 제안은 어른이 하되 아이들이 선택하는 법을 배우게 도와주면 된다. 심지어 한 살 안팎의 아이도 참여할 수 있다. 물론 그들에게 회의의 주된 목적은 문제해결보다는 단순히 재미있는 활동이나 외출 계획을 함께 짜는 것이다. 아이들의 사회생활 기술과 언어 능력을 고려하면 아이들을 어느 정도로 참여시킬지 파악하는 데 도움이 된다.

다섯 살부터 아이들은 직접 참여해 경험하는 것으로 학급회의의 과정에 필요한 기술을 배워간다. 예를 들어 직접 도와줄 사람을 찾는 활동을 해보면서 다른 사람을 돕는다는 개념을 배워갈 수 있다. 10장에서 우리는 다른 애들을 괴롭히던 아이가 문제 행동을 바로잡도록 옆에서 도와준 아이들의 예를 살펴보았다. 다섯 살 이상의 아이들은 문제해결이라는 개념에 큰 관심을 보일 것이다. 그리고 기술을 배우고 연습할 기회를 가진다면 아주 잘해낼 것이다.

유치원 학급회의의 성공 요소

유치원생과 학급회의를 할 때는 네 가지 주요 목표가 있다. 이 요소를 잘 보이는 곳에 적어두면 매 회의마다 의제를 제공하고, 주어진 과제에 아이들이 관심을 집중하도록 도울 수 있다. 일단 어른이 회의 절차를 정하면 아이들은 돌아가며 회의를 진행할 수도 있다. 아이들은 개회를 선언하고, 의제에 이름을 올린 사람을 호명하고(때로는 교사의 격려가 필요하다), 문제를 해결하기 위한 의견을 받고, 폐회를 선언하는 일을 아주 즐겁게 해나갈 것이다.

감사하고 칭찬하기

칭찬은 아이의 나이에 따라 크게 영향을 받는다. 5~6세 아이들은 "나는 제인이 내 친구가 되어준 것을 칭찬합니다" 또는 "에디가 나와 함께 옷 입기 놀이를 한 것을 칭찬해주고 싶어요"라고 말할 수 있다. 그리고 간혹 이런 생각지 못한 말을 듣게 될 수도 있다. "얘가 나를 그네에서 밀었어요!"

네 살 아이들은 칭찬이라는 개념을 완벽하게 이해하지 못한다. 그들은 "나는 엄마를 사랑해요" "우리 집에 곰 인형이 있어요" "나는 저녁으로 피자를 먹을 거예요"와 같은 말을 할 가능성이 더 크다. 이 작은 아이들은 대개 마음에 있는 말을 뭐든지 꺼내놓는다. 이때 교사는 웃으며 그들의 발언에 감사를 표해야 한다. '칭찬'이 약간 어려운 목표이긴 했지만 자신이 기여했다는 느낌은 받을 수 있어야 한다.

교사는 아이들이 칭찬하는 법을 배우도록 하기 위해 몇 가지 유용한 질문을 던질 수 있다. "우리 유치원에서 좋았던 게 뭐야?" "오늘 너를 기분 좋게 해준 사람이 있었어?"라고 물어보라. 칭찬하는 시범을 보여줄 수도 있다. "여러분 모두가 어제 정말 맛있는 케이크를 만들었던 것을 칭찬하고 싶어요. 그리고 케이크 반죽을 마친 다음 테이블을 깨끗하게 정리하고 닦은 것도 너무 좋았어요." "매디슨, 나는 네가 점심 메뉴가 마음에 안 든다는 문제에 우리가 도울 수 있는 기회를 줬다는 것을 칭찬하고 싶어. 나에게 얘기해준 아이디어는 다음에 활용할 수 있을 것 같아. 정말 고마워."

"널 정말 사랑한단다. 하지만…"이라는 말을 많이 들어봤을 것이다. 이것은 단순히 비판을 꺼내기 위한 칭찬이다. 아이들도 "잘했어: 하지만…" "장난감을 치워줘서 고마워. 하지만…"이라는 말을 할 것이다. "매기가 나랑 같이 놀아주고 또 나를 밀어 떨어뜨리지 않아줘서 고마워." 이런 칭찬은 악어의 꼬리 같아서 한번 휘두르면 우리를 전부 쓰러뜨릴 수 있다. 아이들은 심지어 '칭찬 거부 반응'을 보이기까지 한다. 그들은 어른들이 뭔가 좋은 말을 하면 반드시 안 좋은 말이 따라온다는 것을 이미 알고 있는 것이다. 일단 이런 일이 벌어지면 격려와 칭찬이 가진 힘은 사라진다.

아이들이 한 일에 감사를 표하는 방법을 시범으로 보여주는 것도 다같이 연습해볼 수 있는 좋은 방법이다. 이때 미소와 감사를 있는 그대로 전하라. 아이들은 어른이 한 것을 보고 배운다.

서로 돕기

학급회의의 다음 요소는 서로 돕기다. 학급회의에서 서로 돕기는 아이들에게 문제가 되고 있는 사안에 대해 도움을 요청할 기회를 주는 시간이다.

어느 유치원의 화요일 아침이었습니다. 4~5세 반이 실크 선생님과 함께 이제 막 학급회의를 시작했습니다. 선생님은 이 그룹에서 도움이 필요한 사람이 있는지 물었습니다. 마티아스가 손을 들고 "저는 아침에 일어나기가 너무 힘들어요"라고 말했습니다. 다른 아이들 가운데서도 그것이 힘들다고 동의하는 사람이 많았습니다. 실크 선생님은 마티아스를 위해 의견을 내줄 사람이 있는지 물었습니다. 아이들은 온갖 종류의 유용한 아이디어를 내놓았습니다. "일찍 자는 게 어때" "그냥 어떻게든 일어나" "잠옷을 입고 유치원에 와" 등의 의견이 나왔습니다. 실크 선생님은 마티아스를 바라보며 "도움이 되는 아이디어가 있니, 아니면 다 같이 좀 더 생각해볼까?"라고 물었습니다. 마티아스는 곰곰이 생각해보더니 그냥 어떻게든 일어나겠다고 했습니다.

다음으로 줄리언이 손을 들고 엄마가 돈이 별로 없다는 것 때문에 도움이 필요하다고 했습니다. 줄리언에게 공감하는 말이 오간 뒤 다른 아이들도 자진해서 자기들에게도 같은 문제가 있다고 말했습니다. 줄리언의 친구들은 열심히 도와주고자 했습니다. 어떤 아이는 돈을 가져오겠다고 했습니다. 브랜던은 줄리언에게 돈을 벌 수 있는 일을 해보면 어떠냐고 제안했습니다. 크리스털은 "우리 엄마가 도와줄 거야"라고 말했습니다. 그리고 데번은 "너희 엄마가 직장을 구해 돈을 더 벌면 돼"라고 했습니다.

이 주의 어린이

한 유치원에서는 칭찬하기 위한 방식으로 '이 주의 어린이'를 뽑았다. 매주 활동 시간에 특별한 '이 주의 어린이'가 정해지며, 한 해 동안 그 반에 있는 아이들 모두가 최소한 한 번 이상은 뽑히게 된다.

교사는 큰 종이 한 장과 다양한 색깔의 펜을 가져온다. 그리고 종이 맨 위에 '이 주의 어린이'의 이름을 쓴다. 그러면 아이들 모두가 돌아가며 그 아이의 어떤 점을 좋아하는지 또는 어떤 점이 고마운지를 이야기하고, 교사는 그들의 말을 종이에 적는다. "모린은 내 친구이기 때문에 좋아요." "모린은 나랑 같이 놀아요." "모린은 눈이 반짝반짝해요." "모린은 티거처럼 뛸 수 있어요." 아이들이 무엇을 말해야 할지 약간 머뭇거리면 교사가 질문을 던질 수도 있다. "모린을 생일 파티에 초대하고 싶은 사람은 누구죠?" "이번 주에 모린이랑 옷 입기 구역에서 재밌게 놀았던 거 기억나는 사람 있나요?" 또한 교사는 '이 주의 어린이'에게 감사의 말을 덧붙이면서 다른 사람을 칭찬하는 시범을 보일 수도 있다. 몇몇 아이가 여전히 말할 내용을 떠올리기 어려워한다면(또는 그저 조금 부끄러워한다면) 교사는 "친구로서 이 종이에 모린의 이름을 써보고 싶은 사람 있나요?"라고 물을 수 있다.

원하는 아이들의 차례가 다 끝나면 교사는 종이를 말아 밝은 색 리본으로 묶는다. 그러면 또 다른 아이가 그 종이를 모린에게 전해줄 사람으로 뽑힌다. 그리고 그 활동은 노래를 함께 부르며 끝난다. 아이의 하루를 시작하는 데 나쁘지 않은 방법이다. '이 주의 어린이'가 된다는 것은 모든 아이에게 특별한 선물이 될 수 있다. 그러나 이 행사는 소속감을 만들어주는 데 초점을 맞춰야 한다는 것을 명심하라. 격려는 자칫 잘못하면 아이들을 다른 사람의 평가에 매달리게 만드는 조건부 칭찬으로 흘러가기 쉽다.

미국 교사 인턴십에서 '이 주의 어린이' 발표를 접한 한 교사는 자기 나라로 돌아가 그 아이디어를 사용하면서 그 제목을 '이 주의 스타'로 바꾸었다. 그녀의 문화권에서는 기금 마련 행사를 제외하고 가족들이 학교 행사에 거의 참여하지 않는데도 불구하고 그녀가 '이 주의 스타'라는 아이디어를 제안하자 관심과 호기심을 보였다.

어떤 주에는 그다지 교육을 받지 못한 아빠가 교사들이 은근히 무시하던 아들의 '이 주의 스타' 행사에 참가했다. 아빠와 아들은 자신들이 살고 있는 작은 집을 이쑤시개와 빨대만으로 만든 모형으로 보여주며 훌륭하게 발표를 끝냈다. 그 결과물은 예술작품을 보는 듯했다. 이 아빠의 자부심과 아들에 대한 사랑을 보며 교사들은 아들을 위해 쏟은 그의 시간과 노력, 재능에 고개를 숙였다. 그 일이 있고 나서 그 가족에 대한 교사들의 태도가 바뀌었다. 이렇게 '이 주의 스타' 활동에 참여하면서 그들은 공감과 이해의 가치를 다시금 확인했다. 교사들과 아이들에게 존중의 마음이 생겨나기 시작했다. 그리고 그 아름다운 조형물은 학기 내내 학교에 전시되었다. 때로는 간단한 아이디어가 엄청난 변화를 불러일으키기도 한다. 학급(가족)회의는 아이와 어른이 각자 집단에 기여하는 바에 대해 서로 경의를 표하게 하면서 이런 유대감을 이끌어낸다.

물론 이 회의의 결과를 통해 줄리언의 엄마가 돈을 더 벌게 될 가능성은 없다. 하지만 줄리언은 진심으로 돈에 대해 걱정했고, 그 걱정은 진지하게 다뤄졌다. 또한 그는 반 친구들이 자신의 필요를 진심으로 배려한다는 것과 몇몇 친구도 비슷한 고민이 있다는 것을 알게 되었다. 서로 돕는 것은 학급회의에서 중요한 부분이다.

부모들도 안건을 제출할 수 있는데, 학급회의에 참여할 기회를 제공받기도 한다. 자신의 자녀가 즐겁게 참여하는 모습을 직접 보고 나면 비슷한 회의를 집에서도 시도해보려는 의욕이 생길 것이다.

"의제로 올리자!"

의제란 어른이든 아이든 다음 회의에서 의논해보고 싶은 사안을 모든 사람이 볼 수 있는 학급회의 의제 공책이나 벽 한쪽에 적어 모아둔 주제 목록이다. 이것은 회의 때 논의할 사항을 제공하고, 마음을 가라앉히는 기제로 작용하기도 한다.

잔뜩 화가 난 존이 발을 구르며 다가와 "파커가 지금 딱정벌레를 죽였어요"라고 말한다면, 교사는 그의 걱정을 함께 나누며 '곤충을 어떻게 다뤄야 하는가'가 학급회의의 주제로 아주 훌륭할 것 같다고 제안할 수 있다. 교사는 존에게 그것을 의제로 올리겠냐고 물어본다. 아이가 승낙하면 함께 가서 '벌레'라고 공책에 쓰고 교사가 그 단어를 소리 내어 읽어준다. 그 옆에 존은 자기 이름을 적는다. 만약 존이 글씨를 쓰기에 너무 어리다면 교사가 주제와 아이의 이름을 대신 써준다. 아니면 존에게 벌레 그림을 그린 뒤 자신의 이름을 보고 따라 쓰거나 자신만의 표시를 남기라고 할 수도 있다. 이렇게 어떤 식으로든 존을 참여시키는 것은 아이를 존중하는 동시에 아이에게 책임감과 영향력을 느끼게 해준다.

문제해결의 시간이 되면 교사는 의제를 살펴보고 존에게 벌레 문제를 다른 아이들에게 설명해달라고 부탁한다. 존은 화가 났을 때 충분히 자신의 마음이 인정받았다고 느꼈으며 자신의 의견을 의제로 올리기까지 했으므로 이제는 그 문제에 대해 차분히 논의할 수 있다. 교사는 아이들이 누가 딱정벌레를 죽였고 그에게 어떤 벌을 줘야 하는가가 아니라 다 함께 곤충을 다루는 태도가 어때야 하는가에 집중하는 모습을 보게 될 것이다.

문제해결

어린 아이들이 문제해결에서 얼마나 창의적일 수 있는지를 알게 되면 깜짝 놀랄 것이다. 어느 날 오후 유치원의 하교 확인표 옆에서 이런 쪽지가 발견되었다. '이번 주 목요일 오후에 작은 규모로 제과를 판매합니다. 우리는 찢어진 도서관 책을 교체해야겠다고 생각하게 되었습니다. 유치원에서 쿠키를 구워 1개당 25센트에 팔 것입니다. 아이들은 집에서 심부름을 해서 25센트씩 가져오기로 했습니다. 이 제과 판매 아이디어는 이번 학급회의에서 망가진 책에 대해 논의하면서 나왔습니다. 또한 우리는 책을 들고 다니는 방법과 책장을 넘기는 방법에 대해서도 논의하고 연습해보았습니다.'

한 주 동안 아이들은 수업 시간에 몇 묶음의 쿠키를 준비했고, 그런 가운데 새로운 기술도 배우게 되었다(그리고 재미도 있었다). 목요일이 되자 판매가 시작되었고, 장사가 너무 잘 돼서 재료값을 빼고도 아이들은 망가진 책을 교체할 뿐 아니라 새 책을 살 수 있을 정도의 돈을 모았다. 다음 학급회의에서 아이들은 교실에 어떤 책을 사두면 좋을지 의논하며 시간을 보냈다.

만약 교사가 그냥 아이들을 야단친 뒤 책장 근처에 못 가게 만들어버렸다면 어떻게 됐을까? 이렇게 결정적인 일상생활 기술을 배우고 익힐 기회를 놓쳐버렸을 것이다.

학급회의는 사회생활 기술을 배울 수 있는 소중한 기회를 제공하기도 한다.

어느 날 아침 회의 시간에 다섯 살 캔디스는 어떤 아이가 자기 친구 딜런에게 험한 말을 했다고 말했습니다. 교사는 딜런에게 그게 문제가 된다면 자신이 의제로 올리겠다고 얘기했습니다. (아이들이 자신의 요구에 충실히 응하는 법을 배우는 것이 중요합니다.) 딜런이 자신의 이야기를 전하자 교사는 다른 아이들 가운데도 욕을 들은 사람이 있느냐고 했습니다. 그리고 "그때 기분이 어땠어?"라고 물었습니다. 활발한 논의가 이어지고, 아이들은 험한 말을 들으면 상처받게 된다는 의견을 모았습니다. 그러고 나서 가능한 해결책들을 생각해냈습니다.

"욕하는 사람이 그만할 수 있을 거예요." "자리를 떠나 버려요." "'그런 말 하지 마!'라고 말해요." "선생님께 도와달라고 해요." "그런 말 듣기 싫다고 말해요." "잠시 마음을 진정시키고 오라고 말해요." "그때는 '그만해!'라고 말해요." "다 같이 자리를 떠나서 다른 데서 얘기해요."

비슷한 제안도 있었지만, 모든 의견이 존중되고 기록되었습니다. 이제 딜런과 반 친구들은 각각의 선택지가 어떤 결과로 이어질 것인가에 대해 (교사로부터 약간의 도움을 받으며) 이야기를 나누고, 다음에 욕하는 일이 생기면 어떻게 대응할지를 결정할 수 있습니다. 미취학 아동들은 아직 사회생활 기술을 가다듬는 중입니다. "더 심하게 욕해요" 또는 "때려 눕혀요"와 같은 제안은 좀 더 적절한 반응이 무엇일지 배울 수 있는 기회를 제공해줍니다.

앞으로의 활동을 계획하기

어린 아이들에게 다 같이 할 수 있는 즐거운 활동에 대한 의견을 물었을 때 모든 제안이 다 현실적인 것은 아니다. "디즈니랜드에 가요." "(밖에 눈이 오고 있어도 상관없이) 바닷가에 가요." "비행기 타러 가요. 우리 아빠가 데려갈 거예요." 한 아이가 불가능한 제안을 하기 시작하면 점점 더 열을 올리는 경향이 있다. 따라서 교사는 활동에 대한 몇 가지 실용적이고 재미있는 아이디어를 내어 아이들을 이끌어주는 것이 좋다.

이제 많은 아이디어가 나왔다. 경찰서 방문, 소방서 방문, 동물원, 공원 등은 실현 가능한 현장학습이 될 수 있다. 현장학습은 아이들이 사전에 문제해결을 해볼 수 있는 훌륭한 기회라는 것을 기억하라. 아이들에게 지난 번 현장학습에서 어떤 문제가 있었는지 물어보거나, 우리 반을 위해 어떤 규칙이 있으면 좋겠는지 물어보라. 아이들이 아무것도 생각해내지 못한다면 교사가 빨간 불에 길 건너기, 밀치기, 뛰어다니기, 소방관 아저씨가 이야기할 때 떠들고 공손하게 듣지 않는 것 등에 대해 어떻게 하면 좋을지 의논해보자고 제안할 수 있다. 그러면 아이들이 해결책을 찾기 위해 브레인스토밍을 한다. 아이들은 자신이 직접 참여해 규칙을 만들었을 때 그것을 훨씬 더 기꺼이 지키려고 할 것이다.

보다 즉각적으로 수행할 활동을 계획할 수도 있다. 아이스크림이나 팝콘 등 학급 간식을 제공하는 것도 재밌으면서 실천하기 쉬운 활동이다. 금전적 지출이 발생한다면 아이들이 필요한 자금을 모으기 위해 노력할 수 있다. 아이들은 집에서 심부름을 하거나, 유치원에서 단체 활동을 해서 돈을 벌 수도 있다. 어떤 적극적인 아이들이 수업이 끝난 뒤 지치고 허기진 부모들에게 구운 감자를 팔기로 한 적이 있다. 부모들이 유치원에 도착했을 때 감자 굽는 냄새는 너무 좋았고, 말할 것도 없이 이 자금 마련 행사는 엄청난 성공을 거뒀다.

아이들이 선반과 장난감을 모두 깨끗이 닦고 나면 피자 파티를 열기로 하는 등의 목표를 세울 수도 있다. 교사가 걸레를 준비하면 아이들이 모두 거드는 것이다. 아이들은 물장난, 청소, 사회적 관심 주고받기 등을 매우 좋아하며, 그 모든 것을 바로 이 한 가지 활동을 통해 이룰 수 있다. 미술이든 요리든 놀이든 활동을 계획할 때 아이들을 참여시키면 그 활동이 더 성공적으로 진행된다는 것을 기억하라. 아이들이 자신을 유능하고 창의적이라고 느낄수록 그들은 대부분 더 열정적으로 참여하고자 할 것이다.

효율적인 학급회의를 위한 특별한 조언

다음의 소개하는 몇 가지 아이디어를 기억하고 있으면 학급회의를 성공으로 이끌 수 있다.

타이밍을 잘 잡아라

유치원생을 위한 학급회의 때 교사는 유연하게 대처해야 한다. 아이들의 기분이나 능력, 집중하는 시간 등을 고려해 회의를 짧게 진행하거나 한 번에 한 가지만 다룬다. 소속감을 심어주고 격려하기 위해 회의가 반드시 길어야 할 필요는 없다. 많은 유치원이 일주일에 한 번 정도 회의를 열면 충분하다고 여긴다. 매일 짧은 회의를 열어 아이들이 칭찬을 주고받고, 공감하며 경청하고, 해결책에 집중하는 법을 연습할 수 있게 하는 곳도 있다. 시행착오를 거치면서 적절한 방법을 찾아가면 된다.

특별한 신호를 활용하라

어린 아이들은 청소시간을 알리는 노래를 부르는 것처럼 특별한 신호를 만드는 것을 아주 좋아한다. 예를 들면 종소리는 모두가 멈춰 서서 교사의 말을 들어야 한다는 의미가 될 수 있다. 학급회의를 시작하고 마칠 때 사용할 특별한 신호를 만드는 것도 효과가 좋다. 한 교실에서는 아이들이 둥글게 둘러앉아 팔꿈치를 구부려 두 팔을 가슴에 모은다. 회의를 시작할 때면 아이들은 책을 펼치는 것처럼 천천히 팔을 벌리면서 "학급회의 시작!"이라고 외친다. 회의를 마칠 때는 반대로 팔을 모으면서 "학급회의 끝!"이라고 말한다.

(적절한 때에) 투표 절차를 포함시켜라

유치원에서 아이들이 팝콘 파티를 할 것인가, 피자 파티나 수제 아이스크림 만들기를 할 것인가 등 모든 아이에게 해당되는 결정을 해야 할 때는 투표를 할 수도 있다. 이를 통해 아이들은 사람들이 생각하는 것과 바라는 것이 각기 다르고, 주는 것이 있으면 받는 것이 있다는 것도 배울 수 있다(그러나 다른 사람에 대한 해결책을 아이들이 투표로 결정하는 것은 적절치 않다. 문제가 있는 사람이 직접 자신에게 가장 도움이 된다고 생각하는 해결책을 고르도록 해야 한다).

기록을 남겨라

회의에서 무슨 일이 있었는지를 기록해두면 유용하게 활용할 수 있다. 특히 예전에 결정했던 것이 무엇이었는지 떠올려야 할 때면 더욱 그렇다. 아이들은 대부분 글씨를 쓰지 못하기 때문에 어른 한 명이 참석해야 한다. 회의를 시작할 때 지난 회의 기록을 점검하며 그 계획과 결정이 얼마나 잘 실행되고 있는지를 살펴볼 수 있다. 시도했으나 통하지 않은 해결책도 함께 평가해본다. 사용되지 않았던 제안들도 검토해보고 새로운 아이디어도 생각해본다. 만약 문제가 지속된다면 아이들에게 그것을 다시 의제에 올려 한 번 더 논의해보도록 이끄는 것이 좋다.

'말하기 막대'를 활용하라

장식이 달린 막대기나 요술 지팡이, 작은 장난감을 아이들끼리 돌려볼 수 있다. 그 물건을 갖고 있는 사람에게 말할 기회가 돌아간다(동물 인형은 아이들이 가지고 있다가 코를 문지르거나 하면 감기를 옮길 수 있으므로 피하는 것이 좋다). 물리적인 상징이 있으면 아이들이 존중하는 마음으로 경청하는 법과 순서대로 발언하는 법을 배우는 데 도움이 되고, 그 물체가 돌아올 때면 수줍음 많은 아이도 그룹 토의에 참여하도록 격려할 수 있다.

가족회의

큰 아이가 있다면 가족회의의 장점이 많다는 것을 이미 알고 있을 것이다. 만약 어린 아이밖에 없다면 이 개념이 생소할 수도 있다. 심지어 어린 아이와 가족회의를 하는 것이 효과가 있을지 의문스러울 수도 있다. 이렇게 생각하는 사람도 있을 것이다. '아이가 과연 뭘 배울 수 있을까? 아이가 가만히 앉아 있을 수 있나 이 작은 아이가 어떻게 문제를 해결하지?'

이 장의 처음에서 제시한 학급회의 관련 자료들을 가족회의에 맞게 조정하는 것은 쉽지만, 그를 통해 얻는 이득과 혜택은 시간과 노력을 들일 만한 가치가 충분하다. 가족회의는 아이들에게 자신이 소중하고도 능력 있는 가족 구성원이라는 사실을 가르쳐준다. 게다가 부모는 자녀의 재치와 창의성에 깜짝 놀랄 것이다. 아이들은 칭찬하고, 문제해결을 돕고, 가족 행사를 계획할 수 있으며, 자신의 요구를 전달하고 긍정적인(그리고 놀라울 정도로 즐거운) 방향으로 도움받는 법을 배울 수 있다. 정기적으로 가족회의를 하면 부모와 아이가 상호존중과 신뢰, 이해와 사랑의 감각을 키워나갈 수 있으며, 앞으로의 긴 시간을 함께할 기반을 마련할 수 있다.

다음은 아이와 함께 가족회의를 시작할 때 알아두어야 할 몇 가지 아이디어다.

- **현실적으로 생각하라** 아이가 세 살쯤 되면 즐겁고 알찬 가족회의를 할

수 있다. 그러나 아이가 어릴수록 집중할 수 있는 시간이 짧다는 것을 잊지 마라. 회의에서 짧게 핵심만 다루면 아무도 질리지 않을 것이다.

• **가족회의를 우선시하라** 너무 바쁘게 살다 보니 아무리 좋은 의도를 가진 일도 방해받을 수 있다. 가족회의가 제대로 이루어지기 바란다면 정기적으로 다 같이 모일 시간을 정하고, 그것을 반드시 지켜야 한다. 큰 아이들에게 운동 경기나 음악 수업처럼 옮길 수 없는 일정이 있을 수도 있다. 그럴 경우 가족들의 향후 계획을 표시하는 가족 달력을 만들어 다음 회의를 계획하는 데 사용한다. 회의가 지속적으로 열려야 모두가 기술을 배울 수 있다는 것을 기억하라. 전화나 집안일, 그 외의 다른 방해요소가 끼어들지 않도록 한다. 가족과 함께 보내는 시간을 우선시하면 화합을 키워나가는 데도 도움이 될 수 있고, 가족과 함께 보내는 시간을 매우 중요하게 생각한다는 것을 아이들에게 충분히 전할 수도 있다.

• **회의는 언제나 칭찬과 감사로 시작하라** 처음엔 이것이 어색하게 느껴질 수도 있다. 특히 형제자매와 서로 깎아내리면서 노는 게 훨씬 편하다면 더 그럴 것이다. 그러나 장점을 찾고 그것을 이야기하면 모두를 격려할 수 있고, 회의를 편안한 분위기에서 시작할 수도 있다. 어떤 가정에서는 회의의 시작이 아니라 끝에 감사를 나누는 것을 선호한다. 까다로운 안건을 다루거나 격한 감정이 덮쳐왔을 때 칭찬과 감사로써 회의를 마치는 것은 마음을 치유하는 분위기를 만들 수 있다.

• **손에 잘 닿는 곳에 의제 메모판을 걸고, 아이가 그것을 사용할 수 있게 도와주어라** 어린 아이라도 자신의 문제나 걱정을 의제 공책에 '글'로 쓰거나, 말할 게 있다는 것을 뜻하는 어떤 표시를 남길 수 있다. 그러면 그들의 걱정을 진지하게 받아들이면서(때로는 아이의 아이디어가 비현실

적이더라도 그 자리에서 거부하지 않고 신중하게 고려해보면서) 아이들을 소중하게 여긴다는 것을 보여준다. 문제를 받아 적는 행동 그 자체가 효과적인 해결책을 찾는 첫 걸음이 될 수 있다.

- **재밌게 보낼 시간을 남겨두라** 회의 시간 가운데 일부는 함께 게임하기, 비디오 보기, 가족 행사 기획하기, 특별한 디저트 나눠먹기, 좋아하는 동화책 읽기 등 같이 재미있게 보내는 데 활용되어야 한다는 것을 명심하라.

가족회의는 부모와 아이가 가까워지고, 계속 바빠지게 될 미래에도 아이와의 소통을 지속할 수 있는 긍정적인 습관 중 하나다. 모든 연령대 아이들의 가족회의에 대해 더 알고 싶다면 제인 넬슨이 쓴 『긍정의 훈육Positive Discipline』과 로즐린 앤 더피가 쓴 『유아 양육의 10가지 문제 Top Ten Preschool Parenting Problems』를 참고하라.

배울 수 있는 기회

학급회의와 가족회의는 아이들에게 여러 가지 일상생활 기술을 가르쳐주는 동시에 아이가 강한 소속감을 갖도록 도와준다는 점에서 놀라울 정도로 생산적이다. 어른들은 때로 아이들의 창의성과 책임감을 과소평가한다. 그러나 학급회의와 가족회의는 모두에게 배울 수 있는 기회를 제공한다. 부모는 아이가 자존감과 협동심을 배울 뿐 아니라 너무나 즐거운 시간을 보내고 있다는 것을 알게 될 것이다!

지금까지 살펴본 것처럼 아이들은 아주 어려서 문제해결 능력이 제대로 발달하지 않았을 때조차 회의에 기여할 수 있는 능력이 있다. 만약 자녀가 유치원에서 학급회의에 참여하고 있다면 아이가 자신의 새로운 능력을 집에서 얼마나 빨리 적용하는지 보고 놀랄 것이다. 또 그것을 계기로 부모도 비슷한 회의를 가정에서 열어야겠다고 생각할 수도 있다. 그때 이 책이 성공을 향한 멋진 청사진을 제공할 것이다. 가족회의와 학급회의는 아이와 어른이 협력과 공감, 문제해결 등을 경험하면서 함께 배우는 재미를 느낄 수 있는 아주 좋은 방법이다.

17장
첨단 기술과
문화의 영향에 대처하기

지금은 상상하기 힘들 테지만 텔레비전과 컴퓨터 없이 가족이 책을 읽거나 피아노 옆에 모여 노래를 하거나 이야기를 나누며 즐거운 시간을 보내던 시절이 있다. 때로는 어린 시절을 그리워할 수도 있지만, 좋은 일인지 나쁜 일인지 뒤로 돌아갈 방법은 없다. 텔레비전과 컴퓨터, 인터넷, 디지털 음악 기기, 비디오 게임은 일상생활이 되었으며 새로운 기기가 계속해서 나오고 있다. 어린 자녀를 키우다 어느 시점이 되면, 첨단 기술의 공격에 집의 일부 내줘야 한다(이 장에서 '화면 보는 시간'은 아이가 텔레비전, 컴퓨터, 비디오 게임, 그 외 다른 전자기기와 보내는 시간을 의미한다).

다음 내용을 살펴보자.

- 평균적인 미국 가정은 2.75대의 텔레비전을 가지고 있다.
- 66퍼센트의 미국 아동이 침실에 텔레비전을 두고 있다(2~7세 아동 가운데 20퍼센트).

- 미국의 아동과 청소년의 평균 텔레비전 시청 시간은 일주일에 21시간 이상 또는 아동이 깨어 있는 시간 중 5분의 1이다.
- 텔레비전은 빠르게 연속적으로 전달되는 짤막한 정보로 아이들을 통제하기 때문에, 텔레비전 시청은 집중력에 영향을 끼칠 수 있다.
- 미국 광고주들은 아이들에게 제품을 홍보하는 데 연간 약 150억 달러를 지출한다.
- 보지 않아도 텔레비전을 켜두는 습관은 아이의 언어 습득 능력을 저해하는 것으로 드러났다.
- 텔레비전 시청 시간의 증가는 비만과 직접적으로 연결된다. 오랫동안 텔레비전 앞에 있을수록 달리고, 상상력을 발휘하고, 사회생활 기술과 일상생활 기술을 배울 시간은 줄어든다.
- 어린 시절 텔레비전 속 폭력에 노출되면 남성이든 여성이든 젊은 시절에 공격적인 행동을 하는 것으로 드러났다.

많은 아이가 네 살도 되기 전 복잡한 리모컨을 다룰 수 있다. 요즘 유아들은 컴퓨터, 비디오 게임, 휴대용 DVD 플레이어 사용법을 배워 만화를 보고, 비디오를 보고, 디지털 게임을 하느라 화면 앞에 넋을 놓고 앉아 있다. 텔레비전을 심지어 아이의 잠자리 일과에 포함시키기는 가정도 많다. 잠들기 전의 텔레비전 시청이 아이의 수면 패턴을 방해할 수 있다는 것을 아는 부모는 드물다. 항상 침대가 아니라 텔레비전 앞에서 잠이 드는 아이도 있다.

소프트웨어 개발자들은 재빠르게 어린 아이들을 위한 '교육용' 프로그램을 선보이며, 젖먹이 때부터 컴퓨터 사용 능력을 가르치기 시작해야 한다고 부모들을 재촉한다. 영국의 한 연구에 따르면 1995~2005년 아동용 프로그램 개발에 투자된 시간이 10배 증가했다고 한다. 현명한 부모는 아이의 삶에 자신들이 큰 영향을 끼쳐야 할지, 아니면 그 영향을 텔레비전과 광고에 넘겨줘야 할지 신중하게 고민한다. 누가 진정으로 아이에게 가장 이익이 되는 것을 심각하게 고민한다고 생각하는가?

아동 소비자

아이들이 좋아하는 텔레비전 캐릭터는 화면 밖으로 뛰쳐나와 도시락, 푹신한 동물 인형, 티셔츠에 등장했다. 그리고 아이들은 자신이 좋아하는 텔레비전이나 비디오 캐릭터가 붙은 장난감과 그 외 상품(대개 정크푸드, 사탕, 달콤한 음료 등)을 사달라고 조른다. 아이들에게 오락을 제공하는 것과 상품을 홍보하는 것의 경계는 무엇일까? 안타깝게도 그런 것은 없다. 아동용 텔레비전 프로그램을 만드는 것은 돈이 많이 들지만, 어른과는 달리 아이들은 구매력이 없다. 그리고 30초 광고도 아이들이 열광하는 캐릭터에 비하면 머릿속에 오래 남아 있지 못한다. 따라서 프로그램 자체가 광고가 되어야 한다. 그리고 이것이 바로 지금 일어나고 있는 현상이다.

아이에게 제품을 홍보하기 위해선 정교한 과정이 필요하다. 1~4세 아이의 놀이 패턴을 알아보기 위해 포커스 그룹 연구가 진행된 적이 있다. 샘플 텔레비전 프로그램을 보여준 뒤 아이들이 어떤 유형의 놀이에 참여하는지 관찰했다. 아이들은 그 캐릭터와 비슷한 차림을 하고 싶어 하는가? 그렇다면 의류 관련 제품이 필요할 것이다. 아이들이 엄마놀이를 하고 싶어 하는가? 그렇다면 껴안기 좋은 푹신한 장난감이 좋을 것이다.

이것은 어린 아이를 타깃으로 하는 상업주의 가운데서 점잖은 예다. 아이들의 필요를 무시하는 상품과 관련된 떨떠름한 사례도 많다. 설탕

이 잔뜩 들어간 군것질거리, 성별을 비롯한 여러 고정관념을 그대로 반영한 장난감, 폭력적인 놀이를 유발하는 장비들이 대표적이다. 상업주의가 아이들이 무엇을 배우고 어떤 판단을 내리는가에 영향을 끼치는 만큼 상업주의에 대한 이슈는 자녀양육과도 밀접한 관련이 있다. 아이들의 (영양 불균형과 운동, 야외 활동 부족으로 인해) 신체적 성장, (본성을 고정관념으로 제한하는 것으로 인해) 정서적 성장, (창의적인 탐구나 시간을 들인 독서, 누가 책을 읽어주는 활동 등이 사라지는 것으로 인해) 지적 성장도 영향을 받는다.

미디어가 아이들과 어른들에게 영향을 끼치는 또 하나의 교활한 방법이 있다. 광고를 통해 자신이 그 물건을 가지고 있지 않다는 결핍감을 불러일으키는 것이다. 그 외에도 당신이 공주 인형을 놓고 쇼핑몰에서 아이의 분노를 감당해야 하든, 시리얼 때문에 아침마다 싸우는 것을 중단해야 하든, 놀이터에서 아이들이 만화에서 본 싸움을 흉내 내는 것을 말려야 하든 미디어의 메시지와 본보기는 우리 모두에게 영향을 끼친다.

광고주들이 자신의 상품을 팔기 위해 아이들을 타깃으로 삼는 것은 그저 우연이 아니다. 아이들은 돈이 많지 않지만, 누가 돈을 가지고 있는지 정확히 알고 있다. 그리고 아이들은 부모에게 칭얼대고 조르고, 마음대로 조종해 지금 갖고 싶은 장난감이나 상품, 군것질거리를 사게 만들 수 있다. 다른 안전장치도 필요하지만 어린 아이를 대상으로 하는 마케팅에 반대할 때는 그 의사를 광고주에게 확실히 알릴 수 있도록 보다 주도적으로 대처하는 것을 고려해볼 필요가 있다.

텔레비전: 적인가 동지인가

Q. 우리 집의 다섯 살 쌍둥이는 매일 오후만 되면 텔레비전을 봐요. 그리고 큰 사촌들

과 비디오 게임을 하는 것도 정말 좋아해요. 폭력적인 것은 접하지 않도록 주의를 기울이지만 끔찍한 이미지나 공격적인 행동을 걸러내는 것이 너무 어려워요. 어제는 쌍둥이 중 하나가 자기 형 등에 매달려 무술하듯 목을 죄더라고요. 순간 너무 놀랐어요. 아이들이 접하는 해로운 영향을 막을 능력이 없어진 것 같은 기분이에요. 그렇다고 아이들을 그냥 세상과 단절시킬 수는 없잖아요. 어떻게 해야 할까요?

A. 십 년이 넘는 시간 동안 전문가들은 텔레비전과 비디오 게임의 폭력이 어린 아이들에게 끼치는 영향을 연구했습니다. 그들은 텔레비전과 비디오 게임의 폭력이 과거에 생각하던 것보다 어린 아이에게 훨씬 큰 영향을 끼칠 수 있다는 것을 발견했습니다. 국립정신건강기관의 지원으로 미시건 대학의 사회연구소가 수행한 40년의 종적 연구에 따르면 미디어의 폭력에 노출된 아이가 이후의 삶에서 지속적으로 폭력적이고 공격적인 행동을 하는 경향을 보인다는 것을 증명하는 강력한 증거가 발견되었다고 합니다.

아이들은 다른 사람을 흉내 내면서 행동과 태도를 배워간다. 어린 아이들은 현실과 가상의 차이를 어른들만큼 잘 구분하지는 못한다는 것을 명심하라. 또한 아이들은 공격적인 행동을 더 따라하고 싶어 하는 경향이 있는데, 특히 공격해도 벌을 받지 않거나 그 공격이 '좋은 일'을 위해 이루어지는 거라면(만화나 영화의 슈퍼히어로처럼) 더욱 그렇다. 최근의 한 연구에 따르면 가장 인기 있는 비디오 게임 중 60~90퍼센트가 폭력적인 주제를 다룬다. 화면에서 폭력적인 장면을 접한 아이들은 다른 사람에 대한 공감 능력 발달이 더딜 가능성도 있다. 무엇보다 텔레비전에 나온 사람이 총에 맞고, 걷어차이고, 주먹으로 맞아도 괜찮다면 뭐가 문제이겠는가? 한 아이가 아빠에게 이런 말을 했다고 한다. "난 그냥 그 사람을 죽인 것뿐이야."

비디오와 텔레비전 폭력이 자녀에게 끼치는 영향에 대처하는 가장 좋은 방법은 시청을 제한하고 많은 것을 가르쳐주는 것이다. 아이와 텔레비전 프로그램을 같이 보거나 게임을 같이하면서 아이가 가지길 바라는 가치를 가르쳐야 한다. 텔레비전 시청은 수동성을 키운다. 비판적 사고와 학습은 오직 대화가 이루어지는 순간에만 나타난다. 친절하고 단호하게 아이에게 발로 차기, 주먹질, 때리기 등은 우리 가족에게 있어선 안 되며, 실제 생활에서 사람들은 차이거나 맞으면 고통을 느끼고 다칠 수도 있다는 걸 알려줘야 한다. 무엇보다 아이가 화면(어떤 화면이든) 앞에서 보내는 시간을 제한하고, 그 대신 활동적인 놀이와 대화를 늘려가는 것이 중요하다.

무례를 가르치는 문화

텔레비전과 음악, 영화, 다른 여러 문화는 일반적으로 눈에 잘 띄지 않지만 머리에 스며들면서 가족생활에 영향을 끼친다. 얼마 전만 해도 저녁을 먹은 다음은 '가족만의 시간'이라고 여겨 텔레비전 프로그램도 어른과 아이를 함께 고려해 모욕적 발언이나 성적 암시 등은 금지되었다. 1990년대까지 아동용 프로그램은 오직 네 살 이상의 아이들만을 대상으로 삼았다.

황금시간대에 정기적으로 방송되는 프로그램들을 생각해보라. 그것이 어른에 대한 존중이나 예절, 협력에 대해 어떤 메시지를 가르치는가? 심지어 저녁 뉴스 프로그램조차 대부분의 부모가 어린 아이에게 부적절하다고 생각하는 주제를 주기적으로 다룬다. 물론 예외도 있지만 어린 아이도 접할 수 있는 상당수의 음악, 영화, 텔레비전이 무례한 태도를 키운다(당신이 아무리 미디어를 제한한다고 해도, 틀림없이 아이는 유치원, 이웃집, 가족 모임 등에서 다른 아이들과 어울리며 결국 엄청난 양의 미디어를 접하게 될 것이라는 점을 명심하라).

테크놀로지 시대의 훌륭한 자녀양육 방법

아이가 가지길 바라는 성품과 기술을 적극적으로 가르치기 위해 계속 신경 써야 한다. 화면 보는 시간을 제한하라. 아이가 보는 프로그램에서 무슨 일이 벌어지고 있는지 물어보고 그런 행동이 적절한지 아닌지 대화를 나눠본다. 또한 아이도 자신이 본 것에 대해 질문을 던질 수 있게 하라.

어린 아이를 위해 텔레비전과 그 외 테크놀로지를 다루는 몇 가지 방법을 알아보자.

당신의 습관을 점검하라

텔레비전이나 비디오게임, 컴퓨터를 계속 켜둔다면 아이가 그것에 접근하는 것을 제한하기 어렵다. 사실 화면을 좀 더 자주 꺼둘수록 어른들의 관계도 향상된다. 가족의 식사시간과 대화 시간에는 반드시 텔레비전을 꺼두도록 하라(뉴스도 녹화를 한 뒤 껄끄러운 사건은 아이들이 잠든 이후에 보는 것을 고려해보라). 집에서 일하기 위해 컴퓨터를 켜야 한다면 아이가 다른 곳에 있는 동안 작업을 해두라. 부모는 아이에게 가장 중요한 롤 모델이다. 아이가 배우길 바라는 가치를 부모 자신부터 실천해야 한다.

가정의 공용 공간에서만 사용하게 하라

9세 이하의 아이는 자기 방에 따로 텔레비전을 가지고 있을 이유가 없다. 그러나 많은 아이가 텔레비전은 물론 비디오와 DVD 플레이어까지 갖추고 있다. 아무리 리모컨을 잘 다룬다고 해도 아이에겐 아직

볼 만한 프로그램을 스스로 고를 능력이 없다. 모든 화면은 부모가 쉽게 아이와 함께 볼 수 있는 곳에 배치해야 한다. 화면 보는 시간에는 중독성이 있기 때문에 특히 이 연령대에는 감독이 반드시 필요하다. 아이 방에 텔레비전을 놓는 것은 가족 간의 유대가 아닌 고립을 불러온다. 중독에 고립이 더해지면 아이는 삶을 즐기는 것이 아니라 삶에 무감각해지는 습관을 가지게 된다. 텔레비전이 공용 공간(거실 등)에 있다면 가족끼리 언제 무엇을 볼지 협의할 수 있다.

화면 앞에서 보내는 시간을 제한하라

9세 이전 아이에게 화면 보는 시간은 두뇌 발달에 부정적 영향을 끼친다는 증거가 점점 늘고 있다(미국 소아의학회는 만 2세 이하의 아이에게는 텔레비전을 아예 보여주지 않기를 추천하고 있다). 아이가 가장 좋아하는 프로그램이나 비디오를 보여줄 수는 있지만, 너무 많은 아이가 매일 몇 시간씩 화면 앞에 앉아 있곤 한다. 어린 자녀에겐 '교육적' 텔레비전 프로그램보다 활동적인 놀이와 야외에서 보내는 시간, 부모와의 대화, 직접 탐구하고 조작해보는 활동이 훨씬 더 많이 필요하다. 지적·정서적·신체적 발달을 위해서는 다른 사람과 함께하는 활동과 연습이 필요하다. 무엇보다 건강한 발달을 위해 가장 중요한 요소는 부모 및 다른 양육자와의 유대감이다. 자신의 삶에서 중요한 사람과 유대감을 느끼는 아이들은 심각한 문제 행동을 할 가능성이 작다.

아이와 함께 하라

텔레비전 프로그램이나 게임의 내용을 점검하려면 (그리고 그것이 아이에게 끼치는 영향을 관찰하려면) 아이와 함께 시청하거나 플레이하는 방법보다 좋은 것은 없다. 아이에게 가장 좋아하는 게임을 가르쳐달라고 부탁해보라. 아이 옆에 나란히 앉아 특별하게 생각하는 만화를 함께 보라. 이때 호기심을 자극하는 질문을 던지면서 아이가 자신의 사고 기술을 활용하여 더 많은 것을 배우도록 한다. 호기심은 훌륭한 자녀양육 도구인 동시에 아이가 지금 보고 있는 것을 왜 그렇게 좋아하는지 이해할 수 있게 도와주는 연결고리다. 또한 아이에게 부적절한 내용이 나오는지도 지켜볼 수 있고, 그런 내용이 나오면 바로 끌 수도 있다.

훌륭한 가치를 적극적으로 가르치라

부모가 가르치지 않는다면 문화가 가르칠 것이다. 자연은 공백을 싫어한다고 하는 말처럼 부모가 아이를 교육하다 남겨둔 빈 공간으로 대중문화의 가치와 이상이 밀려들어올 것이다. 존중, 공감, 협력, 친절에 대해 가르칠 기회를 반드시 마련해야 한다(어린 시절의 경험이 있어야 두뇌가 장래의 발전을 준비할 수 있다). 부모와 함께 보고 있던 프로그램에서 부적절한 행동이나 태도가 나오면 그것을 아이가 더 바람직한 방향으로 생각할 수 있는 교육의 순간으로 활용하라("너라면 저 아이에게 뭐라고 하겠어?" "저런 일이 너한테 생긴다면 기분이 어떻겠어?"). 모든 것이 다 소용이 없으면 전원을 끄고 더 좋은 일을 찾아보라. 사실 전원을 끌 용기가 아주 좋은 출발점이 되어줄 것이다. 어떤 가정은 덮개로 덮어둘 수 있는 작은 텔레비전을 샀다고 한다. 미리 계획해 둔 특별한 프로그램을 볼 때만 텔레비전을 꺼낸다는 것이다.

자녀와 진정한 관계를 형성할 시간을 가져라

어린 아이와 함께할 수 있는 것은 너무나 많다. 아이는 부모와의 진정한 유대감을 갖길 원한다. 그것이 충족되면 아이가 다른 곳에서 자극을 찾으려고 할 가능성은 작아진다(그리고 앞서 언급했듯 문제 행동을 할 가능성도 작아진다). 아이가 자랄수록 아이에게 또래 친구와 그들의 문화는 점차 중요해진다. 아이와 유대를 형성하고 당신과 아이가 공유하고 있는 세계를 함께 탐험할 시간을 가지도록 노력해야 한다.

컴퓨터는 어떨까

컴퓨터를 다루는 능력에 대한 중요성은 무수히 언급되고 있다. 빠르게 변하는 세상에서 뒤처지지 않도록 일찍부터 아이들을 수학, 과학, 테크놀로지에 재미를 붙이게 해야 한다고 재촉한다. 그러나 아이들에게 너무 일찍부터 컴퓨터를 사용하게 할 필요는 없다. 우리 가운데 아무도 컴퓨터 시대에 태어나서 자라지 않았지만, 모두 사용하는 법을 배우지 않았는가.

반드시 완전한 절제와 즉각적 중독 가운데 하나를 선택해야 하는 것은 아니다. 대신에 신중하게 균형을 맞추는 것을 고려하라. 만약 아이가 간단한 컴퓨터 프로그램을 진심으로 좋아한다면 그것을 통해 색깔, 글자, 모양, 숫자를 구별할 수 있게 도와준다. 가끔씩 컴퓨터를 가지고 노는 것은 괜찮다(비밀번호를 걸어두어 다른 중요한 기록과 파일을 보호하는 것을 잊지 마라). 그러나 어린 아이에게 모든 종류의 화면 보는 시간(컴퓨터 포함)은 이로운 점보다는 해로운 점이 많다고 생각하는 전문가가 많다는 것을 명심하라.

자녀를 보호할 방법을 반드시 찾아야 하겠지만, 동시에 그것은 부모가 몸담은 세계의 맥락 속에서 현실적이어야 한다. 또한 아이는 친구의 집에서, 유치원에서, 궁극적으로 학교에서 컴퓨터를 사용하게 될 것이라는 사실을 명심하라. 부모는 일찍부터 아이에게 영상기기를 적절히 대하는 요령을 가르치기 시작해야 한다. 이렇게 어린 시절에는 여러 가지 형식으로 학습이 필요하다. 결국 진정한 컴퓨터 사용 능력은 아이가 학교에 들어가기 전까지는 필요하지 않을 것이다. 그러므로 조급해하지 말고, 아이가 화면 앞에서 보내는 시간을 계속 제한하라. 앞으로도 키보드에 통달할 시간은 충분히 있을 것이다.

아이들이 듣는 것(또는 언젠가 듣지 못하는 것)

별로 다루어지지 않는 미디어의 부작용 가운데 하나는 아이의 청력을 손상시킬 가능성이다. 여러 테크놀로지는 다양한 헤드폰을 필요로 한다. 이런 기기는 큰 소리를 내는데다 아이의 귀에 있는 예민한 고막과 너무 가까이 위치해 있어 장기적으로 봤을 때 청력 손상이나 청력 소실의 위험이 크다.

어린 아이에게는 휴대용 음향기기를 금지하는 것이 현명하다(그리고 큰 아이들의 사용도 잘 점검해야 한다). 그러면 아이는 부모의 말을 훨씬 잘 들을 것이다. 그리고 훨씬 더 오랫동안 들을 것이다.

무슨 일을 할지 결정하라, 친절하고 단호한 태도를 보여라, 그리고 끝까지 관철하라

텔레비전과 컴퓨터를 비롯해 현대사회의 산물은 아이가 자라서 '바깥' 세상으로 나아갈수록 점점 더 크게 다가올 것이다. 어린 시절은 아이가 한계를 시험하고 자신을 둘러싼 세계를 탐구할 때 부모가 필요로 하는 기술을 연습하기 좋은 기회다. 긍정의 훈육 기법은 부모가 가정에서 이 복잡한 문제에 어떻게 접근할지 결정해야 할 때 친절하고 단호한 태도를 유지하게 도와줄 것이다. 사안에 대해 충분히 정보를 수집한 뒤 어떻게 할지 결정하라. 소중한 가치와 기술을 가르치고, 필요할 땐 안 된다고 말하라. 그러고 나서 자기 자신과 아이를 존중하는 자세로 계획을 끝까지 관철시켜라. 좋든 싫든 부모와 아이는 점점 복잡해지고 어려워지는 세상 속에서 사는 법을 배워야만 한다. 지금 부모가 가르쳐주는 교훈은 앞으로 다가올 세계의 기반을 마련해줄 것이다.

18장
아이에게 사회적 지원이 필요할 때

 똑같은 아이는 한 명도 없다. 어린 아이들은 누구나 장점과 단점을 가지고 있으며, 다들 격려와 지원을 필요로 한다. 그러나 일부 아이는 일상적인 자녀양육을 넘어서는 필요를 요구한다. 그들은 신체적·정서적·인지적 차이를 가지고 태어났으며, 그들의 부모와 교사는 친절하고 단호한 훈육, 유대감, 격려와 함께 그들만의 필요를 위한 특별한 도움을 제공하는 법을 배워야만 한다.

 그저 삶이 조금 더 힘든 아이들도 있다. 그들은 학교에서 고군분투한다. 친구 만드는 일을 어려워한다. 기본적인 기술을 익히기 어려워한다. 어떤 아이는 끊임없이 움직이고 벽에 몸을 튕기며 어른이나 또래 아이들과 관계를 맺는 데 고전한다. 또 어떤 아이는 세상 무엇에도 관심이 없어 보인다. 이런 아이들(과 가정)은 그저 좋은 자녀양육 기법 이상의 것을 필요로 할지도 모른다. 과잉행동장애나 주의력결핍장애, 태아기 알코올 또는 약물 증후군, 자폐스펙트럼장애, 감각통합장애, 대사

장애, 통합운동장애, 그 외의 발달 지연 등은 아이와 그 가족들이 때때로 마주할 수 있는 상황이다. 아이에게 특별한 도움이 필요하다는 것을 어떻게 알 수 있을까?

자세히 들여다보기
어떤 가정은 아이의 유아기가 스트레스와 불안으로 압박을 받고 있다.

> 리사는 아기인 샌디의 작은 얼굴이 파랗게 질리자 공포에 질려 병원으로 달려갔던 날 밤을 절대 잊지 못합니다. 아이가 걸어다닐 때쯤에는 천식이 리사로부터 샌디를 빼앗아가려고 했습니다. 이제 다섯 살이 된 딸이 운동장을 뛰어다니고 먼지 속에서 재주넘기 하는 것을 지켜보면서 리사는 아이의 건강을 돌보면서도 딸에게 성장하고 탐구할 기회를 마련해주는 법을 배워야겠다고 생각합니다.
>
> 캐럴과 브래드는 아들이 말을 더듬는 것으로 고통을 받고 있습니다. 아무리 많은 사람이 무시해야 한다고 조언해줘도 제시가 힘들게 말하는 것을 다른 어른이나 아이가 들을 때면 부모는 필사적으로 방어적인 자세를 취했습니다. 그들의 고통은 제시를 더욱 불안하게 만들 뿐이었습니다. 아이의 문제에 어떤 식으로든 부모의 잘못이 있는 걸까요?

아이가 문제 행동을 반복할 때 대부분의 부모는 자신을 먼저 탓한다. 행동이나 발달과 관련하여 나타나는 특별한 요구special needs(특수 요구라고도 함)는 가족에게 불안감과 죄책감, 혼란을 가져다주며, 시간과 돈이 많이 드는 치료를 받아야 하는 경우도 있다. 정확한 정보와 지원을 통해 부모가 죄책감을 떨쳐버리고 보다 유익한 행동을 하도록 지원을 받을 수 있다. 그 첫 번째 단계는 부모가 우려하는 분야를 전공한 의사에게 신체적·뇌신경학적 진단을 받는 것이다.

문제가 되는 것이 아이의 행동이라면 초기 단계에서 시작하는 것이 가장 좋다. 잠시 이 책의 앞부분에 나왔던 내용을 되짚어보자. 아이의 나이와 발달 수준을 생각해본다. 그리고 자신의 양육 스타일과 아이에 대한 기대를 점검해본다. 아이의 기질, 그에게 채워줘야 할 것과 그가 할 수 있는 것을 생각해본다. 그의 행동에 숨겨진 메시지가 있는 게 아닐지 살펴본다. 이렇게 관찰한 것을 적어 전문가와 함께 상의하는 것도 좋은 방법이다. 대부분의 부모는 이 정보 가운데 어딘가에서 아이의 행동을 이해할 수 있는 단서를 발견하게 될 것이다. 그러나 이런 것들을 주의 깊게 고려했음에도 여전히 아이에게 부모가 줄 수 있는 것 이상의 도움이 필요하다면, 그때는 더 신중하게 살펴보아야 한다.

특별한 요구의 실제

> 카를로스는 처음부터 까다로운 아기였습니다. 그는 쉬지 않고 움직였으며, 모든 소리에 과민하게 반응했고, 쉽게 주의를 빼앗겨 돌보기가 쉽지 않았습니다. 다섯 살 리처드는 온 유치원 교실을 맹렬히 뛰어다녔고, 교실 저쪽에서 색칠공부를 하고 있다가 햄스터가 우리로 들어가는 소리만 나도 깜짝 놀라곤 했습니다. 캐시는 아무리 열심히 노력해도 가만히 앉아 있거나 5분 이상 집중할 수가 없었습니다.

이런 아이들은 문제 행동을 보이는 것이 아닐 수도 있다. 그들은 자신에게 어려운 일을 하며 고군분투하고 있는지도 모른다. 주의력결핍장애ADD 또는 주의력결핍 과잉행동장애ADHD라고 알려진 이런 증상들은 일생 동안 지속되는 일련의 행동을 의미한다. 이것은 어느 날 갑자기 나타나는 것이 아니며, 아이에게만 한정된 것도 아니다.

그러나 부모가 직접 아이를 진단하는 것은 경계해야 한다. 한 조사에 따르면 인구의 5~10퍼센트가 ADD를 가지고 있다고 하지만, 가만히 앉아 있거나 주의를 집중하지 못하거나 충동적으로 행동하는 것이 결정적 증거는 아니다(이 모든 특징이 단순히 평범한 기질이나 발달의 산물일 수도 있다는 것을 명심하라. 사실 다수의 의학 전문가는 아이가 학교에 다닐 나이가 되기 전까지는 ADD 등을 확진하려고 하지 않는다). ADD(또는 그에 대한 두려움) 때문에 절박해진 부모는 상담실과 부모교실, 심지어 자칭 기적의 치료사를 찾아가지만 ADD가 과잉 진단되고 있다는 것은 널리 알려진 사실이다. 가만히 앉아 있지 못하는 것이 당연한 한 살짜리 아기가 가만히 앉아 있지 못한다는 이유로 치료받는 경우가 많다. 때로는 부모와 교사가 너무 엄격하고 통제적이어서 힘겨루기를 일으키는 경우도 있다. 그들은 선택의 여지를 주지 않으며, 문제해결에 아이들을 참여시키지도 않는다. 부모와 교사가 나이에 적합한 기대감을 가지고 적절한 훈육 기법을 배우면 아이들이 진정하게 되는 경우도 많다.

물론 ADD 문제가 있는 아이도 있다. 아이에게 어떤 특별한 요구가 나타나든, 그 필요는 그저 현실일 뿐 잘못된 양육이나 부적절한 교육 또는 아이의 의도적인 문제 행동의 결과가 아니라는 것을 알고 있으면 마음이 놓일 것이다. 아이에게 특별한 요구가 있는지 판단하려면 이 책에서 다뤘던 변수를 모두 살펴보는 것에서 시작해 그것들을 세세히 걸러내는 과정이 필요하다. 사실 확진을 받았어도 아이에게 필요한 추가적 지원인 긍정의 훈육 기법과 기술은 여전히 도움이 될 수 있을 것이다.

특별한 요구를 가지고 있든 없든 모든 아이에게는 소속감과 무조건적인 수용이 필요하며, 그들은 가르침과 격려, 이해를 거름 삼아 자라난다. 모든 아이는 능력 있고 행복한 인간으로서 자신이 가진 모든 잠재력을 발휘하도록 도움을 받아야 한다. 실제로 어떤 지속적인 증상을 가진 아이의 부모들은 불안뿐 아니라 절망, 슬픔, 한탄의 감정을 느끼는 경우가 많다. 그들 역시 전문적인 기술을 계발해야만 한다. 세상에 혼자가 아니라는 것을 알면 놀라운 용기를 얻을 수 있다. 도움과 지원을 찾는 것과 관련한 정보 역시 큰 힘이 된다.

내 아이는 괜찮은 걸까

소아과 의사들은 아이의 발달을 가장 정확하게 판단하는 사람은 부모 자신이라고 말한다. 발달 지연과 장애를 치료하는 데는 빠른 개입이 필수인데, 아이에 대한 부모의 직감(우려)은 주의를 기울여볼 가치가 있다. 최근 자폐와 자폐 관련 장애의 발생률이 급격히 높아져 대략 500명 중 1명의 비율로 나타나고 있다. 오직 훈련된 전문가만 자폐를 진단할 수 있지만, 다음 질문 가운데 "아니오"라고 대답하는 항목이 많다면, 전문가를 찾아갈 필요가 있다.

- 아이는 친숙한 얼굴을 알아보고 반응합니까?
- 아이가 무언가를 가리키거나 보여주려고 할 때 손가락을 사용합니까?
- 이름을 부르면 아이가 그쪽으로 고개를 돌립니까?
- 아이가 눈을 맞춥니까?
- 다른 아이나 사람, 물건에 관심을 보입니까?
- 당신의 미소와 포옹, 움직임에 반응을 보입니까?
- 자신의 활동으로 부모의 주의를 끌고자 합니까?
- 부모와 소통하기 위해 언어나 그 외 뭔가를 배우고 있습니까?

> 그리고 몸을 흔들거나 뛰는 것, 오랫동안 허공을 쳐다보는 것, 일과나 예측 가능성 또는 특정 물건에 유별나게 집착하는 것 등을 유심히 지켜봐야 한다. 물론 증상이 보인다고 해서 반드시 문제가 있다는 의미는 아니다. 그러나 여러 발달장애에서 조기 개입은 결정적 역할을 한다. 자녀가 나이에 맞지 않는 행동을 한다는 의심이 들면 주저하지 말고 소아과 의사와 상담해보라.

꼬리표: 자기실현적 예언?

'영리하다' '덜렁댄다' '숫기 없다' '귀엽다' 등의 꼬리표는 다른 사람의 눈으로 아이가 어떤지를 정의하는 것으로, 그것으로 어떤 이미지가 형성되면 아이는 자신이 실제 어떤 사람인지를 충분히 경험하고 기꺼이 받아들이지 못할 수도 있다. 다른 한편으로 아주 명백한 특징을 그대로 묘사하는 꼬리표도 있다. 안경 쓴 아이를 '안경 쓴 어린 여자애'라고 부르는 것은 아이의 행동에 대한 선입견을 만들지 않는다. 마찬가지로 아이의 행동 패턴이 명백한 경우도 있다. 그런 아이는 주의력결핍장애나 감각통합장애를 가진 것으로 진단을 받으면 오히려 도움이 될 수 있다. 대부분의 부모와 교사가 그저 '파괴적이다' '몸부림친다' '문제아다'라는 꼬리표가 붙은 아이보다 정확하게 진단된 아이를 격려하고 지원하는 것이 더 수월하다고 느낀다.

어른들은 조금 다르거나 특별한 아이에 대해 적절한 태도를 보이고 적합한 기대를 가지고자 고군분투해야만 하는 경우가 많다.

바네사는 다섯 살배기 딸이 안경을 써야 한다는 말을 듣고 나서 탄식하며 집에 돌아와 울음을 터뜨렸습니다. 그녀는 갑자기 울음을 그치고 자신이 방금 뭐라고 말했는지 생각해보았습니다. 그녀는 자신의 딸을 '불쌍하다' '망가지다'라고 표현했습니다. 바네사는 이것이 누구의 문제일지 자문해보았습니다. 다섯 살배기 딸은 엄마의 지원과 수용을 바라고 필요로 합니다. 사실 안경은 아이가 더 잘 볼 수 있게 도와줄 것이며, 그를 통해 아이가 제대로 성장하고 발달할 수 있게 만들어줄 것입니다.

바네사는 진짜 문제는 자기 자신의 태도였음을 깨달았습니다. 만약 딸에게 필요한 도움을 주고 싶다면 바네사는 그 도움의 가치를 깨달아야만 합니다. 그 순간부터 그녀는 자신의 딸을 기꺼이 지원해주기로 결심하고, 안경은 물론이고 아이에게 필요한 치료는 무엇이든 받아들이기로 했습니다. 사실 딸의 '장애'는 엄마 자신의 마음속에 있었던 것입니다.

균형 잡기

Q. 쌍둥이 아들이 있어요. 그중 한 아이는 귀가 전혀 안 들리는 채로 태어났어요. 특별 강좌, 병원 예약, 아이에게 필요한 치료 등으로 잘 들리는 아이는 기다림을 그저 감내해야만 했어요. 그래도 이 아이는 협조적이고, 참을성 있고, 조용한 아이였지요. 그런데 네 살 생일이 지나고부터 많은 것이 바뀌었어요. 반항적이고, 자기 뜻대로 되지 않으면 계속 칭얼대고, 아주 내향적인 아이가 되었어요. 바로 몇 달 전 아이의 성격과 정반대가 되어버린 거예요. 지금까지 우리 삶이나 하루 일과, 환경 중에서 뭐가 달라졌는지 찾아보려고 머리를 쥐어짰어요. 혹시 조언해줄 만한 것이 있으신가요, 아니면 이것도 그저 겪어야 하는 일시적 현상인가요?

A. 특별한 요구를 가진 아이를 키우는 것은 엄청난 인내심과 섬세함이 필요합니다. 우리는 아이들에 대해 뛰어난 감지력을 지녔지만 훌륭한 해석 능력을 지니지 못한 사람이라고 말하곤 합니다. 그리고 아이들은 특별한 요구를 가진

형제를 위한 특별 요법, 병원 예약, 치료 절차가 부모님의 더 많은 관심, 즉 (그들의 오해에 따르면) 더 많은 사랑을 의미한다고 믿을 때가 많습니다.

아이들은 신체와 마찬가지로 정서적으로도 각기 다른 속도로 발달하지만, 대부분 네 살 정도 되면 우리가 '주도성'이라고 부르는 것을 시험하는 경우가 많다는 점을 기억해야 합니다. 주도성이란 주로 자기 스스로 계획을 세우고 어떤 일을 자신만의 방식으로 시도해보려고 하는 것으로 나타나며, (때로는) 반항적으로 굴거나 칭얼대거나 전반적으로 거친 방식으로 주도성을 실험해보기도 합니다.

이런 행동 중 일부는 시간이 지나면 괜찮아질 것입니다. 그러나 정기적으로 아이들 각각과 '특별한 시간'을 가져야 한다는 것을 명심해야 합니다. 이것이 돈을 써야 한다거나 엄청난 시간을 들여야 한다는 의미는 아닙니다. 대개는 산책하거나 공을 던지거나 동화책을 읽으면서 15분 정도를 함께 보내는 것이 전부입니다. 아이들의 행동은 아이가 자신에 대해, 가족 안에서 자신의 위치에 대해 어떻게 믿고 있느냐에 달려 있습니다.

마찬가지로 진단을 통해 문제가 무엇인지 찾아냈다고 해서 그것이 그 아이 전체를 규정하게 되는 것은 아니다. 이것은 그저 아이의 고유함과 특별한 능력에 붙인 실용적 단어일 뿐이다. 아이에게 특별한 요구가 있다고 진단받았다면 틀림없이 얼마간 고통을 느낄 것이며, 연관된 여러 문제에 대처하기 위한 방법을 찾으려고 할 것이다. 그러나 아이가 가진 장점과 특성을 바라보는 것도 그만큼 (더는 아니더라도) 중요하다. 예를 들면 주의력결핍장애를 가진 아이는 매우 지적이고 창의적인 경우가 많다. 그들의 두뇌는 그저 정보를 다른 방식으로 처리할 뿐이다. 이런 차이를 이해하는 것은 해로운 점보다 이로운 점이 훨씬 더 많다.

볼 수 없는 사람은 청력이 예민해지는데, 아이에게 어떤 능력이 부족하면 성장은 다른 영역에서 일어날 가능성이 크다. 모든 사람에게는 장점과 단점이 있다. 자녀는 어떤 특별한 재능을 가졌는가? 온화한 성품이나 뛰어난 유머 감각, 섬세한 감성이 '다름'에 따라오는 단점보다 훨씬 더 중요한 경우도 많다. 다만 그것은 아이가 그렇게 될 수 있게 부모가 돕기로 했을 때만 가능하다.

현실 부정과 한탄

꼬리표를 두려워하거나 아이의 특별한 요구를 부정하는 것은 아무런 도움이 되지 않는다. 어떤 부모는 아이를 위한 최선의 방법을 찾기보다 자신의 자존심(또는 남들의 시선을)을 더 걱정할 수도 있다. 아이를 있는 그대로 받아들이고 돌봐주기 위해, 아이에게 진실로 필요한 것을 주기 위해서는 용기가 필요하다.

> 리앤은 교회와 학교에서 부모교실을 진행하고 있으며, 공동체에서 교육자로서 존경받고 있었습니다. 또한 그녀는 세 아이를 키우는 능력 있는 부모이기도 했습니다. 그런데 넷째가 나타나서 엄마가 하는 모든 것에 이전과 다르게 반응했을 때 얼마나 당황하고 절망했을지 상상해보세요. 그레이스가 여섯 살이 될 때까지 모든 것은 통제불능이었습니다. 매주 5일 중 3일을 리앤은 다른 부모들의 곁눈질을 모른 척하려고 애쓰며, 엄청나게 떼를 쓰고 소리 지르는 아이를 끌고 유치원을 나왔습니다. 그녀는 자신이 알고 있는 모든 것을 시도해보았지만, 그레이스에게는 통하지 않았습니다.
>
> 결국 리앤은 그레이스가 원래 그런 아이라는 것을 받아들이기로 결심했습니다. 그레이스가 유치원에서 짜증을 부리면 엄마는 차로 돌아와서 짜증이 끝날 때까지 책을 읽었습니다. 그리고 나서 따로 야단치지 않고 아이를 데리고 집으로 왔습니다. 그레이

스는 아직도 자신의 행동을 통제하지 못하지만, 이제 리앤은 다른 사람이 어떻게 생각할지 걱정하지 않습니다. 그저 아이의 필요를 가장 우선에 놓고, 그에 따른 새로운 기술들을 배우고 있습니다.

특별한 요구를 가진 아이들의 부모는 깊은 고통과 절망을 느낄 것이다. 아이를 가지기로 했을 때 그들은 발달의 차이나 장애를 가진 아이를 꿈꾸지 않았을 것이다. 부모 자신의 감정과 요구를 솔직하게, 부드럽게 대할 때 아이도 보다 효과적으로 돌볼 수 있다는 것을 명심하라. 특별한 아이를 돌보는 법을 배우기 위해 부모 모임이나 종교지도자, 치료 전문가 등을 찾아가는 것도 도움이 된다.

받아들이는 법을 배우기

부모들은 아이의 장애가 희미하게 드러나는 경우보다 아이가 아주 눈에 띄는 장애를 가졌거나 극단적으로 행동하는 경우 오히려 수월하게 대처하곤 한다. 만약 뇌신경 마비로 팔다리가 부자연스러운 아이가 목발을 짚고 계단을 올라가려고 애쓰다가 반 친구와 부딪쳤다면 교사는 아이에게 반 친구를 밀쳤기 때문에 앞으로 쉬는 시간 동안 교실 밖으로 나갈 수 없다고 말하지 않을 것이다.

또한 아이의 엄마를 회의에 호출해 좀 더 단호하게 아이를 대해야 하지 않겠느냐고 얘기하지 않을 것이며, 아이가 스스로 밥을 먹거나 걷는 법을 배우기 위해 어떻게든 노력해야 한다고 말하지도 않을 것이다. 그러나 불합리하게도 ADD, 태아기 알코올 증후군, 감각통합장애, 통합운동장애를 가진 아이의 부모는 아이의 상태가 뚜렷하게 드러나지 않았거나, 정확하게 밝혀지지 않았거나, 신체적 장애로 널리 받아들여지지 않았다는 이유로 곧잘 이런 비판이나 충고를 받곤 한다.

예를 들면 긍정의 훈육 기법을 배우는 것이 부모와 아이에게 모두 도움이 되지만, 그렇다고 양육 방식이 아이의 특별한 요구나 상태의 직접적 원인은 아니다. 그러나 부모와 양육자들 역시 사람이고, 때로는 행동이나 외모가 조금 다른 아이를 희생양으로 삼는 것이 편할 수도 있다. 물론 어른은 자신과 다른 사람들을 비난하기보다는 존중하는 법을 배우고 연습해야 한다. 모든 사람(아동 포함)이 평화롭게 살아가기 위해서는 관용과 인내, 격려가 필요하다.

보이지 않는 차이

ADD가 있는 아이들의 경우를 좀 더 살펴보자. ADD가 있는 아이들은 충동적인 경우가 많고 조용히 앉아 있는 것을 힘들어하기 때문에 그들의 행동은 전형적으로 '문제 행동'(특히 유치원 등의 단체 생활에서)이라는 꼬리표가 붙기 쉬우며, 그렇지 않은 경우에는 재빨리 약물 처방을 포함한 치료를 권하곤 한다. 부모들은 자신의 양육 방법이 소용없다는 것을 자책하고, 심한 죄책감에 빠지기도 하며, 자신이 부모로서 실패했다고 생각하기까지 한다. 이때 가장 힘든 것은 사랑하는 아이와 많은 시간을 싸우며 지내야 한다는 점일 것이다.

정확하기만 하다면 ADD 진단은 부모와 아이 모두에게 치유를 향한 큰 걸음이 될 수 있다. 이를 통해 아이가 그저 파괴적이거나 반항적인 것이 아니라고 확실히 밝혀지는 것이다. 까다로운 행동도 일련의 의도적인 문제 행동이 아니라 극복해야 할 증상이라고 이해할 수 있다. ADD 아동은 아이의 행동이 문제를 일으켜도 문제아가 아니다.

아이가 이해할 수 없는 이유로 화가 나서 소리를 지르고 발버둥을 친다고 상상해보라. 통제력을 상실하게 되는 것이 무섭지 않은가? 부모는 아이가 짜증내는 이유가 갖고 싶은 장난감을 갖지 못해서, 텔레비전을 꺼야 하는데 끄고 싶지 않아서, 선생님이 억울하게 자신을 혼냈기 때문이라고 단정해버린다. 또한 그들은 어떤 식으로든 아이가 잘못하고 있거나 '나쁜' 아이라는 암시를 할지도 모른다. 아이들이 왜 자기 자신을 '나쁜' 애라고 생각하게 되는지 이해하는 건 어렵지 않다. 그러나 현실(이 아이는 상황이 어떻든 상관없이 자신의 행동을 통제할 능력이 거의 없다는 것)은 무섭다. (아이들은 누구나 자신의 감정을 이해하고 관리하는 데 어려움을 겪는다는 것을 꼭 알아두어야 한다. 애초부터 어른의 기대가 너무 비현실적인 경우가 많다.)

아이가 맞닥뜨린 어려움을 이해한다는 것이 부적절한 행동을 눈감아 줘야 한다는 의미는 아니다. 사실 적합한 기대를 가지면서 친절함과 단호함으로 끝까지 관철해야 한다. 부모와 교사는 생산적이면서도 자신은 '나쁜 아이'라는 아이의 생각을 강화시키지 않는 방향으로 상황에 대처하는 법을 배울 수 있다. 다시 한 번 강조하지만 특별한 요구나 상황이 있든 없든 모든 아이에겐 유대감과 격려가 필요하다.

문제 행동에도 '혼나지 않고 넘어가기'

디에게는 딸이 둘 있습니다. 작은 딸인 미카일라는 일곱 살이고 ADD가 있다고 진단받았습니다. 언니인 쉴라는 열 살이고 ADD는 없습니다. 쇼핑을 가기 전에 디는 두 딸에게 무엇을 바라는지에 대해 이야기를 나누는 시간을 가집니다. 디는 이것이 특히 변화를 받아들이기 어려워하는(이는 ADD가 있는 아이와 '적응이 느린' 기질을 가진 아이에게 흔히 나타난다) 미카일라에게 도움이 된다는 것을 발견했습니다. 그들은 무엇을 살 것인지, 어떻게 행동해야 할 것인지 함께 이야기했습니다.

어느 늦은 금요일 오후, 디는 평소대로 딸들과 쇼핑 전 일과를 따르고 있었습니다. 미카일라는 오늘은 아이스크림 사먹는 날이 아니라는 그들의 약속을 기억해내고는 자랑스럽게 그 사실을 엄마에게 알려주었습니다. 그런데 미카일라는 행복하게 아이스크림을 핥고 있는 다른 아이들을 보게 되었습니다. 미카일라의 마음속에서 다른 아이가 아이스크림 먹는 것을 봤다는 것은 그녀도 먹고 싶다는 뜻이었습니다. 아이는 곧 떼쓰기를 시작했습니다. 오늘은 아이스크림 사먹는 날이 아니라는 미카일라의 약속은 어떻게 되는 걸까요?

주의력결핍장애에서 충동이라는 특징은 원하는 것을 즉시 필요한 것으로 바꿔버린다. 그러나 이것이 어린 아이에게는 발달 단계상 적절한 행동임을 기억하는 것이 중요하다. 이것은 정도의 문제다. 모든 아이는 때때로 충동적으로 행동한다. 그리고 대부분 ADD의 증상과 유사한 여러 특징을 보일 때가 있다. 그런 특징이 지속적으로 나타나고 아이가 그것을 통제할 수 없을 때 ADD를 의심하게 되는데, 거기에 다른 심리학적 원인은 없다.

디는 쇼핑을 멈추고 미카일라에게 스스로 자신을 통제할 수 있는지, 아니면 가게를 떠나야 할지 물었습니다. 짜증은 계속되었고, 엄마는 쉴라와 소리 지르며 때리는 미카일라를 데리고 가게를 떠났습니다. 차 안에서 분노는 더 심해졌고, 집에 들어가자마자 미카일라는 자기 방으로 들어가 문을 쾅 닫았습니다. 그 뒤 디는 자신의 마음을 다스리기 위해 노력했습니다. 그녀는 화가 나고 절망스럽기도 하고, 무엇보다 지쳤습니다. 상처받고 실망한 쉴라는 이렇게 말했습니다. "나는 쇼핑할 때 잘못한 거 하나도 없는데, 왜 나까지 재밌는 시간을 빼앗겨야 돼?" 그렇게 행동하는 동생을 원망하지 않는 건 어려운 일이었습니다.

엄마가 두 딸 가운데 누구의 응석도 받아주지 않았다는 사실에 주목해야 한다. 그녀는 불합리하거나 지나친 것을 요구하는 행동에 대응하느라 자신이 한 약속을 깨뜨리지 않았다. 그녀의 양육 방식에는 잘못된

문제 행동일까, 특별한 요구일까

Q. 다섯 살이 된 딸은 옷 입는 것에 대해 문제가 있어요. 딸은 옷이 '아프다'고 계속 불평해요. 그래서 양말을 신을 때도 계속 신었다 벗었다 하면서 아프다고 짜증을 낼 때가 많아요. 속옷도 마찬가지예요. 저는 모든 종류의 양말과 속옷을 사줬고, 아이가 직접 사도록 가게에 데려가고, 아침에도 입을 옷을 직접 고를 수 있게 해봤어요. 아이는 상표가 아프기 때문에 옷에서 상표를 전부 떼어달라고 해서 그렇게 해주었어요. 저는 아이가 옷을 입도록 도와줘보기도 하고, 아이가 양말을 가지고 흥분하는 것을 무시해보기도 했어요. 이제 뭘 더 할 수 있을까요?

A. 몇몇 아이는 몸이 감각 정보를 처리하는 방식에 문제가 있기도 합니다. 이 아이의 불평이 사소하거나 사실 여부가 불분명한 문제라고 볼 수도 있겠지만, 사실은 꽤 진지한 문제일 수도 있습니다. 그녀에겐 진짜로 양말이 아프다고 느껴질 수 있는데, 아이가 감각통합장애를 가진 상태일 수도 있습니다. 이 진단의 세부적 사항까지 합의된 바는 없지만, 도움이 될 수 있는 치료는 있습니다. 더 자세한 내용은 전문 치료사나 아동 뇌신경학자와 상담해보세요. 인터넷에서도 유용한 정보를 얻을 수 있습니다.

가장 중요한 것은 아이가 정말 아프다는 것을 받아들이고 아이와 힘겨루기를 시작하고자 하는 유혹에 빠지지 않는 것입니다. 아이의 행동을 양육상의 문제로 받아들이는 것은 도움이 되지 않습니다. 아이의 불평을 사실로 인정하고, 지원해줄 방법을 찾아야 합니다.

것이 없다.

어떤 부모는 이렇게 말할지도 모른다. "글쎄요, 우리 아이가 공공장소에서 저렇게 행동했다면 그로 인해 내가 어떤 기분이 들었는지 아이에게 꼭 알려줄 거예요. 저 엄마는 딸을 때리거나, 한 달 동안 아이스크림을 못 먹게 해야 해요!" 그러나 잠시 생각해보자. 미카일라는 문제 행동에도 혼나지 않고 그냥 넘어간 걸까? 처벌이나 창피를 준다고 해서 앞으로 아이의 행동이 바뀔까? 미카일라가 자제력을 잃기 원했던 걸까? 그녀는 의도적으로 문제 행동을 드러냈는가?

분노, 죄책감, 원망이 뒤섞여 끓고 있는 엄마가 이런 사실을 잊지 않기란 어려운 일일 것이다. 그러나 미카일라가 의식적으로 엄마를 무시한 것은 아니다. 그녀는 엄마와의 약속을 기억해내고 자랑스러워했으며, 엄마가 이 약속을 반드시 지킬 거라는 사실도 알고 있었다. 엄마가 미카일라의 행동에 효과적으로 대처했다는 것은 아이의 특별한 필요를 잘 알고 있다는 뜻이다.

그럼 이제 디가 할 수 있는 일은 무엇일까? 디와 미카일라의 마음이 진정되었을 때 가게에서 무슨 일이 있었는지 이야기를 나눠볼 수 있을 것이다. 또한 그들은 언니의 기분이 나아지도록 도울 방법을 찾을 수도 있다. 미카일라는 언니가 해야 할 집안일을 하나 대신해주겠다고 할 수도 있고, 언니가 좋아하는 놀이를 같이 하자고 할 수도 있다. 쉴라에게도 필요한 것이 있고, 그것을 무시해선 안 된다.

미카일라는 자신이 행동을 통제할 수 없게 될 때마다 기분이 너무 안 좋았다. 그녀는 엄마의 분노와 실망을 느낄 수 있었고, 그것은 견디기 힘든 일이었다. 디와 미카일라가 지금 할 수 있는 가장 중요한 것은 미카일라가 그 통제불능의 감정을 다룰 수 있는 방법을 찾아보는 것이다. ADD

는 그들이 함께 인식하고 대처해나갈 수 있는 사안이다. 그들은 서로 사랑하고 도와주는 가족이 되기로 결심할 수도 있다.

미카일라가 자신을 '나쁘다' 또는 '까다롭다'라고 느끼게 놔두는 것은 쉬운 일이다. 그리고 엄마도 사람이기 때문에 때로는 실수를 하고, 나중에 후회하게 될 말이나 행동을 하기도 한다. 그러나 앞서 살펴봤던 것처럼 실수가 언제나 불행을 가져오는 것은 아니다. 그리고 미카일라의 행동은 갑자기 바뀌지 않을 것이다. 엄마와 딸이 모두 이 어려운 시기를 이겨내기 위해서는 현실을 직시하고, 대처 기법을 배우고, 다양한 도움을 찾아보는 게 도움이 될 것이다.

절망 또는 자부심

부모는 아이가 자신의 이상에 부합하지 않는다는 것을 알게 되면 정서적 충격이 찾아올 것이다. 그러나 일단 어른들이 꼬리표에 대한 두려움과 자신의 현실 부정을 넘어서면 행동의 차이에도 불구하고가 아니라 때로는 그 차이 덕분에 아이가 가지게 된 훌륭한 재능을 알아볼 수 있을 만큼 자신의 지평을 확장할 수 있다. 그러기 위해선 물론 시간과 결단력이 있어야 한다. 아이에게 특별한 도움이 필요하게 된 바로 그 원인을 기쁘게 맞이하는 법을 배울 수도 있다. 천식이나 당뇨가 있는 사람들이 올림픽에 출전하고, 프로 운동선수가 되기도 하고, 자폐였던 템플 그랜딘은 자폐를 재조명하는 계기를 만들었으며 새로운 동물 관리 시스템을 디자인하여 유명해지기도 했다. 그리고 (다른 여러 유명한 사람과 더불어) 토머스 에디슨은 ADD가 있었다고 회자되고 있다. 전기가 발명되지 않았다면 이 세상은 어떻게 됐겠는가?

치료는 어떨까

로버트는 과거에 아들 찰스와 자포자기의 순간을 향해 내달렸습니다. 여섯 살일 때 교사는 찰스가 ADD 특성의 경계선에 있을지도 모른다고 의심했습니다. 로버트는 겁에 질렸고, 이 말에 적잖게 기분이 상했습니다. 그는 부모교실에 등록하고, 책을 잔뜩 구입하고, 더 좋은 아빠가 되기 위해 최선을 다했습니다. 그러나 찰스의 문제는 계속되었습니다. 여덟 살이 되자 그는 학교생활과 교우관계에 어려움을 겪었고, 그의 문제는 온 가족에게 영향을 끼쳤습니다. 모두가 긴장하고 예민해졌고, 말다툼이 잦아졌습니다. 결국 아빠는 이제는 도움을 청해야 한다고 판단했습니다.

찰스의 담당 의사는 분명하게 ADD라는 진단을 내렸습니다. 몇 달간 상담을 진행하고 다양한 접근을 시도한 끝에 로버트는 약물 치료에 동의했습니다. 일주일 정도가 지나자 찰스의 행동은 개선되었습니다. 로버트는 그 작은 알약이 행동에 그처럼 큰 영향을 미친다는 사실을 믿기 어려웠고, 자기 아들에게 그런 식의 도움이 필요하다는 것을 인정하기도 어려웠습니다. 그러나 그 후 몇 달간 찰스가 약을 빼먹을 때마다 그의 행동은 악화되었습니다. 로버트는 아들을 다른 시각에서 보기 시작했고, 이제 아이가 차분하고 흥미로운 아이가 되고 있는 것을 기쁘게 받아들였습니다. 찰스 역시 변하고 있었습니다. 드디어 찰스도 일상생활 속에서 항상 ADD와 싸워야 하는 절박한 사람이 아니라 온전히 자기 자신으로 있을 수 있었습니다.

약물 치료도 ADD를 가진 아이를 돕기 위한 치료의 일부가 될 수 있다. 그러나 이 책의 세 저자도 약물 치료에 대해 서로 의견이 다르다. 이것은 결국 부모와 아이가 직접 가장 잘 맞는 방법을 찾아보고 결정하는 것이 얼마나 중요한가를 보여준다.

다시 한 번 내면의 지혜에 귀를 기울여보라. 부모의 지식과 아이에 대한 사랑을 신뢰하라. 아이에게 ADD가 어떤 것인지, 그것이 아이가 아프거나 나쁘다는 뜻이 아니라는 사실을 확실히 이해시켜라. 가족에게 맞지 않으면 기꺼이 바꿔라. 그리고 아이에게 필요한 도움을 줄 수 있는 가족, 친구, 전문가로 이루어진 지원팀을 구축하라. 격려와 친절하고 단호한 훈육, 그 외 긍정의 훈육 기법에 대해 부모가 할 수 있는 모든 것을 배워라. 자신의 양육 기술에 자신감이 생기면 부모 자신과 아이에게 큰 도움이 될 것이다.

자기관리의 중요성

특별한 요구를 가진 아이들도 대부분 집을 떠나 어른으로서의 독립적인 삶을 시작할 것이다. 부모는 아이에게 상 차리는 법 등 나이에 적합한 여러 가지 일을 가르쳐줬던 것처럼 아이가 자신의 몸을 유지하는 법을 이해하고 터득하도록 도와줄 수도 있다.

마커스는 대사장애를 가지고 태어났기 때문에 특별 식단을 지켜야 했습니다. 마커스가 아기였을 때는 특별 식단을 먹는 것이 어렵지 않았습니다. 그러나 유치원에 다니게 되자 친구들이 좋아하는 음식을 똑같이 먹고 싶어 하기 시작했습니다. 불행하게도 피자, 샌드위치 햄, 그 외 여러 평범한 음식이 마커스에게는 심각한 위험 요인이었습니다. 마커스의 부모인 대럴과 키마는 과잉보호와 통제를 하기 시작했고, 매일 점심을 싸줄 때마다 다른 음식을 먹으면 무슨 일이 벌어질지 엄격하고도 무서운 잔소리를 덧붙였습니다. 유치원 교사들은 아이가 뭔가 금지된 것을 먹을까 봐 걱정한 나머지 매처럼 마커스가 움직일 때마다 그를 유심히 지켜보았습니다.

다른 대부분의 유치원생이 그렇듯 마커스도 자신의 개인적 힘을 보여주기 위해 부모가 가장 민감하게 반응할 사안을 골랐습니다. 유치원에서 친구들과 도시락을 교환하기 시작한 것입니다. 아이들은 마커스의 특별 음식이 근사하다고 생각했고, 마커스는 드디어 '평범한 아이'처럼 먹게 된 것을 기뻐했습니다. 그러나 정기 혈액 검사에서 마커스의 속임수가 탄로나 버렸습니다.

전문가와 영양사는 경악한 마커스의 부모와 함께 앉아 몇 가지 아이디어를 제안했습니다. 그들은 마커스를 통제하거나 겁주려고 하기보다는 아이가 자신의 특별한 몸을 돌보는 데 함께 참여하도록 유도할 것을 제안했습니다. 키마와 대럴은 마커스에게 그의 장애가 무엇인지를 가르치는 데 초점을 맞추기 시작했습니다. 그들은 작은 계량 도구 세트를 구입해 마커스가 자신의 특별한 식사를 직접 계량하고 섞을 수 있게 가르쳐주었습니다. 물론 옆에서 신중하게 지켜봐주었습니다. 그들은 다른 음식에 대한 아이의 호기심과 자신을 남들과 다르게 만들고 정기적으로 혈액 검사를 받게 만든 그 장애에 대한 분노를 엄마 아빠가 충분히 이해한다는 것을 아이에게 알려주었습니다. 그들은 아이와의 유대감을 강화하기 위해 특별한 시간도 보냈습니다.

더 중요한 것은 언젠가는 마커스가 자신의 건강을 스스로 돌봐야 한다는 것을 키마와 대럴이 깨달았다는 점입니다. 그들은 아이에게 적절한 정보를 주었고, 요령을 가르쳐주었으며, 잔소리 없이 지켜보았고, 아이에게 현명한 판단을 내릴 능력이 있음을 굳게 믿고 있다는 것을 표현했습니다. 음식과 관련한 실수가 가끔 있긴 했지만 그 힘겨루기는 막을 내렸고, 마커스는 음식 먹는 것을 속이기보다 친구들과 스케이트보드를 타는 데 관심을 갖기 시작했습니다.

어른의 감독 없이 아이가 약을 만지거나 먹게 놔두면 절대로 안 된다. 그러나 그도 자신의 몸이나 감정이 자신에게 보내는 신호를 인식하는 법을 배울 수는 있다. 천식이나 다른 증상을 가진 아이들도 자기 몸이 필요로 하는 것을 알 수 있으며, 자신에게 필요한 특별 치료를 받을 수 있고, 자신의 건강을 돌볼 수 있다. 아이가 직접 참여하면서 책임감 있게 (물론 나이에 맞는 수준에서) 행동하도록 부모가 기회를 준다면, 이는 아이의 미래 건강을 돕는 것일 뿐 아니라 아이가 자신감과 자신이 유능하다는 감각을 키울 수 있게 도와주는 것이 된다.

긍정적인 점 찾기

아이가 어떤 신체적 · 행동적 · 정서적 도전에 마주하고 있을 때 부모로서 또는 양육자로서 자신의 부족함에만 집중하는 것은 도움이 되지 않는다. 도움이 될 만한 것을 찾아보라. 자신의 요구를 돌보라. 그리고 자신의 실수를 받아들이고 그로부터 배워라. 아이의 상태에 대해 공부하고, 아이와도 정보를 공유하라. 매일 반복되는 고난에 유머와 희망을 덧붙이는 법을 연습하라. 그리고 각각의 아이에게 필요한 도움을 마련해주라. 무엇보다 아이를 하나하나 특별하고 유일하고 멋지게 만들어주는 능력을 발견하고 이를 기뻐하기 위해 최선을 다하라. 그 능력은 항상 거기 있었다. 이제 눈길을 돌리기만 하면 된다.

19장
한 가족으로 나아가기

아이가 얼마나 매력적이든, 부모가 되어 얼마나 기쁘든, 어린 아이를 키우는 동안 부모는 외롭고 지치고 힘들 때가 있다. 어린 아이와 함께 집에 있는 엄마(또는 아빠)는 종종 이 일이 생각보다 훨씬 어렵다는 것을 깨닫는다. 집에 머무는 부모가 어른들의 대화와 여가를 그리워하게 되고, 일하는 부모가 직장과 유치원을 오가는 매일의 소동에 빠르게 지쳐가는 것은 전혀 이상한 일이 아니다. 잠을 제대로 잘 수 없는 데다가 기운 넘치는 아이들이 자신의 주도권을 시험해보고자 걸어오는 전쟁을 받아주려면 아무리 헌신적인 엄마나 아빠라도 시험에 빠질 수밖에 없다. 부모는 아이가 새로 배운 것이나 귀여운 짓을 여러 번 해도 재미있어 하겠지만, 다른 사람들은 그렇지 않을 것이다. 대부분의 부모는 가끔씩 아이가 없던 시절을 떠올리며 조용하고 고독했던 시절을 그리워할 것이다.

어린 시절은 아주 중요한 시기이니만큼 부모들은 자녀양육에 대한 지원을 필요로 한다. 다른 어른들과 만나 자신을 지지하고 격려하고 발전시키는 계기를 얻을 수 있고, 아이와 다른 가족으로부터 도움을 받을 수도 있다.

다른 사람의 지혜를 배우기

사람들이 아이를 키우는 세부 사항에 대해 의견 일치를 보는 경우는 드물지만, 상호지원망을 통해 그 일을 겪어본 많은 사람이 아이를 키우고 아이와 함께 지내는 법에 대해 아주 소중한 정보를 알려주곤 한다. 예상치 못했던 일이 벌어질 때 연락할 사람이 있다는 것은 큰 의지가 된다. 자녀와 비슷한 또래의 아이가 있는 사람들, 지금 자신이 겪고 있는 단계를 막 통과한 사람들과 관계를 맺기 위해 노력하라. 질문을 많이 하는 것을 꺼려하지 마라. 다른 아이들도 똑같이 이상하거나 지독했다는 것을 알면 안심이 될 수도 있다.

상호지원망에는 지역 또는 교회의 부모 모임, 지역 대학의 부모교실, 긍정의 훈육 부모교실, 이웃 부모와의 친분 등이 있다. 만약 부모 모임에서 저녁식사도 같이한다면 배우자와 함께 외출하는 좋은 기회가 될 수도 있다. 어떤 모임은 공원에서 만나 아이들이 노는 것을 지켜보며 자녀양육의 고생담과 성공담을 나누기도 한다. 어떤 부모들은 책읽기 모임을 시작해 이 책이나 다른 긍정의 훈육 시리즈에 나오는 개념을 돌아가면서 토론하고, 긍정의 훈육 기법을 어떻게 활용할지 함께 알아본다. 어떤 부모는 가르치는 것(그리고 불완전할 수 있는 용기를 가지는 것)이 배우기 위한 최선의 방법이라는 취지로 이틀짜리 긍정의 훈육 강사 양성 워크숍에 참여해 부모교실에서 강의하는 법을 배우기도 한다.

외진 곳에 살거나, 주변에 어린 아이를 키우는 부모가 없다면 인터넷을 통해 그룹 채팅, Q&A 게시판, 그 외 정보 등을 찾을 수 있다. 아이가 잠든 뒤에 인터넷에 접속하면 다른 부모들도 인터넷을 통해 대화를 나누며 지원과 격려를 구하고 있음을 발견할 것이다. 집에 컴퓨터가 없다면 지역 도서관을 방문하면 된다. 자녀양육 자료를 찾고자 할 때 도서관 사서나 컴퓨터를 잘 다루는 친구에게 도움을 청해보라.

현재 다니는 소아과의 의사와도 상담해보라. 가정의들은 어린 환자와 그의 부모를 돕는 일을 하는 동안 방대한 정보를 보고 듣는다. 그들은 의료 지원뿐 아니라 여러 실용적인 정보와 조언을 제공해줄 수 있다. 그러나 어디서 지원을 찾든 자신과 아이에게 무엇이 맞을지는 최종적으로 부모가 결정해야 한다는 사실을 명심하라. 가능한 한 많은 정보와 조언을 모은 뒤 무엇이 최선의 방법일지 결정하기 전에 먼저 마음의 소리에 귀를 기울여라.

배우자와의 관계

싱글로서 혼자 아이를 키우는 사람도 많은데, 이는 어려움과 동시에 축복을 가져다준다. 배우자와 함께 아이를 키우고 있다면 배우자와의 관계는 가정의 기초를 세우고 집안의 분위기를 조성한다는 것을 알아두라. 사실 부모의 관계를 보면서 아이가 얼마나 많은 것을 배우고 결정하는지를 보여주는 연구 결과가 많다. 배우자가 에너지 넘치는 아이를 키우다가 혼란 속에서 길을 잃지 않도록 단단히 잡아주는 시간은 매우 소중하며, 이를 통해 둘의 관계는 끈끈하게 유지된다.

부모는 일단 아이가 생기면 그 아이가 가족 세계의 중심이 된다고 생각한다. 그러나 지금까지 살펴봤듯 아이의 응석을 다 받아주는 것은 부모와 아이 모두에게 건강하지도 효과적이지도 않다. 부부는 밖에서 저녁을 먹고 산책을 하거나, 영화를 보면서 정기적으로 함께 보내는 시간을 가져야 한다. 그리고 아이를 키우면서 일어나는 많은 문제를 함께 고민하고 해결하기 위한 둘만의 시간도 필요하다.

아빠의 자리를 만들어라

Q. 다섯 살짜리 아들이 있습니다. 전업 주부이지만 남편도 아들을 키우는 데 적극적으로 참여하길 바라고 있습니다. 우선 그는 저와 함께 일어나 아이 밥을 챙기고, 옷도 갈아입혀 주고, 목욕도 시킵니다. 그런데 요즘 '너무 바빠' 저를 도와줄 수가 없다고 합니다. 부탁하면 해보겠다고는 하지만, 제대로 한 적이 한 번도 없어요. 그런데 남편은 제가 제 방식대로만 해야 된다고 강요한대요. 그때마다 미안하긴 하지만(그 말이 아마 맞을 테니까요), 그래도 제가 아들을 훈육하고 돌보는 방법이 최선이라고 믿어요. 어떻게 해야 할까요?

A. 남편과 아빠 가운데는 아이와 엄마 사이에 형성된 밀착관계를 보며 주변으로 밀려난 듯한 느낌을 받는 사람이 많습니다. 엄마 아빠가 완전히 똑같은 방식으로 행동하지 않더라도 부모가 모두 아이의 삶에 적극적으로 관여하는 편이 아이에게 좋다는 것을 알아두면 남편을 위한 자리를 마련하는 데 도움이 될 것입니다. 여러 연구 결과에 따르면 아빠와 엄마는 아이와 각기 다른 스타일로 상호작용하거나 놀고, 아이는 그 사람으로부터 소중한 기술을 배우게 된다고 밝히고 있습니다.

아들도 부모 모두와 친밀하고 애정 어린 관계를 맺어야 합니다. 남편과 차분히 앉아서 훈육법, 일과, 음식, 그 외 다른 문제들에 대해 계획을 짜는 시간을 가져보세요. 함께 부모교실에 참석하거나, 이 책을 함께 읽고 알게 된 내용으로 토론해보는 것도 좋은 방법입니다. 그러고 나서 마음을 편히 가지고 남편이 자기 방식대로 하도록 내버려두세요. 남편이 아이를 돌보고 있을 때 자신

> 을 위한 시간을 보내거나 친구를 만날 수도 있을 것입니다. 아이가 부모 모두와 친밀하다고 느낄 때, 엄마와 아빠가 친밀하다고 느낄 때 아들도 더 행복해지고 더 건강해질 것입니다.

네 식구가 되다

지금 유치원에 다니는 아이가 있고, 아이를 또 하나 가질 계획이라면 세상에서 가장 유쾌하고 자신감 있는 아이조차 아기가 태어남과 동시에 급격히 상태가 악화될 수 있다는 것을 반드시 알아두라. 대부분의 아이는 다정하고 솔직하게 자신의 새로운 동생에게 사랑을 전하려고 할 것이다. 그들은 기저귀나 장난감을 가져다주겠다고 자청하고, 동생을 안아보고 싶어 하기도 하고, 자는 아기를 넋을 놓고 바라보기도 할 것이다. 그런데 왜 그들과 다를 것 없는 아이가 떼를 쓰거나, 자기도 젖꼭지를 물겠다고 하거나, 잘 가던 화장실을 잊어버리거나, 관심을 끌려고 칭얼대는 것일까?

절대 권좌에서 쫓겨난 아이의 눈으로 세상을 바라보자. 다섯 살이 됐을 때쯤 엄마와 아빠가 병원에서 시끄럽고 꿈틀거리는 갓난아기를 담요에 싸안고 돌아왔다고 하자. 갑자기 모든 것이 바뀔 것이다. 엄마와 아빠는 '이제 다 컸으니까' 울거나 칭얼대서는 안 된다고 말한다. 집에 찾아온 손님들은 현관을 통과해 곧장 아기를 보러간다. 심지어 그들은 재밌어 보이는 (당신은 받아 본 적 없는 것 같은) 선물과 장난감을 아기에게 주기도 한다. 최악인 것은 엄마와 아빠가 저 시끄럽고 더러운 꼬맹이에게 완전히 마음을 뺏겼다는 사실이다. 엄마와 아빠는 밤새 깨어 있고, 아이가 자니까 조용히 놀아야 한다고 말하고, 끊임없이 아이를 어르고 안아주고 데리고 다닌다. 이제 그들은 너무 피곤해서 예전에 함께 즐겼던 놀이를 같이할 시간도 없다. 보름쯤 지나면 아무리 참을성이 많은 아이라도 이 침입자를 다시 병원으로 돌려보내야겠다고 마음먹을 것이다!

아기를 가족으로 포함시키는 과정을 좀 더 부드럽게 만들 수 있는 몇 가지 방법이 있다.

- 아기가 생기는 것에 대해 일찍부터 자녀를 준비시켜라. 아이에게 임신과 출산의 과정을 쉬운 말로 설명해주고, 언제 아기가 태어날지 알려준다. 아기가 태어날 때까지 달력에 표시를 해나갈 수도 있다. 아기가 생기면 생활이 어떻게 바뀌게 될지 솔직하게 말해준다. 자녀가 갓난아기였을 때의 사진을 꺼내 그 시절엔 어땠는지를 함께 이야기하는 것도 도움이 된다.
- 자녀에게 아기를 맞이할 준비를 도와달라고 청하라. 아기 방의 색깔과 디자인에 대해 아이도 제안할 기회를 주라. 신생아 용품을 사러갈 때 아이를 데려갈 수도 있다. 아이는 환영 선물로 아기 방에 자기 장난감을 몇 개 놓아주고 싶어 할지도 모른다.
- 자녀의 방을 처음 만들었던 때나 작은 아기 옷을 샀던 때 등 자녀의 탄생을 준비하면서 무엇을 했는지 사진을 보여줘라. 자녀가 태어났을 때 많은 사람이 선물을 가져오고 아이 주변에서 야단법석을 떨었다는 것을 알려줘라. 동생에게 온 선물을 받아 포장을 벗긴 뒤 선물을 준 사람에게 인사하는 일(동생은 말을 못하므로)을 맡고 싶은지 아이에게 물어보라. 아이가 적극 참여할수록 버려졌다는 느낌을 덜 받을 것이다.
- 아기가 집에 오면 환영 행사에 자녀를 꼭 포함시켜라. 안전 규칙을 세우고 신중하게 감독하면서 자녀가 기저귀와 물티슈를 엄마에게 건네

주고, 아기에게 노래를 불러주거나 동화책을 '읽어'주고, 엄마가 아기를 돌볼 때 필요한 물건을 가져다주게 하라. 자존감은 기술을 익히고 기여하게 되면서 만들어진다는 것을 기억하라. 가족의 삶을 만들어가느라 바쁜 시간을 보내고 있을 때 자녀가 더할 나위 없는 자산이 되어줄 수 있다.
- 가족 내에서 자신이 어디에 속하는지에 대한 자녀의 인식이 바뀔 수밖에 없다는 것을 알아두라. 그에 따라 자녀의 행동도 달라질 것이다. 3장의 출생 순서에 대한 정보를 다시 살펴보라.

이렇게 했는데도 자녀가 여전히 새로운 아기의 탄생으로 자신이 뒷전으로 밀렸다고 불평해도 놀라지 마라. 아이는 자신이 이름 붙일 수 없고 이해할 수 없는 무수한 감정을 느낄 것이다. 아기가 받는 관심을 똑같이 받고자 하는 어긋난 목표의 일환으로 아기의 행동을 흉내 내는 것은 흔한 일이다. 이런 행동을 감정적으로 받아들여선 안 된다. 대신에 아이의 유대감과 소속감을 회복시키는 데 집중한다. 아이와 단둘이 특별한 시간을 보내는 것도 좋은 방법이다.

그랜트와 마르고는 다섯 살배기 쌍둥이 타이슨과 토비에게 이제 곧 새 가족이 생긴다는 것을 말하기 딱 좋은 기회를 포착했습니다. 그러나 쌍둥이는 그 소식을 듣고 그다지 기뻐하지 않았습니다.

타이슨이 "아기를 낳을 거야? 왜? 토비랑 내가 있으니 됐잖아?"라고 말했습니다.

토비도 "여기 아기가 필요한 사람은 없어"라고 거들었습니다.

마르고는 숨을 크게 들이마시고 아들들을 보며 미소 지었습니다. 그녀는 "이리 와 봐, 얘들아. 우리 가족에 대한 이야기를 들려줄게"라고 말했습니다.

토비와 타이슨은 내키지 않지만 옆에 앉아 엄마가 파란 초에 불을 붙이는 것을 바라보았습니다. 엄마는 "이 초가 나야. 그리고 이 불꽃은 엄마의 사랑이야"라고 말했습니다. 그러고 나서 마르고는 녹색 초를 꺼내더니 "이 초는 너희 아빠야"라고 말한 뒤 그랜트를 향해 따뜻하게 웃어 보였습니다. 그녀는 파란 초로 녹색 초에 불을 붙였습니다. "아빠랑 결혼했을 때 나는 아빠에게 내 사랑을 모두 주었어. 그런데 아직 내 사랑은 이렇게 남아 있어."

"그리고 5년 전에 나는 오늘처럼 기쁜 소식을 받았어. 너희가 우리와 함께 지내기 위해 오고 있다는 소식이었어." 마르고는 파란 초로 보라색과 빨간색 작은 초를 밝혔습니다. "너희가 태어났을 때 내 사랑을 주었지만, 너희 아빠는 여전히 내 사랑을 가지고 있고, 내게도 사랑이 여전히 남아 있어." 토비와 타이슨은 깜빡이는 촛불을 홀린 듯 바라보았습니다.

그러고 나서 마르고는 주머니에 손을 넣어 작은 생일 초 하나를 꺼낸 뒤 아이들에게 "이 초는 누굴까?"라고 물었습니다.

그들은 "아기야?"라고 말했습니다.

"맞아. 그리고 이 아기가 태어나면 나는 내 사랑을 모두 줄 거야. 너희 아빠도 내 사랑을 모두 가질 거고, 타이슨도 내 사랑을 모두······."

토비는 웃으며 "그리고 나도 엄마 사랑을 모두 가지게 될 거야!"라고 소리쳤습니다.

마르고는 "맞아. 그리고 엄마에게도 여전히 내 사랑이 모두 남아 있을 거야. 이게 바로 사랑이라는 거야. 우리가 많이 나눌수록 더 많이 가질 수 있어. 우리 가족이 얼마나 많은 사랑을 가지게 될지 알겠지?"라고 말했습니다.

두 아이는 잠시 그냥 앉아 있었습니다. 그러고 나서 타이슨이 엄마의 팔꿈치를 세게 잡아당겼습니다. "엄마, 아기 초를 내 초로 켜도 돼? 나도 내 사랑을 나누고 싶어."

마르고는 고개를 끄덕이며 생일 초의 불을 껐습니다. 그러자 타이슨이 조심스럽게 자신의 초를 들어 작은 초에 불을 밝혔습니다. 다음에는 토비도 그 초에 불을 붙였습니다. 그랜트도 붙였습니다.

마르고는 두 아이를 바라보고 남편을 팔로 안으며 "이게 우리 아기가 될 거야"라고 말했습니다. 잠시 뒤 그녀는 두 아이에게 "아빠와 엄마는 아기를 돌보는 데 너희의 도움이 필요한데 도와줄 거지?"라고 물었습니다.

다음 달은 빨리 지나갔습니다. 말다툼이 완전히 사라지진 않았지만 토비와 타이슨은 둘 다 아기 물건을 사고, 새 아기를 위해 부모님이 방을 고치는 것을 돕고, 아기의 이름을 생각하며 즐거워했습니다. 병원에서 아이의 심장 박동 소리를 들었을 때 그들은 열광했습니다. 타이슨이 작은 생일 초를 아기의 새 옷장에 올려놓을 때 그는 최고의 실력을 발휘했습니다.

"우리는 한 가족이야. 그리고 여긴 정말 많은 사랑으로 가득 찰 거야." 그는 자랑스러운 표정으로 말했습니다.

아기의 탄생은 기쁘면서도 동시에 힘든 일이다. 그러나 아이들은 언제든 폐위될 수 있다는 것을 기억하라. 새로운 사람으로 대체되는 실망의 감정을 첫째 아이만 느끼는 것이 아니다. 이런 일은 의붓남매가 생길 때도 일어날 수 있고, 심지어는 사촌동생이 생기면서 온 친척의 아기였던 아이가 더 이상 자신의 귀여움을 뽐내기 어려워졌을 때도 생긴다. 자녀의 세계로 들어가 아이의 관점에서 생각하는 법을 기억해두면 가족 모두가 함께 적응하고 성장하는 데 도움이 될 것이다.

물병을 다시 채우기

Q. 여섯 살이 안 된 아이 셋을 키우는 젊은 엄마입니다. 아이들은 제 삶의 가장 큰 기쁨이고, 저도 제가 엄마라는 것이 정말 기뻐요! 그런데 최근에는 너무 힘들어 주체를 못

하겠어요. 남편은 장시간 일하고 저녁에는 학교에 가요. 저는 집안일을 하고, 아르바이트를 하고, 공과금을 정리하고, 아이들을 키워요. 아이들은 다 똑똑하고 착하고 재능이 있지만, 다들 자기주장이 강해요. 저는 여러 방향으로 잡아당겨지고 있는 느낌이 들 때가 종종 있어요. 그리고 제가 무슨 일을 하든 부족한 부분이 생겨요. 눈을 뜬 순간부터 밤늦게까지 제 자신을 위해서는 1분도 쓸 수가 없어요. 늘 피곤하고 아프고, 두통까지 생겼어요. 요즘은 자주 화를 내고, 화를 내고 나선 죄책감에 기분이 안 좋아져요.

A. 지금 묘사한 일의 문제가 뭘까요? 지금 당신은 시간제로 일하는 것도 아니고 전일제로 일하는 것도 아닙니다. 초과근무를 하고 있어요! 슈퍼맘 망토를 걸치고 날아다닐 수 있는 사람은 없다고 하지만, 지금 그렇게 하려고 하는 것 같아요. 지금 자신을 전혀 돌보지 않고 있어요. 그런데 사람은 돌봐주지 않으면 고통을 받을 수밖에 없어요. 살면서 해야 할 일을 모두 챙기느라 너무 바빠지면 자신의 요구는 뒤편으로 밀려나는 것 정도가 아니라 아주 없는 취급을 받게 되죠. 가족에게 줄 수 있는 최고의 선물은 잘 쉬어서 차분해진 당신이에요.

가사 도우미를 구하는 것을 고려해봐야 한다. 수입이 빠듯하다면 창의력을 발휘해보라. 무언가를 교환할 수도 있을 것이다. 다른 사람과 번갈아가며 아이를 맡아 돌보고, 일주일에 한두 번 정도 산책을 하거나 요가 수업을 받거나 수영과 사우나에 갈 시간을 만든다. 그러면 가족들은 곧 차이를 느낄 것이다.

부모가 된다는 것은 병에 든 물을 따르는 것과 같다. 물병을 다시 채우지 않으면 컵 몇 잔을 채우고 나서 끝나버릴 수밖에 없다. 대부분의 부모와 양육자는 어느 날 갑자기 자신이 아이들에게 모든 것을 쏟아부었다는 것을 깨닫곤 한다. 물병이 완전히 비어버린 것이다. 효과적이고 애정이 듬뿍 담긴 자녀양육은 오랜 시간과 그만큼의 에너지가 필요하다. 피곤하고 신경이 예민해지고 스트레스를 받고 짓눌린 상태에서 자신의 병이 빈 채로는 최선을 다하기가 어렵다.

어떻게 하면 물병을 다시 채울 수 있을까? 자신을 돌보는 것(물이 마르기 전에 자신의 병을 다시 채우는 것)은 어떤 방식으로든 가능하다. 무의식중에 자신이 하고 싶은 것에 대한 상상을 하고 있다면, 그것은 지금이 어떻게든 스스로를 돌봐야 할 때라는 단서다.

시간을 현명하게 계획하라

대부분의 부모는 아이들이 자랄수록 자신들의 우선순위를 조정하려고 한다. 며칠간 어떻게 시간을 보내는지 기록해보면 놀라운 발견과 동시에 큰 도움이 될 것이다. 직장, 학교, 아이를 돌보는 데 관련된 활동은 그렇게 많이 바뀌지 않는다. 그러나 그다지 우선순위가 높지 않은 활동에 많은 시간을 할애하는 부모가 많다.

예를 들어 아이 때문에 밤에 자주 깬다면 아이가 낮잠을 잘 때 함께 눈을 붙인다. 아이가 잘 때 집안을 돌아다니며 '해야 하는' 일들을 해치우고 싶겠지만, 욕실 청소와 가구 닦기는 다음에 해도 어떻게 되지 않는다. 그러나 잠은 충분히 자야만 정신이 맑아지고 효율적으로 움직일 수 있다.

룰라는 자유시간을 길고 근사하게 보낼 수 있는 처지가 아닙니다. 낮에 카페에서 일하고 저녁에 지역 대학에 수업을 들으러 가는 사이에 겨우 한두 시간 정도를 내어 네 살배기 압두와 함께 저녁을 먹고, 할머니가 아이를 봐주시러 오시기 전까지 아이의 잠자리 준비를 같이하는 정도입니다. 그러나 함께 있는 이 짧은 시간조차 룰라를 참을성

없고 성급하게 만드는 사건들로 날려버릴 때가 많습니다. 그녀는 자신이 하고자 하는 일들 가운데 하나라도 완수하려면 스스로를 돌봐야 한다는 것을 깨달았습니다.

룰라는 매일 아침 아이를 유치원에 데려다주고 난 뒤 러시아워에 걸려 서다 가다를 반복하는 45분에 대해 생각해보았습니다. 그녀는 직접 운전하는 대신 버스를 타서 그 시간을 자기를 위해 사용하기로 결심했습니다. 그녀는 버스가 붐비는 도로를 달리는 동안 소설이나 잡지를 읽기도 하고, 눈을 감고 천천히 숨을 쉬며 명상을 하기도 했습니다. 이 작은 변화로 그녀의 스트레스는 크게 줄어들었습니다. 룰라는 하루 종일 차분하고 상쾌한 기분으로 지낼 수 있었습니다. 심지어 그녀는 마음이 가벼워진 만큼 아이와의 시간도 즐겁게 보낼 수 있었고, 비축된 에너지 덕분에 함께 보내는 시간을 즐거운 마음으로 기다리게 되었습니다.

자기 생활을 아이와 나누어야 할 때면, 특히 시간은 너무나 소중하고 항상 부족하기 마련이다. 그러므로 시간을 가능한 한 현명하게 사용해야 한다.

목록을 작성하라

여유가 생기면 자신이 하고 싶은 일(또는 관심을 가져보고 싶은 일)을 적어두라. 그리고 나서 아이가 자고 있거나 양육자에게 맡겨졌을 때, 그 소중한 시간을 그 목록을 실천하는 데 사용한다. 집안일을 목록에 적어선 안 된다. 대신 누워서 좋은 책 보기, 탕 목욕하기, 친구와 수다 떨기 등 자신을 돌보는 활동을 적는다. 자신에게 필요한 것을 직접 적어보는 시간을 가지면 그것을 더 소중하게 여길 가능성도 커진다.

중요한 관계를 위해 시간을 내라

좋은 친구와 차 한 잔 마시는 간단한 일에 얼마나 강한 치유의 힘이 있는지 알면 놀랄 것이다. 그리고 때때로 땀을 흘릴 정도로 운동을 하는 것은 삶에 대한 긍정적인 관점을 되찾아주기도 한다. 집이 기운 넘치는 작은 인간들로 가득 차 있다면 사려 깊은 어른과의 대화는 활기를 불어넣어 줄 것이다. 부부가 번갈아가며 아이를 보면 각자 친구 만날 시간을 낼 수 있다. 아니면 아이들을 데리고 다른 가족과 함께 시간을 보내는 방법을 택할 수도 있다. 남편과 데이트도 목록에 들어가 있어야 한다. 공원에서 친구를 만나면 부모(부부든 싱글이든)와 아이 모두 휴식과 안정을 취할 수 있다. 가족 외의 사람들을 만나 교제의 폭을 넓혀 가면 건강과 삶의 균형을 유지하는 데 도움이 될 것이다.

정기적으로 당신이 좋아하는 일을 하라

자전거를 타든, 소프트볼 경기를 하든, 합창단에서 노래하든, 기계를 고치든, 정원을 가꾸든, 퀼트를 하든 자신이 살아 있고 행복하다고 느끼게 만들어주는 일을 할 시간을 마련하는 것은 중요하다. 취미와 운동은 정신적·정서적 건강에 도움을 준다. 그리고 이렇게 자신에게 시간과 에너지를 투자하면 참을성 있고 효율적인 부모가 될 수 있다. "다음에 하면 되지 뭐"라고 말하고 싶은 유혹도 만만치 않을 것이다. 그러나 그 '다음'은 오지 않는다. 하루에 20분이라도 자신이 좋아하는 일을 해보라. 자기 관리는 절대로 선택사항이 아니다. 그게 없으면 모든 사람은 쉽게 지치기 때문이다. 부모들은 자기 시간을 갖는 것을 '이기적'이라고 생각하는 경우가 많은데, 절대 아니다. 자신을 돌보는 시간은 결국 모두에게 이득으로 돌아온다.

아이는 온종일 지켜보지 않아도 살아남을 것이다. 건강한 부모와 함께할 때 더 무럭무럭 자랄 것이다. 아이는 정서적 에너지를 감지할 수 있다는 것을 명심하라. 지치고 분노한 상태로는 아이가 자라는 것을 도울 수 없으며, 가족 생활에서 기쁨을 메마르게 할 뿐이다.

학원과 학원: 과도한 스케줄 피하기

대부분의 부모는 어린 자녀에게 풍요롭고도 지적 자극이 풍부한 환경을 만들어주기 위해 할 수 있는 모든 일을 한다. 실제로 아이는 어린 시절에 중요한 기술을 배우고 발전시킨다. 그래서 여섯 살이 되기 전부터 아이들은 학원으로 내몰린다. 일단 체조나 축구, 수영을 배우고 유치원과 놀이 모임도 있다. 음악과 공부 관련 학원도 있다. 부모들은 종종 아이를 이 학원에서 저 학원으로 데리고 다니느라 대부분의 시간을 차 안에서 보낸다.

이런 활동이 어린 아이에게 흥미를 불러일으키고 자극이 될 수도 있지만, 활동 개수는 제한하는 것이 현명하다. 연구자들은 최근 들어 가족들이 쉬면서 함께 어울려 노는 시간이 줄어들었다고 지적한다. 학원을 전전하느라 너무 바빠서 관계에 소홀해지고 있다는 것이다. 엄마와 아빠는 지쳐서 신경질적이 되고 아이들에겐 자신의 창의력을 발휘하거나 혼자 즐거움 찾는 법을 배우거나 그냥 재밌게 놀 시간이 적거나 아예 없다.

아이에게는 자극보다도 부모와 함께하는 시간, 부모와의 유대감이 더 필요하다는 것을 명심하라. 껴안고, 함께 바닥을 기어다니고, 책을 읽는 시간이 학원에 가는 것보다 훨씬 더 소중하다.

스트레스를 인지하고 다루는 법을 배우기

이를 꽉 물거나 주먹을 꼭 쥐는 것, 긴장한 근육, 두통, 갑자기 우울해지는 것, 무기력 등은 부모로서의 스트레스와 부담이 너무 심할 때 나타나는 증상이다. 부모가 되면 이따금씩 더 이상 버티기 힘들거나 기운이 완전히 소진되거나 화를 내거나 다른 사람이 원망스러운 경우도 있다. 부모들은 자신이 좋은 부모이기를 간절히 바라기 때문에 이런 곤란한 생각이나 감정을 다른 사람과 상의하려고 하지 않는다.

메리엄은 종종 부모로서의 할 일과 부동산을 중개하는 자신의 직업을 감당하는 것이 어렵다고 느끼면서도 자신이 엄마라는 사실을 기쁘게 생각했습니다. 여섯 살 렉시는 밝고 상냥하고 호기심 많은 아이였고, 메리엄은 렉시를 유치원에서 데려와 집으로 가는 시간을 기다렸습니다. 평소에는 저녁 일과가 순조롭게 진행되었고, 엄마와 딸은 즐거운 시간을 보낼 수 있었습니다. 그런데 오늘 메리엄은 어딘가 억눌려 있고 초조했습니다. 올해 중 가장 큰 거래가 실패할 위기에 처해 있었고, 컴퓨터 앞에 앉아 서류 작업을 할 시간이 필요했습니다.

렉시 역시 감기를 앓고 있는 중이라 예민한 상태였습니다. 메리엄은 저녁을 즉석 음식으로 먹고, 설거지는 쌓아뒀습니다. 그리고 렉시를 빨리 씻기고 저녁 놀이 시간으로 넘어갔습니다. 시간이 지날수록 렉시는 엄마가 산만하고, 모든 것을 귀찮아 한다는 것을 느끼고 점점 말이 없어졌습니다. 엄마가 잠자리에서 평소 두 개 읽어주던 이야기를 한 개만 읽어주자 렉시는 폭발했습니다.

팔짱을 끼고 턱을 내민 채로 렉시는 "너무해. 엄마는 오늘 나랑 같이 있는 게 싫은가 봐. 지금 엄마는 빨리 고물 컴퓨터 앞으로 가고 싶은 거지"라고 말하며 엄마의 발을 밟았습니다.

딸의 지적에 메리엄은 이성을 잃었습니다. "엄마 힘들어, 렉시. 오늘 안 좋은 일이 많았어. 그리고 널 먹여 살리려면 열심히 일을 해야 돼. 그냥 침대로 가서 누워. 엄마 일 좀 하게, 알았어?"

이 말에 렉시는 화가 나서 눈물을 터뜨렸습니다. 아이는 "엄마 싫어! 그냥 사무실로 가서 거기서 살아!"라고 소리쳤습니다.

순간 메리엄은 피가 거꾸로 솟더니 자신도 모르게 손을 들었습니다. 엄마와 딸이 서로를 노려보는 동안 침묵이 흘렀습니다. 그때 메리엄은 자신이 딸의 뺨을 때리기 일보직전이라는 것을 깨닫고 충격에 빠져 물러섰습니다.

"어머, 렉시야. 너무 미안해. 그건 네 잘못이 아니었어. 내가 기분이 안 좋고 피곤했어."

이렇게 말한 뒤 메리엄은 "용서해줄 수 있겠니?" 하며 팔을 벌렸습니다.

렉시는 엄마를 용서해주었습니다. 그리고 엄마와 딸은 팔걸이의자에서 앉아 오랫동안 껴안고 있었습니다. 마음을 진정시킨 메리엄은 두 번째 이야기를 읽어주었습니다. 그녀가 불을 끌 때쯤 평화와 유대감은 회복되었고 모든 것이 원래대로 돌아왔습니다. 그러나 그 사건 이후 메리엄은 예기치 않았던 강렬한 감정을 해결하는 데 오랜 시간이 걸렸습니다.

응급 감정 완화

스트레스를 감당할 수 없을 것 같은 느낌이 들면 주저하지 말고 도움을 청해야 한다. 도움을 필요로 하는 사람들을 위한 전화 상담이나 비슷한 서비스를 제공하는 병원도 있다. 자신을 이해해주고 기운을 북돋아주는 사람과 대화를 나누면 세상이 달리 보일 수도 있다. 만약 아이가 위험하다는 생각이 들면 임시 위탁이 가능한 곳이 있는지 찾아보라. 도움이 필요한 것은 나쁜 것도 아니고, 창피한 것도 아니다. 필요할 때 도움을 청하는 것이 진정한 용기다.

앞서 언급했던 것처럼 감정과 행동은 다르다. 아이의 부모가 짜증, 부담, 피로를 느끼는 것은 이상한 일이 아니다. 그리고 대부분의 부모는 아이에게 분노나 원망을 느낄 때면 엄청난 죄책감을 느끼지만, 그런 감정은 정상적인 것이다. 그러나 그런 감정을 가지고 어떤 행동을 하게 될 때는 반드시 주의해야 한다.

아이에게 심한 말을 하거나 아이를 때리고 싶은 마음이 든다면 그 감정을 자신을 돌보기 위해 무언가를 해야 한다는 신호로 받아들여라. 아이들이 안전하게 있도록 살펴본 뒤에 몇 분 동안 타임아웃을 가져라(이것은 아이들보다 부모들에게 더 효과가 좋다). 그보다 더 좋은 것은 자신을 돌보는 활동을 할 시간을 마련하는 것이다. 기력은 소진되고 불만이 쌓여간다면 아무리 헌신적인 부모라도 나중에 후회할 말이나 행동을 하게 된다. 기분 전환할 수 있는 시간을 가지는 것이 훨씬 더 바람직하다.

손을 뻗어 누군가를 만나보라

로즈는 고개를 돌려 창문을 바라보았습니다. 친구 캐럴라인과 네 살배기 아들 빈스가 손을 흔들며 작별인사를 하고 있었습니다. 운전석에 오르면서 로즈는 뒷좌석에 앉은 친구들을 향해 미소 지었습니다.

그녀는 "얼마나 기다렸는지"라고 말했습니다.

아델과 졸린은 웃음을 터뜨렸습니다. 졸린이 말했습니다. "너는 지금 많이 즐겨야 돼. 다음 주에는 아이들이 모두 너희 집으로 갈 거야."

로즈와 아델, 졸린, 캐럴라인은 6개월간 '엄마 외출의 날'을 함께 해왔습니다. 이 모임이 없었다면 그들은 이 생활을 어떻게 버텼을지 상상할 수도 없습니다. 매주 토요일 아침 네 명 중 한 명이 여섯 아이를 모두 돌봅니다. 점심은 각자 싸오고, 활동도 미리 계획해놓습니다. 그러면 나머지 세 명의 엄마는 이 달콤한 네 시간을 쇼핑을 하거나, 테니스를 치거나, 산책을 하거나, 커피를 마시고 수다를 떨며 보냅니다. 처음에는 약간 죄책감을 느꼈지만 아이들이 제대로 보살핌을 받고, 기분이 밝아져 돌아온 엄마를 보면 아이들도 행복해한다는 것을 알게 되면서 그들은 인사한 뒤 가벼운 마음으로 떠날 수 있었습니다. 언제나 약속된 시간에 정확하게 돌아왔기 때문에 아무도 손해보고 있다고 느끼지 않았습니다.

아이를 키운다는 것은 혼자 감당하기에 너무 힘들고 어려운 일이다. 아이와 부모에겐 공동체의 지원이 필요하다. 그 공동체란 가까운 친척일 수도 있고, 부모교실이나 좋은 친구들 또는 온라인에 떠다니는 말일 수도 있다. 중요한 사실은 그것이 분명히 있다는 것이다. 그러므로 꼭 이용해보라. 우리 모두를 위해서 말이다.

결론

　아이의 어린 시절이 부모에게는 견디기 힘든 시간일 때도 많다. 유아는 주변의 어른들을 숨도 못 쉴 정도로 웃게 만들거나 혹은 지치게 만들면서, 가족생활의 중앙 무대를 차지하는 놀라운 능력이 있다. 날마다 새로운 발견이 생기기도 하고, 때로는 새로운 위기가 나타나기도 한다. 마치 영원히 깨끗해지지 않는 싱크대처럼, 영원히 생겨나는 빨래처럼, 이 시절도 영원히 끝나지 않을 것만 같다.

　그러나 언젠간 끝난다. 부모와 교사인 우리의 할 일은, 우리 자신이 쓸모없어지게 만드는 것이다. 아이들이 태어난 첫 순간부터, 우리는 아이들이 주춤거릴 땐 사랑과 지원을 보내고 아이들이 자라서 꽃을 피울 거라는 믿음을 굳게 지키면서, 꾸준히 그들을 독립을 향해 이끌어왔다. 또한 우리는 아이가 비틀거릴 땐 숨을 멈추고, 다시 나아가기 시작하면 기뻐하면서, 최대한 눈에 띄지 않게 주변을 맴돌았다.

　그렇다. 유아기란 부모와 교사에게 매우 바쁜 시절이다. 시험과 탐구의 시간은 몹시 참기 힘들 것이며, 아이들이 더 커서 우리가 덜 필요한 때가 오기를 간절히 기다리게 될지도 모른다. 그러나 후회하지 않으려면, 너무나 빠르게 지나갈 이 시절, 이 시간을 음미하고 즐겨야 한다.

생각보다 훨씬 빨리, 당신은 방 건너를 바라보다 눈에 띈 낯선 사람을 신기하게 쳐다보게 될 것이다. 끊임없이 콧물을 흘리던 어린 아이는 사라지고, 그 자리에는 밝게 웃는 어린이가 학교와 새로운 우정을 맞이할 준비를 마치고, 당신의 품으로부터 더 멀리 나아갈 채비를 하고 서 있을 것이다.

아이들은 우리가 용기를 내어 건네준 사랑과 지혜, 자신감으로 무장하고 삶을 마주할 것이다. 거기에는 분명히 고난과 부딪치고 멍든 자국과 눈물이 있을 것이다. 그러나 우리가 해야 할 일을 잘 마쳤다면, 우리 아이들은 실수는 배움의 기회이며, 삶은 즐겨볼 만한 모험이라는 것을 충분히 잘 알고 있을 것이다.

노력과 끈기의 가치를 발견한 두 여자아이에 관한 아름다운 이야기가 있다. 그들은 가지에 매달려있는 번데기 두 개를 발견했다. 경외심에 바라보고 있자니, 작은 나비 두 마리가 나타났다. 그 작은 생물체는 너무 축축하고 약해서, 그것이 살아남아서 혼자 날아가는 것은 불가능해 보였다. 두 아이는 나비가 날개를 펼치기 위해 안간힘을 쓰는 것을 지켜보았다. 나비가 살지 못할까 봐 걱정된 나머지, 한 아이가 손을 뻗어 한 나비의 섬세한 날개를 조심스레 펴주었다. 다른 아이는 다른 나비에게 나뭇가지를 내밀어 매달리게 한 뒤, 따뜻하게 햇볕을 받을 수 있도록 창턱으로 옮겨주었다.

두 나비는 자신의 새로운 날개를 시험하며, 계속해서 씩씩하게 애를 썼다. 창턱에 있던 나비가 마침내 날개를 열고 햇볕의 부드러운 온기 속에서 잠시 숨을 고르다 우아하게 날아갔다. 그러나 한 아이가 날개를 열어 준 나비는 날 수 있는 힘을 끝내 찾지 못했고, 결국 날아보지도 못하고 죽게 되었다.

당신의 어린 아이가 고군분투하는 모습을 지켜보는 것은 가슴 아픈 일이다. 또한 당신이 아무리 면밀하게 지켜본다 하더라도, 아이들을 어려움과 고통에서 항상 구해줄 수는 없다는 사실을 받아들이는 것도 힘든 일이다. 그러나 현명한 부모는, 마치 나비처럼 아이들도 자신의 분투로부터 힘과 지혜를 얻게 된다는 것을 알고 있다. 야단치는 것도, 구해주는 것도 모두 자제하고, 우리의 격려와 가르침과 사랑을 통해 아이들이 스스로 인생을 맛보고 교훈을 얻을 수 있게 하기 위해서는 엄청난 용기와 엄청난 사랑이 필요하다.

아이들의 전쟁을 우리가 대신 싸워줄 수는 없다. 그리고 세상에서 가장 애정이 큰 부모라도 자신의 아이가 앞으로 고통을 맛볼 일이 없을 거라고 장담할 수는 없다. 그러나 우리가 할 수 있는 것은 많다. 우리는 아이들에게 신뢰와 존엄 그리고 존중을 전해줄 수 있다. 우리는 아이들이 배우고 성장하는 능력을 굳게 믿을 수 있다. 우리는 아이들에게 이 고단한 세상에서 씩씩하게 자라는 데 필요할 기술과 사람, 아이디어에 대해 시간을 들여 가르쳐줄 수 있다. 우리는 그들의 재능과 관심사를 길러줄 수 있고, 그들이 내딛는 작은 발걸음마다 격려해줄 수 있다. 우리는 아이들이 능력과 자신감 그리고 책임감을 발견할 수 있게 도와줄 수 있다.

무엇보다 멋진 것은, 우리가 아이들을 마음껏 사랑하고 좋아할 수 있고, 아이들과 함께 웃고 놀 수 있다는 것이다. 우리는 아이들이(그리고 우리가) 평생 소중히 간직할 추억을 만들 수 있다. 밤에 아이의 방에 몰래

들어가서 아이의 잠든 얼굴을 바라보며 가슴 가득히 차오르는 소중함을 느끼고 또 느낄 수 있다. 그 사랑과 소중함으로부터 부모와 양육자로서 반드시 해야 할 일을 하는 데 필요한 지혜와 용기를 얻을 수 있다.

 이 책은 우리의 실수로부터 배우고 우리의 성공을 축하하는 것에 관한 이야기이다. 작가로서 그리고 부모로서, 우리는 이 책이 당신에게 유용하길 바란다. 그러나 최종적인 해답은 언제나 당신 자신의 지혜와 정신에서 나올 것이다. 당신의 마음이 부르는 대로 할 때, 당신은 가장 좋은 부모(와 교사)가 될 수 있다. 어쩔 수 없는 소동과 좌절 속에서도 가끔 시간을 내서 내 아이의 어린 시절이라는 이 특별한 시간을 만끽해보자. 아이와의 시간을 가능한 한 많이 즐겨라. 이 시간은 우리가 오직 한 번밖에 경험할 수 없는 아주 소중하고 중요한 시간이다.